师道师说

中国文化书院八秩导师文集

名誉主编 汤一介
主　　编 王守常

牟小东卷

牟小东 著　李书 编

人民东方出版传媒
東方出版社

图书在版编目（CIP）数据

师道师说．牟小东卷/牟小东 著；李书 编．—北京：东方出版社，2014.11
（中国文化书院八秩导师文集）
ISBN 978－7－5060－7852－8

Ⅰ.①师… Ⅱ.①牟… ②李… Ⅲ.①社会科学—文集 ②自然科学—文集 Ⅳ.①Z427

中国版本图书馆 CIP 数据核字（2014）第 278210 号

师道师说：牟小东卷
（SHIDAO SHISHUO：MOU XIAODONG JUAN）

作　　者：牟小东
编　　者：李　书
责任编辑：王　艳　李文彧　黄　佩
出　　版：东方出版社
发　　行：人民东方出版传媒有限公司
地　　址：北京市东城区朝阳门内大街 166 号
邮政编码：100706
印　　刷：北京京都六环印刷厂
版　　次：2016 年 1 月第 1 版
印　　次：2016 年 1 月第 1 次印刷
开　　本：700 毫米×960 毫米　1/16
印　　张：29.75
字　　数：428 千字
书　　号：ISBN 978－7－5060－7852－8
定　　价：60.00 元
发行电话：（010）64258117　64258115　64258112

《中国文化书院导师文集》
编辑出版工作委员会

中国文化书院简介

中国文化书院由著名学者梁漱溟、冯友兰、张岱年、季羡林、朱伯昆、汤一介、庞朴、李泽厚、乐黛云、李中华、魏常海、王守常等共同发起，以及杜维明、傅伟勋、陈鼓应等港台及海外著名学者共同创建，于1984年10月在北京正式成立。

中国文化书院的宗旨：通过对中国传统文化的研究和教学活动，继承和阐扬中国的优秀文化遗产；通过对海外文化的介绍、研究以及国际性学术交流活动，提高对中国传统文化的研究水平，并促进中国文化的现代化，为推动中国文化走向世界、世界文化走向中国作贡献。

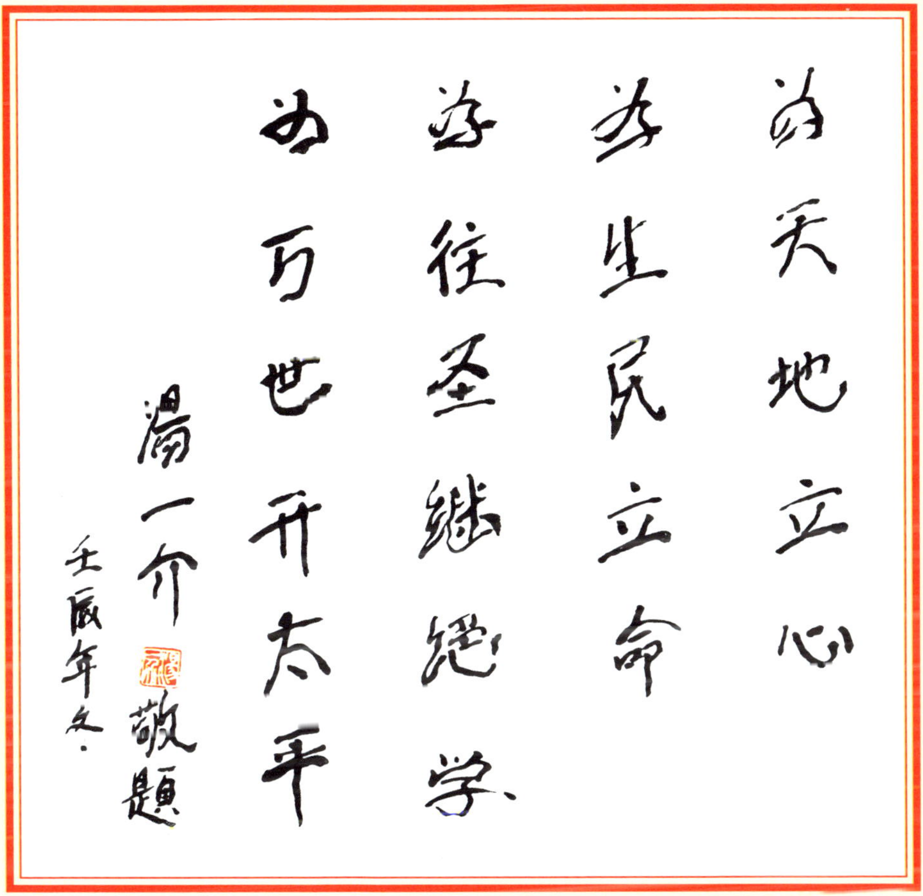

著名学者、北京大学资深教授、中国文化书院创院院长汤一介先生为《中国文化书院导师文集》题词：

北宋张载“横渠四句”——“为天地立心，为生民立命，为往圣继绝学，为万世开太平”。

著名学者、北京大学教授、中国文化书院院长王守常先生为《中国文化书院导师文集》题词：

“返本开新”。

总序一

中国文化书院创办于1984年，是一所在众多老一代著名学者梁漱溟、冯友兰、张岱年、邓广铭、周一良、任继愈等先生的支持下，由一批中青年学者办起来的民间学术文化团体。到今年（2011）已经有二十七年的历史，一个纯民间的学术团体在艰难的情况下，能坚持下来，而且对推动中国学术文化的建设多多少少出了点力，是可以感到欣慰的。

自1949年后，民办的书院在中国大陆逐渐消失了，1984年中国文化书院的建立也可以算是一件新事物。据我所知，如果说中国文化书院不能算1949年后第一个颇有影响的纯民间学术文化团体，大概也是最早办起来的少数几个中的一个了。自中国文化书院建立后，全国各地出现了众多的新办书院，并恢复了多所在历史上有影响的书院。因此，说中国文化书院对民办书院起了个带头作用，大概也不为过吧！

我认为，对中国文化书院来说，也许最为宝贵的是，书院集合了一批有志发展和创新中国文化的老中青三代学者。老一代学者如梁漱溟、冯友兰、张岱年、邓广铭、周一良、任继愈等，他们的学术风范，无疑是当时维系书院的精神力量。1984年底，文化书院在中国社会科学院近代史所开会，当时我们没有院址，也没有什么经费。任继愈先生说："草棚大学可以办，我们连草棚都没有也要办。"因此，1985年3月中国文化书院借青年干部学院场地举办了第一期"中国传统文化讲习班"。这次讲习班是梁漱溟先生自1953年后的第一次公开演讲，当时梁先生已经88岁了。我们请他坐着讲，而梁先生一定要站着讲，他说这是一种规范。梁先生在演讲中高声地说："我是一个拼命干的人，我一生都是拼命干。”这对在场二百多名听众是极大的鼓舞，也给了中国文化书院在风风雨雨艰难的环境中得以支持下去的一种精神力量。

一个希望在中国发生良好作用的学术团体，应该是一个“思想自由、兼容并包”的开放型群体。中国文化书院在走过的二十多年中虽然存在过这样那样的问题，但它却是一个能容纳不同学术观点，无门户之见，有良好学术风气的团体。例如在中国文化书院中，对中国传统文化，既有持激进批判态度的青年学者，也有被视为致力复兴中国传统文化的大师，还有努力寻求使中国传统文化与西方文化接轨的中坚力量。这些在文化问题上具有不同认识的学者集合在一起，虽然对中国文化发展路向的考虑有所不同，但他们所抱有的一种推动中国文化从传统走向现代、走向世界的愿望则是一致的。在这一时期，中国文化书院也和国内外的许多学术团体和非学术团体建立了良好的合作关系。在中国文化书院导师队伍中不仅有众多的我国第一流学者，而且还聘请了一批美国、加拿大、日本、德国、澳大利亚、新加坡以及中国台湾和中国香港地区的著名学者作为导师。

中国文化书院的“宗旨”是：“通过对中国文化的教学和研究，继承和发扬中国文化的优良传统；通过对海外文化的研究、介绍和学术交流，提高对中国文化的研究水平，促进中国文化的现代化。”我们有一个共同的认识：弘扬中国文化在世界走向全球化的时刻要有一个观照全球的眼光，我们一方面要坚持自身文化的主体性，另一方面我们也要有吸收和融化其他民族文化的开放性。根据这样的认识，中国文化书院一直在努力使它成为一个更加有主体精神、更加开放、能容纳多元趋向的有朝气的学术团体。

回顾中国文化书院二十多年的历史，在它将进入“而立”之年时，我们从2010年起开始筹备编辑出版一套已故去的和现仍在世的九十岁以上导师每人一册的“文集”。在这套“文集”中，收入他们有代表性的论文和他们的子女、学生的纪念文章。这套“文集”不仅为了表示对他们的怀念和尊敬，而且它也从一个侧面反映出现代中国文化走过的历程。

在我们编辑的过程中，江力同志出力颇多，东方出版社的同仁给予大力支持，并由东方出版社出版，特此致谢。

汤一介

2011 年 12 月 1 日

注：此序为汤一介先生为《中国文化书院九秩导师文集》所作。

总序二

斗转星移，历史沧桑，时间过得真快，去年编辑出版了《中国文化书院九秩文集》，而今年就着手编辑《八秩文集》。我们在编辑这两部丛书的时候，似乎在重新认识、理解二十世纪的“学人生活史”。

我曾经多次谈过，中国文化书院已逝去的90岁以上的导师，他们用生命写就了二十世纪中国学术史上最恢弘的著作，指引着后辈学者的学术前行。

我想，如没有这辈学者融会中学与西学，从而在二十世纪三十年代于人文、社会学科建构了中国学术范式，我不知道二十一世纪中国学术该如何发展?

十九世纪末或二十世纪初，在欧风浸荡下的国难中，他们以一己之学术良知与社会担当去拯救中国，他们有过幸福，有过迷茫，有过痛苦，有过期盼，相继于二十世纪的八十年代带着“这个世界还会好吗”的追问，离开了这个让他们梦牵不舍的祖国。

读其书，念其人，思其学，心会痛!

而今编辑《八秩文集》时。我熟悉的这代学者在这寒冷的深夜一一呈现眼前!

他们大多生于二十世纪的三十年代，又在二十一世纪前十年左右相继去世。今天，健在学者已是花果飘零。读这代学人的学术生活史，更令我有扼腕之叹!

他们在中学毕业时代满怀喜悦且自责的心态去迎接新中国的建设。尔后在“左倾”思潮的一浪接一浪中，不断否定自我价值，努力改造自己心中的“小资产阶级王国”。在那求新求变的荒诞年代，没有一座安静书房容纳了他们承接前辈父辈的学业，以便更好地投身于新中国的建设大潮中。纠结且痛苦，让他们在中年时代，荒废了他们的学识智慧。

好在充满“思想启蒙”、“文艺复兴”气象的梦幻般的八十年代，又燃起他们的文化自觉。

他们像孩子般似的夜以继日“补课”。他们在思考西方学术的理论与方法，并理性地批评扬弃；他们在各自的学术领域承继前贤学术成果，且又开创了新的研究课题方向。同时他们针对社会丧失文化的主体性及自我价值的根源，作出深刻反思并发出肺腑之言。

作为学生的我，在课堂、在各讲座中经常听到他们最爱张载的四句教：“为天地立心，为生民立命，为往圣继绝学，为万世开太平。”我们深切地知道，他们矢志不渝地践行他们的人文关怀。

我不禁要问，如果没有这一辈学者，二十一世纪学术如何延续与发展？我开始思考，在今天全球化思潮的中国人，如何“返本开新”，如何做到文化自觉、自信、自强？

在中国文化书院成立三十周年之际，编辑《八秩导师文集》，每每想到这辈导师的声容与教诲，我不敢懈怠！

唯有坚持，唯有努力，唯有守正，让中国文化书院面向历史，立足现在，走向未来。

谢谢我敬爱的导师！谢谢你们带着我们，带着温暖的光明的信仰，找到自己，“找到了家”。

让我们可以告慰——“这个世界会好起来的！”

王守常

2014 年 12 月 10 日深夜谨识

目　录

明清近代史研究

佛学研究

随笔、杂谈与人物专访

孙中山和五四运动

孙中山先生对于五四爱国运动一直是鼓励和支持的，他经常为五四运动老战士许德珩同志所称道。值此五四运动 62 周年之际，谨以个人平日所记，择要介绍出来，或不无补益。

1918 年 5 月，北京学生发动了向北洋军阀政府请愿的运动，要求废除所谓《中日陆军共同防敌军事协定》。这是中国学生第一次的请愿运动，为五四运动的前奏。这次运动出于仓促，准备不够，没有达到所希望的效果。事后，大家深感学生的爱国活动有进一步组织起来的必要，因此，北京一部分学生组织了北京学生救国会。当年暑假，许德珩、易克嶷作为北京学生救国会的代表，南下活动，最后成立了全国学生统一的爱国组织——学生救国会。为了加强反帝爱国宣传，学生救国会并在北京组织了国民杂志社。

许德珩和易克嶷南下之前，北大蔡元培校长写信介绍他们到上海去看望吴敬恒（稚晖）。吴稚晖又给他们介绍了廖仲恺、朱执信、戴天仇（后改名戴季陶）等人。经吴稚晖介绍，他们去莫利爱路会见了孙中山。当时，孙中山因护法运动失败，被迫辞去军政府大元帅职务，离开广州再到上海。孙中山在客厅里接见了他们。许德珩等对于北京学生开展反帝爱国运动的情况，以及组织救国会和为什么要成立国民杂志社的理由都一一作了介绍。孙中山对北京学生的爱国活动深表同情，对出版《国民》杂志加强宣传完全赞同，并讲了一些鼓励的话。当时在座的还有廖仲恺、朱执信等。

1919 年 5 月 4 日，北京学界举行了规模空前的反日爱国的示威游行，遭到北洋军阀政府的镇压，许德珩等 32 名学生被捕入狱。五四运动的正义性，得到社会各方面的同情和支持，而首先呼吁学生无罪的就是孙中山。孙中山并通电广东军政府，要求立即释放被捕的工、学界代表，积极营救被捕学生，对群众的革命斗争采取欢迎和支持的态度。后来，他在给海外国民党人的一封信里说："五四运动以来……社会遂蒙绝大之影响。虽以顽劣之伪政府，犹且不敢撄其锋。"孙中山从五四运动中看到了广大群众的力量。

"五四"以后，许德珩、黄日葵同志等在上海积极筹备全国学联，他们经廖仲恺的联系，会见了孙中山，约请孙中山在全国学联成立大会上讲演。孙中山对学界的正义斗争表示同情和支持，约他去讲演，也欣然接受。6月16日全国学联成立大会时，孙中山并没有来，而是后来改在中国寰球学生会讲演。

孙中山在讲演中指出：现在的中国实处于最危险的地位，内忧外患交迫而来，八年以来那些腐败官僚、跋扈武人、无耻政客，天天阴谋、捣乱、作恶、卖国，把我们国家的领土利权不晓得送掉多少。他认为救国的办法有二：一是"维持现状"；二是"根本解决"。所谓"维持现状的法子就是南北议和，赶快把这个国会恢复起来，令他自由行使职权"。而根本解决的办法是"南北新旧国会一概不要他，同时把那些腐败官僚、跋扈武人、作恶政客完完全全扫干净他。……从新创造一个国民所有的新国家，比现在的共和国家还好得多"。孙中山在讲演中特别对国民党党员温世霖、谢持等人的官僚作风、腐败习气和涣散状态，提出了严厉的批评，而对于五四运动则倍加赞扬。他说："试观今次学生运动……于此甚短之期间，收绝伦之巨果，可知结合者即强也。"这次讲演对学生运动是个很大的鼓舞。

全国学联成立后，许德珩当选为学联日刊编委会主任委员。1919年8月的一天，通过廖仲恺的事先联系，许德珩与其他同学数人，以全国学联代表的名义去见孙中山。他们和孙中山晤面之后，有的陈述学生运动和一般民众运动的情况，有的指出南北政局都是一团糟，问孙中山有何方针和计划。

孙中山的回答是：你们学生反抗北京政府的行动是很好的，你们的革命精神也是可佩服的。但是你们无非是写文章、开大会、游行请愿，最大的成绩也不过是集合几万人示威游行、罢课、罢工、罢市几天而已。北京政府只要几挺机关枪就可以把示威的学生解决掉。现在，我想给你们五百支枪，去打北京的那些败类，如何?

许德珩听了孙中山的一番话，马上接着说，武器固然重要，而关键还在于唤起民众，团结民众。此次学生界赤手空拳游行示威，迫使北京政府不得不将曹（汝霖）、章（宗祥）、陆（宗舆）罢免，足见民众团结起来威力之强大。

孙中山回答的大意是：一、他要学生们托起枪来，不过是希望学生们的革命精神再提高一步。他并不轻视学生开会、示威等等动员民众起来反抗北京政府的行动，并且相信那些行动都有重要的作用。二、他个人很注意宣传，素来主张宣传与军事并重，不过事实上宣传的工作做得不够，所以不能不使一般青年和民众了解他的意见和主张。

归途中，同学们边走边谈，觉得这位具有倔强性格的革命家颇能倾听青年人的意见。同时也感到，经过护法运动的失败，孙中山更意识到革命武装的重要，所以他提出要给学生五百支枪，绝非偶然。

孙中山对学生救国会创办的《国民》杂志和北大的《每周评论》，甚为赞许。所以，在1919年8月他指派朱执信、廖仲恺等创办了《建设》杂志和《民国日报》附刊《星期评论》两种刊物，作为宣传民主革命理论的阵地。孙中山在五四运动以后，对一些问题的认识，较前有所提高。他批判和抛弃了曾经有过的不切实际的想法，明确提出今后“改造中国的第一步只有革命”，彻底地打倒封建官僚、武人和政客的统治。孙中山先生继续前进了。

（原刊于《光明日报》1981年5月4日）

用人问题上的真知灼见

——读《张元济书札》

近读《张元济书札》，颇受启发，感到张元济在中国的新式出版事业中，确实是开辟草莱的人，他不但是一位学贯中西、博古通今的学者，同时又是有远见、有魄力的企业家。他没有留下专门著作，然而《百衲本二十四史》每史都有他的跋，以及《涉园序跋集录》和他的日记、书札，可以概见他于史学、文学，特别是目录、版本、校勘学都有高深的修养，令人钦佩赞叹。

商务印书馆之所以成为一个规模庞大的新型的出版企业，固然是广大职工共同努力的结果，但也必须承认，这是同张元济的领导有方分不开的。张元济自 1902 年进入商务印书馆，到 1959 年去世，五十七年来，先后担任编译所长、经理、监理、董事长，和商务印书馆结下了不解之缘。

张元济是近代维新运动和文化史上有影响的人物。从 19 世纪 90 年代末到 1959 年逝世为止，在半个多世纪漫长的岁月中，他为我国文化出版事业的发展，优秀的民族文化遗产的整理、出版，都作出了卓越的贡献。他的高尚的道德品质、严谨的治学态度、朴素的生活作风，也为我们树立了良好的楷模。

从《张元济书札》中不难看出，张元济十分重视并不断提高印刷技术和科学管理水平。在经营管理上，他要求适应时代潮流，反对墨守成规，使企业面目一新；在用人问题上，他坚决主张广为储才，推陈出新，裁汰冗老，超擢新进，反对居要位者的子弟凭借父兄余荫在公司任职，影响企业的正常发展。

张元济办事，向来是主张高效率的。我们只要翻阅一下前几年出版的《张元济日记》，便可看到他每天处理的日常工作，从经营管理、用人、发行、西书编译、印刷、文具、纸张，直到来访者的接待，头绪纷繁，但他处理得井井有条。早晚还得抽时间读书、校书，丹黄朱墨，从不离手，工作效率之高，可以想见。张元济作为这个企业的负责人，讲究科学管理是理所当然的。但科学管理，一是要有健全的制度，二是要有人贯彻执行。执行制度的关键在人。张元济把能不能实行科学管理，能不能适应形势发展的需要来进行改革，看成是与公司成败有关的大事，而根本问题在于用人。

在用人问题上，张元济与商务印书馆某些领导人是有争议的。争议的焦点，是要用论资排辈之人，还是重用新人和有用之人；是裁汰冗老，推陈出新，还是因循守旧，满足现状。张元济在1917年至1926年十年之间，不断坚持实行科学管理和人事改革。1917年8月16日，张元济在致当时商务印书馆总经理高凤池的信中指出：

> 公司事业日繁，人才甚为缺乏，且旧人中之不能办事者甚复不少，若不推陈出新，将来败象已露，临渴掘井，断来不及。此等病象决不发见于今日，而病根实种于此时。迨病发之时，我辈或均已不在公司，虽可由后来之人独承其弊，然岂所以爱惜公司也。

因此，他对高凤池指出“逆耳之忠告”，主张“退无用之人”，“进有用之人”。他认为“进一有用之人，可退三四无用之人”。他敦促高凤池对“此等进退之事”，一定要“专断行之”。可是张元济与高凤池之间，“政见大不相同”：高凤池“主张用老人”，张元济“主张用少年人”；高凤池“主张用平素相识之人”，张元济“主张不论识与不识，但取其已有之经验而试之”。在1918年5月29日张元济致高凤池的信中，再一次痛陈利弊，他说：

> 现在公司范围日广，罅隙日多。吾辈均年愈始衰，即勉竭能力，亦为时几何？且时势变迁，吾辈脑筋陈腐，亦应归于淘汰，瞻望前途，亟宜为永久之根本计划。若苟且因循，仅求维持现状，甚

非计也。

接着张元济就用人、财政、组织三项提出建议。

在用人方面，主张“急于储才”。“储才之道，登进固宜稍宽，廪饩亦不宜薄。”“故欲储才，不能不先汰冗。”对于拟辞退老人，他认为“与公司休戚相关者，当别论。其仅著有劳绩者，可于辞退之时酌加酬赠”。

在用人问题上，张元济高凤池之间，意见始终有分歧。张元济自己说：“脑筋陈腐，亦应归于淘汰”，这当然是他的自谦之辞，但他也确实为这个企业的前途着想，必须以身作则，首先从他自己做起。张元济为什么非拔擢新人不可呢？他认为时代在不断前进，“五年前之人未必宜于今日，则十年前之人才更不宜于今日。即今日最适用之人，五年十年之后，亦未必能适用也。事实如此，无可抗违，此人物之所以有生死，而时代之所以有新旧也”。张元济这一见解是完全符合事物的发展规律的。张元济说他自己“亦非不重视旧人”，“旧人于公司阅历深，感情厚，关系密，比之新进固为不同，然必因其有用而后用之；若其人精力已衰，或敷衍塞责，甚或至于营私舞弊，则于公司为无益，为有害，不能专以其为旧而仍用之也”。对于敷衍塞责，或营私舞弊者，“若必以其为旧而仍留之，于公司且不能易其地位，是以人为重而公司为轻也”。张元济指出：这样的做法，“其流弊所及，大约有四：老朽日增，新进不易超擢，而公司办事，必无精神，一也；凡稍有年资者，以为禄位永保，办事无庸尽力，二也；冗老愈多，耗费愈甚，三也；公司事业不能随时势进步，四也。积此四弊，公司有不日趋败坏者乎？”可是高凤池另有想法，他认为如果实行张元济的办法，势必“得罪旧人，旧人皆将寒心”。这种顾虑，也是可以理解的。张元济认为这个问题应该具体分析，不能笼统地说“旧人皆寒心”。“其人为忠于公司”，即不至于寒心。若“其人本专为一己计，为朋友计，不为公司计，如此不忠之人，即不寒心亦有何益”。张元济指出：若“公司专为老旧无能之人保其地位，而新进之辈必将灰心”。“恐其害于公司者什伯于旧人之寒心也。”张元济对高凤池说：“弟生平宗旨，以喜新厌旧为事，故不欲厕身于政界，后与粹翁（商务印书馆前总经理夏瑞芳，字粹芳，1914 年被暴徒刺死）相遇，以为得行其志，故甘为公司效劳。弟敢言公司今日所以有此成绩者，其一部分未始非鄙人喜新厌旧之主义之所致。”“所以敢与公争者，非意气所在，实理势所在。况以弟之主义施之公司，实已有成效乎？”故“窃愿附于争臣争友之列”。从实质上来看，这是商务印书馆领导人中一场新与旧的斗争。这场争论先后持续达十年之久。

同用人问题联系在一起的，还有一个有分歧的意见，就是公司高级职员的子弟是不是可以在公司任职。身居要位的张元济坚决反对公司高级职员的子弟在公司任职。他带头不搞子女特殊化，自己的事业“不传代”，确实难能可贵。

商务印书馆前总经理夏瑞芳和某些领导人在用人问题上，主张用平素相识的人，介绍了一些自己的亲戚子侄进公司工作。张元济对这种利用裙带关系进人的做法很不赞成。

1914 年夏瑞芳被刺身死，高凤池继印锡璋任总经理。1918 年 9 月，商务印书馆一位高级职员的儿子赴美国留学，高凤池打算由公司酌送津贴，以备将来回国留在公司效用。张元济对此竭力反对，他在致高凤池的信中列举了两大理由：一是这些“子弟借父兄之余荫，必不能如其父兄之知艰难。不知艰难之人，看事必易，用钱必费；二是父兄既在公司居重要地位，其子弟在公司任事，设有不合之处，旁人碍于其父兄面子，必不肯言，则无形中公司已受损不少；即使闻知，而主其事者以碍于其父兄之情面，不便斥退。于是用人失其平，而公司愈受其害矣”。张元济主张“为爱惜公司计，父兄在公司任职者，鄙意勿轻用其子弟。宁使在外办事，多受磨炼。俟其阅历既深，能知甘苦，办事确有经验，确有能力，确能立定脚跟，再由公司延聘。彼时宁可特出重薪，以其与公司有密切关系，且又为能实能办事之人，他人亦不能援例，则于用人之道亦无碍也”。

对于预储人才津贴学费一节，张元济表示不同的看法，他在信中说：“弟昔年亦主公司预储人才，津贴学费，以为异日收用之地。然至今收效者，无论有关系无关系，仅仅郁君厚培一人，其他即在公司亦未必能得力，而离去公司或竟不来公司者，更无论矣。由是以观不如收罗现成人才，较易措置，若不合用，可即随时裁汰，公司不过损去数月之薪水而已。”

1922年9月间，鲍咸昌想让他的儿子任商务印书馆印刷所所长，张元济与鲍咸昌开诚相见，劝说他这样做对公司没有好处，鲍词色愤懑，不以为然。张元济又给鲍写信说：“故于公司利害有关之事，不能不言（今日王莲溪兄来言，亦反对弟之主张，谓‘鲍某某儿子可以进来，我的儿子亦要进来，凡重要职员的儿子都可以进来’云云。弟即告以人人都有儿子，都要进公司，恐不成话，并驳其为争夺权利之见，莲兄点头许我）。此时言之原属过虑，吾兄或不愿闻。吾兄必欲招世兄复回印刷所，吾兄尽可行使职权，弟亦何能阻止？但望日后遇有公司因此为难之时，追思老友之言，宽我今日之罪，则弟感幸甚深矣。”张元济痛陈利弊得失，表示愿跟他一起“为中国实业造一模范”。

张元济说到做到，严格要求自己。三十年代初期，其哲嗣树年同志从美国留学回来，他是学经济的，一不愿进政界，二不愿进洋行企业，张元济对他说：“你不能进商务，我的事业不传代。”他向儿子分析了进商务有三不利：“一是对你不利。你若进了商务，由于我在商务的地位，你进去之后，必然有人甚至有一帮人吹捧你，你就失去了刻苦锻炼的机会，浮在上面，领取高薪，岂不毁了你的一生。二是对我不利。父子同一处工作，我在公司内部行政工作上处处要受到牵制，尤其在人事安排上，很难主持公道，讲话无力。三是对公司不利。这将开一极为恶劣的风气，必然有人要求援例。人人都有儿子，大家都要把儿子塞进来，这还像什么样的企业。”最后，张元济对儿子说：“我历来主张高级职员的子弟不准进公司。我应以身作则，言行一致。”在父亲的坚持下，张树年始终没有进商务印书馆。

这位中国近代出版事业开拓者在用人问题上的真知灼见，今天读来令人油然起敬。他的铿锵之言，我们当作座右铭看待又何尝不可！

（原刊于《红专》1986年第1期）

蔡元培与张元济交往琐记

最近看到一批蔡元培先生与张元济先生往来的书信，上自1907年，下迄1940年，断断续续，虽不完整，但二老数十年的深厚友谊却跃然纸上。其中不少关系到政治、文化、教育、出版的史事，颇有意义，抽出数则，稍加说明，以供同好。

蔡为“商务”编书、写书

1902年，商务印书馆设立编译所，需人主持。从前上海石印书盛行时代，如点石斋、同文书局等大规模的印书局，大多有编校机构，聘请翰林出身的文人主持，编校人员也都是举人或秀才出身，因此商务的负责人夏瑞芳（粹芳）等认为也必须请一位翰林来做所长，于是就请南洋公学译书院长张元济（菊生）推荐。正在上海从事革命活动的蔡元培（孑民），与张元济原是光绪壬辰（1892）年殿试同年，同被点为翰林院庶吉士。当时，蔡元培正在爱国学社任总理，张元济遂推荐他兼任商务编译所所长。

这时是《辛丑条约》签订后的第二年，那拉氏从西安回銮后，下诏准备变法。蔡元培认为此后科举必将废止，新式学堂必将普遍设立，就与所内同人共同商定着手编辑教科书，由他拟定计划和编辑体例，进行编辑。不久，中国教育会及爱国学社的革命活动，引起清廷注视，教育会及学社的主要成员均在预定逮捕之列。蔡元培就辞去商务印书馆编译所所长及爱国学社总理的职务，逃往青岛。

蔡元培去后，商务请张元济任编译所所长，积极进行教科书的编辑工作。蔡元培离开商务，仍然为它物色编辑人选，并编著教科书。1907

年春夏之交，正是蔡元培在北京静候派遣到德国留学的时候，因孙宝琦任驻德公使，答应每月助学费银三十两，并与商务印书馆约定，编书取酬，每月送编译费一百银元，以供家用。1907 年 4 月 27 日张元济致蔡元培信中说：

> 修身书第一册稿本已收到，感谢无已。未去国前，如有续成者，仍望见寄为祷。

所谓“修身书”，就是蔡元培给商务印书馆编著的《中学修身教科书》，一共编了五册。

1909 年 4 月 18 日张元济致蔡元培信中说：

> 初八日奉到闰二月廿七日所寄《伦理学原理》改稿及中岛君译稿。三月廿二日手示及本论第三章之厌世主义并大序均收到。……前来示云：有德论、本务论，是否必须补译，抑或可以不补？并乞明示。如须补译，务祈译寄，俾即印行，以臻完善，尤为感幸。惟查《伦理学史》一种，本馆早已出版，销路亦尚好，拟请大笔将此书修润再印，可以不必另译。如尊处已经开译，务祈暂缓，再行酌核。如尚未着手，则可不必译矣。兹将《伦理学史》并原书各一册寄呈。

蔡元培所译的《伦理学原理》，作者为德国泡尔生教授，日本蟹江义丸转译为日文。蔡元培根据蟹江义丸的日译本译成中文，交商务印书馆出版。这部书有序论和本论，本论部分为九章：善恶正鹄论与形式论之见解、至善快乐论与势力论之见解、厌世主义、害及恶、义务及良心、利己主义及利他主义、道德及幸福、道德与宗教之关系、意志之自由等。为什么不直接翻译原著而要用日译本转译呢？蔡元培在译者序言中提到了这个问题，他说：“蟹江氏之译此书也，曰：取其能调和动机论、功利论两派之学说，而议论平实，不滋流弊也。今之重译，犹是意也。”

泡尔生原著总名为《伦理学大系及政治学社会学之要略》，其中除序论外，分为四编：伦理学史、伦理学原理、德论及义务论、社会之形态。蔡在信中说想补译德论和本务论（后译作义务论），即泡尔生原著中的第三编。因此蔡氏在《伦理学原理》的译者序言里说："其伦理学史、德论及义务论当续译之，以公于世。"张元济因商务印书馆已出版过《伦理学史》，所以请蔡不必另译，而是由他对这本书加以校正、润饰后重版。

在这里有必要谈一下蔡元培早期著译书的署名问题。清末，蔡元培曾为麦鼎华所编的《中等伦理学》写过序，序里说："四书五经不合教育体裁。"被张之洞看到，张对麦鼎华编的这本书大为不满，而且认为蔡元培的序尤其谬妄。商务印书馆惟恐蔡氏的著译如署本名，可能要招致清廷的反对，于是就商请改用笔名。所以，《伦理学原理》《中国伦理学史》《中学修身教科书》等初版时，都借其夫人黄世振（仲玉）之名，署名绍兴蔡振。

张的民族气节可钦

蔡元培的一生有着强烈的爱国思想，是人所共知的，然而对张元济高尚的民族气节知道的却还不多，我们不妨从张氏与汪精卫的关系谈起。1914 年初，蔡元培正在科隆布及巴黎附近居住，学法语，从事著译。当时汪精卫等人也旅居法国。同年 2 月 19 日张元济致书蔡元培，其中提到：

> 精卫先生购书信及单均奉到，已交馆友照单寄呈，内惟《辞源》尚未出版耳。至书价、运费尽可俟书到汇还。精卫先生素所仰慕，有所委托，极愿效劳。

此信中还问与汪精卫等"是否聚首一处？足迹亦履巴黎城市否？"末尾并附注："精卫诸君子祈代致意。"张元济对汪精卫很是钦佩，是完全可以理解的，因为清朝季年，汪精卫刺杀摄政王载沣未遂，但从此天下闻名，人们都把他看成是革命英雄。通过蔡元培从此张元济与汪精卫就结成了朋友。1935 年 11 月 14 日蔡致张的信中说：

此次六中全会各方均来参加，在国难期间差强人意。不幸开会式中有精卫兄被刺一案，幸弹力未中要害，现危险期已过，再经调养若干日，可以痊愈。吾哥与精卫兄平日甚为关切，故附闻。

说明后来张元济与汪精卫的关系是很近的。

但是，1938年汪精卫投敌叛国后，情况就起了变化。最近承张元济先生之哲嗣树年先生见告："汪精卫当了汉奸后，从南京寄信问候先严，先严断然拒绝与之通信。上海沦陷期间，先严蛰居不出，'清贫自矢，鬻书为活'。日本当局曾派人来看望先严，乘车到了门前投进名片，先严写了'两国交战，不便接谈'八个字，叫我送了出去。日本人看了笑笑登车而去。"

张元济的爱国思想由来已久，中日甲午战争之后，他面临帝国主义列强瓜分中国的严重局势，感到"亡国灭种之祸，迫在眉睫"，因此他热衷于变法救国。他对清廷、北洋政府以及国民党政府"政教之不修，举数百万里之沃壤，任人刳割，莫敢谁何"，感到痛心疾首，渴望人人"忧勤惕厉，谋所以保兹疆土之策"。张元济在其出版业务上也具有鲜明的爱国立场，例如：1916年，上海有消息说，犹太人哈同将筹印《四库全书》。张元济认为此书是我国文化之宝藏，不宜由外资印行，表示商务印书馆愿引为己任，由于没有得到北洋政府教育部的支持而未曾进行。尤为难能可贵的是抗日战争前夕，张元济眼见日本帝国主义节节进逼，国事日非，汉奸败类，弹冠相庆，他愤然提笔，编撰了《中华民族的人格》一书出版。此书出版时，商务印书馆在报纸上刊登了如下的广告：

张菊生先生编著，商务印书馆出版发行。《中华民族的人格》一册。作者校阅《百衲本二十四史》，最近校《史记》时，深有感于古代英雄人格之高尚，足以激扬民族之精神，因就列传及《左传》《国策》中选取十数人，均舍生取义，复仇雪耻之辈，堪为今日国民模范。并将原文译成白话，分排上下层，对照读之，明白浅显，尤易感动，今欲复兴民族，必先提高人格，此为非常时期不可不读之书。

此书出版于1937年5月，早于卢沟桥事变仅仅两个月。

夏瑞芳之被刺

1914年2月19日张元济给蔡元培的信中还提到另外一件事，那就是商务印书馆总经理夏瑞芳的被刺，信上说：

> 夏粹翁于一月十日被凶人在本店门首狙击，当即殒命。凶手被获，审系出资雇来。说者谓原因由于闸北一役。以私见揣之，未必尽确，大约主因皆由于同行嫉拓（妒），未知卓见以为然否？本馆之事照常进行，继任总经理已推定印君锡璋，亦公司中之大股东，曾任董事多年，在上海商界甚有名誉。知系廑注，并以附陈。

同年张致蔡的信（未注明月日）中又提到这件事说：

> 夏粹翁猝遭惨害，实出意外，差幸凶徒就获，当已引渡，借申国典。惟主谋者早已闻风远扬。世途荆棘，夫复何言！开吊尚未定期，可否乞赐铭诔，尤所祷盼。现在继任者为印君锡璋，馆务[illegible]以照常进行，足纾廑念。

夏瑞芳之被刺与当时政治有关，主使行刺的是国民党人陈其美。武昌起义后，陈其美领导党人光复上海，自任都督，在龙华建立上海军政府，南北议和后下野。1913年，黄兴等因袁世凯背叛革命，发动二次革命，陈其美同纽永建等起来响应，纠合旧部进攻龙华制造局，因军力单薄，一夜间遭到惨重的失败，正在计划收集残余，从南市转移闸北。夏瑞芳得到消息，深怕闸北发生战事，商务和跟他自己有关的几家纱厂都将遭受兵祸，就同各纱厂主共同商定，由他向租界帝国主义集团请求派遣万国商团（帝国主义驻在上海的反动武装部队）在闸北入口处布防，使陈其美的计划不能实现。陈向商务筹借军费和由商务保管的闸北商团枪械，又被拒绝，因此对夏恨之入骨。夏未被刺前，曾接到陈其美的警告信。被刺的地点在河南路发行所门前。当时夏正从发行所出来，登上马车，就被一枪击中，立即送往仁济医院，已经无法医治。当时夏的小马车夫不过十五六岁，竟奋勇追捕凶手。凶手在泗泾路被巡捕抓获，据其在会审公廨供认，系受陈其美指使，因此不敢追究。

《石头记索隐》的出版

张元济致蔡元培的信里面有谈到出版《石头记索隐》问题，亦属书林轶事。1916 年 11 月 22 日张在信中说：

> 兄前撰《红楼梦疏证》奉示拟再加修饰，自为发行。……现在上海同业发行《红楼梦索隐》一种（告白剪呈），若大著此时不即出版，恐将来销路必为所占。且驾既回国，料亦未必再有余闲加以润饰，似不如即时出版为便。鄙见著作权仍为尊有，照《租赁著作权章程》（附呈一份），版税照定价十分之一，似比自印自售较为简净。未知尊意以为何如？再，如蒙俯允，拟将孟莼孙所著《董小宛考》附入后幅，此项定价可以除去计算，敬祈裁核示复，以便遵办。

同年 12 月 8 日，张给蔡的信中说：

> 前得复书，允将大著《石头记索隐》发行，谨悉，已请竹庄兄详细核校矣。

我们从信中可以了解到有关的一些情况：这部书原名《红楼梦疏证》，蔡元培本想经过加工修饰后自印自售。由于张元济在报上见到王梦阮、沈瓶庵的《红楼梦索隐》的广告，蔡书如迟迟不出版恐影响销路，遂动员他及早付印问世。信中提及的竹庄即蒋维乔，当时任商务印书馆编译所编辑，他是蔡的老朋友，此书经蒋维乔详细核校而后印出。信里附有商务印书馆 1916 年 5 月重订的《租赁著作权章程》（乙种）

和“租赁著作权契约”各一份，据熟悉商务印书馆馆史的唐锦泉同志讲，这两份材料从来没有见过，足可补馆史材料之缺。商务印书馆印行的《石头记索隐》初版于1916年9月，版权页上盖有“寉庼”篆书阳文图章一枚，“寉庼”系蔡元培的别号。

“五四”后张劝蔡勿再出

1919年北京中等以上学校的爱国学生爆发了震惊中外的五四运动，而北京大学则是这次运动的发源地，这是同校长蔡元培全力支持和提倡的科学和民主的精神，同他始终坚持和贯彻的办北大的“兼容并包”方针直接相关的。因为蔡元培同情学生运动并亟力营救被捕的学生，深为北洋政府所不满。迫于政治的黑暗，反动派的处处掣肘，蔡元培于5月9日留下了“杀君马者道旁儿”的辞职启事，悄然离京，由上海到杭州小住。

1919年7月3日张元济致蔡元培之弟元康（字谷庼）的信中说：

> 寉兄去浙后，未通音讯，近来想甚安好。闻近日教育部及大学教员、学生叠派代表南来，浼寉兄复出视事。不审果有其事否？惟寉兄出处关系甚巨，不能不格外审慎。以鄙见度之，寉兄此时似不可轻于再出，其原因盖有数端：一、政权必归安福派，其专横无理，可以想见；二、所谓旧学家必依附攀援，大张旗鼓，恐难免文字之祸；三、学生气焰过盛，内容纷纠，甚难裁制，纳之轨范。寉兄出，而有补于世，固所甚盼，惟现在恐非其时。为大局计，为友朋计，均不能不一贡刍荛。兄如谓然，乞为代达。

蔡元培回到杭州后，确实各方面纷纷前来劝驾，希望他打消辞意，早日返京主持校务。不过北洋政府催促返京复任的电报，乃是在各界的压力下不得不故作姿态，所以蔡氏在复电中再次提请“解职，别任贤者”，并请将要专程来杭面催返京的教育部徐秘书“切勿劳驾”。张元济建议蔡元培不要复职的前两点原因颇有见地，认为段祺瑞为首的安福派专横无理，这是当时有正义感的知识分子的共同看法。他所说的旧学家当指林琴南之流，恐其借以攻击，难免文字之祸，也是不无根据的。但是，他对于广大爱国学生在此次运动中取得的伟大胜利，认识不足，所以他的第三点理由显然是错误的。就在张元济发信的第六天，蔡元培在校内校外的敦促下，发出了致全国学生联合会、北京中等以上学校学生联合会、北京大学学生干事部一电，表示放弃辞职，希望学生安心求学。后来蔡元培在文章中表示，五四运动"影响实在不小"，他对于爱国学生所取得的巨大成就有一定的认识。

驱彭留蔡运动中张支持蔡辞职

1922 年冬，北洋政府发生了教育总长彭允彝借口金法郎案，非法要求再次逮捕未曾证明有罪，并已经法庭宣告不起诉的财政总长罗文干。蔡元培对于彭氏此举，在公议上认为是蹂躏人权，献媚军阀的勾当；在私情上，罗是北大的同事，而且在考察教育时为最密切的同伴；而其操守，亦为蔡所深信，为此不免大抱不平。他与汤尔和、邵飘萍、蒋梦麟等会商，都认为有表态之必要。于是一面递辞呈，一面离京，随后并发表《不合作宣言》，表示不能与毫无人格的彭允彝为伍。隔了几个月，北洋政府中贿选总统的布置，渐渐地实现，而要求蔡元培回校的代表，还是络绎不绝。蔡氏此时正准备出国，到欧洲考察教育。

1923 年 6 月 17 日张元济致书蔡元培，他在信中说：

> 知兄将复有北京之行。彭允彝势在必去，果晋京作一结束即行离去，于兄之原定计划并无阻碍。但不知教职员及学生之要求，所谓结束去彭运动者至何程度。一彭允彝去，而来者无非彭允彝，且愈趋愈下，尚有不如彭允彝者。今之政府万无可与合作之理，能则摧残之扫荡之，否则惟有避之而已。兄前此辞去北大，弟所深佩，甚望能终自坚振也。

一周之后，张元济又致书蔡元培，他说：

> 奉六月廿一日手教，捧诵谨悉我兄北京之行业经作罢，闻之甚慰。此时都中只可谓之无政府迁流所极，恐尚有不止于摧残教育者，狂澜既倒，固非只手所能障而挽之也。

“今之政府万无可与合作之理，能则摧残之扫荡之，否则惟有避之而已”，以张元济这样一位旧知识分子，能看到北洋政府之实质，甚属难能可贵。他亟力劝阻蔡元培去北京的心情也是完全可以理解的。在豺狼当道的旧中国，蔡元培确实无法将自己的理想完全付诸实现，他终于走了。从此以后，再没有回到北大。但是，他给北京大学留下了革命的精神，创造的勇气，和追求真理的热烈而执着的信念。

蔡为中央研究院向“商务”索赠图书

1927 年 5 月，蔡元培被推为中央研究院筹备委员。1927 年 9 月 2 日张元济致书蔡元培说：

> 承属之事，遵即转致馆中当局诸公。兹据复称，已就历年出版之旧学书籍如《汉魏丛书》《佚存丛书》《续古逸丛书》《别下斋丛书》《涉闻梓旧》《顾氏文房小说》《涵芬楼秘笈》等七种，悉以捐送。又，拟将《续藏经》《道藏》两书照普通定价再加特别折扣售与，均已与傅君孟真（即傅斯年）接洽等情，谨以奉复。至姬君觉弥，向无交情，且又久未谋面，承属转询哈同所印之书，未能代请，尚祈鉴谅为幸。

蔡元培向张元济索赠的书，显然是为中央研究院历史语言研究所征集的图书资料。姬觉弥是哈同的左右手，哈同的夫人罗伽陵信仰佛教，印了不少佛学书籍，其中有《频伽大藏经》。看来，蔡元培是想通过张元济向姬觉弥征集哈同所印的有关书籍。

张对黄色电影、书刊深恶痛绝

1927 年 10 月 1 日，大学院成立，这是当时全国最高学术教育行政机关，蔡元培就任院长。1928 年 5 月 15 日，大学院召集之全国教育会议在南京开幕。蔡元培致开会词，提出三项教育方针：

（一）提倡科学教育，一方面从事科学上高深之研究；一方面推广民众的科学训练，俾科学方法得为一般社会所适用；（二）养成全国人民劳动的习惯，使劳心者亦出其力以分工农之劳，而劳力者亦可减少工作时间，而得研究学识机会，人人皆须致力于生产事业，人人皆得领略优美的文化；（三）提起全国人民对于艺术的兴趣，以养成高尚、纯洁、舍己为群之思想。简言之，使教育科学化、劳动化、艺术化。

两天以后，张元济从上海给蔡元培寄来一信说：

阅报知中央教育会昨已开幕，并读演词，忧深虑远，真老成谋国之苦心，钦仰奚似。窃有陈者，近来上海有数事于社会教育最有关系而影响于青年者尤大：其一曰电影，大都来自美国，其情节不外诲盗与诲淫，偶赁数椽，便可开演。今且推行及于内地，取资极廉，故人皆趋之若鹜，冥冥中我少年品性不知被破坏几许矣。其一曰性学，冒哲理之名词，行诲淫故技。报章广告几于盈篇累幅，观其出品之多，可决其销路之广。昔时会审公廨尚有时示禁淫书，今则寂无所闻，未知何故？以上二事若不严加取缔，窃恐积极上谋教育之发达，消极上导教育于破产。何不于此大会之时严定检查及禁遏方法？各省教育专家经过一番讨论，异日各归其乡，必能切实施行。此不能不有望于我兄之登高一呼矣。

旧社会黄色电影与书刊，充斥泛滥，毒害青少年之身心委实不浅。张元济有鉴于此，特向蔡元培呼吁，可谓用心良苦。但是在国民党政府里那些沐猴而冠的新贵们又何尝关心社会教育，即使数十年如一日身体力行的教育学家蔡元培对此也束手无策，所以同年6月8日蔡元培复张元济的信中说：

前奉惠书，以电影与性学之害宜属教育会议诸君注意，甚感甚佩！因会议已将结束，未能具案提出，曾于谈话时分别属托，彼等均表同情也。检查电影事，别种议案中已有涉及者。惟此次会议竟无关涉性教育之案，故性学无正式禁条，然大学院必当随时取缔也。

蔡的激流勇退 张的正义呼声

1926年2月，蔡元培应北洋政府教育部电促回国。到上海后，他没有继续北上，而是参加了皖苏浙三省联合会，配合即将开始的北伐战争开展工作。“四一二”反革命政变时，蔡元培以“中央监委”的身份，参加了国民党右派的“清党”运动。但为时不久，他就觉察了蒋介石背叛孙中山的三民主义，与人民为敌的罪恶行径，再加上新贵们利用“教育”、“学术”的名义沽名钓誉和实现个人野心，这一切都同“元老”兼学者的蔡元培格格不入。他要激流勇退了。

1929年3月发生了蒋冯大战，张元济目睹国民党新军阀的火并和肮脏的政治交易，对国民党政府极为不满，遂于3月19日致书蔡元培劝其发表宣言痛斥反动派并辞职引退：

宁汉冲突，吾兄奔走调停，孤诣苦心，世人共见。观今日报纸战祸殆恐难免。吾兄去宁来沪，杜门谢客，殆因此故。国势颓敝至此，民生困苦至此，而在位者犹欲从事战事，试问天良何以对国？何以对民？吾兄此时亟宜发表正论，痛斥两造之非，布告国民速谋制止之策，并即日辞职，庶无负“监察”二字之责（当时蔡氏仍兼国民党中央监察委员）。而若辈知所忌惮，或能悬崖勒马亦未可知。去岁弟曾劝我兄勿辞，今时事已无可为，故再贡其愚诚，尽此忠告，伏祈鉴察。

蔡元培的激流勇退开始于 1928 年 8 月，这时他辞去了大学院院长及中央政治会议委员、国民政府委员、代理司法部长本兼各职，携眷离开南京，定居于上海。蔡在 1928 年 10 月初，连上四次辞呈，辞呈中有“去志早决，义无返顾”等语。接到张元济的信之后，蔡元培于 1929 年 3 月 22 日复信中说：“读惠书甚佩正论，惟目前曲突徙薪之工未竣，投鼠忌器之点尚有，不得不以沉默对之。叨在知爱，想荷鉴谅。”蔡元培的寥寥数语，反映了他处在当时反动势力之下，确有难言之隐，只得以“沉默对之”。但是到了 30 年代前半期，国民党反动派鼓吹法西斯主义，建立特务统治，残杀共产党人和革命青年，迫害爱国进步人士，达到了疯狂的程度。蔡元培痛心疾首。为了替中华民族保存一点元气，他拍案而起，与宋庆龄、杨杏佛等发起组织了中国民权保障同盟，与国民党反动派进行了毫不妥协的斗争。

《百衲本二十四史》的贡献

张元济辑印的《百衲本二十四史》开始于 1930 年，中经“一·二八”之变，直到 1936 年才全部印成。所谓“百衲本”，是指采用的各种版本，残缺不全，彼此补缀而成，有如僧服的“百衲衣”一样。清初宋荦曾经把宋版二种、元版三种配成了《百衲本史记》，傅增湘也用不同的宋本拼凑了《百衲本资治通鉴》。张元济定名为《百衲本二十四史》也就是师其意而用之。殿本《二十四史》校刻时未能广集宋元旧椠，存在不少脱文误字，最严重的脱误，直接影响到史实的真相。张元济辑印《百衲本二十四史》的目的，就是要恢复正史旧本的原貌，纠正殿本的缺失，保持史料的真实性。1930 年 3 月 25 日蔡元培致书张元济，其中提到辑印《百衲本二十四史》的事，他说：

> 方欲奉函，而接惠书，并赐《百衲本二十四史》预约样本，其中补正殿本讹脱者即此数十叶中，业已非常重要，嘉惠学林，洵不负吾哥十年以来之宏愿矣，欢喜赞叹得未曾有。

蔡氏的话并非过奖，这对史学界确是一个重大的贡献。

张元济极端重视《百衲本二十四史》的校勘工作，他特地组织十多位人员在住宅附近成立一个校书机构，在他亲自领导下进行，最后写成校勘记百数十册，由于文字繁冗，有待整理。张元济曾于1938年就各史的跋文摘取主要内容一百六十四则，编成《校史随笔》，这是一本读史者的重要参考书。1939年5月25日蔡元培自香港写信给张元济说：

> 弟杜门不出，有暇读书。近从商务分馆中购得大著《校史随笔》，拜读一过，虽未及检各史对勘，而正讹补夺，厘然有当于心。若举百数十册之校勘记，次第整理印行，则吾哥博观精勘之成绩所以嘉惠学子者，益无限量，曷胜企盼。

蔡元培的希望是有道理的，可惜此举未能实现，校勘记若整理出版，必将为我国史学工作作出巨大贡献。

印《四库全书珍本》时的议论

1933年，国民党政府教育部以当时南迁上海的文渊阁本《四库全书》，拨归中央图书馆筹备处。为了节省经费易于实现，该筹备处与商务印书馆协商决定，将全书中未付印或者已经绝版的珍本，委托商务先行影印，并函聘专家编订了《四库全书珍本初集》目录。在议印期间，北平图书馆副馆长袁同礼、善本部负责人赵万里，鉴于《四库全书》所收，不都是善本，而且还有经过四库馆臣的删改者，主张应广求善本以代库本，定为“罕传本”。他们的意见得到馆长蔡元培及部分专家的赞同。袁、赵与张元济往返函商，进行讨论。张元济于1933年7月13日致袁同礼的信上说：

> 惟弟窃以为兹二事者不妨兼营并进，而不必并为一谈。《四库》所收，非尽善本，且有残缺讹误，无庸讳言；但其间有未经刊行，或虽已刊行而原本不易购求者，如能及早影印，俾得流传，当

亦大雅之所许。……至以善本代库本，则鄙见窃以为不必，且于事势亦有所不能，善本难遇，乞假尤难，往返商榷，更多耽搁，如是则观成无期；且善本亦正无穷，先得一明本，以为可以代矣，未几而有元本，又未几而有宋本出，若以明本自画，则于目的有违，若必进而求元本，更进而求宋本，则观成更无期。故弟窃以为二公高见与教育部原意，分之两利，合之两妨。

张又于8月10日致书蔡元培再提此事，他说：

兹有渎者，教部拟印《四库》未刊本，由商务印书馆承办。前日见《申报》登载我兄与袁君守和联名公呈，主张有旧刻、旧钞者，应用原帙。陈义自高，惟言之易而行之难，窃恐观成无日。鄙意世间书籍不患其多，库本、善本不妨并印。北平图书馆所收宋元明旧刊或旧抄之本有意流通，弟必力劝商务印书馆同时举办。倘荷鼎言，俾得假印，则于学术界实幸事也。

从当时的实际情况来看，张元济的主张比较客观，而且是从实际出发的；“未刊珍本”与“罕传本”同时并举，也是可行的。经历了“九一八”事变，尤其是“一·二八”事变的张元济，对于《四库全书》的命运，十分关切。从抢救祖国的文化遗产出发，影印此书的迫切心情，是完全可以理解的。如果以善本代库本必然要推迟影印的时间，在这方面他是有深切的实感的。

蔡去港的具体时间

1937年11月淞沪沦陷，蔡元培迁居香港养病。1937年12月6日蔡氏写信给张元济说：

弟于十一月廿九日晚七时到此，三十日即晤王岫庐（即王云五）兄，承其转属香港分馆主任黄汉生君照料一切。

同年12月30日蔡元培夫人周峻（养浩）女士致函张元济说：

峻已于十二月廿九日午后五时到港，暂寓陈彬龢先生宅中，一面托云五先生等代觅相当之屋。一路平顺，堪慰锦注。

有关蔡元培的传记和年谱等资料，对于其去香港时间皆不甚准确，两封信说明蔡元培到香港的时间为1937年11月29日，其夫人周养浩抵港日期为同年12月29日，足可补史料之阙。

（原刊于《学林漫录》第七集）

蔡元培的青少年时代

1868年1月11日（清同治六年十二月十七日），蔡元培出生在浙江省绍兴府山阴县城内笔飞弄一个商人家庭里。

辛亥革命后，绍兴府废除，山阴与会稽两县合并成绍兴县，现在改为绍兴市。绍兴是我国东南近海的一座小城市，位于杭州湾南岸。它是宁绍平原的一部分，东邻上虞，南界嵊县，西接诸暨，北靠萧山。这里河网纵横，土地肥沃，素称鱼米之乡。城郊不远的地方，有兰亭、鉴湖、会稽山、大禹陵等名胜古迹，山明水秀，风光宜人，是游人应接不暇的好地方。蔡家居住的笔飞弄附近，有许多古迹，如笔架桥、题扇桥以及相传是晋朝大书法家王羲之的故宅后来改作寺院的戒珠寺，还有戒珠寺后面的蕺山，人们管它叫“王家山”。这些地方都是因与王羲之的故事有关而得名，所以从幼年时代起，蔡元培对绚丽多彩的中国文化就产生了浓厚的兴趣和向往。

蔡元培出生时，这座城市还是清王朝统治下的绍兴府，城内分属会稽和山阴两县管辖。当时这里只有一些小手工业、茶馆、酒肆、当铺、药店和卖杂货的商户，分散在全城。石板铺成的街道两旁，随处可以看到一些悬挂着“进士第”、“大夫第”、“翰林第”一类匾额的大小台门；错杂其间的则是许多低矮而破旧的小屋，那是微贱的小手工业者和城市贫民的住处。就在这类旧式的建筑物中，还夹有教堂的异样的尖顶，这是帝国主义侵略中国所留下的历史见证。

蔡元培出生的年代，我们的祖国风云变幻，灾难深重。中国数千年的封建制度，已经走到历史行程的尽头，古老的封建帝国，早已霉烂、腐朽，只不过是在闭关自守的条件下苟延残喘而已。1840年的鸦片战争，英国的炮舰轰开了沉睡的老大帝国清王朝的大门。1842年8月，签订了中国近代史上第一个丧权辱国的不平等条约——《中英南京条约》。从此，中国古老落后的封建社会，便开始沦为半殖民地半封建社会。

1856 年，爆发了英法联军侵略中国的战争，延续多年，结果又是中国出让主权和割地赔款。沙皇俄国也趁火打劫，从多次不平等条约中，霸占了中国多达一百四十四万平方公里的土地。蔡元培的青少年时代，又爆发了 1884 年的中法战争，在这场战争中，中国“不败而败”的事实，更加暴露了清政府的昏庸腐败和洋务“新政”的软弱无能。一向妄自尊大的清朝皇帝却跪在洋大人的脚下，丧权辱国、割地赔款的不平等条约一个接着一个，就像一条条锁链似的套在中国人民的身上。中国人民日益深重地陷入了苦难的深渊，惨遭荼毒。

但是，帝国主义侵略中国，把中国变为半殖民地半封建的过程，也就是中国人民反抗帝国主义及其走狗的过程。广州城郊三元里人民在鸦片战争时期燃起的仇英火焰，在中国的大地上爆发成延烧不断的烈火。1850 年开始发动的太平天国农民起义，以前所未有的革命雄姿，登上中国近代的历史舞台。它有力地冲击着帝国主义及其走狗清王朝的反动统治，显示出中国人民才是中国历史的脊梁。

中国近代史就这样在卑鄙的贩卖、镇压和英勇的起义、斗争中不断演进，一步步迎来如恩格斯所预见的“整个亚洲新纪元的曙光”。

蔡元培的故乡，是中国古代文化最发达的地方之一。这里的人民在长期反动阶级的黑暗统治下，培育出一种反侵略、反压迫的光荣传统，所以古称“报仇雪耻之乡”。两千多年前，越王勾践在这里卧薪尝胆，艰苦复国。宋末和明末，这里的人民都曾用鲜血和生命写下了可歌可泣的壮丽史篇，出现了陆游、王思任这样富有强烈的民族气节和顽强的斗争精神的著名人物。就在蔡元培降生的前七年，这里的人民在太平军革命精神的鼓舞下，群起殴打到昌安门外劫掠的“炮船楚勇”，并将绍兴知府打成重伤，有力地配合了太平军向绍兴的革命进军。当清政府勾结帝国主义镇压太平军，进攻绍兴城时，这里曾进行过英勇的保卫战。帝国主义洋枪队的一些头目，先后被击毙在绍兴城下。太平军进驻绍兴，虽然只有一年零四个半月的时间，但却留下了卓著的功绩和珍贵的文物。总之，绍兴人民反侵略、反压迫的宝贵精神，给予后代子孙以不可磨灭的深刻印象。

蔡元培的先世明末由诸暨迁到山阴，最初是经营木材业，因为遭到同行的忌妒，被人砍伤，以后就不再搞这种行业了。到了他的高祖时代才又开始经商，他的曾祖排行第四，曾祖的三哥在广东经营绸缎业，因为偷关被捕，要处以死刑，家里倾家荡产去营救，才免于一死。蔡元培的祖父蔡嘉谟，是当铺里的经理。清代读书人所走的道路，除了科举是正路之外，还有几条岔路可走。其一是做塾师。其二是做医生，可以号称儒医，比普通的医生要阔气一些。其三是学幕，就是做幕友，给地方官“佐治”，叫做“师爷”，是绍兴人的一种专业。其四是学生意，但也就是钱业和典当两种职业，此外便不是穿长衫的人能做的事了。蔡家选择了最后一途。

一般说来，典当行业的老板是靠剥削压榨贫民发家致富的，然而蔡嘉谟却交易比较公平，在乡里得到人们的好评。蔡元培的父亲蔡宝煜是钱庄的经理，为人忠厚，对家里的人无论大小都是一律平等，一样爱护，没有分别，所以家人说他“爱无差等”。他对待朋友一向宽厚，有人向他借钱，他总是有求必应，对于欠债的人又不忍去索还。太平军攻占绍兴后，革命洪流有力地冲击着这个家族，蔡家各房的生计多数一蹶不振。蔡元培的家也受到严重的影响。蔡元培十一岁时，蔡宝煜病故了，家里几乎没有任何积蓄。蔡元培的母亲周氏是个性格倔强的家庭主妇，从不依赖别人。世交当中有人要筹款接济他们母子，周氏坚决不肯，婉言谢绝。她典当衣服首饰，勤俭持家，抚养几个儿子成人。蔡元培兄弟姐妹七人，后来大哥元鈖，在上海一家石印局任职，三弟元坚，在绍兴钱庄业里做事，两个姐姐都在没有出嫁时就病死了，幼弟幼妹也很早就夭折了。

母亲周氏，教育自己的儿子要自立，任何事情都要自己去做，不要依赖别人。这就逐渐培养了蔡元培自立和勤奋的习惯，所以后来他做了教育总长和北京大学校长的时候，仍然自己动手洗衣服，从不让别人洗。周氏常常告诫自己的儿子：每当有事和人谈话的时候，先要想一想对方会要说什么话，我应当用什么样的语言来回答。等谈完了以后，要自问一下，对方曾经说了些什么，自己又说了哪些话，这些话有没有毛病，这样做可以少讲错话，少办错事。据蔡元培的长子蔡无忌转述：蔡元培小的时候与三弟元坚跟着保姆下楼，楼梯很高，必须让保姆抱着下来。保姆先抱三弟元坚下楼，然后再来接蔡元培，于是就把他一个人留在楼梯口等着。保姆抱元坚下来以后，刚好要去做别的事，就把蔡元培给忘了。而蔡元培呢，就一直坐在楼梯口上，等了好久一动也不动，也不呼喊家里人来抱。后来家里人都夸他小小年纪能如此安详稳重，将来必定成为大器。父母的言行，对蔡元培的性格有直接的影响，他的宽厚待人有父亲的遗风；他的不苟取、不妄言的品德，是母亲教子有方的结果。

蔡元培乳名阿培，进私塾后，取名元培。原字鹤卿，后改字仲申，别名鹤庼。在爱国学社时，常用“民友”为号。他主编《警钟日报》时，认为“我也是国民一分子，怎么叫民友呢?”于是从《诗经》“周余黎民，靡有孑遗”两句中各取一字，改号为孑民，以后便一直用这个别名。

蔡元培的父亲排行老大，几个叔父或是绸缎店的经理，或是钱庄的老板，只有六叔铭恩是个读书人，后来补了个廪生。在铭恩以前，蔡元培的祖上没有过读书登科的人。

蔡元培六岁时，父亲给他请来塾师在家中授读。跟儿童的生活兴趣相违背的是古老的封建教育。那时绍兴把小孩子上学叫做穿牛鼻。就是说，小孩子上学以后，就像穿了鼻子的牛一样，要被牵着走，从此不自由了。本来初上学的小孩子，有读《三字经》的，也有读《千家诗》或先读《诗经》的，然而蔡元培并没有读这些。他读了《百家姓》《千字文》《神童诗》三部小书以后，就读《四书》。据蔡元培回忆：读三部小书和《四书》的时候，先生是不讲的，《四书》读毕，读《五经》，先生才讲一点。然而《四书》对于六七岁的孩子却一个字也不懂。比如念《中庸》“人道敏政，地道敏树”时，就教学生跟着念，先生从来不讲解是什么意思。《大学》《中庸》本来是《四书》里著名难读的两本书。蔡元培幼年时代绍兴一带就流传着一首儿歌：

大学大学，
屁股打得稀落！
中庸中庸，
屁股打得好种葱！

小孩子不懂《中庸》里的文句，而且读不进去，反而有时遭受先生的责打，是深可同情的。这种教育方法把孩子从入学前的蒙昧引向另一种蒙昧。每天的功课，无非是刻板的背书、听书、习字、对课，此外就没有什么可学的了。

父亲去世以后，家里经济不宽裕，请不起先生，蔡元培就到姨母家附近搭了一年的学。后来又在一位李先生家附读了两年。私塾里蒙昧的教育方法并没有难倒蔡元培。他从小就刻苦好学，家里没有钱买油供他晚上点灯读书，他常常借着灶火的火光夜读，久而久之，他终于以惊人的毅力把《四书》《五经》攻进去了。先生和同学知道了都称赞他有萤雪苦读的精神。

六叔铭恩，善于写八股文，收了很多学生。铭恩也会作诗和写古文，家里藏书不少。蔡元培十几岁的时候，在六叔的指点下，阅读了《史记》《汉书》《困学纪闻》《文史通义》《说文通训定声》等书，打下了很扎实的文史基础。他后来走上做学问的道路，和他青少年时代酷好读书以及六叔的循循善诱有着密切的关系。

说起蔡元培的酷好读书，还有着一段有意思的趣闻。他小的时候在楼上读书，一天晚上家里失火，全家都很惊惶，叫他赶快下楼，而他正集中精力在看书，丝毫也没有察觉，态度仍然镇定自若。事后，家里人都夸奖他小小年纪能临危不乱，遇事不慌，专心致志地读书，真是难能可贵。

给少年的蔡元培影响较大的，还有他的先生王懋修（子庄）。他从十三岁起，就拜同乡王懋修为师，学了四年。王懋修也是以善于作八股文出名的。王懋修博览明清两朝的八股文，常常讲点八股文家的故事，也好谈明代的历史掌故，不时地对学生讲一些宋儒朱熹和陆九渊异同的地方。尤其佩服吕晚村，把清初曾静一案的文字狱详细地向学生们讲过。王懋修最佩服刘宗周（蕺山）的学问和道德，所以命名自己的书斋为“仰蕺山房”。王懋修也好碑帖，喜欢阅读《金石萃编》一类研究金石的书。蔡元培对他的先生有过如下的一段回忆：

> 有一日，先生对一位朋友念了“你半推半就，我又惊又爱”两句话，有一位年纪大一点的同学，笑着说：“先生念了《西厢》的淫词了。”先生自己虽随便看书，而对于我们未成秀才的学生，除经书外，却不许乱看书。有一日，我借得一本《三国志演义》，看了几页，先生看见了，说：“看不得，陈寿《三国志》，你们现在尚不可看，况且演义里边所叙的事，真伪参半，不看为妙。”有一日，我借到一本《战国策》，也说看不得。先生的意思，我们学作小题文时，用字都要出于经书；若把《战国策》一类书中的词句用进去，一定不为考官所取。所以那时我们读书为考试起见，即如《礼记》里面关于丧礼的各篇各节，都删去不读，因为试官均有忌讳，决不出丧礼的题目；这样的读书，照现代眼光看来，真有点可怪了。（蔡元培《我青年时代的读书生活》，见《蔡元培选集》第 323 页）

蔡元培所说的作小题文，就是指八股文。八股文是明清科举制度规定的一种考试文体。立论、发挥都要以《四书》为根据；全篇分破题、承题、起讲等八个部分，后四部分各有两股对偶文字，形成八股。八股文的题目都是出自《四书》上面，叫做“代圣人立言”。破题是开头的两句话，必须把题目的意思说清楚，这就叫做“破”。俗话说“破题儿第一遭”，就是借用这个意思。八股文里写出来的都是圣贤，所以破题上也有一个规则，便是破孔子时务必称“圣人”，孟子等人则称“大贤”或“先贤”，此外一律叫做“时人”。例如题目是《三十而立》这是孔子说的一句话，因此破题就说：

圣人两当十五之年，虽有板凳椅子而不敢坐焉。

习作久了，蔡元培渐渐对内容空泛、形式死板的八股文，产生了厌烦心理。

因为受王懋修的影响，蔡元培二十岁以前，对于宋儒崇拜得五体投地，最突出的表现是他恪守孝道。他十七岁那年，母亲病了，他亲自侍奉汤药，可是一直不愈。他早就听说过，叔父纯山的母亲久病不愈，纯山就割臂上的肉放在药里给他煎服，传说这位老奶奶因此而延长了十二年的寿命。于是，蔡元培也仿效纯山的做法，偷偷地割了自己左臂上的肉放在药里煎，然后送给母亲服用（据说，刲臂进药不能让别人知道，否则就不灵了）。三年以后，母亲病危，三弟元坚又刲臂疗亲，但是没有效果，母亲终于去世了。为了给母亲守孝，蔡元培要实行寝苫枕块的古礼（古代礼教，子从父母之丧起，至入葬期间，不住寝室，睡在草席上，以土块为枕），被家里人阻止。一天，他在夜深人静以后，忽然挟着枕席到母亲棺木旁去守灵。兄弟知道他如此坚决，无法阻止，只好在停棺的厅堂上安放床位，兄弟三人都睡在那里共同守孝。母亲的丧事办完了还没有下葬时，大哥元鉁提出来要给蔡元培订婚，蔡元培一听这消息就大哭不止，连忙去找大哥说："母亲还没有入土就给我议订婚事，这是最大的不孝，我死也不能同意。"大哥见他情意真挚只好安慰他说："你既然这样坚决地遵守古制，我也不好勉强，那就等葬埋了母亲再说吧。"过了若干年以后，已经放弃了宋儒观点的蔡元培，回顾自己的这段情况时说："我当年类似这种拘泥于旧礼教的迂腐举动是很多的。"

1883 年，十七岁的蔡元培参加县考。县考是件小事，在清朝还举行科举的时代，每年在各县都有一次，并不是稀罕的事情，但是它的意义却很重大。这是知识分子，那时候称作士人或读书人的出身唯一的出路，很容易而又极其艰难的道路。这如同从前买奖券，只要花几块钱就可以去买，有人居然得中头二等奖，顷刻间发了大财，但有人而且还是大多数，连中末尾也没有份。这样可以一年年地考下去，到了须发皓白了，还是提了考篮做"考相公"。踊跃走进这个命运的赌博场里去试试自己运气的人还不少，会稽一县的考生就有五百余人，山阴县的考生就更多一些。蔡元培在这次县考中考中了秀才，全家都为他改换门楣庆贺。中了秀才以后，他就不再到王懋修先生那里就学，而是自己自由阅读了。他的求知欲十分强烈，读书的范围又很广泛，家中拮据的经济状况使他没有力量买书，只好把六叔铭恩的藏书借来阅读。这时，他补读了《仪礼》《周礼》《春秋公羊传》《穀梁传》《大戴礼记》等重要典籍。同时，他的兴趣正在往考据和词章方面转，凡是有关考据或词章的书，就随意地阅读，涉猎的范围更为广泛。

从此，蔡元培不再攻取应试的诗文，他专心去研究解说文字的小学和儒家经典的经学，以及写对偶句为主的骈体文。他偶尔在书院也作一些八股文，可是他这时写的八股文往往用古书中相通的字或假借的字来换掉常用的字，用古书奇特的文法改换常用的语法。他写的“怪八股”一般人看不懂，但是书院的院长、名进士钱振常、王继香却很赞赏。他还特地去拜访隐居乡间的前辈平步青。平步青既重视他认真求学的精神，又顾虑他思想新奇，怕给自己招来麻烦，所以有的时候就有意回避，然而蔡元培求教心切还是经常登门拜访，平步青很受感动，后来两个人结成了师友之间的关系，有着深厚的情谊。

到了二十岁的时候，经六叔铭恩的介绍，蔡元培到同乡徐树兰的古越藏书楼校订他家所刻的书籍。徐树兰是光绪初年的举人，曾做过兵部郎中，后来改任知府，因为母亲得病辞官回到家里，在地方上做一些公益的事。徐家的古越藏书楼，藏书很多，蔡元培帮助校订了《周易小义》《群书拾补》《重论文斋笔录》等书，而且自己在这里也阅读了很多书。在徐家整整三年的时间，蔡元培有机会博览群书，学问有了很大的长进。

1889年（清光绪十五年），二十三岁的蔡元培与王昭女士结了婚。这一年他到浙江省城参加乡试，写了三篇“怪八股”，得到了主考李文田很好的评价，因而中了举人。后来有人追忆蔡元培因为写“怪八股”而出名的情况时说：

> 浙江闱墨中，有人作了三篇怪八股，能得风气之先。人们估计他大概是一个怪诞的老秀才，殊不知蔡元培当时乃是一位朴朴实实

的青年学子。他的三篇怪八股，被选中《通雅集》中，以为压卷。《通雅集》是一部怪八股文的专刊，此书一出，一时摹仿而优秀的大有人在，后来浙江乡试癸巳（1893）、甲午（1894）两科，写这样文章中举的有数百人之多。清真雅正的八股家为之太息，认为出了“文妖”。果然不出数年，八股的气运也就告终了。其实所谓怪八股，仅仅是多用周秦子书上的典故，为读书人吐气，打倒高头讲章而已。也可以算作新文化运动的前奏，如同抛出了一枚香烟罐做的粗制炸弹。（吴敬恒《四十年前之小故事》）

尽管在一些地方的乡试中，以写“怪八股”中举的人不少，但是当时的大多数读书人还视陈腐的举子业为正统，清廷的考官也仍然以能写传统形式的八股文为取士的标准。可是，蔡元培却不然，他不仅在乡试而且到北京会试当中，也依旧作他的“怪八股”。他这种不随波逐流，把功名禄利视如浮云的态度，确实难能可贵。虽然他在乡试和会试接连告捷，两年以后殿试，又被点录为第二甲第三十四名进士，不久就被点为翰林院庶吉士，三年后就补授翰林院编修，但是在蔡元培说来，这些步步升级却是他事先没有料到的。

既然到了北京参加会试而且告捷，为什么还推迟了两年才又补应殿试而中进士呢？这里是有原因的，据蒋复璁转述：蔡元培会试以后，把他所作的文章送给他乡试时的主考李文田看。李文田认为他写的是“怪八股”，不合乎科举的要求，没有希望考中。蔡元培相信了这样的判断，于是就立即离京南下。谁知他走后不久就放榜，他却名登榜上，但是已经来不及赶回来参加殿试了，只好等到下一次壬辰（1892）科补应殿试。（见蒋复璁《蔡元培先生的旧学及其他》，《传记文学》第184期，1979年9月台湾版）

清朝光绪皇帝的老师、户部尚书翁同龢对于蔡元培的才华是很赞赏的。蔡元培被点名翰林院庶吉士之后，去拜见翁同龢，翁在自己的日记上写下这样的话：

新庶常蔡元培，号鹤青，绍兴人，乃庚寅贡士，年少通经，文

极古藻，隽材也。在绍兴徐氏校刻各种书。（翁同龢《翁文慕公日记》，1925 年商务印书馆影印本）

1894 年，蔡元培在北京应散馆考试，由庶吉士升补翰林院编修。年仅二十多岁的蔡元培，这时已是一个才华四溢，声闻当代的名翰林了。

（原刊于《学林漫录》第十三集）

冲破封建樊篱的教育总长

因陋就简的教育部

鲁迅曾经说过民国时代的教育总长看条陈的故事，大意是总长上任，“谕”令属员，有什么事，有什么话，不妨写个纸条，陈述一番，这就叫做“条陈”。这时就见很有几个想办些事的人员，当然也有想邀功讨好的，不断地“陈”，总长也就不断地看。久而久之，对于部里的事，却也颇有所知；可是久而久之，却也并不见有下文；于是久而久之，也就明白过来：原来总长的日程表上，有那么一项叫做“看条陈”。看过就算了，原不曾打算做什么。这样的教育总长，多半倒是来做总长，不是来办教育的。来办教育的总长有没有呢？当然有，头一个就是蔡元培先生。蔡元培既是来办教育的，教育一办不通，总长断然不干。今后做什么？自己去读书。以前清进士，殿试二甲，而不曾有半点官瘾在脑里，岂不羞煞后来人！

四十六岁的蔡元培是辛亥革命以后的首任教育总长，而且是近代中国立志改革封建教育制度的第一位教育总长。他任职的时间只有七个月，可说是刚上台便下台了，但是在近代中国教育史上却留下了不可磨灭的业绩。

如同孙中山先生的南京临时政府的所有部局一样，蔡元培做总长的教育部，最初实际上只有他一个人。他面临首要的任务，便是组成一个部。

蔡元培本来可以像他的某些内阁同僚那样，按照中外成例，先招兵买马，设官置署，分等定级，立规章明职责，等到自己像个大总长了，再择吉开张，发号施令。然而他没有那样做。他接受孙中山的任命以后，马上去找爱国学社的老同事蒋维乔。他对蒋说：“我在欧洲的时间长了，对近来国内教育的情形，很多地方都隔膜了。现在打算把一切事务，全权委托你为我规划。”老友的重托，教育制度改革的需要，盛情难却，蒋维乔表示：“恭敬不如从命。”于是蔡元培就偕同蒋维乔和会计员三个人，到南京去组织教育部。教育部就这样正式办公了。

到了南京首先遇到的难题是，教育部办公的房子怎么办？这个问题，大总统和国务员都不能负责解决。于是堂堂的教育总长，如同普通老百姓一样，徘徊在街道之上，到处去寻找教育部办公的地方。后来在碑亭巷向江苏督署内务司借了房屋三大间，作为办公处所。

教育部初成立的时候，各方面虽然很简陋，可是实际上反而具有很多特色：

要掌管全国教育，只靠三个人无论如何是不行的，部里分设职能官署还是必要的。但是蔡元培不愿把它变成一个官僚衙门，于是他提出：“办理部务，当为办社会事业一例”，“除了总长、次长已经由大总统任命以外，其他人，一律叫做部员，不授给官职；因业务需要而选择人才，也不必多设冗员”。取消官职也不见得能够防止官僚主义，因为政府机关总是不同于群众团体。看来这是一种天真的想法，不过他反对继续沿用封建官僚体制，反对把官职当作饭碗因人设职的恶习，反映了这位民主革命家对于封建制度的深刻厌恶。正因为有这样的革命总长，所以南京临时政府的教育部也就成为民国史上足可令人称道的一个部门。

清除官僚衙门的陋习

蔡元培担任教育总长可分作两个阶段，1912 年 1 月 3 日，在南京就任中华民国第一任教育总长，到这一年的 3 月，是第一阶段。1919 年 3 月，南北达成和议，孙中山把大总统的位子让给了袁世凯，南京临时政府也相继撤销。这时蔡元培屡次请求辞去教育总长，没有得到准许。后来南京参议院又复通过包括蔡元培在内的唐绍仪内阁名单，他没办法再辞，只好在同年 4 月下旬到北京教育部视事，到 7 月 14 日辞职为止，是第二阶段。两个阶段总起来只有七个月。

在南京时，蔡元培规定："自总长以下至录事，不分等级，每月薪水一律三十元。"当时的教育部最多只有三十多人，全部开支每月只有千元大洋。等到教育部北迁以后，总长尽义务，不拿钱，次长以下一律予以六十元的月薪。然而部员的能力是强的，鲁迅、许寿裳、夏曾佑等，都被聘到部工作，"每日自上午九时起，午后四时半止，分工做事，不停地办公"。"早晚筹划工作，遇有公事文书，随到随办。""凡小学、中学、专门大学各项学制，部员各就所学，担任起草，犹如出版社里的编辑部，绝对没有衙门的习气。"① 那时的教育部功效也极高，他们的工作主要是拟订改革教育的方案和法令，而以后民国历届政府所颁行的各种学制、课程设置和管理规程等法案，大都是在蔡元培任总长期间草就的，而且是集中在临时政府三个月期间草就的，有时一天之内可以完成三十多份草案。

有比较才能有鉴别。拿清朝末年的学部来说，设有五司一厅，另外还有许多附属机关，层次重叠，冗员众多，机构臃肿，弊病丛生，名义是所谓新式教育主管部门，实际上仍然是封建官僚衙门。

蔡元培主持下的教育部，把清朝学部的冗员冗署大加裁并，是这一改革的重点。新官制规定，总长是内阁阁员之一，直接对总统负责，为政务官；一位次长，管理部里的事务，把从前学部的左侍郎、右侍郎、左丞、右丞四名事务官的职务合并为一个人管理；次长之下，设立三个司一个厅，把从前学部大臣安插三亲六故、狐群狗党的会计司、总务司、司务厅，合并成总务厅；合并普通教育司、实业教育司为普通教育司，保留专门教育司，新设社会教育司以管理全国图书博物和通俗教育；每个司以下设立二到四个科，司长、科长都不设副职，改变了从前学部郎中、员外郎成群结队的编制；此外，从前学部的附属机构，如国子监、京师督学局、学制调查局等，统统裁撤。蔡元培大刀阔斧的改革，敲掉了混迹在教育行政机关的大批官僚政客的饭碗。机构精简了，

---

① 转引自蔡尚思《蔡元培学术思想传记》，棠棣出版社出版，183—184页。

层次减少了，分工明确了，真有点新气象。

蔡元培规定部里不用差役。谁能想到堂堂的教育总长，竟然坐着人力车到总统府去领取总统颁发给教育部的大印，然后用白巾裹着大印，仍旧乘人力车而回。这件事被传为“开国之趣谈”。

蔡元培主持设计的教育官制，经参议院通过，到1912年8月3日由袁世凯以临时大总统名义公布。那时蔡元培已经辞去总长职务，但仍可看作是他变官僚衙门为办事机构的业绩。

可惜，随着整个资产阶级革命的失败，北洋军阀上台，历任教育总长和次长都亟力添设官职，以安插私人，教育部很快又恢复了封建官僚政治机构的旧面目。

兼容并包，识别人才

“兼容并包”，不拘一格，识别人才是蔡元培的一贯主张。1912年3月，蔡元培再次出任袁世凯政府唐绍仪内阁的教育总长。到北京赴任之前，他两次亲自访问范源濂，坚决邀请范出来做教育次长。范源濂名叫静生，是共和党人。蔡元培对范源濂说：“现在是国家教育创制的开始，要撇开个人的偏见，党派的立场，给教育立一个统一的智慧的百年大计。……教育是应当立在政潮外边的。我请出一位异党的次长，在国民党里边并不是没有反对的意见，但是我为了公忠体国，使教育部有全国代表性，是不管这种反对意见的。听说您们党里也有其他看法：劝告您不要自低身份给异党给老蔡撑腰。可是这不是为了国民党或我个人撑腰，乃是为国家撑腰。我所以敢向您提出这个请求，是相信您会看重国家的利益超过了党派的利益和个人的得失之上的。”蔡元培多次地敦促，他的真诚和热情终于使范源濂接受了这一邀请。范氏的允诺招致了一些亲近的前辈和朋友们的责备、误会，可是范源濂事后回想起来并没有什么可后悔的。范源濂说：“在我们的合作期间，那里的人都是知无不言，言无不尽，讨论很多，却没有久悬不决的事。一经决定，立刻执行。所以期间很短，办的事很多。”

“相反相成”的精神，蔡元培在主持教育部时就有所表现。他说过：

> “我在教育部时，请范君静生相助。我偏于理想，而范君注重实践，以他之长，补我之短。”“我与次长范静生君常持相对的循环论，范君说：‘小学没有办好，怎么能有好中学？中学没有办好，怎么能有好大学？所以我们第一步，当先把小学整顿。’我说：‘没有好大学，中学师资哪里来？没有好中学，小学师资哪里来？所以我们第一步，当先把大学整顿。’把两人的意见合起来，就是自小学以至大学，没有一方面不整顿。不过他的兴趣，偏于普通教育，就在普通教育上多参加一点意见。我的兴趣，偏于高等教育，就在高等教育上多参加一点意见罢了。”（蔡元培：《我在教育界的经验》）

他不但能容异己，而且偏请性格意见同自己相左的人来协助，这在历史上真是罕见。

鲁迅，是蔡元培通过许寿裳请来的。许寿裳先到教育部工作，他说过：“那时候教育部一切都在草创，还不具备规模。部里供给食宿，每人只月支薪水三十元。我被蔡先生邀请来南京帮忙，起草各种规章制度，每天忙得没有空闲，于是我就乘机会向蔡先生推荐鲁迅。蔡先生听了非常高兴地说：‘我久仰他的大名，正想写信聘请他来部工作。现在就请先生（蔡先生对我经常直称先生），替我写信敦请，希望他早日来南京。’我就连写了两封信给鲁迅，说蔡先生殷勤聘请的情意。不久，鲁迅就来京了。”

当时，蔡元培很强调美育的重要性，甚至提出“以美育代宗教”的主张。他看到鲁迅一直对美术有浓厚的兴趣，希望鲁迅在这方面多做一些工作，而这也恰是鲁迅所愿意做的。鲁迅在《教育部编纂处月刊》第一册（1913 年 2 月）上发表了《拟播布美术意见书》，阐述了什么是美术，美术的种类、目的和效用等问题，提出了传播美术的方针和措施。一连好几个星期他到暑期讲演会去演说美术略论，有一次正逢着大雨，他还是冒雨前往演说，而听众却为雨所阻，一个也没有来。当时鲁迅在教育部职务范围内的工作，我们可以从他的日记中窥见一斑。例如，他曾到天津去考察新剧，曾去选择开辟公园的地址，曾去视察国子监及学宫的古文物，曾主持筹备全国儿童展览会，还曾参与筹建图书馆的工作，等等。

在当时的那种官僚机构里，方针政策常常是依“长官意志”为转移的。1912 年 7 月，蔡元培辞去教育总长的职务，由次长范源濂接替，这时举行的临时教育会议在决定教育方针的时候，竟把“美育”这个项目删去了。这件事使鲁迅十分反感。他在 7 月 12 日的日记中说：“闻临时教育会议竟删美育。此种豚犬，可怜可怜！”

淘汰“忠君尊孔”的封建学制

蔡元培在南京一上任，就发表了《对于教育方针之意见》。清朝末年，以光绪皇帝载湉“上谕”形式公布了他们的教育宗旨，就是所谓“忠君、尊孔与尚公、尚武、尚实五端”。蔡元培否定了这五条宗旨。他说，“忠君与共和政体不合，尊孔与信教自由相违”，都必须从教育宗旨里删除；而所谓“尚公、尚武、尚实”，或需要改变含义，或需要重新正名，应当分别改名称为：公民道德、军国主义和实利主义。旧教育宗旨不提“世界观及美育”，蔡元培感到是个大缺陷，因此他提出必须根据建设未来社会的需要，重新规定教育宗旨。

在蔡元培辞去教育总长的前夕，教育部召集临时教育会议，通过了他拟订的新教育宗旨，全文是这样：“注重道德教育，以实利教育、军国民教育辅之，更以美感教育完成其道德。”

不难看出，“忠君”和“尊孔”删除了，这就同封建专制主义的教育方针在根本点上划清了界限。增添了“更以美感教育完成其道德”，表达了刚取得政权的资产阶级关于培养青少年的最高理想。当然这种理想到头来只是空想。因为这种设想，在理论上有其根本缺陷。所谓美感，承认有感才有美，不论感情或感觉，都是具体的、相对的，因而在不同的人们眼里引出的美的观念也就很不一样。要求人们超越现实，而形成共同的抽象美感，本来就是不可能的。何况要满身铜臭的资产者把领悟什么世界大体当作归宿，未免就像劝告老虎吃素一样不切合实际。

其实，蔡元培在教育总长任内主持制定的一系列教育法令，比他的新教育宗旨却实际得多，对辛亥革命以后的教育事业，起过相当长远的影响。

旧中国的农村甚至城市，穷苦家庭的孩子上不起学校，文盲比比皆是。蔡元培为此痛心疾首，所以他在 1921 年公布的《小学校令》里，规定普及初等小学义务教育。虽然以后远远没有实现普及，却开了历届政府不得不多少重视小学教育的先例。清朝末年虽然废了科举，可是《诗经》《论语》《孟子》仍是启蒙必读的经典。蔡元培对于死读儒家经典的做法深恶痛绝，所以在他任内通令各省在小学废止读经科，接着又规定初小和高小的必读课程。从此以后一直沿用下来。

文实（理）分科，也是清末规定的办法，蔡元培在 1912 年公布的《中学校令》里，把它废除掉了。他还废除了在中学强迫学生“读经讲课”的陋规。他规定的各种必读课程和授课时数，也大体沿用到 1949 年以前。

大学的重点在培养学术研究人才，专门学校的重点在培养实际工作人才，这是蔡元培一贯的主张。所以他在 1912 年公布的《大学令》和《专门学校令》里，把这两点都分别规定进去。又规定学生可以集会结社，可以对于校务正式提出自己的意见，这些对后来高等教育产生了很深的影响。当然，他也毫无例外地把大学的“经学科”取消了。

“女子无才便是德”，“男女授受不亲”，这是封建时代束缚妇女受教育的两条枷锁。蔡元培主持的教育改革，其中一项就是允许初等小学实行男女同校。这真是破天荒的创举，对后来的影响很大。他的教育改革另外一项：废止清末规定的学校出身奖励。在等级森严的旧社会，若干种卑贱职业的子弟被拒绝在学校门外，剥夺了读书的权利。蔡元培利用国家政权改变的时机，至少在法律上规定了人人有受教育的平等权利。对封建的教育制度，这无疑是一次冲击。

蔡元培在教育总长任内，首先停止祭孔，其次是废除经科，正式定名为文科。这两件事的意义，在当时来说，是绝不可估计得太低的。中国封建势力所倚靠的孔子“圣道”，横行了多少年，这时一股脑儿地推倒在地上，失去了威信，虽然它几次想卷土重来，但这有如废帝的复辟，终于不能成功了。蔡元培虽是科举出身，但他能够毅然决然冲破这重樊篱，不可不说是难能可贵。后来北大旧人仿《柏梁台诗》做联句，分咏新旧人物，其中说蔡元培的一句是，“毁孔子庙罢其祀”，可以说是能得要领的。

作为专使北上迎袁

辛亥革命的领导者们没有一个彻底的反对帝国主义和封建主义的纲领，根本没有去把广大人民群众发动和组织起来进行斗争，因而也就没有足以战胜帝国主义和封建主义这样强大的敌人的力量，而把胜利的希望寄托在袁世凯的“反正”上。袁世凯这个老奸巨猾的政客利用了这个形势，纵横捭阖，一面仗着起义的民军吓唬清朝皇室，逼得他们宣告退位，一面又以强大的军事力量威胁着起义的民军，逼迫孙中山答应把临时大总统的职位让给他。就这样，这个窃国大盗就篡夺了革命的成果。南京临时政府是中国民族资产阶级在历史上仅有的一次掌握了不到三个月的政权。2 月 13 日，孙中山信守诺言，向临时参议院提出辞职咨文，推荐袁世凯继任。但他对袁世凯多少有点了解，是不放心的，因而提出：临时政府必须设在南京，这是各省代表议定的，不能更改；新举总统必须亲自到南京受任；临时政府所制定的约法及所颁布的一切法制章程，新总统必须遵守。为了巩固民国的政权，孙中山不能不有所防备，以约束袁世凯的擅权与专权。

起初，孙中山认为把政权让给封建余孽、军阀首领袁世凯这种做法同革命背道而驰，不愿意和他妥协。但是一些革命党人，都倾向于和议，有人说：只要清朝皇帝退位，任何事我们就不宜深问；也有人说：

武装革命的时期已经过去了，目前应当以全力争取召开国会和制定宪法，这就是巩固共和，实现民治的正轨；而民众的心理，又都以为清朝皇帝退位，就是国事大定了，人们都渴望着和平罢兵。在这样的舆论下，孙中山才不得不委屈从众。不料2月15日参议院选举袁世凯为第二任临时大总统，打电报请他南来就职时，袁世凯就借口北方隐藏着危机，如果舍北就南，北方就可能发生变化。于是他一拖再拖。

1912年2月18日，孙中山委派教育总长蔡元培为欢迎专使，外交次长魏宸组、海军顾问刘冠雄、参谋次长钮永建、法制局长宋教仁、陆军部军需局长曾昭文、步兵第三十一团长黄恺元、湖北外交司长王正廷、前议和参赞汪兆铭等八人为欢迎员，偕同唐绍仪前往北京，迎袁世凯南下就职。

要求袁世凯到南京这块革命派势力较强的地方来当临时大总统，这个奸诈的枭雄未必肯于就范。有些朋友对蔡元培说：这是个“倒霉的差使”，以辞去为好。蔡元培表示：“我不去，总须有人去。畏难推诿，很不成话。”于是他决计接受任务立即北行。

袁世凯也完全懂得这样做的意思，当然不肯就范。他一面以极端隆重的礼节接待这些专使，甚至把正阳门的南正门打开迎接专使①，一面指使他的亲信曹锟的军队“哗变”，从而制造了他不能离开北京的口实。事情是这样，蔡元培等专使2月27日到达北京，袁世凯又是接见，又是谈话，始终没有不能南行的一类话，还假意同各统制及民政首领商量留守的人。暗地里，他却指使京津报纸，各种御用团体，或文章，或通电，或请愿，制造袁世凯不能到南京就职的种种舆论。2月29日，诡计多端的袁世凯制造了“兵变”，北京城内枪声四起，北京东城第三镇曹锟的士兵沿街焚烧抢掠，连迎接袁专使们住的招待所也有士兵纵枪毁门而入，把专使们的行李文件等抢掠一空。“兵变”而且蔓延到通州、天津、保定一带。有人放出空气：“袁世凯还没有离开北京，已经

① 按清例：非皇帝出入，不得开正阳门。袁世凯用这样的礼节对待民国专使，以示隆重。而且明令自这一天起，正阳南正门永远开放，以便行人，而车马仍走东西门洞，不得搀越。

闹到这个样子，要是真的离开，恐怕会造成大乱。”软弱的南京政府经不起恐吓威胁。蔡元培电告孙中山“我们欢迎的目的已经消灭”。孙中山又一次让步，同意把临时政府搬到袁世凯有很大势力的巢穴北京去。辛亥革命就这样失败了。

蔡元培在《大公报》上发表《告全国文》，说明迎袁经过，文章对于袁世凯玩弄手法拒绝去南京就职的阴谋有所谴责，并且宣告迎袁失败，但是他还幻想在“形式之统一”失败后，谋求“精神之统一”。

蔡元培在他口述的《蔡孑民先生传略》里，也曾经提到过迎袁失败的事，他说：“这次之行谁都知道必定不能达到目的，但是南京政府必须有此一举，所以我只好去迎接。”明明知道办不到，而还要“必须有此一举”，这位民主革命家努力于维护共和，以定大局的精神，令人钦佩！蔡元培以专使的身份，首当其冲，调解南北分歧，更是煞费苦心。

毅然辞职赴欧留学

唐绍仪组织的是一个南北混合的内阁，其中除了总理与司法、教育、农林、工商四个部的总长以外，其余都不是同盟会员。同盟会员主张采用内阁制，事事都应当取决于国务院；而非同盟会员，却主张采用总统制，事事都必须秉承于总统，于是首当其冲的财政、军政等大问题，都直接由总统府处理，并不报告国务会议。蔡氏眼见袁世凯的独裁愈来愈露骨，他失望，气愤，认为不能再当这种“伴食”的阁员了，就邀集同盟会员王宠惠、宋教仁、王正廷三人密议，主张辞职，不与袁世凯合作。三个人都赞成，就去告诉唐绍仪，唐也赞成。内阁总理唐绍仪辞职后，同盟会四总长联名辞职，给新总理陆征祥的辞职信就是蔡元培写的，其中有“自明日起，宠惠等不再参加国务会议；就是到部办公，也至迟以（7 月）14 日为截止日期。先此声明，希望准备”这样的话。他们虽然受到挽留，但是坚决辞去。有人怀疑他们何必这样固执非辞不可呢？蔡元培表示自己是辞职的倡议人，决无唐绍仪走了自己反而单独留下的道理。辞职的同时，他在报上发表了《蔡元培答客问》，表明心迹。

蔡元培辞去教育总长以后，蒋维乔还留在教育部。蒋提议委蔡元培做北京大学校长，并且由教育部向袁世凯商量。袁世凯对这项建议极力反对，说：蔡元培既是国民党员，又一个劲儿地提倡革命学说，目前许多“反动”事件，已经大都和他有关，如果再给他做大学校长，大批培养起革新人才来，政府一定会弄到没有办法，使我不安于位了。旁的都可以商量，只有这件事，是绝对办不到的。结果只能筹点经费给蔡元培到欧洲去留学。袁世凯从他自己的角度着想，为巩固本身政权打算，他的眼光相当尖锐，不是一般北洋军阀官僚所能比拟。如果蔡元培在民国元年（1912）就担任北京大学校长，那么像新文化运动一类的事件，很可能提前发生。

说起筹点经费给蔡元培去留学的事，过程是这样的：在北洋军阀时代，蔡元培的生活仍旧贫困。他辞去教育总长以后，听说有一个留学生的缺，便写信给教育部，要求派他出洋充当留学生。当时教育部里的蒋维乔等人，感到蔡元培是前任教育总长，怎么好让他当留学生呢？于是就设法代他筹点钱，把这个留学生的官费给他去游欧，但名义并不叫做留学生。以堂堂的民国首任教育总长，到头来连留学的费用都无法筹措，一般人都难于理解甚至难于相信，但是这却是千真万确的事实。

在众叛亲离和一片讨袁声中，独夫民贼袁世凯于1916年6月死了，南北双方恢复和谈，达成了一定的协议。蔡元培觉得共和国又有了一点希望。正在这时，在马叙伦等北大教授推荐下，北京政府教育总长、蔡的朋友范源濂拍来电报，请蔡元培当北京大学校长。本来就抱着“教育救国”信念的蔡元培，感到在国外所经营的教育，又似乎不及在国内切实，所以就于十月底启程回国。

蔡元培回到上海后，当时的老同盟会员对他是否去就任北京大学校长这件事，有过一番争论。马君武一些人坚决反对，认为北大太腐败，整顿不了，反而于革命党人的声誉有碍。而蔡元培并不这样看，他认为正由于它腐败，所以才需要人去整顿，不应该害怕失败或有过多的个人考虑，何况任大学校长也不是做官。特别因为孙中山竭力主张他去就职，他表示这样有利于向北方传播革命思想。就这样，1916 年 12 月间，蔡元培启程北上。

（原刊于《学林漫录》第十集）

可贵的师生情谊

——记蔡元培和许德珩

我国现代史上著名的民主革命家、教育家和科学家蔡元培先生与五四运动的主要参加者、民主教授许德珩同志，数十年来，师生之间有着深厚的情谊。他们接触当中涉及政治、文化教育史事颇多，根据许德珩同志平日所谈，兹撮其要者缕述于下。

蔡元培任校长前后的北大

许德珩同志 1914 年暑假以后考入北京大学英文学门。蔡元培先生 1917 年 1 月任北京大学校长。首先，有必要把蔡氏到校前后的北京大学作一番对照，然后再叙述蔡许之间的关系。1917 年以前的北大是一座封建思想、官僚习气十分浓厚的学府，有“两院一堂”之称（两院，指参议院、众议院；一堂，即京师大学堂，北大之前身）。学生中豪富子弟不少，很多学生一年要用上千把块银元，有的甚至一年要花五千块银元。一些有钱的学生，带听差、打麻将、吃花酒、捧名角，对读书毫无兴趣，把上大学不过是当作进身之阶。教员中不少人不学无术，吃饭混日子。讲课是陈陈相因，敷衍塞责。

蔡元培先生任北大校长之后，逐步使北大发生了巨大的质的变化。他到校第一天，校役们排队在门口恭恭敬敬地向他行礼，他脱下礼帽，规规矩矩地向校役们鞠了一躬，这种打破历任校长不理睬校役的惯例，使校役和学生们大为惊讶。此后，蔡先生每天出入校门，校警向他行礼，他也脱帽鞠躬。从前的北大，一切保存着清朝京师大学堂的规矩，学生有事和校长接洽，须写呈文，校长批示后揭晓在告示牌上，仿佛一座衙门。蔡先生任校长后，立即出了布告："此后学生对校长应用公函，不得再用呈文。"学生对学校有改进建议时，蔡先生就把提案送登《北大日刊》，择其可行者立即督促职员实行。

蔡先生采取的改革措施，首先从整顿文科入手，因为文科教员中，学术上有成就，但政治上顽固守旧的人物不少，如辜鸿铭、刘师培等皆是，亟需寻找具有革新思想的人物主持文科。所以在他到校视事不到十天的时间内，经过沈尹默的介绍，就聘请了陈独秀来北大任文科学长（相当于文学院院长）。先后又聘请了李大钊、鲁迅等来校任教。他们一起积极推动北大的教学改革。这样，在北大的文科教员中就出现了一个以陈独秀为首的革新派。胡适是 1917 年底到北大的。他讲授《中国哲学史》，用白话文写讲义，提倡写白话文，在当时校内外有很大的影响。此外，在文科教员中还有像马叙伦那样学有专长的人。理科方面，夏元瑮任学长，知名学者有李仲揆（四光）、任鸿隽等；法科教员原多是政府官僚兼任，蔡先生到校后，增加了专任教员，并规定政府官员不得为专任教员（像马寅初、陈启修就是法科的专任教员）。同时还辞退了一批学术水平低、教学态度差的本国和外国教员。在排除的教员当中，有英文学门的教员徐佩铣。此人专业水平很低，而且行为不检，是个流氓分子，人称"探艳团"团长。许德珩、杨振声等先是在英文学门读书，后来转到国文学门。蔡元培到北大后，许德珩、杨振声等七人就提出驱逐徐佩铣的建议，在蔡先生的支持下，终于把徐佩铣从北大赶了出去。

经过这番整顿、充实，全校的教师队伍面貌一新。十分明显，蔡先生的"兼容并包"，并不是一揽子全包，而主要是罗致具有先进思想的新派人物，对那些腐败守旧人物则尽量排除。据 1918 年统计，全校二百多教员中，教授的平均年龄只有三十多岁，甚至还有二十七八岁的教授，他们的思想多数倾向革新，这就给北大带来了朝气。

蔡先生在北大实行改革的另一重要方面，是对思想自由、学术研究空气的培养与提倡。他发起了很多的学会、研究会，如哲学会、雄辩会、体育会、数理研究会、音乐传习所、新剧研究会、书法研究会、画法研究会、图书报社、象棋俱乐部、学生储蓄银行等等。还有同学集股办的消费公社，设在马神庙路北，后来的“未名社”还用过这所房子。这里值得特别一提的，是新闻学研究会。它由蔡先生的秘书徐宝璜主持。《京报》的邵飘萍在“五四”前一段期间，每星期日来这个研究会讲新闻采访经验。这个研究会与五四运动很有关系。蔡先生对这个研究会也很重视，他指出：“本校之有新闻研究，于中国亦实为第一次”（《北京大学新闻学研究会第一次满式训词》），可见蔡元培在北大提倡研究新闻，在中国新闻学史上也有重要之地位。当时国内著名的画家陈衡恪（师曾）、音乐家萧友梅、刘天华都分别网罗在各个学会之中。当时只有二十一岁的画家徐悲鸿则担任画法研究会主任，后来并资送他往法国学习。还有些活动，今天的青年听来是要发笑的，如静坐学会，每个人带一个蒲团去听蒋维乔（字竹庄，别号因是子）的讲演。经过蔡先生这样的提倡，学生的精神和爱好引导到学术研究和正当的文体活动上来了，一时甚为活跃。

蔡先生到校的第二年发起成立了进德会，这是一个提倡个人道德高尚的组织。它以不嫖、不赌、不纳妾为基本条件。这个组织的出现，反映了当时中国知识分子对旧社会上层道德堕落、生活腐朽的不满，对北大部分知识分子个人道德风尚的提高，产生过较好的影响。许德珩同志就是会员之一。

推荐译书　结识之始

许德珩同志在北大读书以来，由于家道贫寒，经济拮据，因而生活十分清苦。他在冬天，身上没有棉衣御寒，穿夹袍过冬，每天只得在教室或图书馆里读书、取暖。他无力在学校包伙，而是在学校附近的小饭铺里吃最便宜的饭食。即使日用压缩到如此节省地步，也仍然感到生计无着。就在这时，蔡先生来到了北大。在校长秘书徐宝璜的建议下，许德珩同志去找蔡先生，请蔡帮助解决生活问题。

在校长办公室里，许德珩同志向蔡先生陈述了自己在生活上的困难，希望校长帮他安置一个半工半读的工作。蔡问许会不会外文？许答以会英文。蔡从书架上拿下一本英译本的《多桑蒙古史》，叫许当场把一节翻译成中文。许在蔡的办公室里，用了两个多钟头的时间翻译了一千多字，快到中午下班时交了卷。蔡看了后，觉得译文符合原意，而且文笔流畅，比较满意。于是就推荐许在国史编纂处通史纂辑屠寄（1917年北京大学开办中国史学门，附设国史编纂处，蔡先生以校长兼任处长。屠寄字敬山，江苏武进人，著有《蒙兀儿史记》）那里，课余翻译《多桑蒙古史》，每月酬送十块银元。从此，许德珩同志不但生活安定下来，而且每月还可以给他母亲寄些钱回去，补贴家用。这样一直延续到1919年他毕业时为止。许德珩同志赴法勤工俭学之前，沈尹默代表学校赠送四百块银元，作为他译书的酬劳。

支持五四运动　同情爱护学生

人所尽知，五四运动的主力是北京大学，而同情并支持五四运动的首先要推蔡元培先生。蔡先生在北大“力倡思想自由”与“允许二十岁以上的学生自由参加政治活动”，从形式上看来，好像也很调和而稳健，但就其实质与影响去观察，就会发现意义的重大了。蔡先生提倡的思想自由的对象是大多数的新青年。青年学生大都是追求新思想新事物的，蔡先生提倡之后，新思想兴起，而旧思想渐趋没落，青年学生复由新思想而出于新行动，也就势所必至的了。从表面上看，蔡先生虽然不允许二十岁以下的学生参加政治活动，但实际上，从前的大学生几乎没有二十岁以下的。这就无异于通令所有大学生都可以参加政治活动了。这是蔡先生十分策略的地方。

巴黎和会决定要把德国强占我山东的“权利”交给日本，并拒绝了关于取消二十一条卖国条约的建议。最初这个消息是林长民（一说为汪大燮）告诉蔡先生的。蔡先生闻讯后，把这一消息告诉了许德珩同志。作为《国民》杂志负责人之一的许德珩立即约集参加国民杂志社的各校代表，于5月2日晚间召开紧急会议。5月3日晚，北大学生会在三院召开全体学生大会，并约北京十三个中等以上学校学生代表参加。这次大会的召开，是得到蔡先生的允许的。会上推定许德珩同志起草宣言。为了写宣言，蔡先生马上批了条子，叫总务课给许一刀纸。5月4日，北京大学学生整队出发到天安门示威，蔡先生是支持的。在三十二名学生、一名市民“槛车送监狱”之后，蔡先生与各专门学校的校长到总统府请愿，并到警厅以身家作保，要求释放学生。在全国各界的舆论压力下，反动当局畏于形势才不得不把学生们释放。当许德珩等二十名北大学生出狱，由同学们伴同走进沙滩广场时，蔡先生亲自出来迎接，他含着眼泪强作笑容，勉励学生，安慰学生，使学生们激动得热泪盈眶。

辞职南返　赴杭挽留

就在这时，反动当局放出了种种攻击北大，威吓蔡元培的谣言，如说“要烧北大房子、杀北大学生”，“要以三百万金收买凶手，刺杀蔡元培”等等。5月9日，反动政府又连下三道命令：一、查办北大校长（这个命令中途收回了）；二、将学生送交法庭；三、整饬学风。在这种残暴压力和尖锐政治斗争面前，蔡先生有些畏缩了。蔡元培一方面同情学生，反对卖国，不愿和军阀政府站在一边，对学生进行镇压；另一方面要和学生站在一边，公开与政府对立，他又有所顾虑，于是就采取辞职的办法来规避。5月9日，蔡先生悄悄离京，出走天津，前往杭州。行前他留下“启事”一纸说：“我倦矣，‘杀君马者道旁儿’。‘民亦劳止，汔可小休。’我欲小休矣。北京大学校长之职，已正式辞去；其他向有关系之各学校、各集会，自5月9日起，一切脱离关系。特此声明，唯知我者谅之。”这正好反映了蔡元培当时的矛盾心理。不过，蔡先生爱护学生这一点是不容抹杀的。5月9日，蔡先生辞职南下，途中寄北大同学一信，说“仆深信诸君本月四日之举，纯出于爱国之热诚。仆亦国民之一，岂有不满于诸君之理，惟在校言校，为国立大学校长者，当然引咎辞职。仆所以不于五日提出辞呈者，以有少数学生被拘警署，不得不立于校长之地位，以为之尽力也”。这封信，明显地流露出蔡先生对学生同情和爱护的心情。

“五四”以后，许德珩同志正在上海筹备成立全国学联。全国学联请许德珩同志作为代表，去绍兴劝说蔡先生北返继续主持北大校务。许德珩同志到绍兴城内笔飞弄蔡的老家面见蔡先生。当时，蔡先生正在亲自洗衣服，一见许德珩同志来访，急忙用毛巾擦了擦沾满肥皂沫的双手，起来欢迎。许德珩同志立时感到一位堂堂教育总长和大学校长，居然在家里亲自洗涤衣服，这种勤俭朴素的作风，令人敬服。经过许德珩同志的剀切陈辞，亟力挽留，并在校内外各方面的敦促下，蔡先生终于7月9日发出“放弃辞职，希望学生安心求学”的电报。他还奋力疾呼：“救国不忘读书，读书不忘救国。”在北大学生的心目中，除了蔡先生没有一个人够得上做学校的校长。

照料劳君展等同志

许德珩同志自1915年丧偶以来，专心致力于学生运动，随后又攻读外语和有关社会主义的学说，无意续婚。现在，我们在少年中国学会、国民杂志社等“五四”时期社团的史料上，可以见到许德珩同志的名字后面写着“字楚僧”。所谓“僧”者，表明独身之意。过了十年，亦即1925年，许德珩同志与数学家劳君展（当时名启荣，新民学会会员）同志结婚之后，才将自己的别名改为楚生。

提起许德珩与劳君展结合的过程，同蔡先生却有着直接的关系。先是1920年秋，蔡先生应湖南教育界之请赴湘讲学。这时，蔡正准备到欧美考察教育及学术研究情况。湖南周南女校校长朱剑凡就把要去法国勤工俭学的两名女学生劳君展、魏璧介绍给蔡，希望带她们一道赴法，并在国外多予照顾。1920年11月下旬，劳君展同志等在蔡先生的照顾下，同船赴法。抵法后，蔡先生又把劳君展等介绍给先到法国勤工俭学的许德珩同志，由许德珩为她们找到法国南方一个叫地雄的小城镇安顿下来，在女子中学读书。这个地方不像巴黎那样喧嚣，十分安静，宜于读书求学。五年的时间里，通过接触和了解，许德珩和劳君展志同道合，逐渐产生了感情，他们于 1925 年 4 月结了婚。最近，蔡先生的家属在整理蔡的遗物中发现，有当年许德珩同志致蔡先生的信函七通，其中一通为许德珩、劳君展同志结婚后致书蔡先生夫妇（当时蔡元培偕夫人周养浩住居德国）的。事情过去了五十六年，蔡先生归道山久矣，劳君展同志去世也整整五年，睹书思人，百感交集，钞录于下，以资纪念：

子民先生夫人赐鉴前承

惠赠各件并承

指示一切允为证婚至谢至感珩等已于本月十六日在巴黎中国饭馆茶会成礼同学及友好到会者三十四人宾主甚欢先是本拟预备证书恭请

签名嗣因证书格式繁重改由珩等致书两家以先生夫人惠赠之十六字抄奉俾作纪念前已寄去知注

奉闻此间大学昨已开课矣余不尽陈专此敬谢并叩

双安

学生许德珩、劳启荣谨启

一九二五、四、二十一日

旅法轶事

1923 年 7 月，蔡先生偕新婚夫人周养浩女士出洋，先后居比、法、德等国，经济情况窘迫。在巴黎期间，蔡先生托许德珩同志为其寻觅住所。从 1924 年二、三月间许与蔡的通信中可以看到许德珩同志为此事曾多方努力，所看房屋“不下三十余家”，最后找到两处，一处“房主为一五十来岁之妇人，伊言渠出租此房非为金钱，乃因一人生活太寂寞故。房甚洁净（在第二层楼），有电灯二，有洗脸房，客厅可公用，

（房租）价一百五十弗郎……”，另一处房租二百法郎（1925 年 3 月 9 日许德珩致蔡孑民的信）。最后，蔡先生选定了前者。当时，旅欧的中国达官巨宦，大多是讲排场，摆阔气，极尽挥霍享受之能事，而人们绝不会想到曾任教育总长的蔡先生，在国外的生活却依然如此寒素。

蔡先生居法期间，需要镶牙，许德珩同志代他找到一位牙科医生。这位医生听说是蔡元培要镶牙，说蔡是中国的一位有名人物，给他治牙，愿意尽义务，不收分文。许遂请这位医生给蔡镶牙，并将不收费的话告诉了蔡。谁知牙镶好之后，这位医生竟然开了为数不小的收据向许要钱。许十分愕然，想到蔡在经济上不宽裕，而且已经说过医生奉送，怎好又去要钱呢。恰巧这时，许德珩同志翻译涂尔干著的《社会学方法论》已由商务印书馆出版（此书后来收入《万有文库》），寄来了稿费，于是就用这笔稿费付了款。这件事始终没有让蔡先生知道。

保障民权不遗余力

“九一八”事变以后，许德珩同志在北大、师大等校教课的同时，积极从事抗日救亡运动，为当局所深忌，于 1932 年 12 月 13 日被国民党宪兵三团逮捕入狱。在此之前，侯外庐、马哲民同志也相继被捕，当时称为“许、侯、马事件”。正在上海与宋庆龄同志、杨杏佛先生等组织中国民权保障同盟的蔡元培先生，闻讯后立即与宋庆龄同志等致电南京政府和北平当局，要求释放非法逮捕的许德珩等人。蔡先生除致电劳君展同志加以慰问外，并派民权保障同盟执行委员杨杏佛先生来北平营救许德珩同志出狱。

许德珩同志出狱后，在 12 月 27 日致蔡先生信中述及被捕情况甚详。他说：本月 13 日“被军当局非礼逮捕。事前并无任何通知于学校当局，事后询问缘由，仅知是‘九一八’事变后常作公开讲演之故，并无其他罪名”。“逮捕时，寓中横被搜查，损失中西文书籍、译稿、著稿甚多，课余成绩丧失过半。此种举动，昔日北洋军阀不忍为之，而乃见之于今日，殊令人具无穷之感也。珩现虽出狱，然精神甚苦闷，多承先生关怀，感惭交并。然此乃今日中国社会之整个的问题，非个人的问题也。诚以对外屈服，贪官污吏横行，而欲使人民都俯首降心不讲话，则中国只有灭亡而已。狱中尚有十四岁小学生、十六七岁中学生，状至可悯。谁无子女，谁无弟兄，而乃不为社会爱惜人如此，可为痛哭者也。先生长者，望以长者的地位，于此种非人道的举动，及人民言论居处等自由，力为保障，则中国虽亡，或可以稍留一二分民气。学生为一愤世嫉俗者，只求问心得过，虽受任何处罚无怨也。”就在这封信寄出的第三天，蔡先生以中国民权保障同盟副主席的名义，招待中外记者，为保存民族元气，保障民权，大声疾呼，不遗余力。后来，周恩来同志在挽蔡元培先生的楹联中说：“从排满到抗日战争，先生之志在民族革命。从五四到人权同盟，先生之行在民主自由”，诚然不虚。

友生对蔡的爱戴

1935 年冬，丁西林等，因蔡先生为国家、为学术劳瘁一生，而一向租房居住，书籍分散于北平、南京、上海、杭州各地，无集中庋藏之地，所以发动蔡的朋友和学生赠款，集资建造一房屋，作为庆祝其七十寿辰之贺礼，使其“用作颐养、著作的地方；同时，这也可以看作社会的一座公共纪念坊，因为这是几百个公民用来纪念他们最敬爱的一个公民的”。许德珩同志觉得这是义不容辞的事情，所以首先参加了赠款之举。后来由于全国对日抗战，淞沪沦陷，蔡先生由上海迁居香港养病，建屋的计划未能实现。

许德珩同志和蔡先生最后会晤，是在 1934 年的夏天。蔡先生到北平，并来北京大学看望故旧。在一次欢迎蔡先生的聚餐会上，许多人都分别向蔡敬酒，后来许德珩同志向蔡先生敬酒时，蔡先生说：饮多了，有些不支了。许德珩同志说：我干了这杯，表示敬意，先生可酌饮一些，不要勉强。蔡先生于是又饮了半杯。师生阔别数年，一旦重逢，欢谈极洽。此后许德珩同志和蔡先生就再也没有见面了。

若从 1917 年算起，到 1940 年蔡先生逝世时为止，三十多年来，蔡先生和许德珩同志师生情义日益加深。蔡先生 1917 年赠给北大毕业生做纪念的铜尺，刻有“各勉日新志，共证岁寒心”一副对联。这副对联正好反映了蔡先生和许德珩同志的确都做到了这个地步，而且都富有此种精神。

四十一年前，蔡元培先生于香港逝世后，毛泽东同志由延安发出唁电，誉蔡为“学界泰斗，人世楷模”，这一恰当而又崇高的评价，也只有蔡先生才能当之无愧。记得蔡先生逝世后，曾经在北大与之共过事的一位学者在悼念蔡先生的文章中说：“道德是应该随时代及社会制度变迁，而不是一成不变的；道德是用以自律，而不是拿来责人的；道德是要躬行实践，而不是放在口里乱喊的；道德喊声愈高的社会，那社会必然落后，愈堕落。反之：西洋诸大科学家的行为，不比道貌尊严的神父牧师坏。清代的朴学大师们，比同时汤斌、李光地等一般道学家的心术要善良的多。就以蔡先生而论，他是主张以美育代替宗教的，他是反对祀孔的，他从来不拿道德向人说教。可是他的品行要好过许多高唱道德的人。”寥寥数语，概括出蔡先生注重实践不尚空谈，言行一致的高尚品德。这种品德在今天说来也仍然不无借鉴之处。

（原刊于《学林漫录》第四集）

蔡元培的“兼容并包”

——纪念“五四”六十周年

五四运动到现在已经整整六十年了。六十年来，祖国发生了天翻地覆的变化，抚今追昔，感慨万端。现在乾坤初转，百废正兴，纪念“五四”，在今天说来，仍然具有重要的历史意义和现实意义。

蔡元培先生在五四运动中所作的贡献是不应忽视的，本文叙述蔡先生任北京大学校长时的一些片断史事，作为纪念。

反对旧思想，欢迎新思潮

每当纪念“五四”，就会联想到“五四”的发源地——北京大学。提起北大，更会联想到当年在北大主张“兼容并包”的蔡元培先生。蔡元培字鹤卿，号孑民，浙江绍兴人，是清末的翰林［光绪十八年（1892）进士、翰林院编修］，早年与章炳麟组织“光复会”。后来“光复会”与黄兴的“华兴会”合并于孙中山先生的“兴中会”，名之曰“兴中会”。辛亥革命以后，蔡曾任孙中山先生的南京临时政府的教育总长。国民党反袁失败，蔡流亡海外，袁死后回国。蔡元培是1916年冬来到北大任校长的。他不满意封建军阀的统治，反对旧思想，欢迎新思潮，提出了思想自由和学术自由的口号，采取了对新旧各派“兼容并包”的办法，对当时正在萌芽滋长的新文化运动起了保护的作用。他所谓的“兼容并包”，并不是新与旧一揽子全包，在新旧思想的斗争中，他是毫不犹豫地站在新文化方面的。

当时，反动的北洋军阀政府与守旧文人如辜鸿铭、林琴南等曾斥新文化为“洪水猛兽”，谓“不可与同中国”。蔡元培曾在北京《英文导报》上发表过一篇题为《洪水与猛兽》一文，给了他们以严正的反驳。他说："我以为用洪水比新思潮，很有几分相像。它的来势很勇猛，把旧日的传统习惯冲破了，总有一部分人感受苦痛。至于猛兽，恰好作军阀的写照，率兽食人。所以中国现在的状况，可算是洪水与猛兽的竞争。要是有人能把猛兽驯服了，来帮同疏导洪水，那中国就太平了。"蔡元培提倡"平民教育"，希望社会上任何人都有可能受到高等教育的机会。

蔡元培来校前的北大

这里有必要先谈一下蔡元培来北大前学校的情况。北京大学筹办于1898年，那正是戊戌维新运动高潮的时候。前清时代称"京师大学堂"，学生毕业，清廷钦赐翰林，是中国一所最老的大学。及至"五四"时期，它已有二十一年的历史了。辛亥革命后，正式改称为北京大学。学校分文、理、法、工、商五科和预科，学生约一千八九百人。第一任校长就是著名的改良主义思想家严复。1916年以前，校风很腐败，学生年纪大的相当多，其中还有举人秀才出身的学生，工友称他们为"老爷"，后来也管他们叫"先生"。校址原是清乾隆皇帝弘历的第四女儿的"公主府"。校长办公室设在马神庙路北的一栋平房里。学生宿舍只有马神庙西斋、沙滩东斋和北河沿"八旗先贤祠"（以后为"译学馆"馆址）三处，学生大部分都在外面寄宿，多住公寓。那时学生没有制服，一般穿长袍马褂，时髦一点的则穿长袍西服裤。整个学校没有图书馆，只是马神庙理科有藏书楼一座。著名的沙滩红楼是1918年才修建起来的。学生中除了少数读死书不问外事的人之外，当时打麻将、捧戏子、逛八大胡同（当时北京妓院集中之所）成为风气。学生生活自由散漫，谁也不管谁。偶遇问题发生则写出揭帖来，贴在墙上，有赞成的，也有反对的，你唱我和。

蔡元培来北大不久，就"包"进了几类不同的人物。

新文化运动方面的人物

首先是新文化运动方面的人物。1917年初，蔡元培聘请了陈独秀做北大的文科学长（即文学院院长）。1918年2月，李大钊先生也到了北大，任经济学教授兼图书馆主任。先是聘请了章士钊任图书馆主任，希望他来整顿原来“京师大学堂”的藏书楼。章到校不久就辞职，以副主任李大钊升为正主任。经过多方整顿和购买中外图书，图书馆遂初具规模。在李大钊主持下的图书馆，不断地补充马列主义以及其他进步的图书。北大的一些进步学生在他的影响之下，也成立了小型的图书室，取名“亢慕义斋”，这是取英文共产主义的译音。现在的北京大学图书馆里面，还有好些上面盖有“亢慕义斋”图章的图书。李大钊早在日本留学期间就接触了社会主义思潮，他学问渊博，思想敏锐，经常在北大新闻研究会等社团发表讲演，宣传新思想，受到北大师生和全国思想界、学术界的尊重。李大钊与陈独秀以前都在《甲寅杂志》上写文章，早就相识。1915年9月，陈独秀在上海办《青年杂志》，恐人误为宣传基督教的刊物，到北大后，于1916年9月就改名为《新青年》。《新青年》在启事广告中说：本志之作，盖欲与青年诸君商榷将来所以修身治国之道。又说：我国青年虽蛰伏研究之时，然不可不放眼以观世界。后来遂主张写白话文，鼓吹文学革命。李大钊、鲁迅当时经常在《新青年》上写文章。1917年，胡适由美国回来在北大任教，也主张写白话文。于是在《新青年》上，一方面有陈独秀、李大钊、鲁迅等人的文章，另一方面又有胡适、钱玄同、王星拱、刘半农、周作人等人的作品。这些人虽然都是新文化运动的人物，但他们在政治见解上，彼此却有较大的分歧。

无政府主义思想也很活跃

第二是无政府主义的思想在北大也很活跃。蔡元培到校后，聘请了清朝大学士李鸿藻之子李石曾教生物学，聘请了吴稚晖当学监。李石曾只来了一个很短时期，吴来学校未正式就职，但无政府主义思想却由他们传播到了北大。李、吴这些人，第一次世界大战时，在法国开豆腐店，还办了一个刊物叫《旅欧周刊》，由后来作了汉奸的褚民谊任编辑，专门介绍蒲鲁东、巴枯宁、克鲁泡特金等人的思想或学说，这就更加助长了他们在这方面的宣传活动。《自由录》《伏虎集》等无政府的小册子，在青年学生中也颇流行；克鲁泡特金、托尔斯泰的思想还占有一定的市场。北京大学和北京高师（北京师范大学之前身）等校的若干学生，组织有秘密团体，流传和研究这些书籍。其中最活跃的有凌霜（黄）、声白（区）、太侔（赵）等人。他们在当时都是主张不要国家、不要家庭的人，所以名字上大都不冠姓。有些脱离实际的空想家，看不起学生爱国运动，以为爱国是落后的思想。“五四”前一年，北大学生举行的向北洋军阀政府的示威请愿运动，无政府主义思想的学生是不参加的。

“国故派”的人物

第三是“国故派”的人物。教员方面原有拖着一条大辫子最顽固的复辟分子辜鸿铭，年轻的英文教员、流氓分子“探艳团”团长徐佩铣，老顽固、文科学长夏锡祺等人。蔡元培来校后，首先就把徐、夏等人排除出去了。当然蔡之排除顽固守旧派是不可能彻底的（辜鸿铭离北大则比较晚），他也把投靠端方出卖革命党，后来又参加筹安会的刘师培请来当文科教员；把投考北大未录取的年仅二十二三岁的顽固分子梁漱溟（其父是以清朝遗老自居的梁巨川，投什刹海“殉节”而死），找来当印度哲学教员。以黄侃、刘师培等人为代表的“卫道派”，亟力反对白话文，于1919年1月创办了《国故月刊》，参加的学生有张暄、伍一比、罗常培等。

许多学术社团的成立

在思想、学术自由的口号下，学校里成立了许多社团，如哲学会、雄辩会、体育会、数理研究会、图书报社、新闻研究会、音乐传习所、新剧研究会、书法研究会、画法研究会、学生储蓄银行等等，不下十六七种。还有同学集股办的消费公社，设马神庙路北，后来“未名社”还用过这个房子。新闻研究会当时在中国尚属创举，每礼拜讲演一次，参加的有三四十人。由校长秘书徐宝璜主持，《京报》总编辑邵飘萍担任讲师，讲办报的经验，还有别的人讲新闻理论。这个学会与五四运动很有关系，蔡元培对它也特别重视。当时国内著名的书画家陈师曾、音乐家萧友梅、刘天华都网罗在这些学会之中。二十一岁的画家徐悲鸿担任画法研究会主任，后来并资送他往法国学习。还有些活动，今天的青年听来一定会发笑的，如静坐学会，每个人带一个蒲团，去听先信道教后信佛教的蒋维乔“讲道”。一时学校的思想、学术空气相当活跃。

此外，蔡元培还发起进德会。这个组织以不嫖、不赌、不娶妾为基本戒条，遵守这三个戒条称甲种会员；加上不做官，不做议员为乙种会员；再加上不吸烟、不饮酒、不食肉三条为丙种会员。它以消极的“不参加”的办法来抗议旧社会的恶习，尤其针对当时北大的腐败风气表现了蔡元培的“道德救国”和知识分子超政治的清高思想。

我们从上面的情况不难看出，蔡元培先生提倡的思想自由、学术自由，是以他所主持的北京大学为实践场所。应该肯定地说，蔡元培先生在“五四”新文化运动中，起了一定的进步作用。

（原刊于香港《新晚报》1979 年 4 月 29 日）

记蔡元培在辛亥革命时期的几封信

蔡元培辛亥革命时期的思想与活动，有关资料大都语焉不详。近承蔡氏曾孙建国同志寄示乃祖1911年10月18日、10月19日、10月24日、10月26日致吴稚晖书札四通印本（见孙常炜编《蔡元培先生全集》1034—1040页），内容皆系涉及辛亥革命者，可补史料之不足。

1907年蔡元培赴德半工半读，直到中华民国临时政府成立前夕，始回国就任中华民国第一任教育总长。武昌起义时期，他正在德国。致吴稚晖的书信，就是在那里写的。

当袁世凯出山准备攫取辛亥革命的胜利果实，一些革命党人对袁抱有幻想，正在德国维坎斯多弗考察教育的蔡元培，听到这一消息，立即于10月18日写信给居住在英国的吴稚晖，断言袁世凯必与革命为敌。他在信中说："无何，昨日所见报纸有袁世凯肯任湖广总督之讯，于是弟之十分乐天观，生一顿挫。弟以为袁世凯者，必不至复为曾国藩，然未必肯为华盛顿。故彼之出山，意在破坏革命军，而借此以自帝。"这一论断十分精到，且为后来事件所证实。

为了争取外国人同情中国革命，外国武力不干涉革命军，将来并承认中国的新政府，蔡元培在德国做了很多宣传工作。在10月18日的信上说：在他对革命前途"悲乐迭换之际而现一义务之观念，以为处现在地位，宜造舆论以助声势（专指所寓地之舆论，借以杜其干涉之渐，而为他日易于承认新政府之地），虽有济与否未可知，而终当借此以稍尽一分子之义务"。

从蔡元培10月19日信中可以看到在柏林的留学生当时做了以下工作："初得武昌捷报，开会演说；发二电：一致上海《民立日报》，一致香港《中国日报》，表赞成新政府之公见，署留德同人。裂龙旗，制三色旗二，交叉于书记案之上。梁诚（笔者按：疑系清廷驻德之使节）闻之，邀数人往谈，询以改旗之举。陆军生四川刘君曰：‘裂龙旗者，我也；制三色旗者，我也。汝欲目我为革命党，我便是革命党，将奈何？’梁诚无如之何。”他们积极响应武昌起义的行动，跃然纸上。他们推翻清王朝的心情十分急切，蔡元培在10月19日信中说：“今日诸报中，南京九江皆已克复，败萨军，沉其二艇，皆好消息，然读者均皇皇然以为未餍，盖人心渴望自由已达此程度。”

蔡元培到达柏林后，立即募捐准备用来向国内报馆拍发长文电报。他在10月24日的信中说：“此间于星期六拟发一电于上海报馆，大意谓外国均赞同吾党，决不干涉，望竭力鼓吹使各地响应云。同人之意，用汉文及英文皆将为上海电局所捺，乃用德文。不意德国电局既收而又打回，谓语涉妨害治安，现则改用骈文式，冀电报生不甚了解，或不至搁置也。”武昌起义以后，各国宣布中立，而暗中却在北京加紧布置袁世凯的再起，向清政府提出非袁不能收拾的意见，准备捧出袁世凯来强化清政府的地位。德国电报局以“语涉妨害治安”为借口，“既收而又打回”，显然不是什么中立态度，而是在竭力支持清廷。但是，蔡元培终于在23日晚间，把电文改为骈体文形式巧妙地拍发出去了。

武汉起义消息传来后，蔡元培总以身在海外，“寂处无为”，“不能荷戈行间”，感到惭愧，于是他急起直追，以实际行动“稍一尽分子之义务”。在革命军饷械困难的情况下，他致书正在纽约的孙中山，请其筹款购炮。10月26日的信中表明，他通过途径找到“克虏伯厂所调查中国现有炮位及其实力表”，从而了解到“鄂军所有者为过山炮，而荫昌所率之虏军所有皆野战炮。信阳以南山战我优；一落平原，则虏之军械却占优势”。还了解到清军“又有新式之管退快炮七十八尊，其射程可达七千三百米达”，其实力超过革命军，因此他建议购新式攻城炮，以取胜清军。蔡元培不但提出购炮尊数和需款若干，而且把选购验收以及运送办法，都一一作了周密安排。

在辛亥革命及其前后的革命斗争中，蔡元培为了民族独立、国家振兴和社会进步，是作出了贡献的，他在致吴稚晖的几封信中所述及的活动，也充分地说明了这一点。

（原刊于《光明日报》1981年10月18日）

附：蔡元培致吴稚晖书札

致吴敬恒函

（1911年10月18日）

稚晖先生惠鉴：

弟于一周前往一山中之中学堂考察规程，并为心理学之试验。本拟逗留半月始归，俄焉于报纸中见吾党克复武昌之消息，为之喜而不寐。盖弟意蜀事本早有头绪，湖南、广东、安徽皆迭起而未已者，得湖北为之中权，必将势如破竹。无几，报纸中于得汉阳、汉口等消息外，又确有长沙及广东、安徽军人起事之说。其时弟胸中一方面愧不能荷戈行间，稍尽义务；一方面以为大局旦夕可定，日盼好消息，或无目前自尽国民分子义务之余地。无何，昨日所见报纸（彼地得报迟一日，昨所见者为前日之报），有袁世凯肯任湖广总督之讯，于是弟之十分乐天观，生一顿挫。弟以为袁世凯者，必不至复为曾国藩，然未必肯为华盛顿。故彼之出山，意在破坏革命军，而即借此以自帝。于是彼之出山，可作种种之预料（以袁军之势力确强于鄂党为前提）：

一、袁世凯提兵到鄂，欣然与革命军合而北征（此为如天之福，然以世凯前数年之情形例之，恐不能有此奢望）；

二、袁世凯虽欲与革命党为敌，而部下则与之反对，杀世凯而连合于革命党（此则袁军之程度能否及此，弟未能悬断）；

三、袁军竟胜革命党而提军北行，逐满自帝（此必不免于第二次之革命，而终较现在为胜）；

四、袁世凯竟为曾国藩第二。

此四者在可有之例〔列〕，而弟之脑中乐观悲观，遂更起迭观，然终为乐观所战胜。盖弟意以为第四现象为最剧之悲观。然以近十年之革命事业言之，迭进而益强，且广东、湖北之事，义声著于天下，治事已有成例，他日必益益进步，至达目的而后已，可断言也。因此等悲乐迭换之际而现一义务之观念，以为处现在地位，宜造舆论以助声势（专指所寓地之舆论，借以杜其干涉之渐，而为他日易于承认新政府之地），虽有济与否未可知，而终当借此以稍尽一分子之义务。

今日又于报纸中见有德军在汉口自与乱民决斗之消息，则更为之怦然。然在彼间，各教员虽询及近事，若甚关切焉者，弟以革命必要之义告之，亦若甚表同情焉者。然彼等既无暇卖文，而于报馆亦无甚联络，无可利用，乃决计今日即回来比锡。晚间到来比锡，得读惠书，藉稔先生及留英学界之运动，深愧数日来之寂处无为也。柏林学界有无举动，弟竟一无所知，从先生之劝，即于凌晨四点钟启行。弟此时所预计者，传布德文报告及募款以备合发长电之二事。至柏林同学有无他种善策，俟协商后随时报告。嗣后惠书请径寄柏林学会（Club China，Charlottenburg，Berlin，Bismarkstrasse 106. p.）为妥。专此并候

日安

弟孑民顿　十月十八日

据《新时代》第 1 卷第 8 期（1961 年 8 月 15 日台北出版）

致吴敬恒函

（1911 年 10 月 19 日）

稚晖先生：

昨夜匆匆复一函，想已达左右。今晨到柏林，晤同学俞大纯、李倜君、顾梦渔诸君，询以有何举动，则其略如下：

初得武昌捷报，开会演说。

发二电：一致上海《民立［日］报》，一致香港《中国日报》（此电昨日始发），表赞成新政府之公见，署留德同人。

裂龙旗，制三色旗二，交叉于书记案之上，梁诚闻之，邀数人往谈，询以改旗之举，陆军生四川刘君曰："裂龙旗者，我也，制三色旗者，我也，汝欲目我为革命党，我便是革命党，将奈何？"梁诚无如之何。李君治法学，主和平，不甚以盲发电报为然；其所主持，谓我辈宜

及时研究何以能使我新政府容易为外国所承认，并对于新政府之组织而批评其是非，分别献替。

顾君素激烈，恶法政科学生，谓是官吏派，以李君之所主持为当在新政府成立以后始可着手；其所主持者，在欧洲发行一报，于革命进行时为鼓吹机关，于革命成功后，为赞纠政治、诱导文明之机关，且谓留学界同人虽现在无不热心赞成，然苟革命军失败，则将俄然消沮。夫革命军此次之举，恐尚不免于失败，惟失败之后，必复能振起，驯至达我目的而后已。故报纸之鼓吹，实尤注意于万一失败必复振起之预备，此当于未消沮把捉之，故今日不可不创办一报。

李君以为报纸非旦夕可建设，需款需人，需种种备具，且非目前急务，与顾君互辩颇久。弟以为两君之所主持，本可并行不悖，今日不必于名目上先辩论举办之先后，请李君先起一草，定研究应用政法之秩序；请顾君先起一草，定发行报纸之办法，然后讨论之。俞君则主张急发电报，意在不论能达与否，乱打一阵。弟以为李、顾二君之所主持，皆于目前鄂事非直接有效。直接有效者，惟俞君之策。然随意乱发，似乎可惜，因告以留英学界发电之方法（即公函中所言者），渠因发一电于公及行年〔严〕相询，想公已复之矣。

李君谓发电似可托外国报馆访事人转达，当探试之。

此间学界已公推数人任与新闻记者交涉，已作文数首，送登各报。

开会时，除一汉军籍外，无一汉学生不到，演说时，听者无不力表赞成。今日弟到时，见李君方以朱笔画出革命党新闻及其间之要语，顾君则节译其大要而书于黑板，其他诸君争阅报，或欢跃，或叹惋，或怀疑，均发于革命速成之希望心。

弟以公函中所谓集款百十镑发长电云云告俞、李诸君，俞君谓款至易集，惟长电以何道而能达，且能流布，此诚紧要关头。未知尊处已筹有妥当之交通机关否？又所谓长电者，内容如何？已有定见否？请示。

今日诸报中，南京、九江皆已克复，败萨①军，沉其二艇，皆好消

① 萨：指萨镇冰。

息，然读者均皇皇然以为未餍，盖人心渴望自由已达此程度。

十月十九日　孑民白

据《新时代》第1卷第10期（1961年10月15日台北出版）

复吴敬恒函

（1911年10月24日）

稚晖先生惠鉴：

又连奉两书，及致俞慎翁书（此书已转致），谨悉一切。此间于星期六拟发一电于上海报馆，大意谓外国均赞同吾党，决不干涉，望竭力鼓吹，使各地响应云。同人之意，用汉文及英文皆将为上海电局所捺，乃用德文，不意德国电局既收而又打回，谓语涉妨害治安，现则改用骈文式，冀电报生不甚了解，或不至搁置也。因发电时，已得汉口各国领事以汉文公告不干涉之消息，又知满酋愿与吾党分南北而治，故电中删去不干涉等字，而言不可允北朝之请，又加入孙文举袁世凯为总统事，于昨夜始发也。孙之推袁，确否固不可知，然此等消息，除离间满、袁外，于半新半旧之人心极有影响。外交亦然，如德国政界推服袁甚至，故俞慎翁特奉一电，请公以英文电示此讯，并勿参疑词，以便传示德报馆，易于取信。想公接电后，已照复矣。

柏林留学界以会馆为中心点，一切函电，均可由此传达：

Club China,

Bismarkstrasse 106,

Charlottenbug, Berlin.

不必特觅个人地址，并请转告章行公。弟恐不能久留此间。俞慎翁热心而能办事，日在会馆，且与公及行公皆素契，嗣后彼此交通之机捩似可由公及行公与慎翁直接较速也。

六岁宝宝[①]昨有遁出之讯，虽未必果确，然亦不远矣。专此

即祝

① 六岁宝宝：清末代皇帝宣统。

日安

弟孑民顿首　十月二十四日

据《新时代》第1卷第10期

致吴敬恒函

（1911年10月26日）

稚晖先生：

昨得复电，知中山住址，为感。此次与中山通信，为筹款购炮事也。

四川刘君庆恩，在广东水陆师学堂卒业（约十五年前），历在益珠、虎门、江阴等炮台任事，与于中日及台湾之战，十年前往日本研究军学，尤注意枪炮，凡九年，乃由汉阳炮厂派来柏林，调查制炮、用炮之术，亦两年矣。其为人颇粗豪，好面斥人过，忤之则饱以老拳。弟前函所告在学会中改旗及对梁诚而直认不讳者，即此人也。于其时亦尝拳殴一使馆之参赞。

然其人实颇机警，在此竭力用功，觅得克虏伯厂所调查中国现有炮位及其实力表，用汉文译之。彼因知鄂军所有者为过山炮，而荫昌所率之虏军所有皆野战炮，信阳以南山战我优，一落平原，则虏之军械却占优势。至直抵北京，则彼虏所谓禁卫军者，十之七八皆满人，皆经训练，又有新式之管退快炮七十八尊，其射程可达七千三百米达。若我无内应，则彼必死守。我军若不增新式攻城炮，则只能运汉阳厂之座架炮及江阴炮台之旧式炮以攻城。此等炮本皆供守御之用，必特设炮台。若建台之始，为虏军炮弹所及，则台不可成而炮皆无用。故刘君之意，不可不于克虏伯厂购新式攻城炮，其一切装置与北京所有无异，而射程远至九千米达者。此等炮可以隔墙取准，不必攻破城墙也。我军不久可全占长江流域，军械由海口运入，当无阻碍。惟购炮之费，每尊约五万马克，八尊则四十万，约合美国金圆十万。此间决无力筹出，乃商之于中山。今日已发一函，属其电复。如中山既允，则运输之事，炮厂任之；选购验收及军中运用之事，刘君及周君树廉（亦在此间研究炮术者）

能任之。至炮价则由中山与炮厂之银行直接交涉，此间毫不干与。此等办法，似皆甚妥。中山处筹出十万美金当亦不难。

惟此事当守秘密。刘君虽亦曾屡在学会提议及此，而此时既入实行界内，不能不秘之，以免为使馆所知，或向炮厂阻止，及运送时或生他种阻力。故函中只用刘君及弟二人之名。此二名者，中山未必记忆，或未足取信，如公赞成此举，请设法助力。一切请尊酌可也。

弟子民顿　十月廿六日

据影印手迹，见孙常炜编《蔡元培先生全集》“遗墨”

聪颖早慧的梁启超

梁启超于1873年（清同治十二年）2月23日，出生于“邹鲁之乡”的侨乡新会茶坑村的嘉亨里。他的祖父梁维清是村里第一个考上秀才的人，但他生性恬淡，在仕途上仅当过一名教谕这个八品官，后来就在乡里设馆教学，“以宋明儒义理名节之教贻后昆”（梁启超《哀启》，见《饮冰室合集·专集之三十二》）。他的父亲梁宝瑛，屡次考不上秀才，便绝心仕途，也在乡间授徒，并且还亲自耕种数亩薄田，过着“半为农者半为儒”的耕读生活。梁启超童年时，家境并不宽裕，据说祖父维清喜欢他的聪慧，又是长孙，所以尤为钟爱。有一次吃饭，蒸有一只鸡蛋，祖父就把鸡蛋给了启超。启超不愿独吃，分了一半给二弟启勋吃，又把剩下的蛋白分给其他的弟弟，他自己只吃了一点点。由此可见启超少年时就具有仁厚笃爱的品德。

梁启超出世的时候，他的祖父正做教谕，父亲正在科举的路子上竞奔，加之母亲粗知诗书，他们对这位将来顶立门户的梁门长子，自然寄予满腔热望，因而使梁启超能够较早地开始接受启蒙教育。他自己在《哀启》中说：“启超启勋及群从昆弟，自幼皆未尝出就外傅。学业根柢，立身藩篱，一铢一黍，咸禀先君子之训也。”梁启超自幼聪颖过人，四岁启蒙，在他祖父和母亲教导下开始读《四书》和《五经》，日日背诵那些在他那种年龄上根本无法理解的所谓古代豪杰哲人的“嘉言懿行”。但从这时起，他也不断地从祖父那里听到一些激动人心的历史故事。云南、两广、福建、台湾等省，是明末民族英雄们抵抗清兵的最后根据地，民间传颂着瞿式耜、何腾蛟、李定国等英雄们的悲壮事迹。新会境内的崖山是南宋末年抗元民族英雄最后殉国的地方。这里有不少亡宋一代的历史遗迹，流传着不少宋代志士仁人英勇抗敌的故事。梁启勋

《曼殊室戊辰笔记》载："上元佳节，祖父每携诸儿孙入北帝庙，舟行经返，祖父每与儿孙说南宋故事，更朗诵陈独漉《山木萧萧》一首，至'海水有门分高下，关山无界限华夷'，辄提高其音节，作悲壮之声调，此受庭训时之户外教育也。"这些民族英雄们在民族危亡、国难当头的艰难岁月里所表现的那种矢志抗敌、视死如归的英勇不屈的精神，深深地激动着儿童时代的梁启超，在他的幼小心灵里埋下了维新救国的种子。

启超六七岁时有客来访，父亲正在桌上写字。便叫启超奉茶待客。客人久闻其聪慧，便出对命对，出上联为："饮茶龙上水。"启超看见父亲仍在写字，灵机一动，便随口对成下联："写字狗扒田"。原来"龙上水"是俚语，意思是饮茶一口而尽；"狗扒田"也是俚语，意思是写字乱写乱画。启超对得很巧妙。客人又出一上联："东篱客采陶潜菊"。这是用了晋朝陶渊明"不为五斗米折腰"的典故；梁启超对曰："南国人怀召伯棠"。客人听了，拍案叫绝。原来启超用周朝召公奭在甘棠树下断狱的典故来对，对得贴切恰当。从此，他就有"神童"的雅号了。

有一次，梁启超在屋里爬梯，祖父怕他摔下来，连忙上前搀扶梯子，启超笑着说："有人在平地，看我上云梯。"他顺口念出像《幼学诗》的五言句，工整有韵味，祖父甚为惊喜。

六岁甫满，他已经读完《五经》。之后，到他父亲教馆的私塾，学习《中国略史》等课程，开始接受比较系统的中国历史的知识。八岁学作八股文，九岁时，他已经学会"描猫画虎"，可以写出洋洋千言的八股文章了。

1882 年，梁启超刚满九岁，他的祖父和父亲就决定让他到广州去应童子试。梁启超第一次离开家乡，登舟赴省。船上的乘客大部分都是赴省应试的读书人。其中有十多岁的少年，也有四五十岁的老书生，还有他们的家长和老师。舟行途中，童生们赋诗连句，梁启超卓然不群地当众咏出了"太公垂钓后，胶鬲举盐初"的诗句。这十个字，当时真如石破天惊，年龄最小的应试者梁启超一下子成了全船注目的中心。从此，舟中咏诗的故事，不胫而走，梁家“神童”的声名传遍了新会。这次初试，梁启超虽然没有考取，但他却在华南的这座名城见了世面。

梁启超十岁时，就读于县城双孖塘李兆镜秀才家中。李家门前小园种有杏花树，称为“杏园”。现在仍可看到墙上嵌有石刻“杏园”二字。有一天，梁启超早起出园，看见杏花盛开，春色撩人，便折了一枝杏花欣赏。这时屋里传来脚步声，他怕给人看见，有失观瞻，急忙把杏花藏进衣袖里。但是已被他父亲看见了，便罚他对对。父亲出上联：“袖里笼花，小子暗藏春色”；梁启超看见厅中悬挂一面“挡煞”的铜镜，便顺口应道：“堂前悬镜，大人明察秋毫。”父亲听了才放过他。李兆镜秀才跟着又出一联命对，联曰：“推车出小陌”；启超对：“策马入长安。”李秀才大为叹服。

1884 年，十一岁的梁启超二次到广州应学院试，考中秀才，补了博士弟子员。这对梁氏家族来说，实在是一件大事，真是“小子后生可畏”，前程不可限量。他的老师周惺吾说：“吾不能教之矣！”（梁启勋《曼殊室戊辰笔记》）

梁启超十一岁时还写过一首很有意思的诗《登塔诗》。原来茶坑村边有座山，叫凤山，山顶有座“凌云塔”，少年的启超很喜欢爬山登塔。这首诗的内容是：

朝登凌云塔，引领望四极。
暮登凌云塔，天地渐昏黑。
日月有晦明，四时寒暑易。
为何多变幻？此理无人识。
我欲问苍天，苍天长默默。
我欲问孔子，孔子难解释。
搔首独徘徊，此理终难得。

这首诗乍看起来，是梁启超探求大自然变化的心声，而实际上毋宁说是少年梁启超对求变的征兆！他这时问天问孔子，问不出一个所以然来。直到后来 1896 年，他二十三岁的时候，在《时务报》上发表了《变法通议》才做出了答案。不过，他在十七岁考举人时，已经表现了他对资本主义新事物的认识。原来，考试的题目是从《孟子》截了《离娄章句》的开头两句："离娄之明，公输子之巧。"梁启超竟大胆冲破了八股的禁格，破题两句便写道："明莫明于千里镜，巧莫巧于火轮船。"这种石破天惊、振聋发聩的语言，主考官李端棻大为赏识，不但选拔他中了第八名举人，而且还把堂妹李蕙仙许配给他。

梁启超在家乡读书的地方有两处：一处是距离其住家不远的梁姓公产书房。1892 年夏，梁启超上京会试落第，带着新婚妻子李蕙仙回到家乡，就借这书房权作"新房"，他们的长女梁思顺就是在这间书房出生的。另一处读书地方，是入村口处"奎楼"，俗称"文昌阁"，后来成为"宏文社学"所在地。这间四方、塔形的三层建筑，四角石柱支撑，两重飞檐，雕梁拱托，显得庄严肃穆。阁门的石壁刻有一副梁启超撰书的对联："党庠塾序式于古，智水仁山在此堂。"是 1894 年正月初一书写的。之后，梁启超又偕妻北上，开始他变法维新的政治生涯了。

陈独秀轶事

陈独秀字仲甫又号实庵，1879 年生于安徽怀宁县绿水乡。他很早就进学，考取了秀才，接着就到南京应江南乡试。所谓江南乡试，就是江苏、安徽两省的秀才要考举人，必须到南京去考试。当时江苏、安徽两省的举人常以此自豪，认为别省是一省考，而他们是两省一起考，考取的举人比别省要优越得多。陈独秀中了举人，陈家曾为之庆贺，安徽话叫做“开贺”。清末废除了科举制度，陈独秀未能到北京会试，因此也就没有取得进士和翰林的功名。辛亥革命以前，他去日本留学，曾一度加入孙中山的同盟会，写过一些文章，鼓吹革命。

陈独秀早年因参加反对清政府的活动遭到追捕，后来留学日本，深受新学思想的影响。他曾一度加入孙中山的同盟会，写过一些文章，鼓吹革命。从 1903 年到 1914 年，他先后参与编辑《国民日报》《安徽俗话报》，并协助章士钊在日本办《甲寅》杂志。当时在新闻言论界已小有影响。1915 年 9 月，他在上海创办《青年杂志》（1916 年 9 月改名《新青年》），宣传新思想、新文化，影响逐渐大了起来。

陈独秀在日本留学期间，和他交往最熟的是章士钊、苏曼殊二人。他们三个人住在一个贷家（即几人合租一屋居住）里。陈独秀专攻西方民主学说，酷爱欧洲文学。他对雨果的《悲惨世界》推崇备至。他对欧洲文学名著都涉猎过，认为没有一部能与《悲惨世界》相比拟。对于音韵训诂文学，他最感兴趣，说文考据一直在研究。苏曼殊在日本时写的诗文，都经过章士钊和陈独秀的润饰加工。陈独秀说过，苏曼殊是个风流和尚，人极聪明，诗文书画都臻上乘，是大有情人，是大无情人。有情，是指他也谈恋爱；无情，是指他当和尚。他认为苏曼殊作的画，看了有咫尺千里之感，令人神往；其吟咏则专擅绝句，发人幽思，诗句行间别有境界。他说苏曼殊爱谈精神恋爱，如《断鸿零雁记》即其自况。对于苏曼殊的翻译文笔，他也评价甚高。他说苏曼殊译拜伦、雪莱的诗，都是用中国古体诗写出的，既不失原意又属重新创作，颇为奇妙。他说曼殊又爱吃猪油年糕，实属假和尚。

一次，三人断炊，让曼殊拿几件衣服去典当，然后买来吃食，他与章士钊在家里等候。一直等到深夜未见曼殊回来，他两人不耐饥饿倒头而睡。午夜曼殊归来，手持一本书在看，问他："钱呢？买了什么吃的？"曼殊说："这本书遍寻不得，今天在夜市上翻着了。"他们说："你这疯和尚！你不知道我们正在饿着肚子吗？"曼殊说："我还不是一样，你们起来看看这本书就不饿了。"他两个气得连骂几声"死和尚，疯和尚"就蒙被而睡，而曼殊一直把这本书看到天明。

章士钊和陈独秀、苏曼殊不同，不爱文艺而致力于政法。当时章和一女子相恋，另一男子写信来要和章决斗。陈独秀、苏曼殊叫章逃避开，才免了一场大祸。

他们三人虽然各有性格和志趣，但友情融洽，毫无隔阂，可谓"挚友"。

辛亥革命前后，陈独秀回国，曾在安徽芜湖第五中学任国文教员。苏曼殊也在这个学校担任图画教员，颇得学生拥护。陈与曼殊常以诗文自娱，多有唱和。曼殊有《东行别仲兄》一首："江城如画一倾杯，乍合仍离倍可哀。此去孤舟明月夜，排云谁与望楼台"，就是写给他的（陈独秀字仲甫）。还有《过若松町访仲兄》一首："契阔死生君莫问，行云流水一孤僧。无端狂笑无端哭，纵有欢肠已似冰"，也是写给他的。

"五四"前后

蔡元培任校长之前的北京大学，校风很腐败，学生自由散漫，纪律松弛。蔡元培到校后，力图改革，整顿校风。1917年初，陈独秀经沈君默介绍来校任文科学长（相当于文学院长），和蔡元培一起，积极推动北大的改革。

据说陈独秀在整顿上课纪律当中，曾与许德珩同志闹过一场误会。当时国文学门的班上有一个学生是黎元洪的侄子。这个人经常缺课，并叫别人代他签到。陈独秀误听人言，没有调查研究，就把这件事记在许德珩的身上，在布告牌上公布许经常旷课，记大过一次。许德珩同志当时是一个生活清苦的学生，冬天穿夹衣过冬，宿舍里没有火，他每天不是在讲堂上，就是在图书馆里。当许见到这个布告时，十分惊异，也极端愤怒，一怒之下，就把布告牌砸碎了。陈独秀的性情一贯急躁，他也大怒，对许的砸布告牌又记了一过。许又把第二个布告牌砸了，并站在他的办公室门前，叫陈独秀出来同他说理。这件事很快就为蔡元培知道了，经过蔡的调查，才知道是陈独秀搞错了，叫陈收回成命，并向许进行劝慰，这件事才平息下来。这也就是陈独秀认识许德珩同志的开始。

在北京发动五四运动后，引起了全国的学生运动和工人运动，对于帝国主义和封建官僚军阀进行了激烈的反抗。这时正是段祺瑞执政时期，段系集团的横行霸道卖国投敌，尤为全国广大人民所愤恨。北大和其他学校学生为此实行罢课，陈独秀的态度是同情并支持学生的爱国行动的。五四运动后期，胡适料理母丧完毕回到北京，正值学校罢课，胡适曾亲自出面要学生复课，遭到学生的拒绝。胡适又想用釜底抽薪的办法，提议把北大迁到上海，愿去者签名，傅斯年、罗家伦都签了名。陈独秀知道后，把傅、罗叫去义正词严地训了一顿，此事遂告寝。

陈独秀为反对北洋军阀起草了《北京市民宣言》印成传单，并在1919年6月11日与高一涵、邓初（北大邓以蛰教授之二兄）三个人到万明路新世界去散发。陈遭到警察厅暗探的逮捕，被关押了三个月。陈独秀在新文化运动中是很有影响的，他的被捕，在社会上引起了很大的反响。北京学生联合会、上海学生联合会、全国学生联合会、中华工业协会、一些省市的教育会、国民大会等群众团体先后发出通电，要求北京政府释放陈独秀。一些知名人士如章士钊等也通电保释。毛泽东同志在《湘江评论》创刊号上写了《陈独秀之被捕及营救》的文章，称誉陈为“思想界明星”，说他被捕“无非是为着赛因斯（科学）和德莫克拉西（民主）”。陈独秀经过各方营救，于当年9月出狱。

1919年冬，在李大钊同志的帮助下，陈独秀化装成商人模样逃出北京，到了上海。这时，陈独秀的思想更激进了，他和上海的一批共产主义知识分子结合起来，继续主办《新青年》，发表宣传社会主义思想的文章。随后，他就积极投入发起创建中国共产党的活动。陈独秀在北大工作三年多的时间里，对北大的改革和发展，起了很大的推动作用，这是应予肯定的。

在法庭上

1932年9月，陈独秀在上海被国民党当局逮捕，曾一度关押在上海市公安局侦缉队里。据说，侦缉队长慕陈独秀的名气，请他写几个字留念，陈拿起笔来一挥，写了“还我河山”和“先天下忧”两个横幅。那个队长估计陈独秀的生命不会长久了，将来这几个字会有很高的价值。当时正在筹备民权保障同盟的蔡元培、杨杏佛等，以及国际上学者如杜威、罗素、爱因斯坦等都纷纷致电南京政府，极力营救陈独秀。而蒋介石却置之不理，并下令将陈独秀押解南京军政部，由何应钦直接审讯。问了几次不得要领，蒋介石下令“全案交法院审理”。陈独秀关了半年以上才由苏州高等法院审理。

陈独秀的好友章士钊律师自告奋勇为陈义务辩护。检查官依“危害民国紧急治罪法”提起公诉，审判长也依同法审查。开庭时，旁听席上客满，庭外也挤满人群。当时国民党《中央日报》报道审判情况，标题是《隽语风生法院审理陈独秀》。

陈独秀自撰辩诉状洋洋数千言。对于蒋介石的“民族主义”，陈独秀说：“对日本侵占东三省，采取不抵抗主义，甚至驯羊般跪倒日帝之前媚颜投降，宁至全国沦亡，亦不容人有异词，家有异说。……‘宁赠友邦，不与家奴’，竟成国民党之金科玉律。儿皇帝将重见于今日，不亦哀乎！”

对于蒋介石的“民权主义”，陈独秀说：“国民党吸尽人民脂膏以养兵，挟全国军队以搜括人民，屠杀异己。……大小无冠之王，到处擅作威福，法律只以制裁小民，文武高官俱在议亲议贵之列。……其对共产党人，杀之囚之，犹以为未足，更师袁世凯之故智，使之自首告密，此不足消灭真正共产党人，只以破灭廉耻导国人耳。周幽王有监督之巫，汉武帝有腹诽之罚，彼时固无所谓共和民主也。……数千年以后之中国，竟重兴此制（指遍布全国的特务），不啻证明日本人斥‘中国非现代国家’之非诬。……路易十四曾发出狂言‘朕即国家’，而今执此信条者实大有人在……余意毁坏民权罪即邻于复辟。……否则军阀之魁，民主之敌，亦得以再造共和自诩，而妄人竟以共和勋臣称之（按：当时段祺瑞受蒋介石邀请从天津南下，蒋以师礼遇之。国民党《中央日报》以大字标题报道《共和勋臣段芝泉落京》）……国民党以刺刀削去人民权利，以监狱堵塞人民喉舌……民权云乎哉。”

对于蒋介石的“民生主义”，陈独秀说：“连年混战，杀人盈野，饿殍载道，赤地千里。老弱转于沟壑，少壮铤而走险，死于水旱天灾者千万，死于暴政人祸者万千。……工农劳苦大众不如牛马，爱国有志之士尽入囹圄。……民死之不暇，何以言民生？”

陈独秀的辩诉状最后一部分，提出究竟是谁“危害民国”，他写道：“国者何？土地、主权、人民之总和也，此近代国法学者之通论，决非‘共产邪说’也。以言土地，东三省之失于日本，岂独秀之责耶？以言主权，一切丧权辱国条约，岂独秀签字者乎？以言人民，余主张建立‘人民政府’，岂残民以逞之徒耶？若谓反对政府即为‘危害民国’，此种逻辑难免为世人耻笑。孙中山、黄兴曾反对满清和袁世凯，而后者曾斥孙黄为‘国贼’，岂笃论乎？故认为反对政府即为叛国，则孙黄已二次叛国矣，此荒谬绝伦之见也。”

陈独秀最后说：“余固无罪，罪在拥护工农大众利益开罪于国民党而已。余未危害民国，危害民国者，当朝衮衮诸公也。冤狱世代有之，但岂能服天下后世。余身许工农，死不足惜，惟于法理之外，强加余罪，则余一分钟呼吸未停，亦必高声抗议也……法院欲思对内对外，保持司法独立之精神，应即宣判余之无罪，并责令政府赔偿余在押期间物质上精神上之损失。”

接着章士钊从律师席上起立为陈独秀辩护。章氏在当时是全国闻名的大律师，一般讼事，即以重金奉请，得其应允也难。章与陈是当年留学日本时的挚友，因此愿为陈义务辩护，不取酬劳。尽管在五四运动前后，章与陈在政治主张、文章体裁等方面是对立的，也打过笔仗，但章为陈辩护一节，人们却称赞他有“古义士之风”。

章士钊的辩护词也是洋洋洒洒，文词重视逻辑性，讲法理的地方多，讲法条的少。陈独秀、章士钊的辩诉状，当时轰动全国，各大报纸都希望登载，但国民党以“不许为共党张目”而禁止之。只有天津《益世报》登载了全文。《国闻周报》发表了陈独秀的一部分供词，已被割裂得不成样子。但是陈、章的辩诉状却被上海沪江大学、苏州东吴大学选为法学系的教材。因为这是两个教会学校，才有此胆量，至于国内其他大学都在国民党的控制之下，谁也不敢冒然行事。

陈独秀、章士钊的辩诉，当然改变不了国民党的既定方针，法院秉承当局意旨，宣判陈独秀有期徒刑十五年。陈提出上诉，搁了一年多，“最高法院”才裁决下来，改判八年徒刑。

在解决西安事变的协议中，蒋介石答应释放全国政治犯，但他一回到南京就自食其言。后来，中共中央派周恩来、董必武同志常驻南京，迫使蒋介石履行诺言，蒋不得已才同意释放政治犯，于是陈独秀于1937年8月间被释出狱。

病死江津

陈独秀出狱后，日机轰炸南京日益疯狂，遂移居武昌，后又迁往四川江津，住在邓初的医院里（抗日战争期间邓初在江津开医院）。

1940年3月5日，蔡元培病逝于香港，陈独秀闻讯后写了一篇《蔡孑民先生逝世后感言》，其中说：“道德是应该随时代及社会制度变迁，而不是一成不变的；道德是用以自律，而不是拿来责人的；道德是要躬行实践，而不是放在口里乱喊的；道德喊声愈高的社会，那社会必然落后，愈堕落。反之：西洋诸大科学家的行为，不比道貌尊严的神父牧师坏。清代的朴学大师们，比同时汤斌、李光地等一般道学家的心术要善良的多。”这几句话，给人们留下了很深的印象。

1942 年 5 月，陈独秀的胃溃疡和高血压病同时发作，他这个相信科学的人居然轻信江湖术士的药方，服了扁豆花煎的汤药，中毒而亡，享年六十四岁。

谈梁老的诗

社中央已故副主席、著名林学家梁希同志是一位善诗能文的科学家。一般说来，科学家未必长于文学，擅长诗文的人未必精于科学。精于科学而又长于词章之学，如梁希同志，实为我国现代稀有的人物。

拜读梁老遗诗之余，谨举数首录之于下并略述梗概，以供同好。

1933 年，梁老同浙江大学农学院院长许璇交谊深笃。浙大校长郭任远受陈果夫驱使，无理排挤许璇，许愤而辞职。政府当局乃商请梁老继任院长，梁老断然拒绝，并因此与金善宝、蔡邦华等六十几位教师相率辞职，以示抗议。梁老和金老等一起到中央大学农学院任教。在离开浙大农学院的前夕，在西湖聚餐会上，梁老痛斥了反动当局对高等教育的无知，和派系之间利用各种条件争权夺势的种种勾当。他即席赋诗：

湖上起风波，湖边饮太和。
南宋山河小，东林意气多。
……

梁老的挚友许璇先生 1934 年病逝于北平，梁老由南京专程前往吊唁，在挽联中他写道：

满肚皮不合时宜，看天下经济文章值得些子。
一口气便升仙境，从此后炎凉世界勿浼乃公。

是悼念许璇先生，又何尝不是梁老个人的感怀愤世之言呢？抗战期间，重庆大学有一位教授在饥寒贫困的条件下生活，为五斗平价米而自杀。梁老怒不可遏，面对国民党政府的统治，气愤已极，他击碎了校庭的水缸，以示抗议。他挥笔疾书，写了一幅挽联：

寒士死生五斗米，
贪官反正一团糟。

大大激发了广大科教人员的斗争觉悟。

梁老是重庆《新华日报》的热心读者，他倾心于中国共产党，也把《新华日报》看成真理的传播者。他在《新华日报》成立四周年、五周年、六周年、八周年的纪念日都为之赋诗，热情歌颂。例如在1942年1月11日《新华日报》创刊四周年时，他用“凡僧”笔名热情地写道：

黄柑斗酒读新华，老眼如看雾里花。
我辈暗中能摸索，英雄名下不虚夸。
残篇人尽千回诵，众目谁当一手遮。
料得满天星斗夜，万家儿女唱边笳！

诗里所说的“残篇”，是指《新华日报》的版面，常常为国民党的检查官开“天窗”。梁老的诗文，清新秀逸，向为读者所喜爱，这首诗更是脍炙人口。他自从和党接触后，诗文于清新中增添了战斗力，因而更有深度了。

1948年5月4日，正当石头城快要被人民解放军的炮火攻克时，中央大学校园内一片白色恐怖，进步的学生举行了纪念“五四”的营火晚会，他们手挽着手，高唱革命歌曲，梁老全然不顾个人安危，站在高台上指着营火说：“同学们！不要害怕，天色就要破晓，曙光即将到来！”当夜，他激动地写了一首诗说：

以身殉道一身轻，与子同仇倍有情。
起看星河含曙意，愿将鲜血荐黎明。

梁老已把个人生死置之度外，决心以身献与人民革命事业。他的学生们传诵了这首诗，大家很受鼓舞，无不肃然起敬。

梁老为人正直，对事严峻，对人则和蔼可亲。他处事认真，一丝不苟，在写作时每个字都写得端端正正。他对学生则尽力而教，循循善诱。凡是他的同事和学生无不尊敬他。他在人群中确令人有一种青松翠柏之感。1941 年在重庆的中央大学森林系有五位同学毕业，在校同学为他们开欢送会时送每人签名册留念。梁老当时即兴赋诗并为五人逐一手抄一遍留作纪念，诗曰：

一树青松一少年，葱葱五木碧连天。
和烟织就森林字，写在巴山山那边。

他把五人各比作一棵青松，五木正好构成“森林”二字，以此勉励同学健康成长，要他们碧绿连天，要把和烟织出的“森林”写在巴山山那边。现在巴山山那边的森林依然无恙，但是不是碧连天了呢？说来令人惭愧。

1946 年 9 月，梁老应台湾省行政长官陈仪老友之约，前往台湾视察。此行当中，他留下了 40 首诗，其中一首：

廉吏吁嗟墨吏骄，纷纷搜括到青苗。
伤心最是高山族，四壁萧然人未饶。

从这里可以看出诗人对台湾人民尤其是高山族同胞的关切和同情。

梁老去世后，留下上百首旧体诗。其中《西北纪行》中有不少佳作，反映了梁老作为新中国第一任林业部部长，在公务繁忙，行色匆匆之中，心底诗意依然十分之浓，以至每到一处，必有吟颂，从而记录下当时的一些活动和心情。例如，《宝鸡阻雨候车》一首：

雨淋枯木湿寒鸦，枫未经霜菊未花。
又是一天虚度了，黄昏人报不通车。

此诗不仅反映了建国初期，百废俱兴，铁路交通未能正常畅通的历史情况，同时也写出梁老在视察西北时遇雨被阻的焦灼心情。

又如，他的《潼关渡黄河》之二：

黄河东去落天涯，淘尽英雄汰尽沙。
八楫中流横夕照，关东大汉唱咿哑。

这是一首有气魄的好诗，反映了诗人开阔的胸怀，豁达的气度，给人以深刻的印象。

梁老离开我们已经 28 年了，他留下的“黄河流碧水，赤地变青山”的遗言，表达了梁老特有的文采，激励人心的语言，鼓舞着人民大众绿化祖国的斗志。我们坚信，在为四个观代化建设中，我国的林业科学工作者一定会按照梁老所设计的美丽远景：“无山不绿，有水皆清，四时花香，万壑鸟鸣，替河山装成锦绣，把国土绘成丹青，新中国的林人，同时是新中国的艺人”，团结一致，共同奋斗。

（原刊于《红专》1987 年第 2 期）

欣慰的纪念

——纪念中国地质学界先驱丁文江

丁文江先生是我国早期卓越的地质学家。他对我国地质事业的创建、巩固和发展，起了重要的作用，是中国地质事业的创始人之一。

丁文江字在君（1887—1936 年），江苏泰兴人，早年曾留学日本和英国。1911 年回国，先后担任北洋政府地质科科长、地质调查所所长、北漂煤矿公司总经理、淞沪商埠总办、北京大学教授、中央研究院总干事等职。

1936 年 2 月，蔡元培先生在《独立评论》上撰文纪念丁文江，他说："在君先生是一位有办事才的科学家。普通科学家未必长于办事；普通能办事的，又未必精于科学。精于科学而又长于办事，如在君先生，实为我国现代稀有的人物。"（《丁在君先生对于中央研究院的贡献》，见《独立评论》第 188 号）短短数语，高度概括了丁文江的才识。

丁文江是很活跃的也很有吸引力的人，他具有多方面的才能。除了地质学，对于地理学、生物学、人类学、考古学、历史学以及经济、外交等，他都有相当的研究和造诣。他是一个闲不住的人，凡是他认为有意义的事，想到就做，而且做得很好。

从事地质工作不过二十年的丁文江，其中差不多一半时间是做行政管理工作。可是他的科学成果丰富多彩，许多方面是奠基性的。尽管他的贡献很大，留下的学术遗产也不少，但由于 1926 年他曾做过不及半年的淞沪商埠总办，一些求全责备的人，就把他一概否定，甚至在中国地质学史上，也没有给予应有的地位。这是不公正的，也不是实事求是的态度。

今年是丁文江逝世五十周年，和丁文江有过接触和交往的老一辈科学家，都深情地怀念着他。湖南省决定拨款重修岳麓山上在“文化大革命”中被破坏了的丁文江墓。丁文江的学生、著名地质学家黄汲清教授应中国地质学会湖南省分会之请，亲到长沙主持纪念丁文江的学术讨论会，并撰写纪念文章在《中国科技报》上发表。这位长期几乎被遗忘了的科学家，现在受到同行以及学生的称赞和怀念，表明了当前国内学术界的宽松环境的确在形成，不能不令人感到欣慰。

丁文江一生中先后做过三次教师。教师在很多人不感兴趣，有人说教师像一根蜡烛，“燃烧自己，照亮别人”。丁文江所以如此热爱教师这一职业，是和他的无私精神分不开的。丁文江在北大教书时的助教、著名地质学家高振西同志曾说过：“我们真正觉得，丁先生不只有做教师的资格，而且能全部地尽了他做教师的责任。……他是用尽了他所有的力量去教的。……他对于标本挂图等类，都全力罗致，除自己采集绘制之外，还要请托中外朋友帮忙，务求美备。当时地质调查所的同事们曾有这样的笑话：‘丁先生到北大教书，我们许多人连礼拜天都不得休息了，我们的标本也给丁先生弄破产了。’……”（《做教师的丁文江先生》，见《独立评论》第188号）严师出高徒，在丁文江教导下的学生和助教，有半数后来都成为出色的地质学家，如黄汲清、李春昱、高振西、王曰伦等。

丁文江调查地质，足迹遍及祖国大江南北，长城内外，而精力用得最多的是西南。1914年，他独身去云南，花了整整一年时间，调查了滇北、滇东和四川会理、贵州威宁一带的地层、地质构造，还专门调查了东川铜矿和个旧锡矿。这是中国人第一次开展边远地区的大规模地质工作，是地道的探险工作。他所经历的艰难困苦，从他写的《漫游散记》中可以窥见一斑。1928年的广西之行以及1929至1930年的贵州、四川之行，虽然说不上是探险，但这些地区大部分是地质工作上的处女地。丁文江的开创性工作，值得人们永远纪念。

丁文江平生最佩服徐霞客，而黄汲清称赞他是20世纪的徐霞客，黄老说：“当然他处的时代不同，所以他的成就远远超过徐霞客。此外，丁先生在发现人才、培育人才、爱护人才、提拔和使用人才方面，付出了大量精力和心血，成绩很大，影响深远。他是20世纪的伯乐。这一点更是徐霞客所不及的。”（《丁文江——20世纪的徐霞客》，见1986年8月25日《中国科技报》第二版）

丁文江只活了四十九岁。1936年1月5日，他就溘然长逝了。最近承蔡元培先生的家属建国同志见示傅斯年于丁文江去世的当天写给中央研究院院长蔡元培的信（当时傅斯年以中央研究院历史语言研究所所长身份兼代中央研究院总干事职务），报告丁文江逝世的消息，并对丁文江推崇备至，痛惜之情跃然纸上，亟录于下，以为纪念：

子民先生尊鉴：斯年自长沙北返也。以为在君病周内可无变化（医云如此），北平事如倒悬，而宽甫兄在，斯年更无用处，故北返。不意三日之内，终至不起也。此番在君湖南之行，虽非为研究院事，亦由院事而起。在君之服务研究院也，以为凡事为人尽力者，无不尽力，以便为研究院得同情，而固其地位。琐事滋多，于是，而在君不起矣。痛哉！此类为机关牺牲自己之风度，天下能有几人乎？一切丧葬记念各端，先生必主持以求至善。临书悲痛，敬叩

道安

学生　斯年谨上

一月五日

又地质所所长年来等于在君自兼（在君屡自言之），似可由先生电催仲揆（李四光）立返。（注）

斯年又呈

建国同志寄下的尚有胡适于1936年3月7日写给蔡先生的信，其中亦谈北大拟纪念丁文江的事，一并录之于下：

子民先生：

手示敬悉。北大拟于天气稍暖时在北大地质馆（在君所创建）

开会追悼在君，因恐人数过多，屋内不能容，故梦麟先生拟俟稍暖时，或须在屋面前空地上举行也。

（注）当时中央地质调查所所长为李四光先生。

（1986 年）

绝顶聪明的神童

——记丁文江的青少年时代

丁文江先生是我国地质科学的开拓者和近代野外综合考察的先驱，一生建树颇多，在国内外享有盛誉。今年是他诞辰一百周年，特撰此文作为纪念。

家世和幼年生活

丁文江字在君，1887 年 4 月 13 日（清光绪十三年丁亥三月二十日）生于江苏省泰兴县黄桥镇。他的父亲是泰兴县的一名绅士，弟兄七人，他排行第二。丁文江的天资过人，母亲很早就教他认字，所以五岁入蒙馆就可以读书，而且过目成诵，四年的时间就读完了《四书》《五经》。尤其喜欢古今诗，吟诵起来朗朗上口。老师很欣赏他的资质，曾让他作对子，老师出上联："愿闻子志"，他马上应声对出下联："还读我书"。老师大为赞赏他的聪明才智。又一次，老师出上联："虎啸地生风"，他对"鸠鸣无欲雨"，小小童年，就有如此不凡的志向，引起老师对他的器重。

他就读蒙馆以后，塾中课程以外还经常浏览古今小说，尤其好读《三国演义》，惟独不喜关云长的为人，他说："关云长是一个刚愎自用的匹夫，历代反而尊为神圣，这是什么缘故？"六七岁之后，他就阅读《纲鉴易知录》；继而读《四史》《资治通鉴》等书。同时也阅读宋明诸儒语录学案。每读完一篇，就写出短评。对于古人，他最推崇陆贽和史可法。后来得到顾亭林《日知录》、黄梨洲《明夷待访录》、王船山《读通鉴论》等书，非常喜好，每天早晚阅读不断，因为他尊重这些学者都具有民族气节。当时清政府开科取士还用八股文，他也学作此类文体，偶成一文，老师必称赞写得好，而他却认为这仅仅是俳优学语，不大在意。对于古文，最初他推崇韩昌黎，后来嫌其思想狭隘，就放弃不学，惟独喜欢读诵苏东坡纵横论辩的文章。十一岁时，他写《汉高祖明太祖优劣论》，洋洋洒洒数千字，老师看了十分佩服，不能易一字。等到丁文江十六岁到日本留学时，已能作政治文章。他读中国经史书，作文写诗，都是在十一二岁时打下的根柢。根柢起源于他母亲单夫人的教诲，学成于他自己在私塾时期的博览自修。

丁文江有一位很贤明的母亲，他对孩子们爱护备至，而起居动止，则有一定的严格要求：衣食有节制，作息有定程。一文钱都不许妄费。凡能亲自做的事，不许差遣僮仆；即使偶尔要僮仆去做，也不准疾言厉色。丁文江一生的许多好习惯，据他大哥说，都是他母亲的家教培养而成的。

龙老师的恩惠

泰兴县旧属于南通州，是江北的一个小县，风气比较闭塞。在那么一个小地方出一个绝顶聪明的神童，是最危险的事。王安石有《伤仲永》一文，指出神童方仲永陷在一个不良的环境里，没有做学问的机会，结果到了二十岁的时候竟是“泯然众人矣”。丁文江的大哥说他们泰兴人出远门到数百里以外的，已经很少见，何况到外国去更是绝无仅有。丁文江能从那个小地方跑出来，十五六岁就到了日本，十八岁到了英国，大胆地走到世界新学术的大路上，这一巨大变化，都是因为他在十五岁时候，忽然遇到一位老师，湖南攸县的龙研仙先生。当时龙研仙任泰兴县知县，这是一位维新派政治家。龙研仙听说丁文江有奇才远志，就叫丁父带着丁文江到县衙里面试，出了一道考题：《汉武帝通西南夷论》。丁文江在文章中多所阐发，龙研仙大为赞叹，称许他为栋梁之才，当即收纳为弟子，并亟力劝他到外国去留学，以完成他的志愿。

这位龙研仙先生既然是主张维新的人物，收了丁文江做学生，必定还指导他去研读维新变法时代的“新学”。丁文江幼年所读的顾亭林、黄梨洲、王船山等人的书，都不像风气闭塞的泰兴私塾里的读物，很可能是在他的老师龙研仙指导下阅读的。私塾先生教人读《纲鉴易知录》，或《乾隆御批通鉴辑览》，那是可能的。而丁文江读《资治通鉴》，又读《四史》，很可能也是龙研仙的指点。他读宋明诸儒语录及学案，大概也是龙老师教导的，他读的《宋元学案》大概是龙家新刻的长沙本。

龙老师对丁文江一生的最大造就，是劝丁家父兄把丁文江送到日本去求学。这在地处偏僻的泰兴县是不可思议的事，不少守旧的亲友大都从中梗阻，然而龙老师用“父母官”和“恩师”的力量来劝导，还替丁文江设法，托湖南的胡子靖带他到日本去。由于龙研仙这样地出力，才打破了家庭的阻力，才使丁老先生举债助其成行。

这位湖南新教育家的恩惠，丁文江是终身不忘的。丁文江在去世之前一个月（1935 年 12 月 5 日），他站在衡山烈光亭的龙研仙先生纪念碑前徘徊甚久，还向同行的朱经农等“追述当年如何遇见龙研仙先生，命其作《通西南夷论》，如何劝其研究科学，并托胡子靖先生带其出洋”。他说：“他若不遇见龙先生，他一生的历史或者完全不同，至少也不能那样早出洋留学。”（朱经农：《最后一个月的丁在君先生》，见《独立评论》第 188 期）

负笈海外

丁文江跟胡子靖到日本留学，大约是在 1902 年（光绪二十八年壬寅）的下半年。他在日本住了一年半左右。起初是学习日语，而未进正式学校。在此期间，他结识了许多中国留日学生，参加了当时东京留学界“谈革命，写文章”的生活。他曾作过江苏留日学生主办的《江苏》杂志第三任总编辑。他写的文章很流畅，也很有革命的情调，可惜后来都散失了，一篇也没有找到。

1904年2月，爆发了日俄战争，大家更无心读书了。丁文江的朋友庄文亚接到在苏格兰爱丁堡留学的吴稚晖的来信，信上常说："日本留学生终日开会，吃中国饭，谈政治，而不读书。"也常说苏格兰生活如何便宜，常劝人去留学。丁文江与庄文亚以及另一友人李祖鸿就商定去英国留学。丁文江的英语本来一点根基都没有，但经过一两个月的苦练，他居然可以和英国人交谈，购买船票了。

他们离开东京的时间是1904年3月间，三个人身边只有十几个金镑，就大胆地上了船，开始他们万里求学的冒险旅行。在船上，正当他们为盘缠而发愁的时候，船经槟榔屿，他们拜访了戊戌维新运动的领袖康有为。康有为对三位青年颇表示关切的意思，送给他们十个金镑，还托他们带一封信到伦敦给他的女婿罗昌。后来罗昌收到他岳父的信之后，也寄了二十镑钱给他们。康有为的赠金缓解了他们途中的困境，罗昌的二十镑金维持了他们不少日子的生活用度。据说，在康有为逝世之前，丁文江曾偿还康一千元，以不忘其德。他们去爱丁堡见到了吴稚晖，吴已给他们预备了住所。吴稚晖一生宣传"留学"，往往用他自己能忍受的刻苦生活做标准，劝人往外国去留学。丁文江、庄文亚、李祖鸿三位青年受了这种引诱，做了吴的信徒，冒了大险，跑了出去。他们到了爱丁堡才明白那种生活不宜读书。吴稚晖自己陪了庄文亚到利物浦去过苦生活。剩下丁文江、李祖鸿决心要在比较适宜的生活状态之下求点新学术，他们只好恳求自己的家里寄钱来救济了。

躐级求学

丁文江是1904年到英国去的。幸亏在爱丁堡无意中遇见了一位约翰·斯密勒医生。此人在陕西传过教，知道丁文江是个穷学生，就劝他到乡下去进中学。于是丁文江同李祖鸿同到英国东部一个叫斯帕尔丁的小乡镇去读书。这是一个几百户人家的乡镇，生活程度很低。丁文江的一个星期膳宿费不过十五个先令，房东还给补袜子。中学的学费一年不过一百余元，还连书籍在内。丁文江在那里整整地过了两年：书从第一年读起，一年跳三级，两年就考进了剑桥大学。斯密勒是本地的绅士，由于他的关系，所有他的亲友都待丁文江如家人。每逢是星期六和星期天，不是这家喝茶，就是那家吃饭，从而使丁文江有机会彻底了解英国中层社会的生活。

丁文江在那里的生活毕竟是艰苦的，生活越是艰苦，他学习越用功。当年他住在维兰得河的右岸，每天要经过河边的小桥四次。从寓所到学校不过十分钟，但是遇到雨雪的天气就很狼狈。上学的第一年冬天，鞋子穿破了，没有钱买新的。一遇下雨，走到这座桥，袜子一定要湿透。从学校回家，当然可以换袜子的。可是袜子只有两双，一双穿在脚上，一双在洗衣坊里，没法子，只好把湿袜子脱下来在火上烤。吃中饭的时候，往往湿袜子没有烘干，就得穿上跑回学校上课去。

他两年就学完了英国中学六年的课程，还获得了好几枚紫铜金章，班上有个英国同学多年都是考第一，等到丁文江跳到这班上后，却夺了他的魁首，他不服气，到教员桌子上去偷看丁的卷子，看了之后，没话可说，反而特别同丁要好起来，对丁十分佩服。

丁文江是1906年考入剑桥大学的，但他在剑桥大学只上了半年，就决定离开了，主要原因是经济上支持不了。他只靠家中寄钱，其中一部分是泰兴县的公费。他曾上书给两江总督端方，端方指令泰兴县每年津贴几百元的公费。然而剑桥大学的生活不是一个穷学生担负得起的，所以在1906年底丁文江就决定不再进剑桥了。因为英国学校的学年中间不能改进别的大学，他就到欧洲大陆去游历，在瑞士的洛桑住得最久。

1907年夏天，丁文江到苏格兰的格拉斯哥城，在本城的工科学院读预科。1908年，他考伦敦大学的医科，有一门不及格。这是他一生不曾有过的失败。他从此抛弃了学医的志愿，改进了格拉斯哥大学，专习动物学，以地质学为副科之一。到了第三年（宣统二年，1910年），他在主科之外，还有余力，又添了地质学为主科，地理学为副科。到1911年，他在格拉斯哥大学的动物学和地质学双科毕业，胜利地结束了九年的留学生活。

1911 年 5 月，丁文江学成归国。一踏上国土，他就开始了祖国西南各地的考察。

（1987 年）

记黎锦熙先生几件事

黎锦熙先生离开我们已经两年多了。每当想起这位语言文字学家，他那清癯的面庞，和蔼的待人接物，立即在我脑海里浮现，难以忘怀。

黎锦熙，字劭西，湖南省湘潭人。1890年出生在一个以科第起家的书香门第。他的祖父和父亲都有相当高的文化素养。十几岁时喜好作诗、绘画、刻印、吹箫。十五岁（1904），他应县试、府试，皆名列前茅。这一年他考取了秀才。

致力文字改革六十年

劭西先生幼年，正值“西学东渐”，新学和维新思想对他的影响较深，使他打破了封建教育的束缚，积极推行文字改革和国语运动。他在湖南省立编译局编写小学教科书时，就把《西游记》的某些章回选入课文，这在当时是一个创举，引起了教育界的惊骇。他在湖南第一师范与杨昌济（怀中）、徐特立诸友人创办学教科书以及民众课本，用白话文编写课本，在教材中引进科学知识，影响甚为深远。

五四运动以前，劭西先生应教育部之聘，任教育部教科书特约编纂员（后改为编审员），力主改“国文科”为“国语科”，提倡白话文，反对小学“读经”，并发起国语研究会，宣传国语统一（即推广普通话），言文一致（即普及白话文），这是我国国语运动的开始。“五四”前后，劭西先生与钱玄同先生创办《国语周刊》。“欢迎投稿，不取文言”的《国语周刊》与“布告征文，不收白话”的《甲寅》杂志，两军对垒，阵线分明。劭西先生说，《国语周刊》的出版是“大炮响了！”

以后劭西先生在许多高等学校任职，1949年以后，他曾任北京师范大学中文系主任、校务委员会主席等职。

特别值得一提的，是劭西先生对台湾省的国语运动的关怀和贡献。他认为，台湾沦陷于日本五十余年，第二次世界大战结束以后，中国台湾一定能够光复。中国台湾的方言极为复杂，再加上日本文化的影响，因此中国台湾最需要开展国语运动。抗日战争期间，在劭西先生的倡议和推动下，在西北师院（兰州）、女子师院（白沙）、社会教育学院（璧山）创办国语专修科，为在台湾推行国语预先培训人才。后来，台湾光复，为推行国语前往台湾的达一百多人，如始终主持《国语辞典》工作的汪怡（一庵），就是其中的一位。这对于推进国语运动起了一定的作用。

劭西先生在推广普通话，从事文字改革运动中，十分注意推广“注音字母”标音，为此他主编出版了《国音常用字汇》使“字有定音，音有定调”。照着这部工具书去认字，很顺利地就掌握了四声。劭西先生说过：“按音序查字典的人，同按部首查字书的人，其目的与后者究竟有些不同，他对于所查某些字的如何写法和注解总是希望迅速地一口气找到，不愿意多拐一个弯子”，我极以为然。当时在学校学拼音，心里有什么话，口里说什么话，都可以用“注音字母”拼写出来。及至作文时，有些词儿不知汉字怎样写法，于是按音序去查劭西先生主编的《国语词典》，立即就把所需要的词儿找了出来。拼音、定声的方法，我学得很牢固，五十多年来一直未忘。后来帮助儿女们讲解成语时，也时常按音序查找劭西先生主编的《汉语辞典》（即《国语辞典》的简本）。这样不但时间上迅速，而且解释也比自己说得准确扼要。

劭西先生擅长书法，为了推行注音字母，凡有人求他写字，他总是在汉字旁边标上注音字母，可以说每幅皆然，足见其推行注音字母之一片苦心。尽管如此，但事与愿违，1949 年以前，所谓“国语运动”，只是纸上谈兵，得不到真正的推广，广大劳动人民根本得不到学文化的机会和条件，推广普通话的范围有极大的局限，注音字母只能在一部分中小学生中发生效用（在整个学生界中也还不能普遍发生效用）。1949 年以后，劭西先生梦寐以求的“国语运动”，随着全国的解放而获得了新生。“文化大革命”以前，文字改革运动蓬勃开展，汉语拼音得到了广泛的推广。人民群众熟悉了汉语拼音，按音序查字典、辞书已成为普遍的事了。

七十年来，劭西先生在语言文字学方面，进行了广泛深入的研究，对于语言学、文字学、词典学、语法学、修辞学、教育学、目录学、地理学、史学、佛学等科学，都有过研究，并撰有著述，尤其他在文字改革、现代汉语语法研究和辞典编纂三方面，作出了卓越的贡献。

珍贵的六通书信和革命文献

劭西先生解放以后，将毛泽东同志早年写给他的书信六通献给了国家。毛泽东同志在湖南第一师范读书时（1912—1915），劭西先生正在该校担任历史教员。当时，杨开慧同志的父亲杨昌济（怀中）留英归来，研究的是伦理学，也在湖南第一师范教书。他和劭西先生两家合住一所房子，毛泽东、蔡和森（林彬）同志等经常到这里师生聚会，讨论国家前途。

1915 年劭西先生迁来北京，仍不时与毛泽东同志书信往还。毛泽东同志致劭西先生的书信，保存下来的有六通。三十多年中历经北洋军阀、日伪政权和国民党的统治，劭西先生一直严密地珍藏在北京寓所。1959 年庆祝建国十周年的时候，劭西先生把这极为珍贵的文献捐献给中央档案馆。同时，经北京荣宝斋原尺寸套色木印复制了一份送给劭西先生作为纪念。

劭西先生珍藏的革命文献中还有毛泽东同志主编的《湘江评论》一至五期。《湘江评论》一至四期已属罕见，而第五期则堪称孤本。当时的情况是:《湘江评论》出版后，受到了广大革命青年和爱国人士的欢迎，对于湖南军阀张敬尧来说则是一个眼中钉。1919 年 8 月上旬，《湘江评论》第五期刚刚出版，就被张敬尧派出军警查封了。因此，这一期没有来得及发行。但是，毛泽东同志在刊物刚刚印出，就及时地寄给了劭西先生，因而得以保存下来。

此外，1918—1921 年毛泽东同志主编的《新民学会会员通信集》

（长沙文化书社排印本）、1919—1920年毛泽东同志主持的《平民通讯社通讯稿》（油印本）共十五期，也是劭西先生珍藏的重要文献。这是毛泽东同志在长沙、北京编印并寄给劭西先生的。

回想1949年以前，在那长夜难明的白色恐怖下，作为一位老知识分子的劭西先生冒着身家性命的危险，保藏了毛泽东同志亲笔六通书札，以及大量的革命文献，实在难能可贵！

七十多年来，劭西先生搜集了各种珍贵的文献资料及大量书刊。他的目的不是装潢书房，鉴赏浏览，而是为了学术上研究使用。1949年以后，他把珍藏几十年的大量文献、资料，分五次捐赠给有关部门。例如他把"五四"时期的大量的完整的期刊和专著，捐赠给中央编译局；把几十年来中国文字改革运动的大量稿件、书刊，捐赠给中国文字改革委员会；把他在中国大辞典编纂处的部分书刊、资料及搜集整理的三百多万张卡片，捐赠给中国科学院语言研究所词典室，把《四部丛刊》初、续、三编三千余册捐赠给北京师范大学。

七十五载天天记

尤为可贵的是劭西先生的日记。劭西先生从十四岁（1903）开始记日记，一直到1978年2月病重住进医院之前夕，七十五年来从未间断。他的日记对于当时的国内外大事、政治变动、政权兴废、自然灾异、学术情况、人物评价、朋友往还、社会生活、工作情况等等，都有或繁或简的记载。毛泽东同志1918年和1920年两次到北京，同劭西先生会晤，日记上都有详细的叙述。这是很有参考价值的史料。可惜的是大小数十册日记，并不都是用汉字写的，1922年起改用注音符号，1927年起又改用译音符号的所谓"国语新字"，所以查阅起来很难辨认，就连劭西先生自己也说："要查某人的姓氏名号，不如汉字之容易映入眼帘，非有工夫一行一行地细看不可。"（《齐白石年谱》黎锦熙序）

日记之外，劭西先生对于报刊上的重大事件，以及政治、经济、学术方面的事情，也十分留意，凡认为有保存价值的，就一一剪裁或记载下来，作为史料。每当我去看望劭西先生时，他总是坐在书桌旁手执红色或蓝色铅笔，孜孜不倦地在那里批注报纸、杂志。劭西先生的书房里悬挂着一幅他本人的油画肖像，画面上在他的制服左上端的口袋里插着红、蓝铅笔各一枝。我觉得画家抓住了劭西先生的生活特征，因而使这幅油画更富有真实感。

对于文件、信件乃至开会通知、请柬，劭西先生都一律分类入档收藏。一次全国政协举行文艺晚会，刚巧劭西先生正在患感冒去不了，于是就把通知和入场券入档收存。一次，我们需要查找二十年前某一会议的名单，由于“十年浩劫”致使单位的档案混乱，无法查寻。我去求诸劭西先生，立即从他所藏的资料中找了出来。

白石老人的知音

1962 年春，一天我去看望劭西先生，他正在编纂《齐白石诗集》，于是我们很自然地围绕齐白石的事迹谈起来了。我说，白石不仅善画虫鱼花卉，我还看过他给杨云史画的横幅山水《江山万里图》，也看过他画的大幅工笔人物画《岳飞》。劭西先生听了马上拿出一轴画打开给我看，原来是白石画的大幅工笔人物画《钟馗》。这是白石当年住在劭西先生家里作的画。劭西先生告诉我，白石幼年是一名制作精细器物，雕刻桌椅花纹的木工。湘潭乡里人家凡有婚嫁，办置嫁妆床橱等等，都找他去。白石的雕刻，无论人物花草都刻得生动入神。他小名阿芝，“芝木匠”是当时湘潭乡下受欢迎的人物。他直到二十七岁才正式拜师学画，改行作了画匠。那时的士绅人家都要供祭祖先，经常请白石为他们画祖先的衣冠像。他的画像非常工细，能在纱衣里面透视袍褂上的团龙花，自称为绝技。

白石与劭西先生的交谊有着深厚的渊源，光绪二十年（1894），白石就到黎家画劭西祖父的遗像。当时，劭西先生才四岁，请了一位启蒙老师教他，书桌旁的凳子太高，白石常抱劭西上去。劭西的曾祖善画，黎家藏画甚富，劭西的父亲黎松安就尽其所藏让白石观摹。又过了两年，遇上松安正在研究篆刻之学，白石颇感兴趣，于是他也学着刻了第一颗图章“金石癖”，博得松安“便佳”的好评。这几年白石与松安常共晨夕，专精摹刻图章，从此“锲而不舍”，他并不看做这是文人余事，所以后来独有成就。

负责编纂《齐白石诗集》的劭西先生，对于白石诗的评价是很高的。他说，白石二十七岁把《唐诗三百首》熟读完毕，当时还是个半文盲，可是他参加了文人的行列试着做诗，并拜在王湘绮（闿运）的门下学诗。一开始写作《咏牡丹》“不羡牡丹称富贵，却输梨栗有余甘”之句就使大家为之一惊，认为别有诗才，吐属不凡。白石从贫农、手工工人、画师、治印者一直到成为一个独特的艺术家，自食其力，劳动终身，所以他的诗具有人民性绝非偶然。

齐白石的确切年龄一直是个谜。1947 年胡适编《齐白石年谱》时，首先遇到这个问题无法解决，所以连同其他问题只好求诸于劭西先生。劭西先生查出，白石因为相信算命先生的说法，怕七十五岁有大灾难，于是用“瞒天过海法”把七十五岁改为七十七岁。这一点弄明白了，年谱的纪年才顺利地推下去。由此我们也可以得出肯定的回答：1957 年齐白石逝世时为九十四岁。

一代相知论三绝

——黎锦熙谈齐白石

语言文字学家黎锦熙（劭西）先生和画家齐白石先生都是湖南湘潭人。两位大师虽然年龄相差二十八岁，但是劭西从四岁就跟着白石一块儿在家乡玩耍，直到白石去世，他们有六十三年之久的关系。我从劭西那里听到一些他们交往的事迹，现在追记数则以作纪念。

能雕善画　早负盛名

1962 年春季的一天，我去看望劭西，他正在写他编纂《齐白石诗集》的序言。于是我们很自然地围绕白石的事迹谈起来了。我说：白石老人不仅善画花鸟草虫，我还看过他给杨云史画的山水《江山万里图》，也看见过他画的大条幅工笔人物画《岳飞》。劭西说：你要看他的工笔人物画吗？我这里也有。他马上命贺澹江从柜里拿出一轴画打开给我看，原来是白石画的大幅工笔人物画《钟馗》。画得十分工细，栩栩如生。他告诉我这是白石当年住在劭西家里画的，长期悬挂在湘潭黎家的厨房里。

在白石所作无数幅绘画的下角，人们常常看到这样几颗印：“鲁班门下”、“大匠之门”、“木居士”、“老木”、“木人”等等。“大匠之门”可以解释为木匠的学生，也可以解释为出自名师手下。“木人”、“老木”和“木居士”，也可以解释为从事过木工生活的人，或者像湖南方言的涵义那样，解释为愚蠢的人。只有“鲁班门下”一印，明白地道出了自己是木工出身。白石晚年曾自号“老木一”，这是当时一些和他感情较好的人对他的亲昵的称呼，白石用此别号，不但表明他做过木匠，还有一种对故交往事的回想之情。劭西告诉我：白石早年不是普通的木工，而是一名制作精细器物、雕刻桌椅花纹的木工。湘潭乡里人家凡有婚嫁，办置嫁妆床橱等等，都找他去。白石的雕刻无论人物花草都刻得生动入神。他小名阿芝，“芝木匠”是当时湘潭乡下无人不知的一位受欢迎的人物。

劭西翻开他正在编纂的《齐白石诗集》稿本，指着白石七十岁时作的《往事示儿辈》一首七绝诗给我看，诗云：“村书无角宿缘迟，廿七年华始有师。灯盏无油何害事？自烧松火读唐诗。”劭西说：往事的纪实，说明白石由木工变成画家的一个转折点，也是他又一段刻苦自砺生活的开始。他二十七岁才正式拜师学画像，点唐诗，改业做画匠。从此观摩名作，发展他的天才。劭西说：那时的士绅人家，都要供祭祖先，经常请白石为他们画祖先的衣冠像。他的画像非常工细，能在纱衣里面透视袍褂上的固龙花纹，自称为绝技。又于地毯右方角上画一“湘潭齐璜濒生画像记”小印，我们在其所画的某些人的衣冠像上可以窥见。

临画篆刻　艺术猛进

白石与劭西的交谊甚深，1894年（光绪二十年），三十二岁的齐白石就到黎家画劭西祖父的遗像。那时劭西四岁，请了个家馆老师给他“发蒙”。书桌旁的凳子太高，劭西爬不上去，白石常常抱他上去。劭西的曾祖善于绘事，所藏书画甚夥，白石在黎家恣意观摩，于是绘画水平大为提高。

劭西对白石的作品是相当了解的，他告诉我：辛丑（1901）以前，白石的画以工笔为主，而所作草虫早就传神。白石在家一直在养草虫，如纺绩娘、蚱蜢、蝗虫之类，还有其他生物。他时常注视其特点，做直接写生的练习，历时既久，自然传神，所以他的画并不是专得力于摹古。到了壬寅（1902）他四十岁的时候，作远游，画风渐变，才走上大写意的花卉翎毛一派（吴昌硕开创的风气）。辛亥革命以后，学八大山人（书法则仿金冬心）。直到1917、1919年两次避乱，才独创红花墨叶的两色花卉，与浓淡几笔的蟹和虾。较劭西尤为熟悉白石情况的黎戬斋（劭西的族侄），在其《记白石翁》一文中对于白石的书画以及治印，有如下的评价："翁作画，先学宋明诸家，擅工笔，清湘（大涤子，即释石涛）、瘿瓢（黄慎）、青藤（徐文长），得其神髓。晚乃独出匠心，用大笔，泼墨淋漓，气韵雄逸。""书法出入北海、冬心，疏落有致。诗则清奇灵秀。治印亦有独造处。"

提起治印，劭西说：白石到了三十四岁，才开始讲求篆刻之学。那时我的父亲松安和族兄鲸庵正研究此道，白石一见就兴趣特别深厚，也随之篆刻起来。他刻的第一颗印为"金石癖"，家父认为"便佳"。这颗印和他早年的工笔画"处女作"，多存我家，1944年湘潭沦陷，被日寇摧烧殆尽。劭西说：从1896年（光绪二十二年）到1898年（光绪二十四年），两三年的时间里，白石与家父常共晨夕，这是他专精摹刻图章的时候。他从此"锲而不舍"，并不看做文人的余事。后来他影摹《丁黄印谱》（西泠六家中之丁龙泓、黄小松），篆刻大进。随后他在黎鲸庵家见到赵之谦（㧑叔）的《二金蝶堂印谱》，喜出望外，就借去用硃钩存，其精妙不异原本，至今尚存。由这里也可以看出他摹习之勤。

刻苦学诗　生动自然

负责编纂《齐白石诗集》的黎劭西，对于白石诗的评价是很高的。他说：白石学诗也晚，二十七岁时（1889，光绪十五年）才正式从师读书，主要就是熟读《唐诗三百首》。他熟读的目的，就是为了题画。他自从师学雕花木匠，得见《芥子园画谱传》后，画技大进，此后又兼以到人家画像为生；人物、山水、花卉、虫鸟等，求他画的人也逐渐多起来了，为了追求画面上诗、书、画三者的相互配合与阐发的传统格式，需要题款和题诗句。他当时还是个半文盲，唐诗是很困难的，不认得字，就用同音的熟字来标注字，熟读背诵。经一番刻苦努力，他终于参加了文人的行列开始试着做诗，并且拜在王闿运（湘绮）门下学诗。

他一开始写七言诗《咏牡丹》“不羡牡丹称富贵，却输梨栗有余甘”之句，大家为之一惊，认为别有诗才，吐属不凡。我说：白石既拜湘绮门下，在做诗上，当然会得到教益不少。劭西说：不然。白石虽然拜湘绮为师，但他的性情与身世都使他的作品不会像王湘绮那样祖述唐以前的“八代”诗的。湘绮对门人要求太高，他在己亥年（1899）十月十八日日记中有如下的记载：

齐璜拜门，以文诗为贽。文尚成章，诗则似薛蟠体。

湘绮如此讥讽白石，恰恰说明白石受他的影响是不深的。劭西对白石的诗有这样的分析：白石一生的诗究竟反映了一些什么？只看他的经历，从贫农、手工工人、画师、治印者一直到成为一个独特的艺术家，自食其力，劳动终身，就可以知道他的诗基本上是有人民性的，至少这种人民性的因素也是朴素的、自发的。

坚辞进宫　不作县丞

劭西对我说：你知道当年有人要推荐白石到西太后那里去绘画而遭到他的拒绝吗？我答以不知，急请劭西介绍原委。原来是这样，白石四十岁的时候，应桂阳名士夏午诒（寿田）之聘，到西安作画师。当时，以诗文名噪一时的樊增祥（字云门，号樊山，湖北恩施人），正做陕西臬司（职相当于省的法院院长）。在一个雪后初晴的日子里，为了表达自己对樊山在文学上的敬意，白石刻了几颗石印准备送给樊山。他踏着地面上的厚雪，到臬台衙门去会见“樊大人”。因为从不懂得也不愿意递门包，白石被衙门里的差役轰了出来。一脑子恼火的白石，刚回到寓所，“樊大人”就来回拜，而且非要见“齐山人”不可。接待之下，倾谈间甚为相得，从此结成至友。第二年，白石与樊山相继到了北京，樊山“出自本心”，打算推荐白石去做“内廷供奉”，樊山说：太后（指西太后那拉氏）爱画，我要推荐你去。白石平生以见权贵为苦事，尤其进宫当供奉更非其所愿，于是坚辞不赴。这种当时士大夫所不能企及的高洁，深深为樊山所敬重，遂尽出所藏如罗两峰山水册等名家书画给他观摩，还在题《借山图》七言古诗里，用“其人与屋皆不朽”之句来称赞他，替他书定治印润例。

客居京华的白石，由于怕见达官贵人，于这一年（1903）的 5 月初，准备取道天津，过黑水深，经上海回湖南。临行前，他去向夏寿田辞行。这时夏寿田又劝他做官，赠他画师聘金纹银几百两，打算用这笔钱替他捐个县丞。他说：我不会做官，几百两银子等于虚掷，不如给我此数，如果此行为人作画刻印之所得，合起来凑成二千两，归家治产，诵诗读书，于愿足矣。他的这个愿望不久果然实现了，“星斗塘”老屋之外，建成了一个“借山吟馆”。“借山吟馆”由来于此。

白石年岁　劭西订正

还有一点值得一提：过去在很长一段时间里，白石的年龄到底有多大，人们不太清楚。1947 年，胡适在编著《齐白石年谱》时，首先就遇到这个问题不好解决。他想到劭西和白石是小同乡，两家又有六七十年的亲切交谊，所以就求之于劭西，请协助解决。劭西查得白石老人因为相信长沙舒贻上替他算的命，怕七十五岁有大灾难，于是就在自己的命册上批云：“宜用‘瞒天过海法’：今年七十五，可口称七十七，作为逃过七十五一关矣。”批记上还注明“交运”时避免灾难的一些作法，反映出老人对于唯心的宿命论是十分笃信的。从此，白石就把七十五岁改为了七十七岁。白石变的戏法能够“瞒天”，但终究瞒不过历史考证方法，劭西把这一点弄明白了，年谱的纪年从而顺利地编下去。由这里我们可以确切地断定，1957 年 9 月 16 日白石逝世时，享年为九十四岁。

发扬“五四”光荣传统，加强自我改造，为祖国的社会主义建设而奋斗

——访问许德珩主席

今年的5月4日，正值我社成立十三周年，又是伟大的五四运动四十周年。在庆祝社成立十三周年的同时，我们以极大兴奋的心情来纪念五四运动的四十周年，是具有十分重要的政治意义的。为了迎接这个光辉的节日，记者日前走访了当年五四运动的参加者——我社许德珩主席。

五四运动到现在已经整整四十年了，四十年来中国历史上起了翻天覆地的变化。许老说，这四十年远远超越过去历史几百年、几千年。是的，四十年来祖国的变化确实太大了，翻开历史看一看，四十年前的祖国是充满了民族耻辱和灾难，充满了帝国主义强盗们嚣张的气焰；而四十年后的今天，我们亲爱的祖国，正跨上了时代的骏马高歌猛进，勇往直前。社会主义事业的飞跃发展，真是瞬息万变，气象万千。全世界人民都是注视着我们，一切朋友为我们欢呼，帝国主义者吓得胆战心寒。前后相比，真是飞跃的变化。这种翻天覆地的变化说明了历史的潮流是不可抗拒的，社会主义、共产主义是人类历史发展的必然方向，一切妄想倒转历史车轮的帝国主义和反动统治者，终于要被人民的强大力量所碾碎。

许老指出，在祖国获得空前辉煌胜利的今天，我们应当深刻地认识到五四运动对中国革命事业的发展有着划时代的重大意义。正如毛主席在“论人民民主专政”一文中所说的“十月革命一声炮响，给我国送来了马克思列宁主义”。十月革命帮助了全世界的也帮助了中国的先进分子，用无产阶级的宇宙观作为观察国家命运的工具，重新考虑自己的问

题。走俄国人的路——这就是结论。1919 年中国发生了五四运动。五四运动之后，在伟大的十月社会主义革命的影响下，马克思主义在中国广泛的传播，给中国共产党的成立，打下了思想基础。各地共产主义小组的成立，给中国共产党的成立，打下了组织基础。大批先进知识分子深入到工人群众中去，便给党的成立准备了干部。我国人民的救星——伟大的中国共产党就在这个基础上诞生，像太阳般照耀着中国人民前进的道路，它领导着我国人民经过艰难曲折的道路，终于推翻帝国主义和国民党反动派在中国的统治，建立了新中国，并在新民主主义革命胜利的基础上，进行了社会主义革命。现在，全国人民在党的领导下，满怀信心，一日千里地建设着幸福美好社会主义的国家。我国人民从几十年来的切身经验中，深深体会到：党的领导是中国人民取得一切胜利的根本保证。没有共产党，就没有新中国，也就没有社会主义。因此，许老说，今天我们纪念四十年前争取国家独立、自由、反帝、反封建的五四运动，不能不感谢为人民谋福利的中国共产党和敬爱的人民领袖毛主席，以及四十年前站在运动前列的革命战士们。

许老是当年五四运动的参加者，记者希望他谈谈当时革命前辈的光荣事迹，以便帮助我们更清楚地认识到革命是怎样通过艰苦曲折的道路，走到今天的胜利。许老说，五四运动到今天已经四十年了，在这四十年漫长的岁月中，可歌可泣的事的确是很多的，而深印在他的记忆里的，有邓中夏同志的光辉形影在。每当纪念“五四”时，总要想起邓中夏同志来。许老说，现在不妨就以我所记忆到有关邓中夏同志的一些片断事迹，作为我们纪念“五四”的谈话吧。

许老对于这位伟大革命烈士的身世和经历是比较熟悉的。他告诉我：邓中夏同志是湖南宜章人（1894—1933）。当时在北大中文学门读书时，名叫邓康号仲澥，是学校里最用功的一位同学，也是最关心时事的一位同学。1918 年 5 月 16 日，以段祺瑞为首的北洋军阀政府悍然不顾中国人民的反抗，跟日本帝国主义签订了卖国的所谓“共同防敌军事协定”。5 月 21 日北京大学和各专门学校的两千多名学生，举行了大规模的请愿示威运动，全体到卖国政府要求废除这个卖国协定。这是“五四”前夕的一次学生运动。邓中夏同志在这次运动中，贡献了很大的力量。在这次示威运动之后，北京中等以上学校的学生组织了“学生救国会”，派遣代表南下活动，把南北学生联系起来，组成了全国性的学生爱国组织——“学生救国会”（即全国学联的前身）。邓中夏同志是“学生救国会”的负责人之一。在军阀统治下，“学生救国会”不能公开活动，为了体现这个组织的作用，决定出版《国民》杂志，进行反帝爱国宣传。这个杂志是由每个同学出五块大洋，以及各地同学和同情“学生救国会”的教授与社会人士捐助出版的。邓中夏同志负责杂志中“国内外大事记”一栏，他以“大壑”为笔名，经常发表当时重大的时事评述，传播新的理论和见解，鼓励广大青年群众进行爱国反帝的斗争。1919 年 3 月，邓中夏同志和其他的同志组织了“平民教育讲演团”，走上街头讲演，甚至远到长辛店工人区去讲演，动员群众。这是五四运动中进行反帝、反封建宣传最有成效的活动。反动统治者企图以镇压手段扼止青年学生的正义呼声，于是对参加演讲的同学就大肆逮捕，北洋军阀抓了一批，同学们再出去一批，人越来越多，反动派在北河沿北大三院作为临时监牢，把同学都关满了，直到“六三”各地纷纷响应五四运动，工人罢工举行示威，对反动政府形成了空前严重的威胁，军阀政府才被迫释放了同学。

许老在回忆中谈到了邓中夏同志的工作态度，一向是积极负责的。五四运动时期，邓中夏同志是北京学生救国会的总务部干事（总务部等于秘书处），照理说工作是非常忙的，可是他在百忙之中，还参加了“校役夜班”（工友夜校）为工友们补习文化，讲解时事。他经常地参加“平民讲演团”外出讲演；经常地到“校役夜班”上课。这充分说明了邓中夏同志后来领导工人运动，为中国工人阶级的自觉革命作出了巨大贡献决不是偶然的，由于“五四”前后他就已经置身于劳动人民的行列，和劳动人民同呼吸共感情了。

许老说，邓中夏同志的组织能力很强，宣传鼓动力很大，并且具有坚韧不拔的毅力，从不向困难低头。谈到这里许老回忆起一件事：在办《国民》杂志时，因为管钱的一位同学生活腐化，把印刷费给挥霍掉了，这个杂志原订1918年6、7月创刊，但因此不得不推迟到1919年1月。大家为这件事很着急，而邓中夏同志当时并不为其难倒，自己接手管理经费，尽管经济十分困难，但《国民》杂志终于出版了。许老还介绍了邓中夏同志的生活作风是很艰苦朴素的。在他的宿舍里悬挂着一幅集句的对联，内容是“清操厉冰雪，赤手捕长蛇”，我们从这幅对联中可以想见他的抱负和人品是多么伟大，看了后不能不令人肃然起敬。

许老怀着敬仰的心情说，邓中夏同志当时是初步接受马克思列宁主义的共产主义知识分子。“五四”时期他所参与的这些活动，大都得到李大钊同志的积极帮助和指导。许老还说，我所回忆的只不过是关于他在“五四”时期的零星片断而已。当时我在想，尽管许老回忆的是关于邓中夏同志事迹的片段，可是我们从中却受到了不少的教育和启发。

我们的话题从回忆五四运动联系到今天资产阶级知识分子必须加强自我改造的问题上。许老说，知识分子必须和工农相结合，这是五四运动的一个光荣传统。毛主席在1939年纪念五四运动二十周年的时候就说过：“知识分子如果不和工农民众相结合，则将一事无成。革命的或不革命的或反革命的知识分子的最后的分界，看其是否愿意并且实行和工农民众相结合。”这话虽然是二十年前说的，但在今天看来，仍然有极其伟大的现实意义。现在，我们祖国正在进行社会主义建设，从旧社会来的知识分子，尤其是像我社广大社员同志，应当学习邓中夏同志忘我劳动的精神，“上实践之马，下群众之海”，努力向工农学习，和工农群众打成一片，彻底清除从旧社会带来的轻视劳动、轻视群众的剥削阶级影响，巩固地树立为人民服务的人生观。

最后，许老兴奋地向我说，在纪念社成立十三周年和五四运动四十周年的今天，我们为祖国的光明前途，为党和毛主席的英明伟大，感到无比的自豪。我社广大社员同志十三年来，在中国共产党和毛主席的领导下，为新民主主义革命和目前正在进行的社会主义革命与社会主义建设作出了一定的贡献；同时在党的教育和关怀下，在历次运动中社的各级组织和社员同志不断地得到了锻炼、提高和改造。许老着重指出，广大社员同志都应当继承和发扬“五四”以来的光荣革命传统，各在科学、文教、医药卫生等不同的工作岗位上，通过业务实践、劳动突践和社会实践，继续深入细致地进行根本改造，把服务与改造密切结合起来，以冲天的革命干劲建设社会主义的祖国，并且为过渡到美好的共产主义贡献全部力量。

（原刊于《红专》1959 年第 8 期）

记忠党爱国的老战士——许德珩

全国人大常委会副委员长、九三学社主席许德珩同志，是当年五四运动的著名老战士，是一位为中国革命事业积极贡献了七十多年的政治活动家。

1890 年许德珩同志生于江西省德化县（今之九江市）。青年时代，他参加了同盟会，立志改革，投笔从戎。在北京大学读书时期，他和邓中夏、高君宇、黄日葵等同志一起创建了以反对帝国主义和封建军阀为宗旨的国民杂志社，并参加了少年中国学会。他同他的战友们在李大钊同志的指导下，积极发动和参加了五四爱国运动。五四运动后，许多青年受俄国十月革命的影响，到国外寻求救国救民的道路，1920 年初，许德珩同志赴法勤工俭学。在法国，已经三十岁的许德珩同志经过刻苦努力的学习，掌握了法语，他如饥似渴地学习辩证唯物主义和历史唯物主义，认识到只有马列主义才能救中国。1926 年底，大革命的高潮中，他回到广州。1927 年，他先是在广州中山大学、黄埔军校，继而在武汉中央军事政治学校、武汉第四中山大学等校任教，讲授社会主义史和唯物史观社会学，后来在武汉国民政府总政治部任代理主任。大革命失败后，他在上海从事马克思主义著作的翻译工作，并且自费创办社会科学院，讲授马列主义。1929 年以来，先后在上海暨南大学、北平师范大学、北京大学、北平大学法商学院、东北大学等校任教授，并积极从事抗日救亡活动。抗日战争期间，他在重庆任社会教育学院教授，同时担任国民参政会参政员。在参政会上，他一贯拥护中共方面的主张，坚持团结抗战，主张实行民主，反对国民党一党专政。抗战后期，他同褚辅成、梁希、潘菽、税西恒等同志组成民主科学座谈会（后改称九三学社）。在人民解放战争期间，许德珩同志在北京大学任教，这位不顾个人安危的民主教授，积极参加国民党统治区中共地下党组织领导的反内战、反饥饿、反迫害等斗争，表现了坚强不屈的精神。新中国成立后，他历任中央人民政府法制委员会代主任委员、水产部部长、九三学社主席等职，并当选第一届全国人民代表大会常务委员，第二、三、四届全国人民代表，第四、六届全国人民代表大会常委会副委员长，第一、二、三届全国政协常务委员，第四、五届全国政协副主席。

为了反对日本帝国主义的侵略，反对封建军阀和国民党反动派的卖国独裁，为了救亡图存，许德珩同志始终不渝地坚持斗争，他曾经“两次坐牢三解聘”。两次坐牢，指：“五四”当天被反动军警逮捕。他是坐牢的三十二人现今仅存二人中的一位（另两位是潘菽、初大告同志）；“九一八”事变后，由于他积极参加抗日救亡活动，反对蒋介石的不抵抗政策，于1932年底，与侯外庐同志先后遭到国民党宪兵三团的抄家和逮捕。许德珩同志后经宋庆龄、蔡元培、杨杏佛等先生组成的中国民权保障同盟的营救，被释出狱。三解聘指：1927年，广东军阀发动“四一五”大屠杀前夕，他和阳翰笙同志先后在黄埔军校政治部主任熊雄同志的指引下，巧妙而迅速地逃出广州，他的中山大学教授职务旋即被解聘；1929年，他在上海暨南大学任教，被国民党教育部指控为宣传共产主义而遭到解聘；1936年，因上年底积极参加“一二·九”运动，他与马叙伦、尚仲衣教授同时被北京大学反动当局解聘。

许德珩同志青少年时代，为了学英文和数学，曾一度从乡里到县城向一位私人教师求学，每天徒步往返四十里，风里来雨里去，从不间断。经过一段勤奋学习，他为升入中学打下了良好基础。他在北京大学读书时期，由于家境清寒，学费和食宿等费均感困难。在蔡元培校长的协助下，他以课余时间翻译《多桑蒙古史》，每月致酬十元，这样不但解决了个人求学的费用问题，而且敷余下来的钱汇回家去还可以贴补家用。他的主要著作有：《社会学讲话》《中日关系及其现状》；翻译部分有：布哈林著《共产主义与工农联盟》《唯物史观社会学》，马克思著《哲学之贫乏》，拉法格著《家族进化论》，涂尔干著《社会学方法论》。

当年，蔡元培校长在北大倡议组织了进德会。许德珩同志积极响应并加入了这个组织。它的不嫖、不赌、不取妾以及不烟、不酒、不做官吏、不当议员的戒条，使许德珩同志养成了六十多年如一日的淡泊朴素的思想、生活、作风。他平生无烟酒嗜好，一日三餐以素食为主，惟喜好书法和作诗，每天清晨即起，临池写字从不间断。他还经常赋诗遣兴。他说：写字，可以锻炼手腕，使之不抖；作诗，可以锻炼思维，使头脑不僵化。他深得写字的益处，他说：书法延年益寿。确实如此，这位九十四岁高龄的老人写起字来，仍然苍劲有力，毫无老态。

六十多年来，许德珩同志恪守一条基本原则，那就是在任何艰难困苦的条件下，绝不做不利于党和人民的事。1979 年，他八十九岁的时候，光荣地加入了中国共产党。他常对青年们说："从参加过五四运动来说，我是一个老兵，但我又是一员新兵。在当前新的历史时期，我才刚刚踏上战斗的历程。我不仅要向老一辈革命家学习，也要向青年同志学习。青年如初升的太阳，我要借青年的光和热，更加激发我忠党爱国的热情，为振兴中华，实现四个现代化贡献我的一切力量。"

刻苦用功　积久不懈

——纪念伟大的爱国主义者许德珩先生

许德珩先生1890年出生于江西省德化县（今九江市）。青年时代，加入同盟会参加辛亥革命，1913年参加孙中山领导的讨伐袁世凯的斗争。

1915年初，许德珩考入北京大学后，经李大钊介绍，参加了少年中国学会，并和邓中夏等组织北京大学平民教育讲演团，扩大了新文化运动和爱国民主运动的影响。他是当时全国学生统一组织“学生救国会”创办的《国民》杂志的负责人之一。

1919年5月4日，北京爆发了反帝反封建的爱国学生运动。在“五四”运动中，许德珩是著名的学生领袖，他受北京学生联合会的委托，起草了《五四宣言》，并在示威游行中奋勇当先，痛殴卖国贼，火烧赵家楼，是“五四”当天被北洋政府逮捕的32名学生之一。

1920年，许德珩为寻求救国救民的道路，赴法勤工俭学。在法国，他刻苦学习，接受了马克思主义。在此之前，他十分敬重的法国人涂尔干（Durkheim，Emile），是第一个对日常生活的特定现象进行社会学研究并系统地形成一套富有生命力的方法论的社会学家。鉴于当时中国研究社会学的人很多，而关于这类的著作不常见；又看到法国各大学课堂里学社会学的，无人不先读涂尔干的《社会学方法论》，许德珩遂用半年多的时间将此书译成中文，由商务印书馆出版。蔡元培先生在这本书的序言中，称赞他“虽然经济状况常常给他以困难，而他的刻苦用功积久不懈”，评价他的译笔“不但当得起‘信达’两个字……而且比读原书更容易了解，是近年来最有价值的译本”。1927年春，许德珩回国，投入了大革命的洪流。他先后在广州与武汉担任中山大学教授、黄埔军校第五期政治教官、武汉中央政治学校政治教官、武汉第四中山大学教授，讲授唯物史观和社会主义史，并在武汉政府任国民革命军总政治部秘书长、代主任。

大革命失败后，他在上海从事社会主义理论的写作和翻译工作，译有马克思的《哲学之贫乏》等著作，并自费创办社会科学院，宣传马列主义，后任暨南大学社会历史系主任。

1931年，许德珩在北京大学和北平师范大学任教。“九一八”事变爆发，他积极参加抗日救亡活动，遭到国民党当局逮捕，经宋庆龄、蔡元培等以中国民权保障同盟的名义营救而出狱。随后写出了三十万字的《社会学讲话》上卷在北平出版。这部著作在当时以马列主义观点讲述社会学的还是第一部。1935年，他积极投入“一二·九”运动，因此又遭到旧北大当局的解聘。

抗日战争期间，许德珩以救国会北方代表身份参加国民参政会，公开反对国民党的倒行逆施和独裁统治。抗日战争后期，他在重庆与科技界、文化教育界的知名人士梁希、褚辅成、黎锦熙等同志组织民主科学座谈会，呼吁要民主、要团结、要抗战到底。这个座谈会为纪念抗日战争胜利的九月三日，定名为九三学社。它在解放战争期间民主运动中起了很大的作用。

新中国成立前夕，许德珩作为九三学社的代表出席了中国人民政治协商会议第一届全体会议，参与了新中国的筹建工作。新中国成立以后，许德珩先后担任政务院法制委员会副主任委员、水产部长、全国政协副主席、全国人大常委会副委员长等职。

许德珩先生于1990年与世长辞，享年一百岁。

许德珩先生生前十分关心中国优秀的传统文化知识的宣传介绍普及工作，分别在1983年冬和1985年3月，为本刊题词，表达了他对中华民族优秀传统文化的深入理解以及对中华民族文化建设事业的热切期望。

（原刊于《文史知识》1998年第4期）

有关许老风义二三事

今年2月8日晚间，从电视新闻联播中听到许老去世的消息，我顿时陷入沉痛的哀思之中，不能自已。

许老的与世长辞，使我思绪万千，联想起不少他可堪传颂的往事。现在仅谈几件小事来说明他的道德风范，以申缅怀之忱。

1983年秋，社中央请茅以升副主席代表九三学社去上海出席一个大规模的全国性会议。茅老当时视力很差，几近失明，然而他欣然接受，负疾赴会。但由于会议接待工作上的疏忽，从生活待遇以至会场就座安排上，对茅老都有不够尊重的地方。茅老谦谦君子，当然不会计较个人得失，但总觉得这样对九三学社有些不合适。

后来，许老知道了这事，马上叫我陪他同车去茅老家里看望。下车伊始，许老就拉着茅老的手说："这次去上海你受委屈了，我一定向上反映。"茅老连说："没有什么，请不要介意。"随后，许老请茅老吃饭，为他洗尘并示慰问。

许老同俞平伯同志是北大老同学，他把俞老看作是小弟弟。1981年春，他听说俞老丧偶，行路有诸多不便，就在一个风和日暖的日子里去看俞老。俞老自患病以来，很少见客，这次听说许老来了，非常高兴，令人搀扶出来，热烈欢迎老学长的到来。他们畅谈当年同在北大国文学门读书的往事，倍感亲切，越谈兴致越浓，许老流连忘返，谈了几近两个小时才辞去。

著名古生物学家杨钟健同志，是许老"五四"时期的老同学，又同在少年中国学会担任职务，并同去上海，在群众大会上对五四爱国运动进行宣传，共同做了不少工作。杨老逝世后，许老一直怀念，他就填写了《浪淘沙》词一首，高度评价了杨老的业绩，写好后亲自到他家，送给他的遗孀王国桢同志。王大姐感动得热泪盈眶。

许老对蔡元培、杨杏佛、李烈钧、冯玉祥等师友的子女也都十分关怀。他们每到北京，总要看望许老；许老也总是出来接见，与他们一起回顾与其先人接触和共事的往事。对他们子女的工作、生活也一一过问，有时还协助他们解决困难。

对某些人如刘仁静等，因是许老的老同学，所以对他十分关心。有时请他来家作客，畅叙红楼旧谊，使他倍感亲切。

以上所怀念的不过是许老丰功伟绩中的沧海一粟，但它足以表明许老高尚的师友风义之情，给我们后辈作出了效法的榜样。

（原刊于《民主与科学》1990 年第 2 期）

许德珩在国民参政会上

1937年全面抗战爆发一年多以后，1938年10月25日，国民党政府放弃了武汉，许德珩在武汉放弃前几小时，由卢作孚（民生公司董事长、少年中国学会会员）的协助，乘最后一班船去重庆的。船到宜昌时，才知道武汉在船开后不久即被日军占领。在此之前许德珩的夫人劳君展带着孩子先期来重庆，在朋友郭有守的帮助下，找到了国府路的一所房子住下。

抵达重庆后，许德珩就参加了国民参政会第二次大会。国民参政会成立于抗日战争初期，它是第二次国共合作的产物。它在中国现代史上具有重要的意义。

1938年7月上旬，国民政府决定成立国民参政会，在武汉召开第一届第一次会议。它的前身是国防参议会，于“八一三”以后在南京成立，当时只有二十几人。国民参政会就是在这个基础上成立起来的。

国民参政会的成立并没有完全实现人民的愿望，它还不是一个真正的民意机关，只是一个最高的咨询机关。首先，国民参政会的产生，不是经过选举，也不是通过协商，而是由国民党中央执行委员会聘请。就是议长副议长，也是由国民党中央执行委员会指定。在参政员中多数是国民党员，而且比例一届比一届增加，到四届三次会议召开时，国民党员占到80%以上。当时，国共两党已经实现了第二次合作，但是共产党和其他党派的参政员并不是以“党派代表”的资格出席，只许以地区和经济、文化团体代表的名义出现。许德珩之被遴选为国民参政会参政员，就是依照《国民参政会组织条例》第三条（丁）项产生的，即由曾在各重要文化团体或经济团体服务3年以上，著有信望，或努力国事信望久著之人员中选任。

虽然国民参政会还不是一个尽如人意的民意机关，但并不能因此而否认它在当时表示出的我国各党派、各民族、各阶层、各地域团结的进展，应该肯定它在促进全国各种政治力量为抗日救国所起的作用。这样一个容纳各方人士的政治机关的设立，在抗战初期，标志着我国政治生活走向民主制度的一个进步，它给各党派和无党派人士有了一个发表意见的机会和场所，振奋了全国人民的抗战精神，适应了时代的需要。鉴于当时国民党的抗战纲领和中国共产党的抗日纲领的精神基本相符，所以中国共产党中央决定派毛泽东、陈绍禹、秦邦宪、林祖涵、吴玉章、董必武、邓颖超等 7 人，接受国民政府的聘请参加国民参政会，并以最积极、最热忱、最诚挚的态度参加国民参政会的工作，拥护蒋介石和国民政府，加强民族团结，坚持持久抗战，争取最后胜利。

国民参政会的召开，在当时为一般人所重视，认为多少还可以说话和宣传政见。共产党的 7 名参政员除毛泽东外，其余 6 人都出席了第一届一次会议。无党派人士张一麐老人在会上常有言人所不敢言之议论，虽然为国民党当权者所忌，但亦不减其勇气。国民参政会一届一次会议是由汪精卫任议长，张伯苓任副议长，王世杰为秘书长，彭学沛为副秘书长。这次会议加强了共赴国难，精诚团结的精神，但是也有一股汪精卫媚敌投降的暗流在活动。

保甲制度是国民党独裁统治的基础，是束缚民众抗日的枷锁，其骨干分子多系地方土劣。它造成了壮丁征集过程中的种种流弊及草菅人命的黑暗现象。许德珩联合其他参政员向大会提交了《拟请从速设立省县以下民意机关案》，对国民党的保甲制度提出了尖锐的批评。

一届二次会议是在武汉、广州失守，抗战进入严重困难，妥协投降势力极其猖獗的背景下召开的。会议于 1938 年 10 月 28 日在重庆开幕。

当时在国民政府内部，蒋介石是抗战派的象征，而汪精卫则是妥协投降派的代表。坚持抗战，反对妥协的斗争，表现为拥蒋反汪两个方面。在提交大会讨论审议的近百件提案中，最引人注目的是两件，一件是中共参政员陈绍禹、秦邦宪、林祖涵、吴玉章、董必武、邓颖超提出的《拥护蒋委员长和国民政府，加紧民族团结，坚持持久战，争取最后胜利案》（简称“共产党提案”），另一件是陈嘉庚的“电报提案”（又称“陈嘉庚提案”）。共产党提案光明磊落，旗帜鲜明，刚一提出就赢得了与会绝大多数参政员的赞同，有 67 人联署，创造了国民参政会历史上提案联署人数的最高纪录，很快获得通过。而陈嘉庚提案，因为直斥汪精卫投降要害，言词犀利，锋芒毕露，寥寥几句，一语中的。但汪精卫既不敢隐匿不报，又不甘心原文通过，于是怂恿爪牙，背着陈嘉庚和与会参政员先作了一番“修正”。

陈嘉庚原电 3 个提案，他们砍去两个只剩第一个，并在文字上作了手脚，将原文“日寇未退出我国土之前，凡公务员对任何人谈和平条件，概以汉奸国贼论”中的“条件”二字删去，作为第 29 号提案交大会审议。这“条件”二字恰恰是针对汪精卫的。因为汪精卫的投降理论之一就是“和平”只须看“条件”，“条件”如有利于中国，为什么不能接受“和平”呢？所以，这一“修正”，就模糊了提案的针对性。

尽管汪派分子作了手脚，这一提案仍有犀利的锋芒，振聋发聩，道出了人们久压心中的愤怒，因而立即得到中共和其他参政员的支持和拥护，几分钟内有许德珩等 20 位参政员联署（按规定，任何提案均须有 12 位参政员联署，方为有效），因而成为正式提案列入议程。

由于有汪精卫坐镇，由汪派分子控制会场，会上决定“修正”陈嘉庚提案。几经修改，最后这一提案变成了 19 个字，即：“在日寇未退出我国土前，公务员不得言和案”，变得模棱两可，磨去了原案的锋芒，歪曲了陈嘉庚的原意。尽管如此，大会通过的提案和决议，一扫汪派制造的乌烟瘴气，全国军民为之振奋。

一届二次参政会闭幕后不到 50 天，身为议长的汪精卫就公开叛国投敌了。全国人民一致声讨，要求参政会继续揭露汪精卫反蒋反共的阴谋，正式通过要求国民政府明令通缉汪逆归案法办的决议。

到了 1939 年 2 月，日军飞机不断轰炸重庆，许德珩遂在白沙找房子，把两个小孩安顿在那里。他和夫人劳君展多半还是住在重庆，不时地去白沙看望小孩。

1939 年 2 月 12 日，国民参政会一届三次会议在重庆开幕。

会上，许德珩联合其他参政员提交了“加紧后方重要城市及工业文化区域之防空设备减少牺牲增强抗战建国之基本力量案”。许德珩在提案中指出：“查敌寇自发动侵略战（争）以来，除屠戮我战区人民，劫掠我沦陷区之财物外，日惟轰炸我后方之物质的文化的建设为唯一目的。而我后方这些重要区域之设防者甚少，如最近贵阳、万县、江西之吉安、万载等地之惨遭轰炸，演成浩劫，皆因无防空设备之故。应请政府加紧后方城市防空设备，从速灌输人民防空知识，普遍地领导挖壕避难；其为文化中心，人烟稠密城市，或工业建设，民族生产重镇；尤其如四川自流井等类有关人民生命之源的区域，应即妥为装置高射武器，重民生，固国脉，而利抗战。”

最后，大会通过了向全国同胞发出的《声讨汪逆北铭电》。

战时的重庆，物价飞涨，文教人员的生活极其困苦。为生活计，许德珩仍须从事执教生涯。从1939年暑假后，他就在离重庆50里的璧山国立社会教育学院社会教育系任教，讲授社会学。他教了1年多的书，皖南事变发生，国民政府教育部说他宣传共产主义，强迫学院将他辞去。到了1944年下半年，在同学们的强烈要求下，学院当局又聘请他回来任教，直到日本投降该院迁往苏州为止。

1940年4月1日至10日，一届五次国民参政会在重庆举行。在4月8日的会上，许德珩就加强团结，停止摩擦发表了谈话。他说：“团结与抗战，这是不可分割的问题。蒋委员长在第三次参政会会议时曾提出了精神总动员，提出国家至上、民族至上，意志集中、力量集中等口号，这就是说明要抗战必须团结，只有团结，才能有力地打击日寇与汪逆等汉奸，才能获得最后胜利。因此，大家希望最近发生的某些摩擦问题（按：指国民党军队向八路军、新四军进攻），能够早日获得圆满解决。”参政员邓颖超、陶行知、陈嘉庚、张一麐等对于加强团结、停止摩擦问题也在会上发表了谈话。

1940年9月，许德珩住在国府路的房子遭到日机轰炸，全部被毁。之后，许德珩找到枣子岚垭的一所房子。这个地方处于半山之中，也是依山作屋，原名“稚园”，后来改称“雅园”。遇到国民参政会开会，许德珩有时搭乘董必武、吴玉章、林祖涵的汽车，因为他们中总有两位要出席会议的。会后，许搭他们的车到上清寺下车，然后步行回枣子岚垭“雅园”。

1941年3月1日至10日，国民参政会第二届第一次会议在重庆举行。这次会议是国民党企图诱骗中共参政员出席会议，以粉饰“皖南事变”以来抗战营垒内部存在的重大裂痕，减少国内外各方对蒋介石的谴责而召开的。中共参政员坚持了不出席的原则立场，赢得了广大进步力量的理解和尊重。

针对当时重庆通货膨胀，物价一日数涨，民不聊生的情形，许德珩联合其他参政员在这次会上提交了“对于平抑物价问题的基本建议案”，对于平抑物价之根本问题，从原则上、方法上，以及正本清源的工作方面，向政府当局提出了数项建议。

1943年9月28日，国民参政会举行第三届第二次大会时，由于粮食部致参政员的书面答复措词失态，会场群情激愤，引起轩然大波。参政员马毅说这是蔑视参政会。高惜水提议退回全部书面答复。傅斯年说：“请主席团以大会名议将徐部长失态情形报告蒋主席！”许德珩说：“此事关系重大，小则粮食部失言，大则关系中国今后民主建设问题。”孔庚大叫：“在闭会之前，没有结果，我们不闭会！”最后表决请徐堪部长出席答复。下午徐部长亲来参政会道歉，答复书自行撤回，重行修改。一场风波始告平息。

1944年底，日本帝国主义对我大西南发动进攻。国民党政府中投降空气浓厚，法西斯反动势力猖獗。在重庆的一部分文教、科学技术界人士，许德珩、褚辅成、潘菽、梁希、黎锦熙、涂长望、张雪岩、黄国璋、叶鼎彝、税西恒等，对时局极感焦虑。天下兴亡，匹夫有责，大家经常相聚交谈，后来就发起组织了“民主科学座谈会”，以聚餐形式聚会讨论民主与抗战问题，主张“团结民主，抗战到底”，发扬五四反帝反封建的精神，为实现人民民主与发展人民科学而奋斗。这个座谈会到抗战胜利之后，改建为九三学社。

抗日战争胜利后，1946年1月，蒋介石被迫与中共达成停战协议，召集政治协商会议，通过了有利于和平民主、有利于人民的决议。这只是国民党的一种韬晦之计，两个月之后召开的国民党六届二中全会就完全推翻了政协决议。

国民党推翻政协决议，遭到共产党及各民主党派的严厉谴责，因此，国民党又再次打出“参政会”这张牌，把他们包办和独占的国民参政会吹捧为“最能表达人民公意的机关”，企图在“民意”的幌子下，在参政会上通过拥护国民党六届二中全会的反动决议。因此继1946年3月17日国民党六届二中全会闭幕后，紧接着3月20日又召开四届二次国民参政会。

在大会小会上，在一切涉及政协决议的地方，他们都对这个决议进行攻击和谩骂。在一片乌烟瘴气中，4月1日蒋介石作了一个冗长的政治报告，其要点有二：一是撕毁东北停战协议，坚持东北不在停战范围之内；二是公开推翻政协决议，坚持独裁、反对民主的路线。

在这次参政会上只能偶尔听到正义之声。一些民主党派参政员没有出席会议，出席会议的许德珩、谭平山等人坚持力斥反动分子的谰言，指出政协成功对和平建国的重要作用。许德珩还反驳道：“说政协会无法的根据，那么参政会又有什么法的根据?”他们的发言遭到了围攻，“直到正义之声止息，咆哮谩骂之声弥漫全场而后已”。至此，国民参政会完全作为国民党独占的御用工具，失去了它在抗战初期的光彩，已经日薄西山，气息奄奄。

对东北问题，许德珩等通过九三学社发表了书面意见，指出：“政协决议和军事三人小组决定是解决内政问题的最适当方法。东北问题亦应循此方法，以求解决。否则，即有治丝愈棼之虑”，“东北政权应由东北人民，用民主方式自行决定”。

1946年暑假期间，北京大学聘请许德珩来校任教，他的子女也都分别考上了清华大学和北京大学，许德珩遂偕同子女飞赴北平。

国民党定于1946年11月15日，单独召开“国民大会”。参加这个“国大”的，除国民党以外，只有其他两个御用小党：青年党和民社党。各民主党派和无党派民主人士都拒绝参加。当时舆论界认为参加

“国大”与否，乃是对于一切政治派别和个人的考验，参加“国大”的就被叫做“落水”。许德珩因是国民参政员代表当然在被邀之列。11月13日，即“国大”召开的前夕，《大公报》记者徐盈和《新华日报》记者先后访问了许德珩。次日，便将他的谈话分别发表在各自的报上，内容是：“此次国大断然召开，政局前途不堪想象，是以深感个人责任之大，故若非各方协商一致参加，个人不拟赴京，月来此间各方人士均为政局焦灼万分，虑以国大之如何召开，为国计民命祸福安危之关键。个人力主各方应于此时作严正表示，以对国事前途判明责任。”

国民党当局在军事上的全面进攻遭到失败，在政治上也进一步倒行逆施。蒋介石在国民党三中全会上，要他的党羽一致起来，把内战打到底，从而完全关闭了谈判之门。

1947年5月20日，国民党政府召开四届三次国民参政会。许德珩虽在北京大学任教，但国民参政员一职仍未辞去。许接到通知后就与中共地下党同志研究。他们认为：针对国民党反动派的镇压政策，我们应当利用合法形式，扩大反饥饿、反内战运动的宣传，所以鼓励许去参加这次会议。许德珩遂毅然前往。

饱受八年战乱之苦的中国人民，对国民党的内战政策深恶痛绝，强烈要求实现国内和平。因此，和平问题自然成为四届三次也是最后一次国民参政会的中心议题。由于中共从四届一次会起就不参加，因此，参政会上关于和平问题的论争，就直接表现为国民党当局同中间势力的斗争。

在国民党参政会开幕当开，天津北洋大学学生致电参政会，要求国民党放弃一党独裁，在中共未出席之前，暂停开会，否则“大会必将为人永弃”。在南京，6000多爱国学生向参政会请愿，要和平，要吃饭，遭到国民党镇压，造成“五二〇惨案”，促使反饥饿、反内战、反迫害的学生运动进一步扩大。

极少数与会参政员真诚地希望通过最后一次参政会来恢复国共和谈，谋求国内和平。民主同盟的张澜、黄炎培、梁漱溟；九三学社的许德珩、褚辅成，以及无党派人士邵从恩等就是其中的代表。他们要求实现永久的“和平”，而不是两个战役之间的“休战”，他们希望“和平”不仅是一个宣传的攻势，而要求采取实实在在的具体行动。5 月 28 日，许德珩在大会上说：参政会在抗战时期是“团结力量”的机构，在抗战胜利后应是“团结和平”的机构。他说：“二十号发生军警与学生冲突流血的事件，最近上海有许多学生被捕，我站在人民立场上说，学生反对内战并没有错。”他谴责国民党政府“有关闭和平之门的杂念”，提出参政会应以“超然公正”的态度，促成国共“恢复和平”，“双方停战”。他强调：“今天不能再凭武力，必须和平”，应以北洋军阀凭恃武力，最终失败的教训为戒。最后他呼吁，只有“和平能够救人民，和平能够救中国，和平能够救世界”。但是，会上国民党参政员纷纷反对和谈，要求下讨伐令。有人甚至说：“主和者为现代秦桧”，“不愿和谈，更讨厌和谈”。在参政会开会期间，国民党当局迫令民盟解散，至此中间力量对蒋介石的幻想彻底破灭。国民参政会终于被中国人民为摆脱三座大山的统治，走向独立、民主、社会主义新时代的伟大洪流所淹没，成为历史的陈迹。

（原刊于《民国春秋》1990 年第 5 期）

良师益友　风雨同舟

——记许老与毛主席的交往

九三学社已故主席许德珩同志数十年如一日坚持走爱国的进步的道路，一贯同中国共产党亲密合作，风雨共舟，并肩战斗，为我国的革命和建设事业作出了贡献。本文记叙许老与无产阶级革命家毛泽东同志的交往的片断，体现老一辈革命家相遇相知的高风亮节。

许德珩同志早在北京大学读书时就结识了毛泽东同志。许德珩同志读书甚勤，经常到北大图书馆看书，当时毛泽东同志正在北大图书馆工作，因而二人相识，时常在一起谈论天下大事，甚为融洽。

1917 年蔡元培到北京大学任校长以后，他实行了一系列改革，提倡思想自由和培养学术研究空气。学校内各类学术、政治团体纷纷成立，如雨后春笋，革新空气十分浓厚。著名的社团有新闻研究会、哲学研究会、进德会、平民教育讲演团等等。毛泽东同志和许德珩同志都参加过新闻研究会和北京大学平民教育讲演团，特别是在后者的活动中，两个人的接触机会就更多了。这个讲演团的成员经常走上街头，深入到护国寺、蟠桃宫以及海淀、卢沟桥、丰台、长辛店、通县等地区，向工人农民宣讲革命道理。它在动员群众参加反帝反封建的斗争方面，作过很大的努力。

俄国十月革命胜利后，李大钊同志积极传播马克思主义，很快地成为我国思想界的领袖。从 1918 年下半年到 1919 年“五四”前夕，北京学生成立了许多爱国的或讨论新思想的团体，其中有许多都和大钊同志有着直接或间接的联系。例如 1918 年 6 月建立的少年中国学会，就是大钊同志发起筹建的。许德珩同志是经大钊同志介绍入会的。后来毛泽东同志也加入了“少中”。这个团体在大钊同志的倡导下，把“创造少年中国”作为一个理想提出来，在当时还是产生了很大的积极影响。

通过上述社团的活动，毛泽东同志和许德珩同志建立了较深的友谊。

这里还要一提的就是许老的夫人劳君展同志，她早在长沙周南女校读书时，就加入了毛泽东同志筹建的新民学会，参加过反湖南军阀的斗争。1921 年劳君展同志等赴法勤工俭学之前，毛泽东同志等还在上海半淞园为她们送行。

1936 年秋末冬初，那时许德珩、劳君展同志都在北平教书。一天，徐冰、张晓梅夫妇来探望许老说：现在延安由于国民党军队的封锁，物资供应困难，日用品和吃的都比较缺乏，尤其没有布鞋穿，大家都穿草鞋，也没有怀表。许老和劳君展同志听了这些话，当即决定自己拿出钱来买些日用品和食品送给毛主席。徐冰同志说：现在有一辆卡车要去陕北，要买东西最好赶快去办。于是劳君展同志就到东安市场买了一些火腿、怀表和布鞋。当时是张晓梅同志陪她去买的。东西拿走时，晓梅同志问：要不要毛主席的亲笔收条？他们说：这么一点东西还要毛主席亲自开收条，不要，不要！后来蔡畅同志来重庆时，从延安带来了手工制的呢子一卷，送给许老和劳君展同志作为回答。那时，许老全家经济情况甚为拮据，这卷呢子全家拿来都做了衣服，解决了大问题。事隔多年，许老每一提起，仍然十分感念。1983 年，中共中央文献研究室冯蕙同志等在整理编印《毛泽东书信选集》当中发现一封信，是写给“各位教授先生们”的，内容为答谢赠火腿、怀表等。冯蕙同志拿着复印件去找张友渔同志，问是写给谁的。据张友渔同志分析，当时在北平的进步教授中有条件能赠送这些礼物的，只有许德珩夫妇。冯蕙同志遂去看望许老，许老同她讲述了当年送礼的经过。当许老看到毛主席热情洋溢的回信复印件时，倍感亲切，深受鼓舞，更增加了他对毛主席的怀念。（参见《毛泽东书信选集》第 84 页）

抗日战争后期，1944 年底，日本侵略军对我大西南发动进攻，桂林失陷，川黔吃紧，国民党集团中，投降空气浓厚，法西斯反动势力猖獗。重庆科技界、文化界、教育界的一些高级知识分子，对时局极感焦虑，经常聚在一起，互相交换对时局的看法，认为要民主，要团结，要抗战到底。一开始，梁希、潘菽、税西恒、黄国璋、张雪岩、何鲁、涂长望等同志，常常到许德珩同志家座谈时局，间或也在税西恒同志处座谈。大家渐渐地对聚谈有了兴趣，于是就形成座谈会的方式，讨论民主和抗战问题，一致认为要抗战获得胜利必须争取政治的民主。

民主与科学是“五四”以来所揭举的两面极有意义的旗帜，所以座谈会取名为民主科学座谈会。后来因故又把民主科学座谈会的名称取消了。因此有一个时期座谈会是没有名称的。这一座谈会的主张是“团结民主，抗战到底”，发扬“五四”反帝反封建的精神，为实现民主与发展科学而奋斗。

抗战胜利后，参加座谈会的一些朋友们都要回到各自原来的地方去，但是想到一年多来，大家经常座谈，已有共同的思想基地，希望能成立一个永久性的组织，长期存在下来。正在酝酿间，毛主席来到了重庆。

为了争取国内的和平、民主、团结，反对内战，1945 年 8 月 28 日毛主席和周恩来、王若飞等同志，在张治中将军等人的陪同下，飞抵重庆与国民党当局进行谈判。毛主席的飞赴重庆，是震动世界的重大事件，证明中国共产党是真诚谋求和平的，是一贯代表人民和平愿望的。

毛主席到达重庆这一消息，像春风一样传遍了山城，给广大国统区的人民带来了光明和希望。听到毛主席亲来重庆，许德珩夫妇兴奋异常。随后，就向徐冰同志表示，他们急于想同毛主席晤谈。不久就收到了毛主席的请帖，约许德珩夫妇于 9 月中的一天在红岩咀八路军办事处吃午饭。

一见面，毛主席一手拉着劳君展同志，一手拉着许德珩同志说：“想不到我们在这里见面了。”他们夫妇和毛主席阔别二十多年，一旦山城重聚，欣慰之情，快何如之。毛主席和许德珩同志畅谈了当年在北大结识的情景，追述了参加社团活动的一些事情；劳君展同志回顾了在周南女校加入新民学会和驱逐张敬尧运动的往事，并谈到 1921 年沪上一别迄今已二十四年；往事历历，犹在目前。随后，毛主席风趣地说：

你们知道我这个人怎么会打仗呢？我是逢山开路，遇水搭桥。大家都会意地笑了起来。

话题转到了延安的生产和生活情况。毛主席告诉他们，经过大生产运动，现在陕北人民的生活显著好转，基本上达到丰衣足食。回想当年初到陕北时，生活是相当艰苦的。在北平的教授先生们知道我们物资缺乏，还给我们送来火腿、怀表和布鞋，真是令人感动。这时劳君展同志才不得不把他们夫妇买东西送给毛主席的经过谈出来。经过她这样一谈，毛主席说："啊！原来那些东西还是你们送的呀！早就收到了，让他们吃了，用了，我也吃了。"

他们当时还向毛主席汇报了民主科学座谈会的情况。毛主席勉励他们说：既然有许多人参加，就把座谈会搞成一个永久性的组织。许说：我们也在考虑这样做，不过担心成立组织人数太少。毛主席指出：人数不少，即使少也不要紧，你们都是些科学文教界有影响的代表性人物，经常在报上发表意见和看法，不是也起到很大的宣传作用吗？经过毛主席这样一番指点和推动，许德珩同志等受到很大的启发和鼓舞，决心把座谈会改组成为永久性的政治组织——九三学社。

这天，同桌午饭的有周恩来、华岗、熊子容同志等。许德珩夫妇为这样的欢聚高兴，又为毛主席深入虎穴担心。当他们向毛主席告辞时，劳君展同志说：重庆气候不好，山城不可久留，早作归计为好。彼此心领神会，一笑而别。

1949 年 1 月底，北平解放。3 月 25 日，许德珩夫妇以及其他民主人士在西苑机场热烈欢迎中共中央领导人毛泽东、周恩来、刘少奇、朱德等同志到达北平。当时，毛主席约许德珩同志到颐和园乐寿堂吃饭，安排许老与周恩来、郭沫若等同志一桌。周恩来同志对许老说：这几年你辛苦了，一别两年多，你做的事我们都知道。许老听了这番话受到了莫大的激励和鼓舞。

1949 年 6 月 15 日，新政治协商会议筹备会在北平举行。许德珩同志代表九三学社参加了这次会议。当时，毛主席授意周恩来同志，让九三学社向新政协筹备会写一报告，说明九三学社做了哪些工作。后来，由许德珩等五位同志签名写了工作报告，铅印了数百份，送交新政协筹备会分发代表人手一份。从此，九三学社参与新中国的建立，正式成为我国的民主党派之一。

新中国成立后，九三学社成员中有些同志认为，九三学社已经完成了它在民主革命中的历史使命，提议可以解散。当时毛主席正在苏联访问。先是沈钧儒先生领导的救国会也要解散，因为成员都在北京，大家一商量都同意，就宣告解散了。而九三学社成员主要分布在北京、上海、南京和重庆。当时重庆尚未解放，与重庆社员一时无法联系，还作不出解散的决定。及至将要商讨并作出决定时，亦即1950年2月，毛主席回到了北京。当他听到救国会解散消息时，很为惋惜地说：救国会是进步团体，不应当解散。又听说九三学社也要解散，当即表示不同意，并由中央领导同志传达了他的意见。中央领导同志阐述了民主党派在新中国成立后的地位和作用，指出九三学社不但不能解散，而且还要继续发展。从此，九三学社继续存在下来而且有了新的发展。四十多年来，九三学社在中国共产党的领导下，推动成员做好岗位工作，努力为祖国建设服务，在社会主义革命和社会主义建设事业中，起到了党的助手作用，作出了应有的贡献。

值此纪念中国共产党建党七十周年之际，回顾九三学社发展的历史，使我们益发怀念毛主席，怀念他在爱国统一战线中的丰功伟绩，同时也更加怀念九三学社的奠基人和杰出领导人许德珩同志。上述事实表明，没有中国共产党的领导，没有毛主席的亲切教导和关怀，没有许德珩等老一辈同志的劲节高风，九三学社的成立和发展是不可能的。

（原刊于《民主与科学》1991年第3期）

阔别半世纪　重逢见深情

——许德珩副委员长会见蔡柏龄侧记

6月27日上午，五四运动的主要参加者许德珩副委员长在他的家里会见了蔡元培的次子、著名旅法科学家蔡柏龄。阔别祖国半个世纪以上的蔡柏龄，是应中国科学院之约于6月18日偕其夫人回国观光访问的。

1923年的夏天，十七岁的蔡柏龄随父亲来到欧洲，先在比国后到法国攻读理工科。五十多年来，他侨居法国，从事电磁铁科技研究，贡献卓著，久负盛名。1936年冬，蔡元培在上海患了严重的伤寒病，几至不起，柏龄为探视父病，匆匆回来住了一个月。从此，他就再也没有回来过。

蔡柏龄是由他的妹妹睟盎、弟弟英多等人相陪来看望许老的。故人之子的来访，引起九十高龄的许老多少往事的回忆。六十三年前，亦即蔡元培就任北京大学校长的那一年，许老正在北大文科英文学门读书，由于家境贫寒，无力接济，身兼国史编纂处处长的蔡校长，就把许德珩推荐给编纂元史的屠寄（敬山），让许德珩课余翻译《多桑蒙古史》，月酬十块银元。许老对蔡柏龄说：你父亲奖掖青年半工半读，并有着助人为乐的美德。老人怀念蔡校长的深情，溢于言表。

蔡柏龄说：本来定于6月11日回到北京，但是因为那时正值邓颖超副委员长访法，并要接见旅法华侨代表，所以在邓副委员长接见之后，才动身回国。许老说：你们知道吗？你父亲同周恩来总理有过一段渊源，那是1917年5月，你父亲到天津南开学校演说两次，都是由周总理笔录的。

蔡柏龄告诉许老：此次回国除参观一些高等院校和科研单位外，还要回到绍兴老家和父亲在上海的故居。许老说：你的绍兴老家我去过，记得那是在一个巷子里。蔡睟盎说：那地方叫笔飞弄，我父亲以及柏龄二哥都出生在那里。现在这所房子还在，只是陈旧了一些。提起蔡元培的故里，许老回忆起六十年前的往事。五四运动之后，蔡元培为了抗议北洋军阀政府对爱国学生的镇压，留下了“杀君马者道旁儿”的辞职启事，回绍兴老家小住。当时正在上海筹备全国学联成立的许老，代表北京大学全体学生亲赴绍兴挽留，并敦促蔡校长早日回校主持校务。经过许老的一番劝说，蔡校长终于打消辞意，答应不日束装北上。

蔡柏龄少年时期，曾随父亲在北京居住，并在孔德学校读书。“少小离家老大回”的蔡柏龄，仍然会说流利的北京话。几天来，他参观了原子能研究所等科研单位，并且还准备参观北京大学。北京巨大的变化，使他处处感到新鲜、陌生。许老离开法国也五十多年了，许老问：法国的变化大不大？蔡柏龄满有风趣地回答：如果用祖国的变化来比，那么法国就算不上什么变化了。是的，半个世纪以前，蔡柏龄居住的北京，是军阀统治下生灵涂炭的北京；今天他来观光的则是欣欣向荣的新中国首都——北京，这种换了人间的变化，给人的印象无疑是深刻的。

人所共知，蔡元培不仅是“五四”时期的北京大学校长，而且以后还担任了中央研究院第一任院长。他对中国的文化教育具有重要的影响，桃李满天下。由于蔡柏龄的回国访问，许老不禁想起今天在台湾的蔡元培的学生故旧。许老指出：去年元旦人大常委会的《告台湾同胞书》代表了全国人民的心愿，政府一系列有利于祖国统一的措施与决定，受到了海内外爱国同胞的拥护和欢迎。过去科学文教界的朋友，一往情深，如今人各一方，殊深系念。切盼台湾与大陆早日通邮、通航，以偿老友重逢话旧之宿愿。

蔡柏龄向许老道别之后，许老望着他车子的背影频频点首说：花发满枝，叶落归根，物还故土，人归故里，此其时矣。寥寥数语，表达了老人对台湾朋友们的深情。

许德珩阳翰笙共忆黄埔往事

1982年初春，久病新愈的阳翰笙去看望许德珩。这两位当年黄埔军校的老友，一见面就拥抱在一起。许老紧握着翰老的手，激动地说："熊雄、萧楚女等同志牺牲到今天已经整整五十五年，当年我们一起在黄埔工作的人，现在剩下的寥寥无几了。我们真可谓劫后余生。"翰老频频点头，感慨地说："我们五十五年前，在黄埔军校的这段友谊是终身难忘的，我们可称得起是生死患难之交。'四一二'反革命政变后，广东军阀在广州杀了多少共产党人和进步人士，我们也只差一点点就把性命丢在黄埔了。"

半个世纪过去了，在这漫长的岁月里，几经沧桑，往事如烟；可是当年在广州这段不平凡的革命经历，二老始终铭记在心，难以忘怀。许老追述了他当年来广州教书的过程。

第一次国共合作以后，大好的革命形势，使在法勤工俭学的许德珩再也按捺不住归国的急切心情，他于1927年初毅然回到了当时革命的中心广州，在广州中山大学任教。许老说，一到广州，立刻感到气象一新。北伐战争不断胜利，工农运动日益高涨，革命的军民兴高采烈。大人小孩都会唱《打倒列强》的歌曲。追忆当中，许老仿佛回到了当年的广州，情不自禁地唱起了这首歌：

打倒列强，打倒列强！
除军阀，除军阀！
努力国民革命，努力国民革命！
齐奋斗，齐奋斗！

阳翰笙说：大革命时期的广州，是革命的根据地，革命气氛很浓郁，国民政府的威信很高，甚至当佣人与主人吵架时，往往说：“走，我们见国民政府去！”

许德珩无限感慨地说：我到广州以后，只有三个月的好日子，一月、二月、三日，到了四月就风云突变，广东军阀拿刀杀人了。

两位老同志回忆起五十五年前共同工作过的黄埔陆军军官学校。说起黄埔军校的成立，它有着一段不平凡的经历。它是同国民党改组的计划同时提出来的。黄埔军校的建立是经过中国共产党的倡议、推动，以及共产国际的帮助与孙中山三方面协议决定下来的。它是国共合作的产物。最初，孙中山派程潜为校长，蒋介石、李济深为副校长。蒋介石不愿屈居于程潜之下，离开了广州。张静江、戴季陶为他撑腰，最后他担任了校长，并兼粤军总司令部参谋长、长洲要塞司令。开始的时候，戴季陶任政治部主任。戴离开广州以后，由邵元冲代理政治部主任。后来据说是孙中山决定请中共推荐一位适当人选担任政治部主任。中共中央决定调周恩来回国，任黄埔军校政治部主任。1924 年秋冬之交，担任中共两广区委员会委员长的周恩来到黄埔就任政治部主任职务，开拓了黄埔的新局面。黄埔不同于其他军事学校的一个重要特点，它除了步、炮、工、辎等各军事科外，还有一个事实上由共产党掌握的政治科。这个科，学员最多，产生的影响也最大，培养出来的人一般都是担任连党代表，有的还升为营或团的党代表。这个科归政治部领导。政治部还负责全校各科的政治教育和思想工作。政治教官大多数是共产党，还有国民党左派和进步人士，也都归政治部领导。所以，当时共产党在黄埔的力量和影响是很大的。

谈到这里，二老怀着崇敬的心情谈到廖仲恺。廖仲恺是黄埔的第一任党代表，他是真正的国民党左派，真正信奉孙中山的新三民主义，坚持“联俄、联共、扶助农工”三大政策，所以他和共产党合作得非常好，亲密无间。廖仲恺在黄埔师生中威信极高，远远超过蒋介石。大家都亲切地称呼他：廖党代表。共产党在黄埔能顺利地进行革命教育和展开革命的政治思想宣传工作，是和廖仲恺的全力支持分不开的。

继周恩来之后，熊雄担任政治部主任，做了很多工作，取得了很大成绩。1926 年 1 月，阳翰笙奉党的命令来黄埔工作，担任过熊雄的秘书和入伍生部中共总支书记兼政治教官等工作。那时，恽代英是黄埔的总政治教官。

许老回忆说：熊雄和我在法国同学，我们从那时起就建立了友谊。他听说我在中山大学教书，教得还不错，就约我到黄埔去讲演，进而聘我做黄埔的政治教官。

翰老说：我记得你在黄埔教的是《社会主义史》。你在黄埔作了三次重要讲演，都讲得非常精彩，我听了很受鼓舞，得益非浅。

许老回答：我在黄埔讲演时，记得每次听讲的都有你。你是入伍生部的中共总支书记嘛！不过讲的什么内容，我自己已经忘记了。

翰老说：我却记得很清楚，至今言犹在耳，盛况如在目前。他说：那时我们入伍生部有两个团。第一团在石龙，第二团在燕塘，沙河旁边。入伍生部的营房就在燕塘。这里有一个大操场，四四方方的，能容纳两千人。那时条件差，生活是很艰苦的。尤其是入伍生部，讲课不同于校本部。校本部还有房子，有礼堂；入伍生部讲课就在操场上，中间放一张桌子，学生在四边围着。团长对学生训话说："你们一方面听课，一方面锻炼锻炼！"团长一声口令"坐下！"大家就席地而坐。骄阳似火，个个晒得满头大汗，但是人人听得十分出神。团长、副团长、参谋长也围在桌子四周，坐在长板凳上，一边听讲，一边做笔记。那时没有话筒，讲演人就站在桌子上提高嗓门大声讲。许老的三次重要讲演，总题目是《社会主义史》，内容是讲社会主义历史的发展。我记得许老讲得最引人入胜的是巴黎公社，将巴黎公社的前前后后，以及反动派怎样，工人怎样，梯也尔怎样，讲得清清楚楚。学生们听了，对巴黎公社的工人斗争印象最深，最受感动。这是第一课。第二讲是十月革命，讲列宁从二月革命到十月革命，这一段也讲得很精彩。第三讲是德国革命，斗争也十分尖锐，讲到卢森堡、李卜克内西如何牺牲的情况等等。这三段历史在无产阶级斗争史上很重要，题目抓得准，对学生的教育很大，影响深远。我听了也深受教育。这些革命的道理，听讲的无论是共产党员或国民党左派都容易接受。尤其是讲巴黎公社，许老你那时刚从巴黎回来，讲得激昂慷慨，有声有色。还讲到巴黎公社社员战斗到最后的那堵著名的巴黎公社墙等等。至今我的印象还很深。

许老插话说：我对巴黎公社的英雄很崇敬，1920 年一到巴黎，我就去巴黎公社墙参观凭吊。

翰老问许老在黄埔时期的讲义还有没有？许老愤慨地说：早就没有了。我两次被抄家。一次是 1932 年 12 月，我被国民党宪兵三团逮捕，蒋孝先抄了我的家。“五四”时期、留法时期、大革命时期的照片、文稿等等全部用一辆卡车装走；1937 年 8 月，日本兵进北京城后，又一次抄了我的家，过去的资料可以说片纸无存。

许老对当年在黄埔讲课时，经常进行教学总结，认为非常好。他回忆起当年同熊雄、萧楚女、孙炳文、熊锐、黄松龄、刘侃元、张庆孚、郑伯奇等几位政治教官，每周在一起开一次会，总结一次。许老说：你、我，还有几个人，我们搞得很好，很团结。翰老也说：刘侃元这个人是当时国民党的左派，我们这些人很团结，还常到刘侃元家小吃小吃，他的夫人很会做菜，他女儿那时才一点点高。

谈到这里，二老沉默了片刻。他们不约而同地缅怀起当年牺牲了的战友。许老无限感慨地说：提起往事，真是险恶万分啊！熊雄、萧楚女、孙炳文、熊锐这几位牺牲了的同志，是多好的人啊！我非常钦佩，我一直在怀念他们。

翰老深有同感地说：我和熊雄相处很久，深知其人。他是江西宜丰人，曾参加辛亥革命，到过日本，在法国、德国和苏联学习过，1922 年入党。1925 年他回国后参加过东征，协助周恩来工作。1926 年他担任黄埔军校政治部主任后，我和他朝夕相处，对他十分敬佩。他对党非常忠诚，对同志对朋友非常热情。他对于国民党右派越来越露骨的反革命活动，以大无畏的精神坚决与之斗争，同时又秘密转移党团员和进步人士。熊雄和李济深原是很熟的朋友。反动派在黄埔开始捕人时，熊雄气愤地说：“我要去找李济深！”并指责国民党右派的行为是反革命。据说，黄埔军校的教育长方鼎英主张用“分共”的办法，对共产党员

"以礼相送"，不主张杀。对于熊雄，方鼎英是主张绝对不能杀的。李济深表面上敷衍，答应可以"考虑考虑"，而实际上，他们却把已经到达澳门的熊雄抓回来杀害了。

翰老沉痛地说：萧楚女这时正病在医院里，国民党反动派竟把他从东山医院的病床上拖出来活活打死。孙炳文随后也牺牲于上海。周恩来、恽代英、熊雄、萧楚女等革命先辈呕心沥血培养起来的黄埔军校，这时洒满了革命青年的鲜血。

翰老感慨地说：其实这时我们共产党在广东的力量很大，在陈延年和周恩来的坚强领导下，本来是可以战胜蒋介石反革命力量的。那时黄埔的革命实力很强，第三国际大力支持黄埔，黄埔的枪炮、弹药都是第三国际援助的。中山舰事件发生后，我们完全有力量把蒋介石抓起来。陈延年本来是主张坚决和蒋介石斗的。但是，陈独秀的右倾路线断送了革命的大好形势。蒋介石借口中山舰事件夺取了军权。后来以"清党"为名，血腥屠杀了多少共产党人。革命志士们掩埋了战友的尸体，举起了起义的旗帜，斗争又进入了新的阶段。

许老指出：当年搞反革命政变的坏人之一，就是戴季陶，他是"清党"委员会成员之一。许老说：我在 1918 年拜会孙中山时认识他的，当时他名叫戴天仇。我一见之下，觉得此人仪表翩翩，似乎很有才华，谁知原来是一个反动的两面派。

翰老也说：此人是蒋介石在上海搞交易所时的老搭档，是个伪君子。他宣传什么尧舜禹汤、文武周公、孔子孟子，所谓仁义道德、礼义廉耻，实际是借此反对革命，反对阶级斗争。他的反动言论，在上海时曾受过瞿秋白、恽代英和萧楚女等人的严厉批判。这场早已开始的斗争，它的舞台以后又从上海移到广州，移到黄埔。在蒋介石的支持下，国民党右派组织了"孙文主义学会"，其主张就是从戴季陶发表的反对马克思主义小册子《孙文主义》而来的，目的是反对孙中山的三大政策，反对共产党，与我们争夺青年军人。我们和戴季陶的斗争是很尖锐的。

许老指出：此人专会变颜色，与蒋介石在上海搞交易所时，就把戴天仇改为戴季陶，要学陶朱公；孙中山逝世后又改为戴传贤，表示他要“继承”孙中山的遗教。此人反动影响很大，是蒋介石的政治顾问。当时他是中山大学校务委员会主任。我来校不久，他就叫人来拉拢，要我担任法学院长，我谢绝了。

二老各自叙述了离开广州的经过和以后的情况。许老当时主要在中山大学文学院教《社会主义史》。何思敬也在学校教这门课。许何两人相处得很好，从未发生矛盾。1927 年 3 月下旬的一天，何思敬忽然跑到大钟楼许的宿舍里告诉他：广东军阀当局要捕人，黑名单里有你的名字。不久，许老当年在北大的同学伍一比也告诉他这个同样的消息。许老就到黄埔问熊雄“怎么办？”熊雄说：“走！赶快走！我们也要走！”许老 3 月 29 日那一天，为纪念黄花岗七十二烈士还到各处去演讲，整整跑了一天，第二天就悄悄地离开了广州，转道香港，然后到上海。

许老说：反革命政变前夕，上海处于风声鹤唳之中。4 月 12 日的当天早上，我与黄日葵一起去闸北总工会看望赵世炎、陈延年。他们说，这里不能久停，很快就要打起来。我就在 4 月 12 日当晚，与黄日葵乘船离开上海，应恽代英之约，到武汉中央军事政治学校任教去了。

翰老在事变之前，得到他的一位朋友（国民党左派，方鼎英的部下）的秘密通知和覃弄之的大力帮助，逃离了广州，到达武汉。在武汉，党中央军委先调他任第六军政治部秘书，协助林伯渠工作，后又调任第四军政治部秘书，协助廖乾吾工作。后来和郭沫若等，赶上南昌起义队伍，担任过二十四师党代表和总政治部秘书长等职，一直打到海陆丰。

大革命失败后，翰老受党的派遣先到创造社工作。中国左翼作家联盟（简称“左联”）成立后，他曾担任“左联”的党团书记；许老也参加中国社会科学家联盟，并在上海从事马克思主义理论的翻译工作。之后，翰老在南方参加白区的地下斗争和文化工作；许老在北方从事抗日救亡和民主运动。半个世纪过去了，二老殊途同归，新中国建立后，又都在为祖国的建设事业贡献自己的力量，各酬桑榆之志。

兹值许德珩同志去世将近二周年之际，追记当年二老会见时的谈话以申怀念及崇敬之情。

许老的楹联

中共中央委员、我社社员、著名核专家邓稼先同志逝世后，在他的追悼会上悬挂着社中央主席许德珩同志的挽联：“稼先逝世，我极悲痛。”上下联虽不对仗，但朴实的辞句，充满了九七高龄老人痛失佳婿的真挚情感，给人以深刻的印象。

许老早年在九江学堂读书时就负有能诗善对的才名，后来从事教学和民主运动，在繁忙紧张的工作中也时有佳作流传，脍炙人口。惜几经动乱，1949 年以前的诗稿大多散失，已成憾事。可是当年许老作的楹联，有些迄今却仍然在文教界中传诵。

许老为开封死难同胞所作的挽联现今一些同志仍然记忆犹新。1948 年 5、6 月间，我人民解放军解放河南开封后，国民党军队用飞机狂轰滥炸这座文化古城，人民死伤惨重。北京大学河南旅平同学，一天晚上在民主广场举行追悼开封死难同胞大会，许德珩、袁翰青、樊弘三位教授应邀到会讲演，痛斥国民党当局屠杀无辜居民的罪行，许老并亲自撰写了挽联，联曰：

人民何辜，遭此荼毒。
时日曷丧，及汝偕亡。

又如，1948 年 8 月 12 日，著名散文家朱自清教授因贫病交加，在北平不幸逝世，享年 51 岁。许老与朱自清教授早年在北京大学同学，友谊甚笃，当他听到这位老同学病逝的消息后，悲痛不已，立即写了一副挽联，联曰：

教书三十年，一面教，一面学，向时代学，向青年学，生能如斯，君诚健者；

生存五一载，愈艰苦，愈奋斗，与丑恶斗，与暴力斗，死而后已，我哭斯人。

此联既工稳又见感情，在当时进步师生中流传很广，有些同志现在尚能记诵。

（原刊于《红专》1987 年第 7 期）

铮铮风骨　表里如一

——悼梁漱溟先生

6月23日晚，从电视新闻联播中传来了知名学者梁漱溟先生逝世的消息，我当即不由自主地沉浸在哀思之中。

我以前对梁先生久闻其名，而对他的为人乃至学术思想却知不甚详。从1953到1973年，二十年的时间里，听到有关梁先生的评论，总是一片贬责之声，因而影响到我对他也就盲目地产生了偏颇之见。

这几年我思想上有了转变，由于一些介绍梁先生的文章相继问世，特别是读了汪东林同志写的《访梁漱溟问答录》(《人物》1986年第1、2、4、5、6期，1987年第1、2、5期)，戴晴、郑直淑同志写的《梁漱溟与毛泽东》(《文汇月刊》1988年第1期)，对梁先生的为人我开始有所了解。他平生力行的“独立思考，表里如一”的治学方法和做人品德，使我钦佩，敬重之心不禁油然而生。

1988年初，美国加州大学社会学家杨午晴教授偕其夫人来京访问，在一个小雪初晴的早上，我陪同他们夫妇到木樨地二十二号楼看望了梁先生。初见之下，他那清癯面貌，矍铄精神以及有条理的谈吐，丝毫不呈显衰老之象。杜甫“人生七十古来稀”的诗句，处今之世，有些过时了。当前，我国之大，人口之多，身体健康且头脑清楚的八十岁老人，上至国家领导人，下至普通老百姓，可谓不乏其人。但是衰老终归是人生不可抗拒的自然规律。年逾九十高龄而又思维敏捷，步履尚健如梁先生者，真是凤毛麟角，当代稀有。

杨教授代表海外的一些朋友祝梁先生福寿绵长，并说大家都很关心梁先生的健康，现在看到老人家如此硬朗，回去告诉他们一定很高兴。梁先生还把自己的著作赠给杨教授和我。他送给我的是最近出版的《我的努力与反省》。他从沙发上站起来，拿起要送给我们的书走在书桌前坐下，要在书的扉页上题字盖章。我们惟恐他太劳累就建议，让他的孙子替他盖个图章就行了。而老人家执意不肯，他非要亲自动手不可。他工工整整一笔一画地在写“某某先生指正”，下面署上名盖上图章。从这细微处体现了梁先生做事一丝不苟的精神。

梁先生拿出专记来访者姓名的笔记本，叫我们三人分别写上自己的姓名和地址。我高高兴兴地照做了。我满心以为结识了这位刚直不阿的学者，以后有机会可以前来拜谒请教，谁料想事隔半年，梁先生竟溘然长逝，每念及此，不觉惘然若失。

从梁先生著作中可以看出，他从不唯上、唯书、唯经、唯典地论述问题，他的思想永远是活的，从不僵化。他是一位一生从事思考人类基本问题的学者。我为我们失去了这样一位铮铮风骨、表里如一的学者而深感悲痛。

（原刊于《中国文化书院学报》1988年8月10日）

爱国一家怀故人

海外来鸿

前不久，我去中国农业科学院看望金善宝同志。在院长办公室里，金老拿出一封信给我看。原来是和金老阔别三十多年的一位老学生从纽约寄来的。阅读之下，有这样几句话引起我的注意："近读吾师在香港《大公报》发表《向台湾科教界贺新年》宏文，更为感人！台湾各界希望祖国统一者当不乏人，惜主政当局仍无动于衷，引为怅怅。该文在台一般人士，无法读到，生原拟影印寄台，恐有未便，乃以邮筒抄录数节，寄××兄当可到达。"

从信里得知，这位老学生二十多年来，在台湾一直从事农业科研工作，两年前，赴美居住。他在美国"读到祖国的报章杂志，对祖国的进步情况得悉大概"。"身居海外甚愿见祖国统一之能早日实现，而旅美学人向往祖国者亦众。倘国内能制订办法鼓励学人回归为祖国尽一分责职，则定能踊跃响应，于四化当有补益。"寥寥数语，道出了老科学家热爱祖国、建设祖国的迫切心情。

共同心声

七九岁杪，金老向台湾科学文教界祝贺新年的文章，同时发表在香港的《大公报》《文汇报》《新晚报》，澳门的《澳门日报》，以及美国纽约的《华侨日报》等报纸上。披露范围之广，在过去是少见的。为什么如此引人注目呢？此事还要从头说起。去年 7 月间，台北《联合报》发表了台湾"农业发展委员会主任"李崇道博士的访问记。李氏提出愿向祖国大陆提供必要的技术资料。金老认为我们的农业技术应当交流，互相接触，中华民族的科学文化应当由我们共同发展创造，对李氏的态度表示欢迎，愿与台湾农业科技方面互相合作，交流经验，欢迎他们到祖国大陆来参观访问。这是广大科学工作者（包括台湾科学文教工作者在内）的共同心声，和渴望祖国统一的强烈愿望。

扫除障碍

三个月过去了，11 月 29 日的台北“《中央日报》”上刊了一则署名冯志清的报道，把祖国大陆与台湾农技方面互相合作、交流经验的愿望，歪曲为我们要获得其农业技术，还说我们的农艺人员最近正利用传自台湾的多倍体西瓜种子，进行组织培养研究，说什么我们在组织培养方面的能力并不高，能否成功，还是个疑问。

对于这种歪曲事实的宣传，是加以驳斥，还是不予理睬呢？金老考虑，由于台湾和大陆长期隔绝，彼此互不了解，许多事情以讹传讹，引起猜疑、误会，现在，已经到了消除误会的时候。大家都要拨开云雾，认识现实，肯定现实，扫除统一道路上的障碍。为此，争取实现通邮通航，探亲访友，参观学习，增加直接接触的机会是完全必要的，根本不存在单方面“猎取”技术资料的问题。至于祖国大陆上农业科学研究所取得的进展，是举世瞩目的事，勿庸置辩。

新年怀旧

1980 年元旦就要到了。金老想起了台湾科学文教界的老朋友。多年来，金老从台湾及海外报刊，看过老友们一些思乡怀亲的诗词，记得一位老朋友游日月潭诗，有“白云深处是吾家”之句，引起了金老的同情。渴望这位朋友和台湾的故旧回到“白云深处”的故乡探亲访友，参观大陆上的农业新成就，欣赏北国风光，江南春色，更可抒发诗兴；南京是金老的第二故乡，金老在台湾的老同事，对南京的一山一水，印象是很深的，一旦旧地重游，晋谒中山陵，泛舟玄武湖，赏长江大桥之夜景，尝曲园之风味，当不胜感慨系之。新年之后，春节即将到来，人们都在惦念着节日与家人和亲友团聚。金老同台湾故旧阔别三十多年，大家都是子孙满堂的人了。金老在想，这些后代都是从未见过面的，难道老一辈不该重逢，后辈不该相识吗？不！现在已经到了应该团聚的时候了。为此，金老借着向台湾科学文教界的朋友们祝贺新年之际，对时常萦念的在台湾的老朋友，当年在江南大学、中央大学和浙江农大时的老同事钱穆等先生寄以深切的怀念。

三十年来，祖国大陆上的农业科学研究有了很大的发展，从中央到各省市，各地区和大部分县都建立了综合的或专业的农业科研机构，全国的农业科学研究、农业教育和农业技术推广体系已经或正在形成。这些可喜的成就，尽管博得了世界各国的称赞，但是由于长期阻隔，台湾的科学家对大陆的变化，不甚了解或完全不了解。所以，金老在祝贺新年的文章中，畅谈了大陆上农业科学研究的成就，介绍了南方研究培育并推广的水稻矮秆高产品种，二十多年间，提高水稻总产量的情况；提到了农业科技人员发现并利用野败不育系，籼型水稻杂交研究成功的情况；报道了具有世界先进水平的异源八倍体小黑麦品种，开始大面积推广的消息。特别是从 1960 年开始研究培育的多倍体无籽西瓜，早已培育成功，大面积种植，1977 年日本木原均博士来我国，高兴地把两个无籽西瓜带回日本。事实面前，台北报纸上对我的歪曲，不驳自破了。

听了金老叙述的全过程，使我完全懂得了为什么海外报纸纷纷刊登他的文章的道理，同时也明白了同金老阔别三十多年的老学生，为什么远隔重洋急切来鸿的原因。那就是金老的文章出于肺腑，掬诚相告，因而感人至深。甚至感动得那位老学生不得不动起笔来，抄录数节，函告在台亲友。由此可见，台湾各界及旅居海外华侨渴望祖国统一者大有人在，金老的文章正反映了大势之所趋，人心之所向，所以获得了各方面的欢迎。

（原刊于《红专》1980 年第 2 期）

从有关曹雪芹卒年问题的争鸣谈起

——俞平伯同志访问记

我国伟大的文学家、《红楼梦》作者曹雪芹逝世二百周年快到了。可是曹雪芹究竟卒于乾隆壬午除夕（1763 年 2 月 12 日），还是卒于乾隆癸未除夕（1764 年 2 月 1 日）呢？对于这个问题，一向未取得一致的结论。最近，主张癸未说的人士重申前说，对壬午说方面进行了一系列的质疑，讨论得很热烈。日前，记者走访了主张壬午说的我社社员俞平伯同志，这位研究《红楼梦》的专家谈了他对曹雪芹卒年问题以及其他有关问题的看法。

坚持壬午说的根据

俞老对这问题，仍是坚持壬午说。其根据出于抄本《乾隆甲戌脂砚斋重评石头记》（以下简称“甲戌本”）。“脂砚斋”，至今虽不能断定是何人，但从“脂评”的内容来看，大部分是出于作者最近的亲属，对作者身世熟悉而且有深厚感情。“甲戌本”第一回上有朱笔眉批，纪明曹氏卒年：“能解者方有辛酸之泪，哭成此书。壬午除夕，书未成，芹为泪尽而逝。”俞老认为，这条眉批应该是靠得住的第一手材料，而第一手材料是应该尊重的，所以，他说曹雪芹卒于乾隆壬午除夕，是没有什么疑问的。

俞老认为，近几年来，有些学者从其他材料旁征博引，认为曹氏卒于乾隆癸未除夕，从而否定壬午之说。

癸未说主要根据之一：曹雪芹好友敦敏所著《懋斋诗钞》里有一首《小诗代简寄曹雪芹》的诗。此诗前三首《古刹小憩》一诗的题下，有“癸未”二字。有些学者认为这部“诗钞”是以编年为序，《小诗代简寄曹雪芹》既然排在《古刹小憩》之后，当然应写于癸未。曹氏在癸未暮春还到诗人家里饮酒赏花，就不可能在前一年的壬午除夕去世。他们认为，“甲戌本”上所谓的“壬午除夕”，是由于“脂砚斋”在曹氏卒后的十一年（甲午八月），事隔多年，老人善忘，因而把癸未误记成壬午了。

《懋斋诗钞》是不是编年的？俞老认为，《懋斋诗钞》虽属原稿，但发现有剪贴凌乱、次序颠倒现象，不是严格编年的诗集，不能因《古刹小憩》题下有“癸未”二字，就断定《小诗代简寄曹雪芹》也作于癸未。其次，古人习惯于以干支纪年，“脂砚斋”和曹氏如此亲近，感情如此深厚，尽管批书时年岁已高，也不会将曹氏卒年记错。至于“脂砚斋”批于甲午八月，系根据“甲戌本”另外一条而来的，在“壬午除夕，书未成，芹为泪尽而逝”这条之后，隔了一行有另外一条：“余尝哭芹，泪亦待尽。每意（欲）觅青埂峰再问石兄，奈余不遇獭（癞）头和尚何，怅怅。今而后惟愿造化主再出一芹一脂，是书何本（幸），余二人亦大快遂心于九泉矣。甲午八月泪笔。”此条与上一条内容并不相连，显然两事，绝非同时批的，岂能从后一条就判断前一条同时批于甲午八月呢？

癸未说主要根据之二：敦敏弟弟敦诚所著《四松堂诗钞》里有《挽曹雪芹》诗三首，题下注明“甲申诗”。主张癸未说的学者，由此断定曹氏卒于癸未除夕，葬于甲申年初。

俞老首先声明，对敦诚此诗的理解，他和以前有些不同。以前由于从旁人转引《四松堂集》稿本，只看到一首诗，诗中有“絮酒生刍上旧坰”一句，认为这是给曹氏上坟的诗①。后来，发现敦诚的后两首“挽诗”，三首合起分析，乃修正了自己过去的看法，断定这是送殡的诗。俞老这种尊重事实、敢于修正意见的求是态度，确是做学问的应有

① 俞平伯：《曹雪芹的卒年》，见 1954 年 3 月 1 日《光明日报·文学遗产》第 1 期。

本色。

“挽诗”编定在甲申，不等于就是作于甲申，这是俞老对这一问题的意见。他说：诗人为什么不可以把癸未年送殡时写的诗定稿于甲申年呢？我们看不出三首“挽诗”和“壬午除夕”有什么矛盾之处。

俞老认为癸未说的两点主要论据，如果一一推敲，似不能推翻“脂评”，如把两者合并起来否定壬午之说，也终难成立。主张癸未说者，对“脂评”上“壬午除夕”四字，为什么一方面否定“壬午”二字，一方面却又相信“除夕”二字呢？从这里，俞老谈到做学问应该实事求是，来不得半点主观臆测。

对“西州路”的不同看法

为了进一步说明学术研究的严肃性，俞老举曹雪芹葬于何处问题为例。有位先生根据敦诚“挽诗”里的两句诗，引申到曹氏坟墓在北京西郊。这两句诗是“他时瘦马西州路，宿草寒烟对落曛”。这位先生把它和第一首的第二句“晓风昨日拂铭旌”合起来分析，再结合传说，认为曹氏葬于北京西郊健锐营寓处附近。

曹氏坟墓在不在西郊？俞老感到从这两句诗似找不出线索。“西州路”是用了晋朝羊昙的典故。《晋书·谢安传》载：“羊昙者，太山人，知名士也。为安所爱重。安薨后辍乐弥年，行不由西州路。尝因石头大醉，扶路唱乐，不觉至州门。左右白曰‘此西州门’。昙悲感不已，以马策扉，诵曹子建诗曰‘生存华屋处，零落归山丘’，恸哭而去。”从这一故事来看，西州门乃“州门”，“扉”只可理解为谢安生前阳宅，而且羊昙行经西州门内，丝毫不意味着出郊展墓。如果由此联想为上坟，从而引申曹氏之墓就在西郊健锐营一带，恐怕与诗人原意大相径庭了。

“大观园”是文学上的理想境界

不久前，报上连续发表了有关考查“大观园”在何处的文章。作者们经过调查，认为北京的恭王府（现为北京艺术学院等四个单位使用），就是小说上的“大观园”。认为护国寺附近的花枝胡同，可能就是尤二姐住过的“小花枝巷”；从恭王府里的若干建筑与水道，猜测这是贾母所居，那里是李纨住所，这里是“怡红院”，那里是“沁芳闸”，“大观园”的遗址似乎已经找到了。对此，记者顺便请教了俞老，他表示了另外的看法。

俞老认为，首先要明确考查“大观园”的目的是什么？如果说恭王府的建筑、风景与《红楼梦》里的描绘很相象，以这个地方作为曹雪芹的纪念馆，这也很好。如果说，曹家当年地址就在恭王府，而且曹雪芹就把自己家写成“大观园”，那就大成问题了。“大观园”是个理想境界，是曹氏把南北园林之好综合而成的东西。所以，作者在第十七、十八回上说“天上人间诸景备，芳园应锡大观名”，显然它是人间的“太虚幻境”，有很多虚构地方。否则，园林纵好，何能具备天上人间的诸景呢？而且北京的巨室豪门，附带的园林每每不大，这是很明白的。再如，四十九回“琉璃世界白雪红梅”，北京不可能有此境界，至少谁也没见过。北京的气候，似不能将芭蕉、梅花移植于地面，如“拢翠庵中有十数株红梅如胭脂一般映着雪色，分外显得精神”，说是北方园林景色，是不可想象的。然而“大观园”中的建筑物，都是北京房屋形式，由此更可看出作者是综合了南北的景致，再加上自己的幻想写成的。如果说《红楼梦》有一些是作者经历过的现实生活，那么描绘的地点背景既有北京，也可能有南京。曹頫罢官以后尽管住在北京，但作者家庭的盛时，在金陵曾有一个很大的花园，亦即所谓“秦淮风月忆繁华”。袁子才说“大观园即余之随园也”，这话并非完全无据，因为京的“随园”前身为“隋园”，园主是隋赫德，隋系曹頫后人。俞老说，由此看来，“随园”与曹家倒有关系。一定要在北京找出“大观园”来，可能是办不到的，而且也是徒劳的。

俞老表示，目前有关曹雪芹卒年问题以及“大观园”遗址的寻查，对活跃学术争鸣，确是起了一定促进作用。但是有些考据未免近于繁琐，甚至过多地纠缠在某些枝节问题上，而对于《红楼梦》这部不朽杰作之所以伟大，却显得讨论得不多。他希望今后大家都能向这方面深入发展，使这个争鸣更有意义更加丰富。

（原刊于《红专》1962 年第 8 期）

在俞老的警示下

新年后，一个晴和的早晨，我去看望社中央委员、“红学”专家俞平伯同志。

俞老见我来访，感到格外高兴。他虽然不良于行，但立即扶案走进里屋，拿出来近日出版的《唐宋词选释》相赠。我们知道，俞老不仅以研究《红楼梦》著称，而且也是造诣很深的词学研究者。他擅长填词，1949 年以前曾在大学讲授作词方法，发表过许多词学论文，尤其是他的论词专著《读词偶得》和《清真词释》两书，选释温庭筠、韦庄、南唐二主和周邦彦五位唐宋名家的词作，着重于词意和写作技巧的剖析，体会深切，分析细腻，早为读者所称道。《唐宋词选释》则是俞老 1949 年以后词学研究的成果，早就听说要出版，现在承蒙持赠，我喜出望外。

老实说，我最关心的还是俞老对于《红楼梦》的研究。我在想，文代会开过以后，俞老可能是重新鼓起劲来从事“红学”写作了。但是，当我就这个问题问起俞老时，得到的回答却是相反，他说：“近来有两个研究‘红学’的刊物在创刊，都来要稿子。一个，我送了一首诗；另一个，我寄了一篇旧稿。总之，我现在不写这方面的文章”。我一怔，不解俞老的意思。大概俞老从神色中察觉到我有疑问，于是从容地谈出了不写的理由：“近十几年来，有关《红楼梦》的文章太多了，要写，首先就要研究这些材料，但是我无此时间。”是的，回顾 70 年代初期以来，在《红楼梦》研究上，是有一些高水平高质量的好文章问世，但是也确有不少文章陷入了从某种现成结论出发，对丰富生动的文学作品搞简单化的“对号入座”的情况，使《红楼梦》研究工作受到了破坏。这些文章的数量固然不少，不过评论起来也确无必要。

我问俞老：“能说《红楼梦》是一部阶级斗争的书吗？”俞老说：

“《红楼梦》里有些内容是反映了阶级斗争的，比如乌进孝的‘交租单’、凤姐放高利贷，是贾府剥削的表现，不然，宁荣二府靠什么维持?！但是，不能说全部是反映阶级斗争的作品。尽管王静安（国维）的《红楼梦评论》是唯心主义的观点和悲观厌世的人生态度，但是，他从美学、伦理学角度来评价《红楼梦》，这一点还是可取的。可惜王静安的文章作于20世纪之初，后来发现的材料他都未及见到。”确实如此，所谓主题思想，也就是政治意义，是包含在人物、故事情节、生动的语言之中，使你通过美的艺术感受之后悟到主题，提高思想情操。《红楼梦》二百年来一直受着人们的欢迎，正因为它的思想隐蔽在整个《红楼梦》的所有人物思想行动中（包括一言一行），所以才有生命力。看一部作品，只是说，这个作品政治意义如何如何，而不讲艺术形象，这种偏向再也不能继续下去了。我想，曹雪芹写《红楼梦》的当时，绝不会自觉地意识到第四回是总纲。

俞老对我说：“我在1949年以后，并没有搞《红楼梦》研究，只是整理了一部《八十回校正本石头记》。《红楼梦辨》是‘五四’前后写的，1949年以后出版的《红楼梦研究》，是它的翻版。”俞老感慨地说：“我和顾颉刚先生讨论《红楼梦》问题的通信（见《红楼梦辨》），那还是老老实实的。”老实，是治学态度严肃认真的反映。翻开俞老当年写的书，不难看出，老一辈“红学”家的研究工作，在涉及《红楼梦》某些方面的内容时，还是从作品的客观实际出发，围绕《红楼梦》本身的问题进行考证的。而后来某些人的考证则是脱离作品本身，一味追逐曹雪芹的家世，或是就书中的人物寻找实人实事，其烦琐程度和俞老相比，发展到不可以道里计了。王静安1904年写《红楼梦评论》时曾批评“旧红学”的所谓“考据派”、“索隐派”的错误观点，指出他们“纷然索此书之主人公为谁”是不可能得到正确答案的。王静安认为，“夫美术之所写者，非个人之性质，而人类全体之性质也。惟美术之特质，贵具体而不贵抽象，于是举人类全体之性质，置诸个人之名字之下”。他的“人类全体之性质”的提法，显然是不妥的，但他是注意到文学特点的，也就是文学中的典型问题。从这一点来说，王静安不但比“旧红学”高明得多，甚至超过了晚于他的文章几十年以后的一些“新红学派”的见解。

近年来，发现了一些有关曹雪芹家世及其本人的材料，就这一问题我问俞老的看法。俞老说：“现在考证曹氏的家世已经上推到了明代，如果再往上追索，我看推到唐代亦有何不可！不过，这种探索与《红楼梦》有什么关系呢？”“还有，近几年陆续发现了有关曹雪芹的材料和所谓‘遗物’，即使这些发现都是真的，说曹雪芹会扎风筝，并且是烧鱼能手，这与《红楼梦》本身又有什么关系？何况《红楼梦》里本来就有描写风筝的情节。”我对于曹雪芹的材料和“遗物”，曾经不止一次地同朋友辩论过，我是持怀疑态度的。现经俞老这么一说，使我言下恍然，辨别真伪的结果对《红楼梦》作品究竟有多大补益？实在无此必要。

归来，晴窗下捧读《唐宋词选释》。这本书集中了俞老词学研究成果，发挥了他对词的艺术欣赏的特长。在二百五十一首名作中，注释则侧重于“数典”和“谈艺”方面。举例来说，李清照的《如梦令》“绿肥红瘦”一词向为人们所乐道，但是知道它脱胎于前人诗句的恐怕还不多。作者首先注释它的来源：“词意殆出自韩偓五言律《懒起》‘昨夜三更雨，临明一阵寒。海棠花在否，侧卧卷帘看’。”短短数语，举出了第一手材料，精确贴切，尤见功力。在词的艺术欣赏方面，例如对晏幾道的《临江仙》“去年春恨却来时，落花人独立，微雨燕双飞”词句，作者说“‘却来’，又来，再来。‘去年春恨’是较近的一层回忆，独立花前闲看燕子，比今年的醉眠愁卧，静掩房栊，意兴还稍好一点。郑谷《杏花》：‘小桃初谢后，双燕却来时。’‘独立’与双飞对照，已暗逗怀人意”。作者总是引导人们去领略词的意境，加深对词的理解；对词的艺术技巧的分析，也是要言不烦，一语中的。

写到这里，猛见书桌上水仙花含苞待放，勃勃的生机象征着文艺界的春天已经到来，祝愿俞老及老一代的学者们为发扬和繁荣祖国的民族文化，多出成果，多出人才！

（原刊于《红专》1980 年第 1 期）

俞老在“红学”上的新观点

社中央委员、“红学”家俞平伯同志应香港中华文化交流中心和香港三联书店的邀请，于去年11月下旬赴香港作为期一周的访问。访问期间，八十八岁的俞平伯围绕《红楼梦》主持了一次讲座，题目是《索隐派与自传说闲评》，讲述了他近年对于《红楼梦》研究的心得体会。

人所共知，俞老是“新红学”的代表人物之一。“新红学”是作为“旧红学”的对立面和批判者破土而出的。它成功地用考证的方法替代了“旧红学”索隐的方法，用“尊重证据”的实事求是精神代替了主观臆测，赋予《红楼梦》研究以科学性，把红学从荒诞无稽的游戏中解脱出来，还原为学术性的事业，把《红楼梦》研究引向正途。早在20年代初，俞老就开始对《红楼梦》进行研究，诚如胡绳同志在庆贺俞平伯先生从事学术活动六十五周年会上的讲话中所说，“他在这个领域里的研究具有开拓性的意义”，作出了不可磨灭的贡献。

六十多年前，俞老在《红楼梦辨》中批评了“猜谜派”（即今所谓的“索隐派”），“他们大半预先存了一个主观上的偏见，然后把本书上的事迹牵强附会上去，他们的结果，是出了许多索隐，闹得乌烟瘴气不知所云”。“新红学”兴起后，“旧红学”这些荒唐的想入非非的说法，经不起“新红学”的冲击，便败下阵来，以崩溃告终。

半个多世纪过去了，此次俞老在香港发表他的演讲《索隐派与自传说闲评》中，修正了他过去的一些看法，提出了新的观点。

他在演讲一开头就明确指出：对于《红楼梦》的研究，“历来有索隐、自传说两派。这两派的分歧很大，在他们各自的研究领域内又是互有得失。谁是谁非，很难一言论定”。俞老认为：“索隐派、自传说的产生，绝非偶然，它们各自的根柢都在开宗明义的第一回‘甄士隐梦幻识通灵、贾雨村风尘怀闺秀’之中。”既然作者明说“将真事隐去”，为什么不能把“隐”去的“索”出来？“如果有所收获，不也很好吗！至于自传说，详细地考查曹氏家族，考定作者是谁，虽与‘亲睹亲闻’（见《红楼梦》）‘嫡真实事’（见《脂评》）等文字相符合，但作者又明明白白地说是‘假语村言’，你说拿这‘满纸荒唐言’怎么办？由于矛盾很多，两派搞来搞去，到最后往往是不能自圆其说，于是便引出了许多奇谈怪论，结果是齐国失了，楚国也没得到（‘齐则失之，楚亦未得也’）。”

“新红学”通过对于《红楼梦》作者的考证，从而建立了自传说，把《红楼梦》的研究向前推进了一大步，这是应予肯定的。但是，俞老现在又有了新的看法，他说：“索隐派是从‘虚’入手研究的，因此没有依据，只好靠猜谜，而自传说务实、考证的方法帮了他的大忙。这样看来，是非曲直似已不成问题，我自己也曾是自传说的赞同者。但问题并非这样简单，对两派各自的得失，还是有点儿可说的。”

《红楼梦》版本的考证是“新红学”的一大功绩，俞老说：“把后四十回从一百二十回中分出来，就是考证的成果，但它与自传说没有必然的联系，更不能把考证与自传说混为一谈。考证的功绩也无法掩饰自传说的错误。”俞老指出蔡元培的《石头记索隐》构思很巧妙，“但他们‘索’来‘索’去，却始终没个结果”。“我们很难断言作者在著书时，没有影射人、事的意思，但这些都是在有意无意之间，‘若即若离、轻描淡写’。如一定要追问下去，闹个水落石出，岂不成为笨伯了。”

考证出《红楼梦》的作者是曹雪芹，是“新红学”家们的一大贡献，但是俞老现在有了新的见解，他说：“作者问题，关系到《红楼梦》一书的来历，这也是索隐、自传两派历来争论之点。简单地说，索隐派是在那里猜谜，大都是空想。而自传说，标榜自己的方法最为科学，他们的说法也不够严谨。其实，曹雪芹从来就没说过是他自己独写《红楼梦》！不要小看这件事，这问题关系太大了。”“若依自传说，又把《红楼梦》完全归于曹氏一人。情况到底怎样呢？从最早的甲戌本看，那上面列了大堆名字，有空空道人、情僧、吴玉峰题《红楼梦》、孔梅溪题《风月宝鉴》、曹雪芹题《金陵十二钗》，脂砚斋仍用《石头记》。这众多人名中，曹雪芹固然是真名之一，但那些假托的人名，未必毫无意义。甲戌本与其他本还有很大不同，不同有两处：一是在众多人名中多出个‘吴玉峰’，这一点很该重视；二是在‘满纸荒唐言，一把辛酸泪，都云作者痴，谁解其中味’四句之后，多出了‘至脂砚斋甲戌抄阅再评仍用石头记’一句，似乎要把功归于脂砚斋，大有与曹氏争著作权的味道，实在很奇。”“到底谁写《红楼梦》?”俞老对这个问题下了结论说：“依我个人之见，《红楼梦》的完成，不是一个人的力量，它凝聚着许多人的心血。”

尽管索隐、自传两派观点互相对立，但俞老却认为它们有着共通之处和共同的疑惑。他说：“追踪他们共同的疑惑，源远流长，历时二百年，这绝非出自偶然，是与明、清改朝换代的历史有关。”俞老说：“蔡元培、胡适两位是平分秋色，一个索隐、一个持自传说，自具门庭。自传说是后来居上，到了大量脂批被发现后，自传说更是风靡一时了。到50年代，《辑评》（按：即俞平伯辑的《脂砚斋红楼梦辑评》）一书出版了，原只是为工作需要，却也附带起了对自传说推波助澜的作用，对此我感到很惭愧。”

俞老分析索隐与自传两派得失之后，归结起来有一共同点：“他们都把《红楼梦》当作历史资料。只是蔡元培把它当作政治的野史，而胡适把它看成是一姓的家传。尽管两派各立门庭，但出发点是一个，而且还都有着一个共同的误会……那就是钻牛角尖。结果非但不能有更深一步的研究，反而把自己也给弄糊涂了。”

俞老的演讲最后部分是“红学研究贵能提出正问”。俞老指出：“无论如何它毕竟是一部小说，这一点并不会因为观看角度不同而变化、动摇。小说是甚么？小说就是虚构。虚构并不排斥实在，但那些所谓‘亲睹亲闻’的素材，早已被统一在作者的意图之下而加以融化。以虚为主，实为从，所有一切实的，都溶入虚的意境之中。对这‘化虚为实’的分寸，在研究过程中必须牢牢把握。如果颠倒虚实，喧宾夺主，把灵活的化为呆板，使微婉的变做质实，岂不糟糕?"

俞老所说的"提出正问"是什么呢?他说："问《红楼梦》的来历如何、得失如何，都是正问。问宝玉是谁、大观园在哪儿，就不是正问了。为甚么这样说呢?问宝玉是谁，它是小说中的主角呀！问大观园在哪儿，它是小说中一个很漂亮的花园，不一定非要有这个地方吧！即使是作者在构思时，多少有些凭据，那也是如烟如雾的往事，就是起作者于九泉，怕也难以一一核实。再者说，如果全部是照实写来，不差分毫，那还能叫小说吗?那样的小说还有甚么可看呢?"

去年初，在庆贺俞平伯先生从事学术活动六十五周年会上，俞老发表了他的两篇文章，一是《一九八〇年五月二十六日上国际〈红楼梦〉研讨会书》（摘录），一是《评〈好了歌〉》，两文的总题为《旧时月色》。俞老在文章中一语破的地指出："《红楼梦》可从历史、政治、社会各个角度来看，但它本身属于文艺的范畴，毕竟是小说；论它的思想性，又有关哲学。这应是主要的，而过去似乎说得较少。……至若评价文学方面的巨著，似迄今未见。这书行世以来，说者纷纷，称为'红学'，而其核心仍缺乏明辨，亦未得到正确的评价。今后似应多从文哲两方加以探讨。"诚然，当今研究"红学"的文章着实不少，而从文艺思想方面研讨《红楼梦》的又有多少呢?说来令人不胜叹惜。

俞老在文章中对于《红楼梦》的评价问题，也提出了新的看法。三十多年以前，俞老认为《红楼梦》是中国文艺界之中"第一等作品"（见《红楼梦研究》），而现在俞老却说："数十年来对《红楼梦》与曹雪芹多有褒无贬，推崇备至，中外同声，且估价愈来愈高，像这般一边倒的赞美，并无助于正确的理解。""既已无一不佳了，就或误把缺点看作优点；明明是漏洞，却说中有微言。我自己每犯这样的毛病，比猜笨谜的，怕高不了多少。"他指出："本书虽是杰作，终未完篇；若推崇过高则离大众愈远，曲为比附则真赏愈迷，良为无益。"

俞老不断修正自己的学术观点，表明了他的不屈不挠的进取精神，这是值得我们钦佩和学习的。

（原刊于《红专》1987 年第 4 期）

经过历史的筛选以后

——悼念俞平伯先生

10 月 15 日晚上，忽然接到邹霆兄的电话，传来了俞平伯先生逝世的噩耗，我顿时陷入哀思之中。平伯先生先是九三学社中央委员，后任九三学社中央参议委员会委员。我因工作缘故和平伯先生接触已 36 年，有深厚的友情，虽是忘年之交，实是师弟关系。过去，平伯先生与我鱼雁频通，并惠赠诗句和书法。今一旦长行，很想写一篇文章缅怀，拿起笔来，当做家常谈谈，未必合适。但暂时也想不出其他办法，传记之类，已有人写过；新旧文学作品的释义发微之类，又非我所长。不得已，只好谈谈我所知道平伯先生研究红学的一些情况，以及在交往中的一点点感触，以申悼念之忱。

1953 年春，我调来九三学社，开始结识平伯先生。从此，我不时到老君堂他的寓所请教。1954 年开展了对他的《红楼梦研究》的批判，平伯先生思想甚是不通。九三学社的同志特别是他的老学长许德珩同志（“五四”前后与平伯先生在北大同学），对他十分关心，还由孙承佩、李毅同志前去看望，劝他不要有对立情绪，以免遭受更大的围攻。应当说九三学社的帮助是起了一定的作用的，平伯先生的情绪还是比较稳定，他的检查反映也比较好。后来，他当选了第一届全国人大代表，在大会上的发言，中国科学院文学研究所还印发给大家。

批判之后，平伯先生虽然感到苦闷和压抑，但仍洁身自好，平和地对待一切，保持光明磊落的心胸和高尚的情操。他并不因为在政治上和学术上受到不公平的待遇而中辍《红楼梦》的研究。据我所知，在此期间，他修订了由他辑录评注的八十回本《脂砚斋红楼梦辑评》，并于 1960 年出版了修订本；1957 年，在助手的帮助下，又完成了《红楼梦》八十回本的校订工作，并写了序言；1963 年，在纪念曹雪芹诞辰二百周年之际，他又满腔热情地写了《〈红楼梦〉中关于十二钗的描写》的学术论文，并公开发表于《文学评论》。平伯先生这种不屈不挠的进取精神，表明了他对人文科学事业的衷心热爱和高度的责任感。

我是在平伯先生受到批判之后，才开始阅读他有关红学研究的著作而且发生了浓厚的兴趣。我认为平伯先生的研究着重从《红楼梦》这部作品本身出发，以实事求是的方法和深刻的艺术辨析，探索了《红楼梦》的内蕴。这种研究，打破了"五四"以前《红楼梦》研究中"索隐派"的猜谜式的方法，把我国最伟大的古典现实主义小说还原为文学现象来加以探讨。把作品同作者的身世、思想、生活联系起来考察，使《红楼梦》的研究比前人更加合理，从而走向科学的轨道。

综观平伯先生研究红学的著作，他切实地把《红楼梦》这部代表古代文学最高成就的作品，放在审美的观照层次上，对它的美学价值、艺术成就，特别是对它的人物形象系列，作了许多细致入微的阐述，极大地深化了《红楼梦》的微观研究。

我阅读了平伯先生的《红楼梦辨》《红楼梦随笔》等著作，深深感到他对《红楼梦》原稿的考证和佚稿钩沉方面做了大量的工作。他把有关版本的历史、演变、特征的研究和《红楼梦》思想内容的研究结合起来进行，从而促进了对《红楼梦》创作过程的了解和曹雪芹创作方法的研究。他又通过艰辛的劳动，辨析曹雪芹原稿和高鹗续书在思想上和艺术上的差异，科学地分析了高鹗续书的得失。诚如胡适先生在《俞平伯的〈红楼梦辨〉》一文中所说："平伯此书的最精采的部分都可以说是从本子的校勘上得来的结果。"这种考证和辨析工作，充分体现了平伯先生的严谨的治学精神和不畏艰辛的劳动态度。

时间经过了 32 年，到了 1986 年 1 月，对于批判平伯先生的红学研究终于得出了公正的结论。中国社会科学院院长胡绳同志在庆贺平伯先生从事文学活动六十五周年大会上致词中说：

"俞平伯先生 20 年代初对《红楼梦》研究是有开拓性意义的。对他的研究方法和观点提出不同意见，是正常的；但 1954 年下半年对他的政治性围攻是不正确的……

《红楼梦》有多少传记成分，怎样评价《红楼梦》等问题，只能通过学术讨论来解决。学术界的自由讨论是受中国的宪法保护的。共产党对这类学术问题不需要也不应该作出裁决。1954 年因为有人对俞先生的红学研究有不同意见而对他进行政治性批判，不仅伤害了俞先生的感情，也对学术界产生了不良影响。”这一公正的结论说明，真正有价值的东西，是会被历史所铭记的。走过不平坦的道路并经过历史的筛选之后，平伯先生的建树仍然不可磨灭。

70 年代初期以来，有不少红学文章陷入了从某种现成结论出发，对丰富生动的文学作品有搞简单化的“对号入座”的情况，使红学研究受到了损害。

我曾向平伯先生请教：能否说《红楼梦》是一部阶级斗争的书？回答“不能！《红楼梦》里有些内容是反映了阶级斗争，比如乌进孝的交租单、凤姐放高利贷，是贾府剥削的表现，不然宁荣二府何以维持?！但不能说全部是反映阶级斗争的作品”。平伯先生接着指出：“尽管王国维的《红楼梦评论》是唯心主义的观点和悲观厌世的人生态度，然而他从美学、伦理学角度来评价《红楼梦》，这一点还是可取的。可惜王的文章作于 20 世纪之初，后来发现的材料他都未及见到。”确实如此，所谓主题思想，也就是作者著书的意义，它包含在人物、故事情节、生动的语言之中，使读者通过美的艺术感受之后悟到主题，了解作者对社会与人生的观念看法。《红楼梦》绝不是“政治书”。我想，曹雪芹写《红楼梦》时，绝不会有意安排第四回为总纲并且是在反封建。

翻开平伯先生当年写的书，不难看出，老一辈的红学家是从作品的客观实际出发，围绕《红楼梦》本身的问题进行考证。而后来某些人的考证则是脱离作品本身，一味追逐曹雪芹的家世，或是就书中的人物寻找实人实事，其烦琐程度和平伯先生相比，发展到不可以道里计了。近些年来，发现了一些有关曹雪芹家世及其本人的材料，我就这一问题请教平伯先生。他说：“现在考证曹氏的家世已经上推到了明代，如果再往上追索，推到唐代亦有何不可？不过，这与《红楼梦》有什么关系?”平伯先生指出：“近些年陆续发现了有关曹雪芹的材料和所谓‘遗物’，即使这些发现都是真的，说曹雪芹会扎风筝，并且是烧鱼能手，这同《红楼梦》本身又有什么关系？何况《红楼梦》里本来就有描写风筝的情节。”我对某些先生好古太过，本来就不以为然，经平伯先生如此指点，我益发认为追求曹家上代世系、辨别遗物真伪与《红楼梦》作品的研究，完全是风马牛不相及，确实无此必要。

平伯先生晚年发表了两篇论文：一为《旧时月色》，一为《索隐与自传说闲评》，对红学研究提出新观点、新看法。他认为“本书虽是杰作，终未完篇；若推崇过高则离大众愈远，曲为比附则真赏愈迷，良为无益”。他感到“索隐派”在研究中也偶有所得。谈到“自传说”，他说：“我过去也是自传说的支持者，现在还有些惭愧。”他认为“索隐派”和“自传说”，两派都钻了牛角尖。现在，有些研究者还继续钻牛角尖。他说《红楼梦》毕竟是一部小说，不能离开小说的艺术形式进行研究。小说就是虚构，“以虚为主，实为从，所有一切实的，溶入虚的意境之中”。不能把小说中的人、事、物都一一落在实处。研究《红楼梦》，应着眼它的文学和哲学方面。“十年动乱”以来，本来他是闭口不谈《红楼梦》的，现在他提出新的看法，这与近年来我国学术界出现“百花齐放，百家争鸣”的和谐局面是分不开的。

近几年来，平伯先生因中风患偏瘫之症，为减少他劳累，故我存问较稀。今竟长逝，想起先生的朴厚、正直，不免兴起老成凋谢之感，谨撰此短文聊以寄托我的哀思。

（原刊于《民主》1991 年第 1 期）

热情关怀青年　积极贡献力量

——访北京大学教授魏建功同志

最近，在《人民日报》上看到了北京大学古典文献专业教研室探讨贾谊思想和《新书》真伪问题的消息，同时《北大校刊》上又报道了领导这项工作的北京大学中文系副主任、古典文献专业教研室主任魏建功同志热情关怀青年的典型事例。为此，记者日前访问了建功同志，他详尽地叙述了这个教研室从建立到成长的过程和他个人在整理古籍工作中的体会。

北京大学古典文献专业是1959年秋天新建立的专业。建立之初，教师中除建功同志是老教授外，只有青年助教四人和研究生四人。当时，建功同志觉得自己过去既不搞目录版本又不搞校勘，对领导这一摊子，用他自己的话说是“有些诚惶诚恐”的。几位助教也都是新分配到这个工作上来的，他们在这方面的知识也是比较生疏。尽管如此，但是在北大党组织的坚强领导和不断鼓励下，在文化部和出版部门领导同志的热心关怀与大力支援下，建功同志有了一定要做好工作、不辜负党的信任和期望的决心，和青年一道主动积极地工作，因而工作得以顺利开展。

要把这项新的工作做好，建功同志认为首先必须发挥集体主义精神，做到青老合作，把整理古籍干部的培养工作从没有基础做到有基础。这一专业工作开始以来，他个人就发愤跟青年同志一道进行，力求作出贡献。1960年北大庆祝“五四”时，建功同志和全体青年人（包括研究生）合作写成了一篇有关整理古籍的论文，题目是《高举毛泽东思想红旗开展古籍整理工作》。后来，在这篇论文的基础上，他们集体开出了过去从来没有开出过的《古籍整理概论》课程，这门专业理论课完全由青年人担负教学。

去年以来，这个教研室结合教学与研究工作又开始进行了《贾谊集》的整理工作。这又是一项新的工作，教师们在工作中遇到了不少困难，但青老教师和部分研究生在党的直接领导和关怀下，在党的批判地继承古代文化遗产的方针指引下，通力合作共同研究，在两个多月时间内基本上做好了校勘、辨伪、研究等工作，现在已经印出了《整理贾谊集的部分资料》，向有关方面征求意见。《贾谊集》也将在1962年定稿。

建功同志首先介绍了整理《贾谊集》的意义。他说，贾谊是我国西汉初期一位杰出的青年政治家、思想家、文学家，他少有大志，有重民、重农、奋发有为、艰苦创业的思想。他在历史上作出了贡献。在两千多年以后的今天，他的发愤图强、勤俭建国、勇敢顽强的精神，仍然是我们应当继承的光辉的思想传统。但是，过去在我国的思想史、文学史上对他介绍得很不够，他的著作又几遭割裂和窜改，因此目前迫切需要把他的著作整理编校出来，以便对他的思想和学说更加全面地分析和了解。

严肃认真的治学态度

在整理《贾谊集》的工作中，有一个问题是青年教师和研究生感到很难处理的，那就是现存的贾谊《新书》究竟是不是贾谊所作的问题。自南宋的陈振孙直到《四库提要》、姚鼐以及现代的某些学者都对《新书》大加怀疑或否定。还有人认为《新书》已不是贾谊原著的本来面貌而是后人把班固《汉书》中所引的贾谊的文章杂凑而成的，于是就根据《史记》《汉书》中有关引用贾谊文章的部分反过来大删大改《新书》。现代学者也有人持有同样的观点，认为现存《新书》不能作为研究贾谊思想的依据。这些怀疑意见和武断的删改，严重地影响了对贾谊著作的整理和研究。建功同志感到辨明贾谊《新书》的真伪，是探讨贾谊思想首先要解决的问题，所以他们在《整理贾谊集计划》中就定下了关于辨别真伪问题的一条作法："我们对各家意见，本着批判继承精神，采取实事求是的态度，深入研究他们论点的可靠性和材料分析的准确性，不盲从，也不简单否定。至于《新书》和他书雷同部分，一律从新审校，作必要的考证。"

计划中定下了要辨明真伪，但如何具体地作呢？这对青年教师和研究生说来是生疏的工作。建功同志考虑自己有责任把这幅重担子挑起来，并教会青年人校勘古籍的方法，于是他毫不犹豫地首先以身作则亲自下功夫。他以清代卢文弨的《新书》校本为底本，把《汉书》和《大戴礼记》中相同的文字摘录出来，逐字逐句列表对勘，发现《汉书》载文的来源是贾谊的原书，而班固在引用时不仅不全是原文而且作了删节和加工，有的地方甚至大加删削，消失了文章中重要的组成部分。建功同志从辛勤的实践中证明了今本《新书》虽经后人整理改动过，但它与原书是一脉相承的，校勘的结果初步解决了七八百年来前人对《新书》的各种怀疑的问题。建功同志这一意见已为教研室全体同志所接受，并且写成了《关于贾谊〈新书〉真伪问题的探索》一文在《北京大学学报》1961 年第 5 期上发表。记者听了后十分欣喜地说："您这一重要的发现，大大有助于今后研究贾谊的思想的全貌。但是，您对《新书》和《汉书》进行校勘之前，是否已经料想到前人之说靠不住，因此才动手详细对比呢？"建功同志谦虚地表示：这算不得什么贡献，只不过是在完成这项任务中聊尽个人的一些应尽的力量而已。他认为通过校勘把古书复原，本是前人做学问的基本方法之一；为了整理《新书》，尤其要弄清它的真伪问题，那就必须不囿于前人成见，脚踏实地一步一步地通过这一途径深入探索。同时，从帮助青年进行古籍整理的基本训练的要求上来考虑，更需要多在这方面花功夫，以此来示范。建功同志这一番话，深深地启发了我更加认识到，今天作科学研究和过去有着根本的区别，要求每个研究者要有"三敢"和"三严"相结合（三敢：敢想、敢说、敢作。三严：严肃性、严密性、严格性）。只有这样才能使我们既不迷信前人的说法，故步自封，又能踏踏实实地认真下苦功钻研，多快好省地做出成果来。

在建功同志的书桌上放着卢文弨校本的《新书》，我随便翻阅了一下，发现建功同志在《新书》的书眉上用朱笔或墨笔密密麻麻地写了许多批注。“这是您的校语吗？”我问。“不是。这是俞曲园的《诸子评议》、刘师培的《贾子新书斠补》等书上有关《新书》的考证意见，我把它们逐一过录在原书上。这工作青年教师在做，我也在做。”我不禁好奇地问：“青年同志既然在做，那您何必又重复地做呢？”建功同志指出，这项工作既要把《新书》和《汉书》对比，找出原书的脉络源流，同时又要根据前人对《新书》的校勘成果，进行审慎的分析和研究。俞曲园、刘师培等人都是在《新书》的校勘工作上花过功夫的，他们的对《新书》的见解是我们必须参考的重要材料。所以我们在布置工作时，就介绍了查考这些有关材料的线索。但是，由于青年同志是初次做这样的工作，唯恐他们由于方法不熟悉经验不够因而有遗漏的地方，所以在他们分头校注《新书》的同时，自己也动手从前人的著作中摘引有关材料过录到《新书》上，以便查考青年同志的工作。他认为，这样做还有个好处，那就是更便于把各家之说与《新书》上的文字合对起来分析研究。老专家为了出成果出人才，对工作认真负责，对青年的热情培养的精神，令我赞服。

严格地培养青年的独立工作能力

听说建功同志在审阅青年教师的文章时，凡是对注解有不同的意见就另纸写明，他已经写下了近十万字的书面意见。我问：“您审阅青年写的文稿时，何不把自己的意见和他们当面谈清楚或在文稿上直接改过来而要如此费时间下功夫地写出书面意见来呢？”建功同志十分严肃地说：“不行啊！首先，我虽是指导他们的研究工作，但我对注解的意见也不见得就绝对正确；同时，另纸写出个人的意见，还可以更好地让青年教师和研究生深刻了解和仔细考虑，以便展开集体讨论。这也是为了通过这项工作具体地指导他们如何独立工作，而不宜由我来代庖。”记者翻阅了建功同志改的文章，上面有朱笔改的用词不当之处和标点上的毛病以及错别字，真是仔细到一丝不苟。还听说，今年春季建功同志正在病中，但他仍然抱病看稿子写笔谈，因而使工作未受到任何影响。

教学相长　共同提高

建功同志感到今天做学问最大的愉快，是在集体搞研究的实践中青老教师不仅关系日益团结，而且由于互相启发，大家的思想水平和业务水平也不断提高。建功同志告诉记者，有一位青年教师平日十分用功，在校释《新书》中力求观点与材料达到统一，他在《新书·数宁篇》中分析出贾谊透过西汉的太平景象，觉察到当时存在着阶级矛盾、统治阶级的内部矛盾和民族矛盾。这位青年教师的意见已为全体教研室同志所同意，并且做为他们撰写《对贾谊思想的初步认识》一文的重要部分之一。又如，另一位研究生在校释《新书》中钻劲较大，他发现有“两棠”二字无法诠释，于是向建功同志请教；建功同志一时也解释不出其意思，遂花了两三天的功夫翻找资料，后来，从训诂上来考虑，终于在《说文解字段注》上找出可能是“蒗荡”（亦作“狼汤”），进而根据这一线索终于在《汉书·地理志》和《水经注》中查出“蒗荡”是渠名，再和书中的上下文语气连贯起来，文义通了。因而得出了“两棠”二字是音同形异之讹的结论来。建功同志兴奋地说，在集体研究中不仅老教师指导了青年做学问，而且青年的好学深思的精神也促进老教师要不断地充实和提高。他引为快事地说：“和青年教师一道集体研究，真是教学相长，相得益彰。”

导向深入　渐入佳境

建功同志把研究“两棠”二字的意见用笔谈的方式告诉了青年教师和研究生，还专门约研究生当面谈了两次，把做学问的经验和体会详尽地介绍给他们。勉励他们认识做学问是一件严肃的工作，丝毫也不能马虎，要刻苦读书，认真钻研。他把治学比喻为和农民种地一样，多一分劳动，就多一分收获。青年同志对此颇感兴趣，希望建功同志讲一下有关训诂的知识，以便在工作中更好地掌握和运用。建功同志根据清人朱骏声的《说文通训定声》首卷，深入浅出地讲解了说文的部首、分类、编排以及查工具书等方法。这一席话，给了青年同志很大的启发，他们在后来的研究工作中，刻苦钻研的积极性更为高涨，学习也更加认真踏实，而且随时改进自己的研究方法。

（原刊于《红专》1961 年第 8 期）

新书展卷话耕耘

——记刘及辰同志撰写《西田哲学》的历程

1960年春天，中国科学院哲学研究所领导上交给了刘及辰同志一项任务，希望他从事日本哲学的研究。这对及辰同志来说，既容易也困难。容易的是他早年留日，通晓日文，并对马克思列宁主义哲学有一定基础；困难的是他原来专攻政治经济学，后虽研究哲学，但对日本哲学却比较陌生。因此，当开始接受这一任务时，及辰同志是有一点顾虑的。如果照个人的志愿，在研究政治经济学的基础上从事历史唯物主义的研究，倒是与自己的专业比较接近。然而，日本哲学的研究在我国还是个薄弱环节，相反，日本哲学界却一向对中国的学术思想比较熟悉。为了深刻了解日本哲学，尤其是了解日本明治维新以后的哲学，是我国哲学界的一项迫切任务。想到这些，及辰同志深感这是自己的一项义不容辞的工作，于是就愉快地接受了这一光荣任务。

日本哲学的派系很多，从哪一家着手呢？经过一个时期的探索，及辰同志认为要研究日本现代哲学，首先就得研究西田哲学。理由是：西田九多郎是现代日本资产阶级唯心主义最大的哲学家。西田哲学在日本资产阶级思想界被公认是一个“独创的哲学”，它支配了日本资产阶级思想界达三十多年之久（自1911年西田的处女作《善的研究》一书出版直到第二次世界大战日本投降为止），是日本天皇制和法西斯主义的御用哲学，对于日本帝国主义者进行侵略战争起了帮凶作用。当日本帝国主义者侵略中国时，大肆叫嚣“大东亚共荣圈”、“八纮一宇”等等侵略口号，西田为他们找了理论根据。其次，哲学只有两条道路，不是唯物主义，就是唯心主义，而西田却用“心物相即”的学说，千方百计地企图走第三条道路。及辰同志认为通过研究证明：西田哲学的道路，也和其他形形色色装扮起来的唯心主义哲学一样，是此路不通。因此，研究和批判西田哲学是必要的。

题目是抓住了，可是研究起来并不简单。大量占有材料是科学研究的首要条件。西田的书相当多，有《西田九多郎全集》十二卷、《别卷》六卷，每卷篇幅多寡不一，少者三百页左右，多者六百余页。为了进行深入的研究，及辰同志对每卷都反复阅读，有的看上一两遍；有的看上三四遍，并摘录材料达二三十万字。他根据这些材料反复研究西田哲学的中心思想，探讨西田的思想体系。唯心主义哲学家一向是故弄玄虚的，西田则更弄玄虚，例如什么“无的自觉限定”、“自己限定自己本身”、“场所逻辑”、“绝对矛盾的自己同一”等等诡辩术语，十分晦涩费解。及辰同志为了追究一个问题，有时从清晨深思到午后，而忘记了吃饭，甚至做梦也在思索，真是废寝忘食。由此，他对研究这个专题的兴趣日益浓厚，信心日益加强了。

经过 1962 年一整年的辛勤耕耘，及辰同志终于写成了一部十万余字的著作——《西田哲学》，已由商务印书馆出版。这是他试图以马克思列宁主义观点批判唯心主义哲学的著作，也是全面地介绍和评价西田哲学的第一部著作。这部著作对西田哲学的思想本质、思想渊源和社会背景、经济背景都作了比较详细的介绍和系统的批判。西田主张“主客合一”、“心物相即”，企图建立一种既非唯心、亦非唯物的“超然”哲学，实质上是以东方佛教思想为基础，西方资产阶级哲学思想为材料，并且用后者的逻辑把前者装扮起来的一种唯心主义哲学。这种哲学曾被日本军国主义者利用来为侵略战争服务。日本军国主义者战败以后，西田哲学也随之破产；但近年来在美帝国主义的直接影响下，又有与军国主义一并复活的趋势。当然，日本军国主义者只是一小撮人，西田哲学也只代表这一小撮人，为这一小撮人服务。而广大日本人民的政治思想觉悟日益提高，反美爱国的正义斗争日益壮大，西田哲学思想妄图死灰复燃，注定是要彻底失败的。美帝国主义是中日两国人民和全世界人民的共同敌人。在反对美帝国主义的斗争中，中日两国人民是互相支援、密切合作的，中日两国人民的友谊正在不断加深和发展。日本人民为了赶走美帝国主义、争取民主和进步、保卫亚洲和世界和平，正在进行着日益壮大的反美爱国正义斗争，取得一个接着一个的胜利。日本人民的伟大斗争，在中国人民和全世界人民的同情和支持下，必定赢得最后胜利，美帝国主义及其走狗必定惨败。而西田哲学反动思想的完全破产，更是肯定无疑的。

及辰同志在写书的同时，也同样担当了“出人才”的任务。他每周都按时到哲学所教一部分青年学日语，从未间断。为着帮助青年尽快搞通语法，还亲自绘制了解释日本语法的图表，收到了较好的教学效果。现在这几位青年已经基本上掌握了这一语言工具。与此同时，及辰同志还对他的学生李炳盛所翻译柳田谦十郎的《自由的哲学》一书，作了认真的校阅。

及辰同志担任社中央《红专》编委会和科学文教工作委员会的部分领导工作。在写书期间，他仍然不间断地参加了社内的学习和工作。他深深体会到：社的学习和工作，非但没有妨碍他写书，而且使他思想上受到启发，增强了政治责任感，对他的写书起了促进作用。

《西田哲学》一书杀青后，及辰同志的研究工作又开始了新的一页。他现正着手研究日本京都学派和明治维新时代的哲学思想。这两部著作预计明年年底可以完稿。及辰同志正沿着红专道路前进，预祝他在马克思列宁主义、毛泽东思想的指导下，在日本哲学的研究中，取得更丰硕的成果。

（原刊于《红专》1963 年第 11 期）

让原子科学为四化服务

——访王淦昌同志

“外国再好，也是外国的东西。我们是中国人，我们要尽快地赶上去！”这是中国核学会理事长、原子能研究所所长、社中央委员、著名核物理学家王淦昌同志，经常鼓励他的学生们自力更生搞科研的一句话。在我们刚刚进入80年代，祖国大陆春意盎然的时节，我们的科学工作者、工程技术人员、工人、解放军指战员和一切从事试验的人员，发扬自力更生、艰苦奋斗的革命精神，解放思想，刻苦钻研，辛勤劳动，大力协同，试验发射运载火箭成功了。捷音传来，一切热爱祖国的人们，莫不欢欣鼓舞。日前，为此我访问了王淦昌同志。

淦昌同志在他新迁入的宿舍大楼里接待了我。当他知道我访问的意图以后，十分兴奋地说：据我所知，我国发射远程导弹是早已可行的事情，由于某些原因而推迟到现在才进行。这次试验进行得很好，很准确。试验编制的程序指令无一孔一码之差，事先计算的理论轨道和火箭设计方案完全相符，并且及时准确地预报了火箭的落点，为太平洋上的测量编队提供了可靠的参数。这次试验，标志着我国运载火箭技术达到了新的水平。这对于发展我国科学技术，加速实现四个现代化，具有重大的意义。

这位长年如一日奋战在科研第一线，为发展我国的原子能事业做出了卓越贡献的老专家，谈起此次试验成功，心情异常激动。他永远不会忘记，60年代初期，苏联政府曾经狂妄地扬言：“中国离开苏联的援助是造不出火箭的。”现在，我们自力更生发展自己的尖端科学，取得了这次运载火箭发射试验的成功。这个事实再一次证明，中国人民是有志气，有能力攀登科学技术高峰的。

运载火箭发射试验的成功，引起了淦昌同志对半个多世纪往事的回忆：

他在青年时代，就从事科学研究。他曾经和李国鼎一起主编过《科学世界》，曾用“科学救国”的思想鼓励青年。但是，旧中国生灵涂炭，百业萧条，“科学救国”是走不通的。他提出过重要的物理思想，在国内却做不成试验；他获得过一点镭元素，却遇到日本帝国主义的大举入侵，他只好随身带着这点元素到处流亡……

新中国成立以后，他才体会到祖国的关怀和温暖。可爱的祖国开创了科学研究的新时代。科研队伍不断壮大，科研成果日新月异。淦昌同志欣慰地说：历史证明，只有社会主义能够救中国。从我个人的经历，也体会到这是千真万确的真理。今天，我们有了原子弹、氢弹、导弹，将来我们也一定会有自己的核电站……

淦昌同志说：我国领导人一再表示，我们属于第三世界，我们永远不做超级大国，永远不称霸。我们发射运载火箭，完全是为了防御。不防御，就要被动，就要受人欺侮。苏联入侵阿富汗，就是明证。我们的目的在于防御霸权主义的进攻，打击敢于前来进犯之敌，以立于不败之地。

淦昌同志指出：我们需要和平，需要在和平的环境下进行四个现代化的建设。但是和平环境不是乞求能得来的，要靠我们自己的努力奋斗。现在，我们有了原子弹、氢弹和导弹。我们成功地打破了核垄断，为和平环境的取得创造了有利条件。毛主席说过：以前我们对全世界的贡献太少。这句话我们永远也不能忘记，我们一定要为全世界人民作出贡献。

淦昌同志对我说：过去，人们对原子内部的秘密不甚了解，一提起原子核科学，就想到闪光、轰响、冲击波、蘑菇云……就想到翻江倒海、震撼山岳的核爆炸。其实，这只是问题的一个方面。随着人们对原子核的认识愈益深入，核科学已被广泛利用来为人类造福。粉碎“四人帮”以后，华国锋主席为原子能事业题词：“树雄心，立壮志，攀登原子能科学技术新高峰，赶超世界先进水平。”当前，我国在原子能和平利用方面，也取得了蓬勃的发展。让核科学为四化建设服务，是我国核科学技术界的坚定信念和庄严誓言。原子能科学的春天来到了。

淦昌同志十分强调原子能科学技术的重要性。他说：原子能科学技术是现代科学技术三大重要标志之一。它是科学技术现代化和国防现代化的重要组成部分。因此，我们一定要大力协同，打好发展原子能事业这一仗。今年二月间，作为中国核学会理事长的淦昌同志，在该会第一次代表大会上号召大家："各个部分之间要团结，学科之间要团结，个人之间要团结，正如电子围绕着一个中心，这就是团结起来搞四化，把核科学进一步促上去！"他对我说：就全国范围而言，我们还要与台湾的科学技术界朋友们进行学术交流，携起手来搞四化。我希望台湾早日回到祖国的怀抱，我们科学工作者团聚在一起，共同把祖国建设得更好更美丽。

最后，淦昌同志说：参加试验的英雄们的光辉业绩深深地鼓舞着人心。从他们身上，我们看到了全国人民一心向往的四化建设，是大有希望的。这位老科学家谦逊地表示：要向他们学习，信心百倍地干四化，在伟大的新长征中，策马扬鞭，奋勇直前！

（原刊于《红专》1980 年第 4 期）

和平利用核能

——访核专家王淦昌

春节后，一个晴和的下午，笔者看望了全国人大常委、九三学社中常委、我国著名核专家王淦昌同志。有些人可能还记得，1960 年 5 月间，设在莫斯科附近的联合原子核研究所的一批科学家们，发现了一种基本粒子“反西格马负超子”。这一批科学家里包括中国的王淦昌教授和苏联的维克斯列尔院士。发现新的核粒子所使用的丙烷气泡室，就是由王淦昌领导的一些物理学家设计的。60 年代初，王淦昌回国后，发奋图强，再接再厉，在工作岗位上经过不懈的努力，为我国核工业的发展出成果、出人才，作出了卓越的贡献，受到国内外的重视和赞扬。

七十九岁的王淦昌现任核工业部科技委员会副主任、原子能科学研究院名誉院长。王老现在身体康泰，谈锋甚健，若不问起年龄，绝不会相信这位老科学家已近耄耋之年。

我们的话题从不久前党和国家领导人会见核工业专家谈起。那是今年 1 月 21 日的下午，胡耀邦、方毅、李鹏、杨尚昆、郝建秀等党和国家领导人，同王淦昌等十位为我国核工业发展作出贡献的专家，座谈我国和平利用核能的问题。王老告诉笔者，目前核工业部的情况还不错，中央领导同志接见我们，含有鼓励的意思。胡耀邦、李鹏同志在谈话中都对几十年来核工业部门的工作给予充分的肯定，对长期工作在边远地区的同志们，表示慰劳。

王老说：最近，李鹏同志到核工业部各个部门进行视察，感到我国核工业职工自力更生，艰苦奋斗，从找矿到产铀，到同位素分离，乃至制成原子弹等都成龙配套，自成体系，表示满意。所以李鹏同志的评价是：“我们的核技术虽然还不是很先进，但在世界上有这样完整体系的国家还是不多的。”

李鹏同志在谈话中着重讲了发展核电问题，王老也就核电发展前景向笔者作了介绍，他说：和平利用核能是我国发展核工业的根本方针。在这方面，核工业有广阔的发展前途，在民用方面有广泛的潜力。而搞民用工业，要以核发电为主，当然也要搞其他工业。

王老指出：我国能源分布不均匀，煤炭资源多在北方特别是华北地区，水力资源多在西南和西北地区。工业和人口集中的华东、华南和东北地区缺少能源，因此发展核电就更有必要。王老告诉笔者，现在我国在广东大亚湾正在建造两座核电站。在浙江沿海秦山也建造了一座核电站，规模和发电量虽然较小于广东的核电站，但它完全是核工业部自己搞的，尽管也买了一些外国的部件，如水泵、稳压器等，但不是主要的。过去领导上对我们这方面的工作不太了解，这次李鹏同志亲自看了，给予肯定，认为还可以。王老十分欣慰地说：现在，中央决定把广东正在建造的核电站也交给核工业部了。总之，凡是和平利用核能的项目统统归核工业部管理。

王老说：我们的做法，一定要以自力更生为主，适当引进一些外国的部件。前面所说的广东建造的核电站，完全是外国搞的，而我们参加协助，老是如此搞下去就不行了。我们这次搞的中小型核发电站，大部分靠自己，比从前的做法进了一步。从前是引进技术设备慢慢吸收消化，现在则是在吸收消化的同时，也要自己动手建造中小型发电站。

“核电是当代重要能源，一般人总是知其然不知其所以然，您最好谈谈它的优点，以便明了个究竟。”笔者向王老提出这样的希望。王老回答：核发电的优点可以概括为六个字，就是：清洁（指环境污染最小）、安全、先进。接着，王老把铀与煤作了比较，他说：核发电的原料是铀，铀的需要量很少，运输也就很容易。而煤的运输量十分巨大，经济上也不合理。一公斤铀与一公斤煤相比，铀比煤发出的热量要大二百五十万倍。核发电成本要比火力发电成本低得多，因此核电比火电便宜。为了说明核发电安全可靠，王老取出介绍核电的书给笔者看，书上若干照片表明世界上一些科学发达的国家的核电站大多建设在居民区、农牧区或河流旁，它并未给人们带来核辐射的危害。王老说：核电站为防止放射性物质的泄漏，设立了四道屏障，从而有力地保护环境和居民的安全。

“既然核发电的优点如此之多，今后是否可以完全用核发电来代替火力发电或水力发电呢?”笔者问。王老连连摇头说：不行！代替不了。因为建造核电站存在着一定的缺点，那就是基建投资较大，建设周期长。因此，一些科学发达的国家也做不到全部核发电。目前世界上只有法国的核电站占其总发电量的百分之六十，因为法国的煤源缺乏，不得不大力发展核能源。其他如日本核发电站占其总发电量的百分之二十至三十。

王老说：我们的核发电起步晚了，早在1972年，周总理就号召我们，不但要造原子弹，而且还要搞核电站。十多年过去了，总理的指示到现在还没有成为现实，不能不令人惭愧和痛惜。我们一定要尽快赶上去，奋力做出成果来。王老充满信心地说：展望核发电的前途是光明的，我很乐观。经过努力，像日本的核发电量的水平我们是不难达到的。不过，也有一定程度的担忧，那就是“十年动乱”的影响，现在有后继无人之虞，所以必须赶快培养、造就人才，使核工业的研究队伍不断壮大，早日开出灿烂之花，结出丰硕之果。

王老告诉笔者：由于核技术长期以来主要为军事服务，人们对它的应用缺乏应有的了解。其实核技术在工业和科研上的应用，在农业及消毒保鲜中的应用，在医学上的应用，同位素的应用等，都有极其广阔的领域，并已取得明显的经济效益和社会效果。王老最后说：“胡耀邦同志号召我们核工业工作者要一专多能，多搞一些多种经营，为民用工业的发展，为社会主义经济建设作出新的贡献我虽然已到桑榆之年，但尚有千里之志，目前正在研究核聚变的一小部分。在党的领导下，我一定抖擞精神，再接再厉，和核工业部的同志们特别是中青年同志们紧密地团结在一起，为和平利用核能达到新的水平而奋勇前进!”

（原刊于《人民日报》海外版1986年3月15日）

牟润孙的史学师承

家兄牟润孙于1988年11月19日辞世，距今已有三年多了，他那侃侃而谈的论学神态，依然萦绕于耳际脑海，只是人天永隔，一去不返，面对遗像，不禁为之怆然。今年5月20日，为家兄诞辰八十四周年，借此机会撰文介绍家兄史学师承关系，以申怀念之忱。

史学根柢出于自学

家兄原名传楷，字润孙，号海遗，后以字行。我家祖籍山东福山县（今烟台市），他生于北京，一直没有回过老家。

他小时读家塾，从《朱子小学》开蒙。在家里读过《四书》《诗》《书》《左传》以及唐诗、古文等。他没有进过初小，高小仅读了一年。考入中学后从河北容城石香岩先生学古文。石先生肄业于保定莲池书院，深识桐城派古文义法，教他读张裕钊、薛福成的文章，也给他讲崔述的辨伪之学。石老师教他先从清代古文入手，由近及远容易学，同时也就把桐城派的义法传授给他。家兄十二岁开始作文章，他自己说："文章不见得好，当然能作通了。"当时他的偏好在文史方面。

家兄读书的兴趣，是从看中国古典小说开始的。家里所藏以及外祖家的一大柜旧小说，他埋首其中，很快便看完了，于是更促进了他读书的欲望。在此之前，他由看童话书起，到阅读商务印书馆出版的《少年杂志》《学生杂志》《小说世界》《青年丛书》等，已有读书的习惯。其后他随着先父看《东方杂志》和报纸，才逐渐崇拜梁启超。

1923年，家兄十五岁时在北京《晨报》副刊上，看到梁启超的《国学入门书目》，从此引起他研读我国文史书籍的兴趣。他找到家中旧藏的《书目答问》，并买了一部《四库全书总目提要》阅读。在读完梁氏的《清代学术概论》后，改变了两个观念：一是了解到宋儒理学之外尚有其他学说。他的启蒙老师是一位循规蹈矩的理学先生，整天所听到的惟有程朱理学，从未接触过顾炎武、颜元、惠栋、戴震诸家之说。读了梁任公的书，他才明白宋儒之外还有许多反理学的学者。再是认识到古文义法与学问是两件事，会作文章未必就有学问，为了写好文章，更需要多读书。

此后，他又读了《顾亭林诗文集》《孟子字义疏证》《日知录》等书。然而他对思想史兴趣不大，而喜欢读历史，于是又寻到了清末民初印行的南明史书，加上家中旧存的《南疆绎史》与商务印书馆所印的《痛史》，就从南明史书研究入手。随后梁任公在《东方杂志》上发表了《清代学者整理旧学总成绩》，这篇文章就成了指导他读书的索引。

1923 年冬，先君见背，家兄失怙，没有人过问他的学业，他就随心所欲地去念中国古籍，深入钻研。他中学毕业后，先后考入中法大学和北京俄文法政专门学校，念了不久，不感兴趣也就不念了，专门按照梁启超指引的方向去学。梁先生提到谈迁的《国榷》、张岱的《石匮书》，于是他就循此而探讨。他写过《谈迁著述考》《张岱著述考》，此外还写了其他一些文章，有的刊登在燕京大学学生办的《国学专号》上。

1973 年，家兄曾撰文《从癸丑修禊说到纪念梁启超——王羲之梁启超修禊时的心情》借以纪念少时所崇拜的梁启超先生诞辰一百周年。

拜识陈垣先生

1929 年燕京大学国学研究所招正式大学生，若有论文和著述，审查合格者也可以录取为特别研究生。是年家兄二十一岁，他在同学的鼓励下，把自己的著作寄到燕京大学，毅然去应试。面试的教授就是陈垣先生，首先问他："从谁学的？"他答："没有师承。"陈先生又问："那你怎么作起这些东西？"回答："我念了梁任公的书，就跟着他的路子走。”“有人指导你吗?”回答:“没有。”又问:“你们家里有谁可以指导你呢?”他说:“修《新元史》的柯劭忞先生是我的长亲，有时候我可以向他请教。”由于得到援庵先生的青睐，他被录取了。

燕大国学研究所所长就是陈垣先生，几位导师中，有顾颉刚先生。当时把他分到了顾先生的手下，顾先生也很赏识他，但他对于《古史辨》却不太感兴趣，研究的题目也不是上古史。家兄曾对我说:“后来我时常从援庵先生问学，对于顾先生日渐疏远，从来也未请顾先生介绍我去见胡适先生。足见我少年任性，不会处世。颉刚先生提携的同辈都早已蜚声中外，只有我这个不肖的门生辜负了顾先生的另眼相看。”其实，他们师生情谊还是很深厚的。1975年家兄自香港返里探亲，特地去干面胡同顾先生寓所看望阔别近三十年的业师，师生把臂叙旧，亟感亲切。1980年冬，颉刚先生遽归道山，家兄立即撰写《敬悼顾颉刚先生——兼谈顾先生的疑古辨伪与提携后进》一文，以申悼念之情。

在援庵先生的指导下，家兄的研究论文题是《历代蕃姓考》，就是研究入居中国的外国人的蕃姓。比如诗人白居易是西域龟兹国人，李光弼是契丹人，等等，他搜集了这些资料加以分析研究，作为毕业论文。

1932年，家兄硕士论文顺利通过，离开燕大。援庵先生以为他年纪还轻，不可以去教大学，就推荐到辅仁附中教国文，四年后才到辅仁大学去教书。

励耘书屋问学

家兄到中学授课伊始，援庵先生对他说:“不能教国文，如何能教历史?国文不通的人，如何能读史书?”援庵先生又时时以教学相长勉励他，要他认真备课，并说:“讲国文要好好去研究训诂，更要紧的是读音，读错了字则无从追改。”经过四年的时间，在陈先生不时教诲之下，家兄对于要讲的文章，每个字的读音、训诂，以及文章的结构组织，都仔细用功追求，收效很大。当时对于学生起了什么作用，他无从知道;他自己则因此改变了囫囵吞枣、匆忙翻书的积习。以后遇到需要精读的书，就能细心体会，养成一字一句读书的好习惯。援庵先生对他培养教导之苦心，他终生难忘。

对于细心读书一节，家兄有这样的体会：“一字一句细心读一部书，说来很平常，作考据而急功近利，希望速成的人，多数办不到。只是翻书查找材料，赶快写论文以图发表成名，谁耐心去做笨功夫？此风‘五四’以后为最甚，我就是这样写了几篇文章考进燕大国学研究所的。先师深知当时风气之恶劣，也了解当时我的学问不够坚实，所以用这样方法来纠正我、引导我。教人用极平常的方法，而其影响极为巨大。不鼓励年轻人乱写论文，而要他们用功打好治学的根基，这是先师与‘五四’以后在高等学府执教文史的时髦人物不相同之处。”他现身说法的深切体会，在今天看来仍有很大的意义。

援庵先生命家兄做学术研究，但一再告诫他不可乱发表文章。陈先生说：“写学术文章，不可不力求慎重，对一个问题没有研究成熟，就拿出去发表，将来极可能有悔其少作之感。”家兄认为陈先生的教导确实是至理名言，尤其“五四”以后，许多人凭着一时的灵感，或抓着少许罕见的史料，讨论一些狭窄而琐细的问题。这样的人竟凭一篇文章一跃而为学者。陈先生对这个风气很不以为然，不过口头则很少表示而已。家兄说：只看陈先生将一位不求闻达于社会、苦读《四库提要》、终日伏案一丝不苟地给《提要》作辨正的余嘉锡先生，请到辅仁大学做国文系主任，就可以明白其治学的态度多么认真了。

自列入陈垣先生门墙之后，家兄的目录之学日益深入，涉猎史籍也更加广泛。他说：援庵先生在辅仁大学开的《中国史学名著评论》《中国佛教史籍概论》等课，都是教学生要从目录开始。陈先生自己研究任何题目，必先罗列要读的书目。他的治学就是从目录入手，从而走上成功之路，所以教学生也要由目录入手，希望每个人都掌握一把打开史学门径的钥匙。援庵先生要求家兄不但要知古，还更要知今，要时时留心国际学术动态，甚以闭门造车为大忌。

家兄极为推崇援庵先生的史源学，他说：陈先生教学生做研究工作，最重要的是寻求史源，如果研究唐以前的历史，学生引了《资治通鉴》，陈先生一定要问为什么不引正史，是否见于《通鉴》而正史中没有？或者研究南北朝时期的历史，引用《南史》《北史》而不检对“八书”，则肯定不放过。即使研究唐史，引《通鉴》而不检寻两《唐书》，亦不能通过。陈先生盛赞冯桂芬的《说文段注考证》，认为冯氏能追根寻源核对原书找出段玉裁引书无心之误，以及段氏的有意改古书以就己说之谬，认为冯氏之作，大可为考证史源的人作示范之用。家兄说：陈先生曾多次讲《廿二史札记》，要学生们用正史去核对，结果找出不少引书之误。

家兄指出：援庵先生从不空谈史学方法，只教人追寻史源，比对史书，其用意即在于使学生通过实践去了解治史途径的各种方法。陈先生经常鼓励学生以《史记》与《汉书》相对勘，主张用墨笔抄录《史记》中与《汉书》相同的几篇《纪》《传》，然后用红笔依照《汉书》去改，这样就可以看出两位大史学家剪裁字句、安排材料的异同来了。陈先生更主张将《三国志》与《后汉书》相同的《传》，也这样比对一番。前人有《史汉方驾》《班马异同》，我们也可以动手作一部，更可以作一部《陈范异同》。

学了陈先生的史学方法，家兄以正史与《通鉴》相比对，不仅了解了《通鉴》的史源，而且更进一步认识清楚司马温公如何剪裁史料，如何安排史料，如何组织成书，同时也了解了他的史料取舍标准。他说：“我之能窥见涑水史学之堂奥，实在是基于陈先生的启发。我运用先师的方法在台湾、香港教了若干学生，有人因而进入史学之门。他们的成就纵有高低之不同，甚或他们不提个人治学渊源于励耘书屋，而他们之受援庵先师影响，则是无法涂饰或擦掉的。”

陈垣先生的以本证治史的方法传授给家兄，取得了显著的效果。他曾对我说：陈先生最称赞汪辉祖的《元史本证》作得好，以《纪》《传》《表》《志》互相考证，不出本书之外，找出它本身自相矛盾之处，作者当无辞以自解。家兄教的学生中有以本证治史的有一个治《明史》，也有一个考证《清史稿》而成学的。

蓼园受教

柯劭忞先生也是家兄的老师。凤老的嫂子是我们远房祖姑母（柯敬孺先生的夫人），所以论亲戚，柯先生是我们的表爷。凤老和先父交谊甚笃，先父弃养后，凤老即对家兄十分照顾，而他并未将自己研究晚明史的文章向凤老去请教，所以他读书治学的情况凤老并不知道。后来凤老从侧面听到援庵先生夸奖家兄，甚为高兴，晚年讲学，允许他列入门墙，成为蓼园（柯先生的室名）门下最小的弟子。到了家兄晚年，他只记得当时的同学中有周叔迦，其余的人都忘记了他们的姓名。

蓼园先生博闻强记，治学方面至为广泛，经、史、小学、诗文、金石、历、算，均有极精深的造诣，家兄誉之为“钱大昕后第一人”。可惜凤老的著作编写成书，印行流传的寥寥可数。《新元史》问世后，人们才开始注意他。太炎先生评《新元史》说：“柯书繁富，视旧史为优，列入正史可无愧色。”足见凤老在元史方面的成就为与他政治见解相反的章氏所赞赏。

柯先生教弟子治史先从读《通鉴》入手。二十年后，家兄在台湾大学授课，用《通鉴》与正史对读，寻求《通鉴》的取材来源，以研究它的剪裁、取舍、组织、安排等等问题。这时，他才恍然领悟到柯先生教弟子读《通鉴》，正是要学人通过这个途径去学习司马温公的史学。他因此更发现每朝重大政治、经济、法律各项制度的创立与变更，《通鉴》没有漏过一条，的确能举出历代兴衰治乱的本源。凤老研治史学又侧重于经世致用，所以教弟子读《通鉴》为史学入门之阶梯。

家兄自从受业蓼园先生门下，便时时往太仆寺街凤老寓所请益问难。从问答中可以看出凤老治学的态度与识见。

问：“您著《新元史》，为什么没有艺文志？”凤老说：“你知道不知道《汉书·艺文志》所根据的是汉中秘藏书目？我找不到元内府藏书目，何从为之撰《艺文志》？”他这才恍然了解《汉书·艺文志》并非西汉一代所有的书籍目录，而是仅限于汉代中秘藏书。家兄告诉我：本来读了《汉书·艺文志序》就应该认识到这一体例，而自己那时读书不细心，竟视而不见。风老的启发使自己对于各史艺文志、经籍志的体例才知道如何去注意，为个人研究目录学开了一条很重要的门径。

经过问难，家兄从凤老处得益最深的是对章实斋的再认识。梁任公、胡适都极力推崇章实斋的《文史通义》，家兄受胡、梁的影响，也跟着崇拜章氏。及至列入柯先生门墙之后，一次他问凤老："讲史学，是不是应当以章实斋之说为准绳?"柯先生说："不对，他讲错了。"他听了颇不以为然，又不敢问章氏如何错了，只说："那么，讲史学应当读什么书?"柯先生回答："刘知幾其庶几乎!"他当时还有些茫然不解，三十多岁以后读书较为深入，开始了解《文史通义》中的《言公篇》所讲古无私家著述之事，与另些篇说史学宗旨在于致用，这些说法尚属正确，其余的议论都可商榷。家兄告诉我"六经皆史"的说法并非章实斋的发明创造，在章氏之前已有人说过，钱钟书《谈艺录》中举出七个人说过同样或类似的话，均在章氏之前。后来家兄在明何良俊《四友斋丛说》中也找到一条；与章氏同时代的钱大昕在《廿二史札记序》中就有"经与史岂有二学哉"的话。家兄说最重要的是史出于巫，春秋时代巫史不分。章氏对于这些都不能详加分析，所以他未指出史与巫的发展关系。司马迁在《太史公自序》中为什么要说他是重黎之后，为什么要表明司马氏世掌天官，章氏都没有交代。章氏说孔子学易是学周礼，又说"周官之法废而书亡。书亡而入于春秋"。既将《易》《礼》与《书》相混，又以《春秋》为书的支裔而不是史书鼻祖。章氏只明白史与经同源，而未找到经史同源的原始原因，也未探讨明白经史于何时何以分开。家兄说：柯先生说章实斋讲错了是很合理的批评。

以陈寅恪私淑弟子自居

家兄所以对陈寅恪先生有较深刻的认识，确实是受援庵先生的启发。起初，他读寅恪先生的文章，或论《蒙古源流》，或论西夏译经，或论梵藏译经，感到枯燥无味，殊难接受。某日，援老拿着《历史语言所集刊》某期指其中寅恪先生的一篇文章告诉家兄说，这段是"破"，这段是“立”，考证文章必须这样做才合规格。又同他说：寅恪先生学问的渊博，通晓的语言之众多等等，家兄顿开茅塞，从此对寅恪先生崇拜万分，以私淑弟子自居。寅老发表什么文章，他全都细读。甚至陈寅老给清华大学出对子后，写的那封给刘文典的信，他都能背下来。寅老写的冯友兰《中国哲学史审查报告》，家兄念得极熟，尤其下面几句话，他最为倾倒：

> 寅恪生平为不古不今之学，思想囿于咸丰、同治之世，议论近乎湘乡（曾）、南皮（张）之间。……殆所谓“以新瓶装旧酒”者，诚知旧酒味酸而人莫肯售，姑注于新瓶之底以求一尝，可乎？

他说：治史学而未尝对于传统的经学、理学有正当而深刻的研究，只是治西方学术或语言文学岂能有此见识？淡薄于玄学，常读正续《清经解》，应当是别人的嗜好？能发出上述议论，可以断言寅老治学不会局限于考据方面。研究史学如果能如此地治传统经学与理学，研究思想如果对于经学、史学能如此地精通熔铸，其成就应当是了不起的。贯通中西，综合古今，才是今后治中国学术的正途坦路。

家兄留下的著述有《注史斋丛稿》和《海遗杂著》，以及一些未整理、收录的篇章。最可惜的是他晚年研治经史的独到之见和治学方法的心得，由于疾病困扰和精力不济，竟未能逐一形成文字。他有时会援引史事来谈时事、评政局，从来没有忘记史学家的责任；他要秉承中国史学的传统精神，“通古今之变”，达到“致用”的效果。他在《六十五岁自咏》中说：“明古用今史所司”，“生民休戚关史笔”，这两句诗或可用来概括家兄治学的精神和方向。

（原刊于《文史知识》1992年第9期）

启功同志的楹联

启功同志是当代著名画家和书法家，也是著名学者。他的著作丰富，通晓语言文字学，甚至已成为历史陈迹的八股文；做得一手好诗词，同时又是古书画鉴定家，尤精碑帖之学。

每当说起他的诗词，我总要联想到他偶一为之的楹联，赞叹不已。1962 年夏天，著名气象学家、社中央副主席涂长望同志与世长辞，我请他代社中央几位同志拟一副挽联，我们回顾了涂公的事迹之后，他不假思索顷刻间立书而就，联曰：

建国待良材，痛云亡，气象先型，科学巨匠。
论文思笃谊，最可惜，红专造诣，直谅风规。

涂公是新中国成立后第一位以内行出任中央气象局的局长，上联把这番意思有机地联系起来，联系得那么自然；下联反映了同志和朋友们痛惜这位有贡献的科学家过早的离去，又赞许涂公兼任社中央秘书长期间刚直敢谏的高风亮节。这副挽联在平淡工稳中产生了强烈的艺术效果。

数年前，启功同志还在小乘巷居住的时候，斗室里悬挂着他写的一副对联，引人注目：

小住廿番春，四壁如人扶又倒。
浮生余几日，一身随意去还来。

这是“四人帮”粉碎后，三中全会以前，启功同志境况的自白。1957 年他平白地被扣上了“右派”帽子，不久就和老妻迁居到北京西北城一位亲戚家里。小巷陋室，他晏然自如，度过了二十几个春秋。碎砖头砌成的四壁摇摇欲倒的样子，拿来比作因颈椎供血不足而时常眩晕的情景，真是再恰当不过的自况。下联表达了老妻去世，作者随遇而安的达观和自信心境。这一联写得真挚感人，给人以深刻的印象。

今年清明节后的第三天，在聂绀弩同志的遗体告别仪式的礼堂门口悬挂着启功同志送的挽联：

革命抱忠心，何意门中遭毒手！
吟诗惊绝调，每从弦外发奇音。

礼堂内外有不少挽联、悼诗，而启功同志的这一联在全场最受注目。他为聂绀弩同志从50年代到70年代二十多年中备受冲击和折磨提出控诉。他称誉聂绀弩同志的诗篇为“绝”、“奇”，这不能不又一次使我记忆起胡乔木同志对《散宜生诗》的评价，他说“作者热血和微笑留给我们的一株奇花——它的特色也许是过去、现在、将来的诗史上独一无二的”。

楹联对启功同志来说，乃其余事，但他信手拈来，便是令人传诵的绝妙好辞，久久难以忘怀。

（原刊于《红专》1986年第11期）

明月一心故人情

元白先生去世，我心实悲。早年我在北京极乐寺松泉法师处见过一本册页《释迦应化事迹图》，极工细，其中有佛陀涅槃相，身后站立着的众弟子呈悲泣状，惟有一位弟子却神态恬静，凝视前方，并无戚容。我想他已经参透了人生真谛，领悟到涅槃寂静是人生正途。他或许正是当初这位画家画这幅像的核心所在，说明他是僧众的榜样，居士的楷模。我是根基迟钝的一介凡夫，还未参透无我无常真谛，宁愿站在悲泣信众行列，为元白先生长行，深感哀悼。

元白先生垂髫皈依佛教，一生正信正行，是一位名副其实的居士。他的去世，让我们失去了一位教育家、国学大师、古典文献学家、书画家、文物鉴定家。这些话有众多怀念他的学生及亲朋好友在痛陈，毋庸我来赘述，他与先兄润孙又是挚友，深情厚谊可资永久纪念者良多。我现在仅择其要者，从佛教法缘上略述一二，以表达悼念之情。

许多朋友都知道，元白先生最为景仰近代中国佛教高僧弘一大师。元白先生北师大宿舍的书斋里，除了书架上琳琅满目的书籍和绒毛动物玩偶外，别无长物。惟独墙壁上悬挂丰子恺居士所赠的弘一大师晚年遗照，书架顶端供奉佛像的上方悬挂弘一大师亲笔所写“南无阿弥陀佛”的书法横幅。可见书斋主人对大师景仰之深。

元白先生曾向我谈起他对弘一大师的敬重和评价，认为近代中国佛教自清末杨仁山居士倡导以来，由绝学而蔚为显荣，各宗大德，阐教明宗，竞擅其美。其以律宗名家，戒行精严，缁素皈仰，薄海同钦者，当推弘一大师为第一人。元白先生如此推崇大师，我想除了上述原因外，还由于大师与元白先生，都具有同样的才情、同样的胸怀。不过表面上一位做和尚，一位是居士而已。

1987 年 9 月，我陪同元白先生、潘洁兹先生赴新加坡举办书画展览，曾与启、潘二位及章景怀先生一同去檐葡院拜访汉传佛教大德、弘一弟子广洽法师。广老热诚地接待了我们，在瞻仰弘一大师纪念堂时，老法师还向我们讲述了许多他亲近弘一大师以及与丰子恺居士交往的感人事迹。他还结缘给我马一浮居士的写经（影印本）等数种，其中以弘一大师题词、丰子恺居士配画的《护生画集》甚为难得。是书从前只有开明书店出版第一集，其余各集我均未见过，而今一至六集全部得之，欢喜之情，溢于言表。

当我们告辞时，广老赠我们每人一个红包。元白先生当即坚辞不受，几经谦让之后，元白先生说："那我就供佛吧！"于是就把红包轻轻地放在供佛的条案上，顶礼璧还。在元白先生高洁风操的带动下，我和潘、章二位也不约而同地将赠给各自的红包恭敬地放在了供佛的条案上，然后向广老道别而出。

1996 年 6 月，北京广化寺有编印《广化文库》之举，我建议将广洽法师印行的《护生画集》编入《文库》流通，当即得到该寺主持怡学法师的同意。元白先生听到这一消息，甚表赞同。他告诉我：弘一大师发愿流布《护生画集》，是以艺术作方便，人道主义为宗趣。必须多注意于未信佛之新学家一方面，推广赠送。所以表纸与装订，应注意新颖醒目，俾阅者一见表纸，就知其为新式艺术品，非是旧式的劝善书。元白先生叮嘱我们："这是大师的悲心宏愿，我们在重印书的过程中，也应当如法谨遵。"元白先生为此斥重资助印。在北京广大信众群策群力积极努力下，是书终于在很短时间内问世，广为流通。

元白先生素有谦让之风，令人至感钦佩。北京居士林恢复活动后，礼请赵朴初居士为名誉理事长。1992 年该林召开代表大会，代表们一致要求增补启功居士为名誉理事长，并派我为之先容。当我说明来意后，当即遭到元白先生的严辞拒绝。他认为朴老是当代中国佛教领袖，德高望重，自己决不能接受与朴老同级的职位，如让他担任名誉副职尚可考虑，若一定要他担任正职，则必将聘书退回。鉴于元白先生态度如此恳切、坚决，会议尊重其意见，遂决定礼请启功居士为北京居士林名誉副理事长。元白先生这才接受了礼请。

多年来，北京一直没有佛教墓地，过去各大寺院的塔院大多早已无存。如西山潭柘寺、戒台寺的塔院，也仅是保存历代祖师的灵骨塔，作为景点中的古迹而已。为此，北京市佛教协会考虑有必要建立北京佛教墓地，以应急需。2004 年年底，该会秘书长孔祥均先生带了一份给北京市政协的《亟应建立北京佛教墓地》提案，约我同去看望元白先生，请元白先生在提案上签名，因为他是该会的名誉会长。我们向元白先生报告了起草提案的缘由：当前，北京佛教界没有墓地，是一个极大的缺憾。我们的前会长、广化寺老方丈修明法师的骨灰，因为没有墓地造塔安放，迄今尚寄存在外面的骨灰堂里。元白先生听了十分感叹地说："寺院和塔院是密不可分的一个整体，如果只有寺院而无塔院，等于失去了僧人的归宿。我赞成这个提案。"于是就拿起笔来签名。他边签字边向孔秘书长说："不过我要声明在先，请不要把我的签名放在第一位。因为市佛教协还有会长、副会长，他们当中好几位都是出家师傅，应尊重出家人，僧先俗后，这是规矩。"孔秘书长连连称是说："我们一定照办，您放心！"

元白先生谦谦为人的言行，深深地感动了我们，使我们深受教益。

元白先生仪表非俗，慈眉善目，面带笑容，和蔼亲切。他善气迎人，表现了对他人的尊重、友善和慈爱，表现了对人皆可成为觉者的关切、热忱和期望。这是元白先生对人生参悟的自然流露。

元白先生停止了呼吸，却没有死，他的爱心，他的善念，他的慈举，将永留人世间。

智者辞世，帅范长存。

元白先生永远活在我们的心中。

（原刊于《启功先生追思录》，北京师范大学出版社，2005 年）

记启功先生

我家久居京华，与启功先生祖上原本世谊，家兄润孙与启功先生又同出于陈援庵（垣）先生门下，同在辅仁大学附中后又在辅仁大学执教。启功先生常说他与家兄的关系是“平生风义兼师友”。我对启动先生，早已闻名而且相识。每到春节启功先生必到我家给我母亲拜年，遇喜寿之期，则来祝贺，课余之暇也来我家与家兄作竟日之谈。惜那时我还小，只知他们谈笑风生，兴致甚高，而不解其所谈内容，只觉得他是一位平易、和蔼、幽默、有学问的人。家兄不止一次对我说过：“启元白聪明绝顶，诗、书、画都好，将来他这三绝必传。”

然而从相识到相熟，则是从 1953 年开始的。那时，我刚调到九三学社工作，他已经是北京师范大学中文系的副教授了，并且是九三学社社员。因为经常有社组织的活动，于是我和他渐渐地、渐渐地熟识起来了。

启功先生，字元伯，亦作元白，又号苑北，书斋曾名简靖尘、坚净居。满洲族人。1912 年 7 月生于北京。启功先生虽然是清室的后裔，但他却没有沾得清王朝的一点恩泽雨露。到他出生的时候，已经是中华民国元年了。他祖上都是科第出身，所以他终究出于“书香门第”，家道虽然清贫，书香气质犹在。在“幼时孤露，中年坎坷”（《启功韵语·沁园春·自叙》）中，凭着自己的聪颖天赋和刻苦自励，再加上良好的家教，严峻的社会锤打和人生磨炼，终于成为当代第一流学者。启功先生虽是一位中学生，但他却有着极好的受教机遇，给他的学问打下了深厚的基础。他在上中学的同时，从一位苏州的老学者戴姜福读书，学习“经史辞章”范围的东西，作古典诗文的基本训练。因为生活困难，等不得逐岁升学，30 年代初期由他祖父辈的老世交、著名藏书家傅增湘先生拿着他的作业去介绍给陈垣先生，当然意在给他找一点谋生的机会。傅老先生回来告诉他："援庵说你写作俱佳。他的印象不错，可以去见他。无论能否得到工作安排，你总要勤向陈先生请教。学到做学问的门径，这比得到一个职业还重要，一生受用不尽的。"他谨记着这个嘱咐，去见援庵先生。启功先生后来说："随着漫长的岁月，每次见面，援庵先生都给我换去旧思想，灌注新营养。今天如果说予小子对文化教育事业有一滴贡献，那都是这位老园丁辛勤灌溉时的汗珠。"（《启功丛稿·夫子循循然善诱人》）

和援庵先生初见面，就推荐他在辅仁大学附中教国文。说来也巧，启功先生和家兄都同一天同一时间登辅仁附中的讲台，而且都上的是国文课。从此与家兄结下了不解之缘。两年后因为有人认为他不够中学教员的资格，援庵先生索性改派他在辅仁大学教一年级国文。启功先生现在任教的北京师范大学，就是和辅仁合并的，也就是辅仁大学的后身。启功先生天资本来极高，加上援庵先生治学态度的严格，对他有深刻的影响。他在各方面的学问成就，他对教育事业方面的贡献，都是和援庵先生的提挈分不开的。"十年浩劫"当中，援庵先生逝世，启功先生在痛悼援庵先生的挽联中，有"信有师生同父子"那样至情的话。

关于启功先生做学问的情况，他自己有几句过谦之词："功幼失学，曾读书背书，虽不解其义，而获记其句逗。曾学书学画，以至卖所书所画，遂渐能识古今书画之真伪。又曾学诗学文，进而教诗教文，久而诗略悟其律，文略悟其法。……"（《启功丛稿·前言》）启功先生的天分高，是朋友们公认的，他有惊人的悟性和记忆力。记得早些年，我正在撰写《建文帝逊国问题旧案重提》一文，与启功先生谈起相传北京西山有"天下大师之墓"，不知确否？启功先生不假思索地告诉我：抗战前周养庵（肇祥）编印的《艺林旬刊》，曾刊登过"天下大师塔"的照片，不妨一寻。我在柏林寺北京图书馆分馆找到了这份画报，果然"天下大师塔"的照片赫然在焉，而且云南武定狮子山建文帝僧装塑像照片也刊印在其中，遂立即拍摄下来附在文章里面。启功先生记忆力之强令人叹服。

我们知道，启功先生对于《红楼梦》有独到的研究，赵守俨先生在一篇文章中也谈到启功先生惊人的悟性和记忆力，他说："记得元白先生说，他年轻的时候听一位老太太谈起，当年他所读《红楼梦》有的情节与今天的本子不同。估计从前流传的钞本种类颇多，各钞本之间不仅有文字异同，内容也有些出入。恰巧我想起曾听说，麟庆（即《鸿雪因缘图记》作者）太夫人的诗集中有和《红楼梦》中诗的作品，据说她所和的不是书中的诗，而是某宅第中的题壁诗，而这题壁诗据说即曹雪芹少年时代的笔迹，我向元白先生谈起这段传闻。他说：'我不知道这件事，但这容易解决。我有麟庆的老太太恽珠的诗集，一查便知。'次日他就带来了恽珠的《红香馆诗草》，其中果有《戏和大观园菊社诗》四首、《分和大观园兰社诗》四首。没有线索可以证明和诗的作者和的是题壁诗，却为元白先生的推论提供了佐证。因为今本《红楼梦》第三十八回中只有菊社，没有兰社，恽珠所和兰社诗四首今本的这一回里都属于菊，而不是兰。那么，作者所读的本子除菊社外，想必还有兰社。"

赵守俨先生文中还提到启功先生指出《红楼梦》版本异文，"元白先生说，第六十五回'清水下杂面，你吃我看'，一本后四家作'你吃我也看'五字，有失本意。他说凡吃过杂面的人都知道，用清水来煮，其涩无比，没法吃，这句俗语的意思是：清水下杂面，你吃个我看看。当时我还不曾吃过杂面，缺少亲身体会，近几年我吃过了，深感他的判断十分正确"（《平实中见功夫》，《文史知识》1992年，第5期）。由此可见启功先生善于用自己丰富的生活常识（如旗人的生活习惯，老北京的语言）和个人对于某一事物，例如对《红楼梦》上的语言或事物的特殊了解，去分析书本上的问题，真可谓非君莫属了。

"曾读书、背书……而获记其句逗"看似寻常，但对于学术方面来说，就实在不简单，要做到这一点，天分与刻苦，两者都不可或缺。

"曾学书学画"的人很多，但渐能识"古今书画之真伪"，又是一门专门学问。启功先生现任文化部文物局全国书画鉴定小组组长，共事者为徐邦达、杨仁恺、傅熹年、刘九庵等，都是全国数一数二的鉴定专家。启功先生常自谦地说："比起其他几位专家，我一点都不专，我教了几十年学，我只能称做教书专家。"不过，世事常常是辩证发展的，书画鉴定，不但要有纸墨、印鉴的知识，要有时代风气和个人风格甚至装潢裱褙的知识，还要有诗文、史实、典籍、掌故的知识，只有越博，才能越成就其专。我们拜读《启功丛稿》中的几篇考订文章，如《〈平复帖〉说并释文》《孙过庭〈书谱〉考》等，能从原迹墨书及内容，加以分析，判断真伪，寻绎根源，"鉴定"这一门学问，也需要博和专的对立统一。

"诗悟其律，文悟其法"，在当代学者中如王力、吴组缃诸先生都可说当之无愧。但启功先生说：他对这两者只是"略悟"，可这一"略"也非比寻常，启功先生写过《古代字体论稿》《论诗绝句一百首》《汉语现象论丛》等发前人所未道的专著。这些学术方面的论著，文采风流，娓娓动听，论者谓"窃攀屈宋宜方驾"，"略"得很不简单。

启功先生治学，除了上述他自己说的几方面以外，在史学方面的探讨和贡献也蔚为大观。他是较早研究董其昌的山水画南北宗说的（见《启功丛稿·山水画南北宗说辩》）。其他，美术史、书法史方面都有独到之见，例如他把元、明以来提出"行家"、"戾家"这种画家区别，画工画被目为"戾家"，士大夫画为"行家"，看出当时社会对绘画的趋尚和绘画"雅""俗"的争论（见《启功丛稿·戾家考》），在中国美术史上，这也是前人所未道的。"文化大革命"当中，启功先生从"靠边站"被调到中华书局参加标点整理《清史稿》，使这部较完整的一代史书，进入正史行列，列在二十四史之后。对于"正史"，启功先生也常有前人未道的见解，例如他说："史官为帝王所雇佣，其所书自必隐恶扬善，歌功颂德。春秋董狐之笔，不过一时一事，其前其后，固不俱书如'赵盾弑其君'者也。后世秉笔记帝王事迹之书，号曰'实录'，观其命名，已堪失笑。大人每日饮食，未闻言吃真饭，喝真水，以其无待申明，而人所共知其非伪者。史书自名实录，盖已先恐人疑其不实矣。又'实录'开卷之始，首书帝王之徽号，昏庸者亦曰'神圣'，童呆者亦曰'文武'，是自第一行即已示人以不实矣。"（见《启功丛稿·〈乾隆以来系年要录〉跋》）以上所举之例，窃以为是他随侍援庵先生左右的治史心得。

启功先生的治学造诣，在读书人都志在成名成家的年头，他却自谦为“庞杂寡要，无家可成焉”（《启功丛稿·前言》）。朋友们曾经私下议论，鲁迅如果生在另外一个环境中，很可能像托尔斯泰那样创造出《战争与和平》不朽巨著，但时代只容许他挥匕首写杂文，没有“豪文”留下，应是一代文豪的憾事。陈寅恪学贯中西，精通多国语言及多种民族失传文字，作为一位唐史专家已不算能展其才学于万一，到了晚年却花费几年功夫去考证柳如是和一位写《再生缘》的女作家。写《柳如是列传》固有其寓意，但时光精力的浪费未免可惜。启功先生的学术成就远远超过其临池挥毫的贡献，而他却“无家可成”，最后被推为“书法家”，时光精力都花费在书法上实在可惜，这也是时间空间的阴错阳差。魔术家在舞台上手巾一扬，要使空箱子变出一头彩凤，而结果却飞出一只金鸡来。金鸡也不错，许多人都在喝彩了；可是到底是谁在故弄玄虚？在魔术家自己也不知道。

启功先生有一首《沁园春》，抄在下面，略见先生对自己学问的谦恭态度：

> 检点平生，往日全非，百事无聊。计幼时孤露，中年坎坷，如今渐老，幻想俱抛。半世生涯，教书卖画，不过闲吹乞食箫。谁似我，真有名无实，饭桶脓包。　偶然弄些蹊跷。像博学多闻见解超。笑左翻右找，东拼西凑，繁繁琐琐，絮絮叨叨。这样文章，人人会作，惭愧篇篇稿费高。收拾起一孤堆拉杂，敬待摧烧。（《启功韵语·沁园春·自叙》）

这首词上片说的“教书卖画”，严格地说，应改为“卖字”才确切。启功先生工画，山水兰竹，清逸绝伦，但极少当众示范，因为单是书法一途，已经使他尝尽了世间酸甜苦辣，如果又是名贯遐迩的画家，那就更受不了！

启功先生学问之渊博，很难蠡测。他不但对满洲的人情风俗典章制度如数家珍，而且对满文满语也颇有研究，故上述先生之学，是未能尽其十一的。

再说说启功先生的为人：他在平易中蕴藏着耿介和刚直。启功先生是一个很平易的人，平易得像个普通老百姓，天真得像个老小孩。受委屈从不呼冤，受尊敬从不矜持。1957 年后，正值“中年”的启功先生遇到“坎坷”。那时他同夫人由鼓楼黑芝麻胡同搬到西直门内小乘巷，斗室一椽，不改其乐。他待人接物，写诗作文，乍看起来有些随随便便。其实不论为人处世，他都自有主见，决不俯仰由人。例如“文化大革命”后期，他夫人过世未久，他又正患美尼尔式综合症，时常天旋地转，有时甚至晕倒在街上。那时他写有一副对联悬于壁间，联曰：“小住廿番春，四壁如人扶又倒；浮生余几日，一身随意去还来。”他上联是身居陋室，顽疾缠身，仍晏然如故；下联表面上似乎孑然一身，亦无有所感慨，但细细品味其中却蕴寓着“放得下”的深刻禅机。

启功先生是一个很有风趣的人。诙谐幽默，从来不摆专家学者架子。然而，就是在谈笑风生之中，对学术、对历史、对许多古今事物，往往会发生“石破天惊”的真知灼见。

启功先生在宁静澹泊中饱含着真情。自十一届三中全会以来，他和广大知识分子一样，迎来了第二次春天。80 年代以后，他声名日高，开会、应酬、演讲、出访，日不暇给。而慕名来访的人更是其门如市。他现在已经是“国宝级”的人物了，可是他仍然还是那么平易，凡是比较了解他的人都知道，他对荣辱名利、生老病死，看得很淡，很淡。这在他的《启功韵语》和《启功絮语》的许多诗篇里都有明显的表述，而且言行一致。然而启功先生决不是把人生看成游戏，更不是追求解脱的修行者。他有分明的爱憎和自己的喜怒哀乐，在看似超脱和谈笑风生中，常常埋藏着深沉的真情和苦痛。这不但反映在他的许多自叙生平、抒发情感的诗词中，更集中反映在他哀悼发妻的《痛心篇二十首》里。这真是声声断肠、字字血泪的悼亡诗。今日重读此作，仍然催人泪下。1975 年春他夫人逝世，我去小乘巷慰问时，在相对欷歔和无言中，我仿佛看到他内心深处的剧烈哀痛，从哀伤中看到他的真挚感情。

北平 1949 年以来，五十年当中启功先生虽然经历了风风雨雨，走过了一些不平的坎坷之路，但是 80 年代以来，党对“尊重知识，尊重人才”的政策，体现在他的身上，他是有着深深的感悟的。他始终如一地就是对人生、对国家和民族的命运，充满着美好的希望和追求。他的生平和实践说明了这一点，他的许多论著和诗词也说明了这一点。

悼念孙承佩同志

“出师未捷身先死，长使英雄泪满襟”，本来是说诸葛亮的。可是当我怀念孙承佩同志时，就不由得想起这两句诗，总觉得它仿佛是凭吊孙公的。

孙承佩同志是文化界和统战系统的知名之士，因为当年美国新闻处的同事之间都互称为“公”，所以沿习下来，人们都一直称呼他为孙公。抗战胜利以后，他从重庆来北平美国新闻处工作，同时与朱葆光同志等主持北平中外出版社，出版发行马列著作和进步书刊。我从那时起就结识了孙公。

解放初期，我在三反运动中蒙受不白之冤，想调工作，而到处碰壁。就在这时孙公知道了我的情况，他断言：“我看某某人的问题是假的。”在他的支持和推荐下，我调到了九三学社，重新获得了工作的机会。这种知人之明和援之以手的高风，使我感佩莫名。（我的问题后来已彻底平反。）

谁都知道民主党派的领导要广交朋友，多做群众工作。但如果先摆出“我做你的工作来了”的架势，居高临下，那是什么工作也做不出结果的。我在孙公的领导下工作时间不算短，近四十年来的接触当中，我深感他最大的特点是热诚、朴素，平易近人，对任何人无论年长年幼、地位高低，都平等相待，真心相交，尽力帮助。如茅老始终把孙公当作知心朋友，遇事总要找他商谈。1960年，茅老的部分家属来京，孙公帮助安排住房并解决户口问题。茅老十分满意。同许老更是如此，许老久有入党愿望，孙公知道老人的心思后，立即去促进，许老遂欣然写了入党申请，很快得到了党的接纳。

工作干部对于孙公也是乐于倾诉意见和提出问题，畅所欲言。他总是虚怀若谷，循循善诱，或为之排忧解难。过去，社中央机关工作人员不多，公余之暇，他不时到部门办公室和大家闲谈，上下古今，天下大事，以至电影戏剧无所不谈，同志们均有如坐春风之感。记得 1962 年夏天，我们在北海悦心殿开完座谈会，孙公和我在漪澜堂前散步。当时我想写历史剧《辛弃疾》，正在构思剧情，他向我详谈写剧的心得，以资启发。但是我的疏懒和能力所囿，剧本终未写成，有负孙公的雅望，至今思之不觉汗颜。

对于已故老同志的家属，他总是经常关注，抚慰有加。叶丁易同志是 50 年代初期社中央副秘书长，1954 年猝然病逝于莫斯科，孙公对其遗属十分关怀，不时亲去看望。对于已故中常委的遗孀，每逢春节总要派人逐一存问；生活拮据者则适当予以资助，她们感念甚深。

孙公在九三学社做了很多工作，而对他自己却很少谈及，更从不向人炫耀。我感到，他身上那种不为名，不为利，默默耕耘的精神，不仅非常突出，而且一以贯之。

每一思及他处世的朴厚，待人的热诚，心里不免兴起一阵老成凋谢的哀伤。“人生百年一过客”，走过就不会回来。如今他是不回来了，但我们现在悼念他，能不能让孙公重视统战工作的风义永存呢？这不只是停留在口头上，而是需要真正身体力行，确实值得我们深思。

（原刊于《民主与科学》1990 年第 6 期）

深入现实生活　做时代的歌手

——潘絜兹同志畅谈旅行写生的收获

最近，读了我社社员、画家潘絜兹同志所画的西南少数民族妇女的人物画，觉得有一种久不能忘的深刻印象。絜兹同志重彩人物画的最大特点是造形准确、色彩鲜艳、线条婉柔含蓄。过去他是以擅长历史人物画著称的，而最近画的人物画，反映了现代中国妇女愉快劳动和幸福生活的形象。在一个严冬的傍晚，我们访问了絜兹同志，他向我们介绍了去年夏天到西南地区旅行写生的感受和人物画创作中的心得。

去年中国美术家协会组织了很多画家，分别到全国各地的名山大川、林海矿源进行写生。絜兹同志在祖国西南高原上，行了几万里路，大大开阔了眼界胸襟，深入了生活，增长了见识，受到了教育，收获很大。

絜兹同志无限感慨地谈到1949年以前临摹敦煌壁画时的艰苦和受到的冷遇，和今天随处受到党和人民的关怀、支持，深感做为今天的美术工作者的幸福和自豪。他亲眼看到少数民族绚丽多彩的生适，深切感到党的民族政策的伟大胜利，同时也为西南地区城乡巨大变化所鼓舞。他表示要努力以自己的画笔描绘出沸腾多彩的生活和人民形象，创作出符合广大群众欣赏要求的作品，以服务于人民。

通过这次旅行写生，絜兹同志在艺术创作方面的收获是很大的。他画出了五百多幅速写稿，并且收集了大量的创作题材。回京以后，根据画稿已经创作了十多幅重彩工笔人物画。絜兹同志感到在创作思想和创作方法上，有许多带学术研究性的问题，通过这次深入生活和艺术实践得到了一些可贵的启发。

山在变，水在变，人在变，画也在变

山水画有没有阶级性？是近年来学术争论中比较热烈的问题。经过这次旅行写生，絜兹同志更加肯定地回答：山水画是有阶级性的。他认为，古今的山水画家的创作都是歌颂自然美的，但自然美的感受却决定于作者对待描写对象的感情。固然，山水画反映出来的阶级性不像人物画那样明显，但它毕竟是画家思想感情的体现。絜兹同志把古代山水画和现代山水画作了鲜明的对比，他说，古人画出的山水大都是意境荒寒，远离人间烟火，引起人消极出世逃避现实的感觉。而现代画家创作的山水画，如他所看到的画家们在旅行写生中所创作的山水画，不仅描绘了伟大祖国的壮丽河山，而且把劳动人民朝气勃勃欣欣向荣的建设景象也活跃在画面上。古人山水画里的人物，如砍柴的、垂钓的、行路的，大都是向大自然乞怜的形象；而今天画家的山水画里的人物，如移山倒海、勘探矿藏等形象，却是以大自然的主人姿态出现。我们读了当代山水画家的杰作，不仅欣赏了出色的艺术，并且更能令人热爱祖国美好多娇的河山，更加激起积极建设的干劲。所以絜兹同志感到，美的内容和标准不能不受社会生活和不同的经济地位的制约。例如过去有人认为洋楼、汽车、炼钢、采煤等很难“入画”，只有小桥流水、茅亭草舍才好表现，这就是我们对美看法问题，其实也是代表画家的思想感情问题。他认为今天的画家们只有在党和毛主席的文艺方针正确指引下，不断地深入生活、提高思想和艺术实践，才能创造出内容与形式统一、又新又美的作品来。

艺术创作要深深根植于生活的土壤之中

絜兹同志十多幅以现代人物为题材的优秀作品表现了他的独创风格，而且比他过去所创造的历史人物画的风格又有了提高。絜兹同志认为，一个画家，应该有他自己的独特的语言风格，而独创性的风格并非只靠想象，应该是更深地根植于生活的土壤之中。这次旅行写生，深入了生活实际，扩大了眼界，丰富了思想领域，见到了许多见所未见，闻所未闻的新景新人新事。絜兹同志深感作为一个人物画家，有责任再现这些伟大的建设和英雄人物的形象。絜兹同志历数过去的仕女画家，从唐代张萱、周昉到清代的费晓楼、改琦等人的作品，虽然各有其风格，而且描绘精细，但内容大都是反映封建上层社会的妇女生活，如伤春、悲秋、闺怨一类的题材，而且有许多是抄袭前人旧稿，没有新的立意。这就说明了旧日文人画家一方面由于思想感情有其阶级局限性，而另一方面是脱离生活实际的。絜兹同志这次在西南见到现代妇女的劳动、生活真是丰富多彩。她们从烦琐的家务劳动中解放出来，参加了各项建设。她们边劳动边歌唱，洋溢着兴奋愉快的心情，令人难以描述。他说，尤其是在少数民族地区见到许许多多的兄弟民族妇女，她们不但是生产上的能手，而且能歌善舞，织绣精妙；同时又是民间的艺术家。他感到现实生活中孕育着取之不尽的丰富宝藏，只要画家努力艺术实践，不断深入生活；中国人物画发展的领域是无比广阔，前途是大有可为的。

絜兹同志感到生活在伟大的社会主义祖国的画家，应该是时代的歌手，通过造型的语言，歌颂祖国的壮丽河山、英雄儿女和宏伟的社会主义建设；一方面继承和发扬我国绘画的优秀传统，创造出既有新的内容、新的时代精神，又有民族气派的作品来。絜兹同志表示，他正朝着这个方向努力。

（署名：衷俊、小东。原刊于《红专》1962 年第 1 期）

瑞典国王与“北京人”

瑞典国王卡尔十六世·古斯塔夫应我国之请，现在来北京进行友好访问，受到了我国政府和人民的热烈欢迎。卡尔十六世·古斯塔夫继承王位后，一向对华友好，为增进中瑞两国友好关系作出了贡献。

1926年10月，国王陛下的祖父、当时的瑞典王储古斯塔夫六世·阿道尔夫来北京访问。

北京科学界为他举行了欢迎会，因为他特别喜爱考古学。在欢迎会上，中国地质学会理事长翁文灏首先致欢迎词。法国古生物学家德日进讲了他在内蒙古南部所发现的“河套人牙”。最后，瑞典朋友安德逊发言，披露了瑞典古生物学家师丹斯基1923年在北京周口店发现了两颗人牙。一个是未成熟的下前臼齿，一个是磨损了的上臼齿。这两颗牙齿除了归属于“人”之外，没有别的分类法。这消息一宣布立刻震动了全场，从而导致了后来的周口店中国猿人遗址的发掘。从此“北京人”的名称才为世人所周知。

时间已经过去半个多世纪，但中瑞两国文化交流史上的这一段佳话，一直在中国人民当中流传着。

（原刊于《人民日报》1981年9月17日）

杨钟健同志骨灰迁葬周口店

1981年9月8日，杨钟健同志的骨灰迁葬于“北京人”的发现地周口店。

提起“北京人”，人们就会立即想起它的发现者裴文中同志。然而当你与裴文中同志提起“北京人”时，裴老总是谦虚地说：杨老是我的良师益友，如果没有杨老严肃认真的指教，“北京人”的发现是不可能的。杨钟健同志虽然不是裴老上学时的老师，但当年在周口店他确实手把手地向裴老传授过识别古生物化石与旧石器的方法和经验，使裴老在这方面打下了良好基础，从而很快地就取得了发掘和研究的条件。不仅如此，周口店的整个发掘工作，从无到有，从小到大，都与杨老有着密切的关系。杨老的大半生心血都倾注在周口店中国猿人遗址的开发工作上，应该说在中国的人类学考古史上，杨钟健的名字与周口店并存，这绝非过诩之词。

1979年1月，杨钟健同志逝世后，他的骨灰存放在八宝山革命烈士公墓。他的同行和学生贾兰坡、周明镇等同志，总是寻思着：杨老一生致力于古脊椎与古人类学的发掘和研究，祖国大江南北，山山水水都有他的足迹，他的骨灰应当安葬于更有意义的地方，以供人凭吊，经过一番考虑，决定迁葬于北京周口店龙骨山。

9月8日上午9时，迁葬仪式开始。初秋的早晨，晴空万里，煦和的阳光洒满了龙骨山。杨老的墓地就在龙骨山麓，苍松翠柏之间。杨老的骨灰盒在他的夫人王国桢同志和亲友们的护送下，由其哲嗣新孝同志捧送，安葬到墓穴之中。汉白玉的墓碑上刻有“杨钟健之墓”五个双钩金色美术字，肃穆大方。碑前陈放着社中央常务委员会、中国科学院古脊椎与古人类研究所、北京自然博物馆分别敬献的花篮。

（原刊于《红专》1981年第8期）

沉痛悼念裴文中同志

社中央常务委员兼副秘书长裴文中同志因病于 1982 年 9 月 18 日在北京逝世，终年七十九岁。

我们怀着沉痛的心情，深切悼念社的这位老同志——我国旧石器考古学奠基人，我国古人类学的主要创始人。

裴文中同志是举世瞩目的中国猿人第一个头盖骨的发现者，他的这一划时代的发现以及尔后发现的中国猿人石器，揭开了人类学研究史上重要的一页，把人类历史推前了四五十万年，提高了对于人类起源和人类发展的认识。

裴文中同志一生从事旧石器考古学、第四纪哺乳动物学、第四纪地层学的研究，先后完成学术论文 150 多篇，其中包括多种学术专著，为这些学科的发展奠定了基础，在古人类学和第四纪地质学的发展中，作出了卓越的贡献。

裴文中字明华，河北丰南县人，出生于一个贫苦教师的家庭，从青少年时代起就追求进步，向往革命，积极参加反帝反封建斗争。在五四运动的影响下，参与组织滦州师范学校的罢课斗争；在北京大学期间，他曾奋起声援“二七”大罢工，在报刊上发表文章抨击时弊；他在《晨报副刊》上发表小说《戎马声中》，反对军阀混战，为灾难深重的中国人民呐喊，得到了鲁迅先生的赞许。1927 年在北京大学毕业后，他进入地质调查所工作，次后投入周口店发掘。1929 年 12 月，他在发掘中发现了中国猿人第一个头盖骨。1935 年夏，应法国著名考古学家步日耶之约，赴法留学。1937 年荣获巴黎大学博士学位。回国后在地质调查所新生代研究室工作，并曾在北京大学、燕京大学、北京师范大学任教。北平沦陷期间，日寇为追索中国猿人头盖骨的下落，曾将裴文中同志逮捕审讯，他为保护祖国的宝贵文物，表现了高尚的民族气节。

抗日战争胜利后，裴文中同志不满国民党的黑暗统治，在《大公报》上发表了《今日之乡村》一文，揭露国民党的反动政策，以及地主还乡团的反共反人民的罪行。在北京大学任教期间，他与党的地下工作同志取得了联系，为革命做了有益的工作。

解放初期，他参加了九三学社。在党的领导下，他去布拉格参加世界和平大会，不久又参加土地改革，参加赴朝前线慰问团，朝气蓬勃地参加了新中国的建设，以更高的热情投入科学研究工作。他积极组织考古队伍，大力培养人才。他胸怀壮志，以我国史前学、第四纪哺乳动物学、第四纪地层学赶超世界先进水平为目标，贡献了自己的全部力量。裴文中同志不仅是一位优秀的科学家，而且一向热心于科学普及工作，他为我国第一个自然博物馆的建立和博物馆事业的发展，作出了重要贡献。裴文中同志入社以后，一直关心社务，积极从事社的活动。50 年代他就是文化部支社的负责人。

裴文中同志在科学上的成就，不仅得到国内学术界的重视，而在国际上也享有盛名。1957 年英国皇家人类学会授予他名誉会员的称号，1979 年联合国教科文组织所属史前学和原史协会推选他为名誉常务理事，1982 年国际第四纪研究联合会推选他为荣誉会员。

“十年浩劫”当中，裴文中同志遭到了严重的迫害，身心受到摧残，但他毫不屈服，始终坚信这种动乱不会长久。“四人帮”打倒后，他以“老骥伏枥，志在千里”的精神，继续完成对中国猿人石器和柳城巨猿洞动物群的研究。在全国科学大会之后，他表示：“要把七十五岁当五十七岁过。”他和青年一道，奔赴祖国各地考察，并东渡日本讲学，指出日本旧石器文化的渊源是在中国，得到国内外考古学界的热烈反响。他病情严重，卧床不起的时候，仍然十分关注我国科学事业的发展。当他听到安徽和县发现猿人化石时，一再表示要到发掘现场，和青年人一起大干一场。

裴文中同志追悼会，于 1982 年 9 月 28 日在北京八宝山革命公墓礼堂举行。追悼会由中国科学院院长卢嘉锡主持。中国科学院副院长、中国科协副主席钱三强致悼词。悼词说：裴文中同志追求真理，奋斗不息，热爱社会主义祖国，热爱中国共产党，忠于祖国科学事业；他襟怀坦白，光明磊落，疾恶如仇，敢于直言；他生活俭朴，平易近人；他爱护青年，扶掖后进；他治学严谨，刻苦勤奋，富于独创和进取精神。我们要化悲痛为力量，向裴文中同志学习，为贯彻党的十二大精神，百折不挠，勇攀科学高峰。

社中央主席许德珩同志送了花圈，副主席周培源、茅以升、严济慈、孙承佩同志，以及杨秀峰、郁文等有关方面负责人与六百多名科学家、科技界人士参加了追悼会。

（原刊于《红专》1982 年第 11 期）

文学界里留不住的科学家

——记“北京人”发现者裴文中

“十年浩劫”中在“牛棚”里，“闲书”不能看，也不许看。镇日枯坐“思过”或写“交代材料”之余，找来几本《鲁迅全集》，逐篇翻阅。一次，翻到《中国新文学大系·小说二集序》，鲁迅提到裴文中的短篇小说《戎马声中》，称之为“乡土文学”的一种，又别有信手写来、不事雕琢的好处。阅读之下，颇为惊异，我同裴老二十多年的交往，只知道他是著名的古人类学家，对他曾经从事小说创作，则从未听说过，说明自己太孤陋寡闻了。如果不是碍于当时彼此的处境，我一定要跑到裴老家里当面去问个究竟。

“四人帮”倒了以后，我和裴老的关系回到了正常又经常晤面了，但都是忙于开会或谈工作，想问的问题总是无缘提出。一直到了1981年的春节，我到裴老家里拜年，这回我们都有点闲余，可以坐下来围绕写小说这件事谈谈了。一个上午的谈心，我对于这位老科学家走过的崎岖道路，有了进一步的认识。

“君子常当当”的口子

事情还要从头说起。1921年的暑假，裴文中在老家河北滦州师范毕业了，怀着继续升学的愿望来到了北京，首先报考汇文学校（即燕京大学的前身），被录取了。因为家里无力接济，正在发愁交不起学费的时候，北京大学第二次招生了，于是他又来报考这座学费较低而资格最老的全国最高学府。站在招生布告牌前，踌躇起来，报考文科还是理科，哪个系好呢？犹豫不定。蓦然抬头见招生布告上写着地质系毕业后可以在开滦煤矿担任工程师。开滦就在老家附近，毕了业就当工程师，不但可以解决职业问题，而且可以养家糊口，何况地质系又是个“冷门”，报考的人并不多。他决定报考这个系，居然又被录取了。从此就在北大地质系古生物专业攻读。

裴文中不时地遭受贫穷的困扰。他和两个同学在一个简陋的公寓里租了一间房，三个人互相援助，不分彼此。有的时候穷到连三顿饭都接不上的地步，只好抱着包袱进当铺。当什么呢？三人中有位谭姓同学，衣服还多一点，冬天，就当他夏日的衣服；夏日，就当他冬天的衣服。他们把《论语》上的“君子坦荡荡”，风趣地改变为“君子常当当”（当当，读 Dang Dang，以物质钱之意）。1924 年起，裴文中还到中法大学办的孔德学校兼课，一到四年级的课程，什么都教。他自谦地说：尽管自己五音不全，但是连音乐课也在教。微薄的收入仍然不敷开支，于是就向报刊投稿。裴文中爱好文学，谭姓同学是中文系学生，买有各种文艺书刊，他时常借来阅读。他创作的有诗歌、散文、杂感、小说等等，在报纸上发表。用他自己的话来说，写这些作品没有什么远大的目标，无非是弄几个钱换饭吃。

《戎马声中》这篇小说写的是游学的青年，为了炮火下的故乡和父母而惊魂不定的真实感受，文字朴素无华，感情真挚热烈。1924 年秋天，第二次直奉战争爆发，盘踞东北的奉系军阀张作霖，用六个军的兵力分路进攻，以北京为立足点的直系军阀吴佩孚派三路军抵抗，战事在山海关一带发生，滦县陷入火线。裴文中和几个同学得不到家乡的消息，奔走问讯，焦急万状。裴文中把这种心情和情况写入小说，发表在孙伏园编的《晨报副刊》上。鲁迅对它十分重视，1935 年收入他编辑的《中国新文学大系·小说二集》之中。

裴文中是有文学才能的，1927 年他在北京大学毕业后，一时找不到工作，最方便的办法自然是继续写小说，做一个文学家，但他没有这样做，却朝着致力于自然科学的道路前进了。

从龙骨到牙齿化石

裴文中本人是想教书的，可是无人聘请，想做事，又无门路可走，流落在北平，穷困已极。凡是他有兴趣的事业都走不通，不得已只好在所学的专业中去找出路。他写了不少信，向有关部门毛遂自荐。但是，只有地质调查所所长翁文灏回了信，让裴文中到地质调查所去研究三叶虫，而且不是正式的工作，只答应在研究完了以后，能给一笔奖金。

到了1928年春天，裴文中的生活益发困难了，不得已而再度请翁文灏设法。地质调查所的经费还在风雨飘摇之中，又如何能安插他呢！考虑到最后，想到正在发掘化石的周口店。当时这项发掘工作由杨钟健和瑞典人步林博士负责。杨钟健因病不能去现场，需要有人协助工作，恰巧原来一名工人辞职，翁文灏就让裴文中去周口店顶替这一名额，而实际上担任杨钟健的助手。

上了年纪的“老北京”可能还记得，从前北京的药铺里卖的“龙骨”，据说有镇惊等功效。周口店的化石发掘工作就是由挖“龙骨”引起的。1920年前后，在北洋军阀政府中有个矿业顾问安特生，是瑞典人，从中药铺的“龙骨”中找到线索，发现周口店出产“龙骨”，于是就来到周口店，在当地人的指引下，找到了出产化石的龙骨山。随后，安特生聘请了一位叫师丹斯基的奥地利人来中国发掘化石。师丹斯基到过周口店，把在那里发掘到的大批材料带到瑞典乌普萨拉大学去研究，到了1926年，师丹斯基发现这些化石中，有两颗牙齿很像是人类的牙齿。

消息传出后，引起了广泛的重视。1927年，周口店的正式发掘工作开始了。从瑞典专聘而来的步林博士负责管理化石，中国方面由李捷负责总务和地质研究的工作。一年的发掘结果，步林发现了一颗人类的牙齿化石。这颗人类牙齿化石由英籍加拿大人步达生（当时任协和医院解剖科主任）来研究，断定这是介乎猿与人中间的一种原始人类的化石，它与已发现的任何其他原始人都不一样，于是起名叫“中国猿人北京种”（Sinanthropus Pekinensis），它的俗名叫“北京人”（Peking

Man)，因为周口店离北京不远。1928 年的发掘工作仍在继续进行，这时李捷辞职了，改由地质调查所新生代研究室副主任杨钟健接替。

裴文中是学古生物学无脊椎专业的，何谓有脊椎动物，他毫无所知，对有脊椎动物化石也一片茫然。1928 年 4 月初，裴文中第一次到周口店，当工人带着他到山上指点并辨认动物化石时，他惊慌了：一位工人竟有如此丰富的知识，自己持有文凭的大学生在这里可怎么办！当时他就横下一条心，得勤奋学习，赶上去。

裴文中喊道："是人猿！"

4 月中旬开始了这一年的发掘工作，裴文中面对着工人的工作眼花缭乱，弄不清他们在干什么。杨钟健派他管理工人，记算账目。而裴文中又感到太清闲，希望也来挖化石。他的要求获准了。但是，基本知识和操作方法是他首先要解决的课题。周口店车站附近有个刘珍小店，杨钟健和裴文中就住在这家小店里。每天晚上，刘珍小店的土屋里油灯下，杨钟健用挖出来的实物，亲自为之讲授、指点。杨钟健的严格认真教导，裴文中本人虚心而勤奋的求学，使他逐渐掌握了发掘有脊椎动物与古人类化石的知识和方法，学业因此大进。半个世纪以后，到了晚年的裴文中每当忆起已经作古的杨钟健时，就深有感触地说：杨老是我的良师益友，饮水要思源，如果没有他的传授和指点，"北京人"的发现是不可能的。

从此，裴文中起早摸黑，围绕当地人称龙骨山的一座馒头形的山地活动，在将近两年的时间里，他周密而详尽地调查了洞穴的内外。1929 年，杨钟健到山陕各地研究华北的新生代地质去了，这一年周口店春秋两季的发掘，都由裴文中负责。继 1927 年之后，这一年发现了更多"北京人"的牙齿和头骨碎片，说明人类祖先的确在龙骨山附近住过。12 月 2 日下午 4 点钟左右，这一重要时刻终于到来了。在主洞偏北的下洞附近，一位工人找到了一个奇怪的东西，从来没有见过，找裴文中来看。裴文中一见之下，急忙喊道："是猿人！"喊声惊动了所有的工作人员，都围拢过来。这是一个很完整的头盖骨，拨开松土，可以看到这个头盖骨的顶部。它一半埋在松土中，另一半和硬土连结在一起。

冬季的白昼很短促，还不到五点钟，已经暮色苍茫了。洞里黑糊糊的，北风灌穴，寒气袭人。此时此刻，裴文中激动异常，他想，如果加时工作，恐怕到了晚上也不见得挖出来；明天再说吧，又不放心。怎么办？决定挖下去。他手持铁锤和凿子，全神贯注，借着灯光轻轻地挖掘。紧张的工作使他一点不觉得冷，反而浑身发热，头上冒汗。几个工作人员在协助他。天色更黑了，他使用撬棍要把它撬出来，结果头骨的一部分震碎了，他懊悔不迭。然而这一失误，使他知道了这个猿人的头骨有十毫米多的厚度，比现代人的头骨厚得多。最后，他直起了腰，呼吸了一口气，胜利地望了望大家，头盖骨终于发掘出来了。

裴文中寻思着，时间这么晚了，把头盖骨运进城里，城门的哨兵会不会像缉私队那样，东敲西打，一下子把它砸得稀烂？会不会当作脏土烂石头把它摔在地下？为了稳妥起见，还是把它防护好了再说。他在头骨外面糊了几层东昌纸和麻袋条。白天太阳晒，晚上炭火烤，干燥后用旧被单和棉褥包捆起，两天的处理之后，他小心翼翼地把头盖骨打在铺盖卷里，背起行李，混在一群从城郊打杂回家的瓦木匠队里，搭乘长途汽车，一路平安地到了北平。

对于“北京人”的第一个头骨的发现，过去有种种的推测，有的竟说是步达生发现的。而步达生却说：“名义上虽是我担任研究，实际上我并没有挖掘过；进行的时候，我去看的次数也不多。”随后参加发掘工作的贾兰坡说：“整个发掘工作，除了步林参加了 1927 年及 1928 年周口店的发掘外，可以说任何外国人都没有动手挖掘过，哪怕是一铲土。”

“哪儿弄来的一堆石头！”

五十万年前人类祖先的头盖骨重见天日了。消息很快传开，引起了全国、全世界学术界的广泛重视。这主要是因为它代表了从猿到人的一个重要阶段，为“从猿到人”学说的确立，提出了重要的依据。它是人类化石最重要的材料，显示出人类进化的程度。它是从正式的发掘系统挖掘出来的，远比地面上偶然找到的珍贵得多。

“北京人”头盖骨的发现，促使周口店的发掘工作有了改变，真有“鸟枪换炮”之势。1930 年，龙骨山上扩大了工作范围，为以后的发掘奠定了基础。

1930 年，在学术上也是转变的一年，1927 年以前，龙骨山上的发掘是属于古生物学的，目的在于挖掘动物骨骼化石；1928—1929 年的挖掘工作是属于古人类学的范畴，目的在于挖掘人类的化石；到了 1930 年，除了继续发掘人类化石外，重要的是发现了石器和用火的痕迹，于是，龙骨山上的发掘就属于考古学的范畴了。

在此期间，裴文中找到许多石器和骨器——“北京人”使用的劳动工具；找到许多脊椎动物化石——和“北京人”同时生存的动物群；找到“北京人”已经能够用火的证据。

但是，这些石器带回北平，洗刷后陈列起来，有一位同事看了，不以为然地拿起一块在其他石器上使劲地打，还说：“这样的碎石头，马路上多得很。”所里的负责人也说：“哪儿弄来的一堆石头，快拿走！”不管别人怎么嘲笑和刁难，裴文中仍然仔细认真地研究它。1931 年，世界著名的法国史学权威步日耶教授来到中国，经过他的证明，同事们才信服了裴文中的发现，确实是猿人打制的石器。从而认识到“北京人”已经能制造工具和会用火，确实是“人”了。这是了不起的贡献。周口店提供了史前人类模型，也留下一些可供悬想的他们生活的图景。

30 年代初期，裴文中根据研究心得，写了一些学术报告和论文，开始受到国际上的注意。1935 年，裴文中去法国，在步日耶教授指导下，得到巴黎大学博士学位。1937 年回国以后，他一直从事古人类学和古生物学的研究，成为这方面的权威之一。新中国成立后，裴文中的工作得到了新的发展，在关于丁村人类遗址和广西巨猿的调查研究中，他做了许多工作，收获很大。他像世界上有数的一些著名学者一样，1957 年被英国皇家人类学会授予名誉会员。又于 1979 年被联合国教科文组织所属史前学和原史协会推选为名誉常务理事。1982 年，又被推选为国际第四纪研究联合会荣誉会员。

裴文中发现“北京人”时，还不到二十六岁，他说因为“运气好”，所以碰上了。这是自谦之词，科学上的发明创造，绝非碰运气所能得到的。以裴文中来说，则是勤学苦练而早出成果。且看当时担任地质调查所所长的翁文灏的评价，就可以窥见裴文中辛勤劳动所取得的成就了。翁文灏说：“中国猿人实是世界初人史中最重要的一个发见，周口店所得的猿人的骨骼、共生物的族种、粗制的石器，皆远在爪哇或辟尔当猿人（按：辟尔当猿人化石后来证实系伪作）之上……周口店的采掘也是世界科学中一件大事”“……几乎是中国为物质科学之研究而做的采掘工作中最早与最大的一个。工作方法愈做愈加讲究，担任实地工作的人为数虽不甚少，但裴文中先生出力最多，占时最久。采掘的计划虽有步（步林）、德（德日进）、杨（钟健）诸位先生讨论筹划，但实地组织及执行几乎全靠裴先生之力，而且有许多重要标本都由裴先生亲自发见。”（《周口店洞穴层采掘记·序》）

专业书和钓竿

从石器的发现以后，裴文中对于古人类学和考古学这门学问就跟着了迷一样，一心扑在挖掘和研究上。1932 年，裴文中与舒令漪结婚了。新婚后的第四天，他就急急忙忙赶回周口店，积极搞他的挖掘工作大革命——“挖龙骨，机械化”！

由于他们的精心工作，几年来，从猿人洞里发现了约代表四十多个个体的“北京人”化石，数以万计的石器，大量的用火证据，以及近百种哺乳动物化石。所有这些，都给古人类学的研究增添了宝贵的科学资料，周口店这个古人类遗址从此闻名于世界。

“搞我们这一行的，不搞野外生活，等于白活！”这是裴文中经常同青年助手们说的一句话。他热爱自己的专业，更爱野外的发掘生活。跋山涉水，风餐露宿，视为乐趣。他的大半生，除西藏、福建少数省份外，足迹遍及祖国的东南西北。过去，火车、汽车达不到的地方，他经常骑毛驴或骆驼在荒山和沙漠中寻找史前遗址。当年，在西北考察，荒村野店里，在土炕上把炕席一掀，擀得了莜麦面，他吃得更香。“十年动乱”后期，裴文中患了冠心病，病愈后，一次家人陪他到所里看看，他坐在研究室里，抚摸着采集来的化石，爱不释手，下班铃声响了，仍久久不忍离开。裴文中已经是七十七岁的老人了，他雄心未已，当时计划年内一定要奔赴广西和内蒙古（扎赉诺尔）两地考察，他说：“如果此行不能实现，我死不瞑目。”

裴文中对于自己的专业书真是到了酷爱的地步，敌伪时期，裴文中一个月的薪金只能买四十斤玉米面。当全家连吃混合面都有困难的时候，夫妇争着卖各自的大衣，而就是不能动他的专业书。1949 年以前，国民党的金元券不断贬值，物价一日数涨，别人拿到薪金马上去买粮食。裴文中拿到了钱，依然在所里看书搞科研，等到晚上家人去买生活必需品时，物价比早上不知又涨了几多。1949 年以后，他把历年珍藏的专业书分赠与有关科研单位。1980 年秋，他应邀去日本讲学，归来时带回来的只是两包日文专业书、三副钓竿，除此之外，别无他物。

关心天下事的科学家

1935 年，裴文中去法国的目的是为了祖国的科学事业而学习深造，行前就给自己立下了誓言：此行决不能给中国人丢脸。去国之前，裴文中一个法文字也不认识，批准公费留法之后，他立即自费学法文。在巴黎大学到了举行毕业论文答辩时，他已经能够用法文进行答辩了。答辩之后，指导他写论文的教授迎上前来向他祝贺说：“刚来时你讲的是英语，现在能用法语答辩，真是了不起的进步。”从此，裴文中除了用中文撰写他的科研成果外，而且还可以用法文或英文写学术论文。在法国，裴文中省吃俭用，然而外出活动，绝不低人一等，有辱国格。裴文中留法是四十多年前的事了，但他抱着文明中华的理想，远涉重洋刻苦求学的精神，对今天的青年仍不无启迪借鉴的地方。

裴文中是有文学才能的，尽管他改了行，从事自然科学工作已经多年，但是在他写的学术报告或论文中，仍然掩盖不住他的文学才华。1934 年他发表的《周口店洞穴层采掘记》，虽然是一个学术报告，可是如果拿它当作报告文学来读，也毫不逊色。裴文中确实是深知文学重要的一位科学家。他在搞野外调查和科学研究的同时，间或写杂文揭露内战根源，抨击反动派的倒行逆施。譬如，1947 年 5 月，正值国民党军队向解放区发动进攻的时侯，为国民党军队张目的火会（地主还乡团）残酷迫害和屠杀当地老百姓。裴文中目睹故乡的惨痛遭遇，怒不可遏，秉笔直书，在天津《大公报》上发表了《今日之乡村》（见 1947 年 5 月 23、24 日该报）。他以《究竟谁是匪？》为小标题，直截了当戳穿国民党扶植的“火会”就是为虎作伥、无恶不作的土匪。他在文章中说：“我写这篇文章，朋友劝我用笔名，且不要写我的故乡真名，以 × 村代之，以免火会对我的故乡报复，村人死得更快。”这个意见他接受了一半，故乡是用 × 村代替了，而作者署名却依然用了本名。在当时国民党统治的高压政策下，这种挺身而出、仗义直言的行为，确实冒着相当的风险。

从《戎马声中》到《今日之乡村》，都是以“乡土文学”的形式反映了当时的政治，也反映了作者爱憎分明的正义立场。从这里不禁使我想起明季顾宪成的一副楹联：“风声，雨声，读书声，声声入耳；家事，国事，天下事，事事关心。”当时士子的心声，可说同 1949 年以前裴文中的心情相吻合。

1949 年后，裴文中组织考古队伍，大力培养人才。他胸怀壮志，以中国史前学、第四纪哺乳动物学、第四纪地层学赶超世界先进水平为目标，贡献了自己的全部力量。裴老离开我们将近三年了，每当我到周口店裴老墓地凭吊时，这位老科学家当年向导我们参观山顶洞人遗迹时的情景，立时浮现在我的脑海里，他的音容笑貌仿佛就在目前，久久不忍离去。

（原刊于香港《明报月刊》1985 年 11 月号）

新春寄语

——古人类学家贾兰坡访问记

春节前夕，我走访了中国科学院古脊椎与古人类研究所研究员、我国著名的古人类学家贾兰坡先生。

在 80 年代第一个新春就要到来的时候，贾兰坡先生衷心祝愿台湾的考古学界的老朋友们和同胞们新春愉快幸福，事业进步！

这位古人类学家对我说："从有文字记载来说，我们中华民族有着上下五千年的悠久历史，创造了光辉灿烂的古代文化，而今正在建设着现代文明。我们和台湾同胞都是黄帝的子孙，华夏的后代。台湾的科学文教界，特别是考古学界的同行们，好多是当年大陆上我的老同事、老相识。三十年来，我们时刻在怀念台湾的同胞和故旧，经常在盼望着早日与台湾的朋友们欢聚一堂。尤其遇到新春佳节到来的时候，怀念的心情更是难以控制。"

贾兰坡先生说："我们中华民族在历史上虽然有过多少次外族入侵和内部战争，但是这一切都不能使我们全民族长久分裂下去。可是，令人痛心的是，由于人为的原因，台湾和祖国分离却达到了三十个年头，这是违反全民族的利益和全中国人民的意愿的。三十年来，台湾和祖国之间，不能团聚，科学文化交流更是无从谈起，这一切，对于民族、国家都是巨大的损失，我想凡是爱国的中国人，对此都会感到痛心。"

在谈到当前祖国大陆上出现的安定团结、兴旺发达的大好形势时，贾兰坡先生兴冲冲地说："现在我们的祖国正在向四个现代化进军。我们科学工作者一致表示，要用自己全部的智慧和力量，来建设我们可爱的祖国。如果我们早一些结束分裂的局面，一个更加繁荣昌盛的统一的中国，对人类的贡献将是不可估量的。"是的，贾老不但说出了大陆上科学家心里的话，而且也反映了台湾的科学家和全体同胞的强烈愿望。

我们知道，周口店“北京人”的发现，到现在已经整整五十年了。去年十二月初，在北京举行了“北京人第一个头盖骨发现五十周年纪念会”，我遂请贾兰坡先生谈谈有关“北京人”的研究情况和展望。贾老在叙述“北京人”之前，抚今追昔倾述了自己的感想，他说：“祖国的含义，激动着每一个中国人民的心。每当我说到‘祖国’这两个字的时候，我的心总是无法平静。无限的情思，使我想到许多、许多……

五十年前，考古学家裴文中先生和他的伙伴，在祖国大地上发现了‘北京人’第一个完整的头盖骨，这一震惊世界的消息，为‘从猿到人’的进化观点提供了极其重要的证据，为人类进化史谱写了光辉的一页，这是祖国的荣誉，中国人的骄傲。

当祖国处在那灾难深重的岁月，北京沦陷在日本军国主义者手里，我们中国人自己发现并研究的‘北京人’的遗骨，却被外国人运走而且迷失了，直到今天仍然下落不明。旧社会长夜漫漫，引人思索的人间不平事就太多了，我经常在想，哪一天，祖国的苦难才能熬到尽头。”

1949 年 10 月 1 日，新中国成立了，中国人民站起来了。祖国大陆到处是和煦的春风，长期停顿的考古工作不但迅速恢复，而且蓬勃地发展起来了，从此，“北京人”的发掘历史又开始了新的一章。贾兰坡先生十分兴奋地告诉我：“解放时，留下来从事古脊椎动物学和古人类学的工作者，连我本人在内只有四个人，现在，中国科学院领导下的古脊椎动物与古人类研究所的工作人员，和过去的新生代研究室相比，整整增加了六十倍。1949 年以后，祖国大地上的考古发掘工作，又回到了人民的手里，遍地开花。不说别的地方，就以周口店来说，政府一上来就把‘北京人’遗址和周围的山场划归中国科学院保管，并且把它定为全国第一批重点保护单位。为它还成立了陈列室，开辟了京周公路，现在周口店已经成为参观和游览的胜地。”

我们的话题转到“北京人第一个头盖骨发现五十周年纪念会”上来，贾兰坡先生说：“在这次会议上大家交流了科研成果和工作经验，是一次回顾过去，展望未来的盛会。从宣读的一百多篇论文中，可以看到古人类学和旧石器时代考古学的研究工作，在我国有了更广泛的发展。不少省、市、自治区已经初步形成了一支专业队伍。尤其令人高兴的是，许多研究工作由青年科学家承担，并且有了相当高的水平，这是本门科学走向更加繁荣富强的唯一保证。”

当我问到今后工作怎样打算时，贾兰坡先生回答：“在会议期间讨论了这个问题，我的意见，今后几年内，应该把工作的重点转移到祖国的东南去，因为本门科学在那里还是空白点。是不是那里真的没有留下远古人类活动的遗迹呢？显然不是，而是我们在那里的工作做得不够，有许多人类化石和旧石器文化还埋藏在地下，等待着我们去发掘。近几年，在浙江省建德县和江西省乐平县都有所发现，就是证据。

报纸上说，在台湾省发现的旧石器时代晚期，即距今一万年以前的人类的遗骸和遗物有‘佐镇人’和‘长滨文化’，毫无疑问这是从大陆上迁移和传播过去的。”我问：“难道远古时代的人也能游泳或乘筏子过海吗?”贾老摇头说：“不是这样过去的。别看现在台湾和福建两省之间，有台湾海峡相隔。但是在一万年以前正当历史上末次冰期的时候，情况并不是这样。由于蒸发的海水变成冰雪降到陆地上停下来不能回到海里，海面大幅度下降，使台湾与大陆之间出现了陆桥。这就为当时的人类的迁移和文化的传播提供了必不可少的条件。其实还不只是台湾，经过近些年来的研究，连亚洲的东北部和美洲的西北部的一种细小石器的工艺，都同属一个大的传统，而这个传统又证明是以我国的华北为中心，向周围辐射分开的。

在日本和我国的台湾省有比较早期的人类化石和文化遗物的发现是完全可能的，因为从大约三百万年到一万年前，在世界范围内曾发生过几次较大的冷暖变化，那就是冰期和间冰期。当冰期到达顶峰的时候，海面能下降到一百五十米左右，就可以使日本和中国台湾与大陆相接，形成陆桥。”

贾兰坡先生说：“为了搞清楚人类的起源和发展，现在和许多国家的同行建立了联系，惟有和自己国内台湾省的同行却长期断绝关系，实在是令人遗憾的事。我 1978 年发表了《中国大陆上的远古居民》一书

（天津人民出版社出版），书名所以写‘中国大陆’四字，就是因为对台湾这方面的情况不了解。这种不正常的现象再也不能保持下去了，它妨碍着我们彼此间学术上的进步。我们应该铺平道路，为祖国的科学现代化并肩前进！”贾老说：“我们，就是指祖国大陆和台湾的同胞；祖国，就是我们的祖国。说来也怪，今年春节思念台湾亲人的心情和往年不一样了，我有这样的预感，台湾的骨肉同胞就要和我们欢聚了，因为我听到了发自所有中国人的心声：‘统一祖国，统一祖国！’这是黄帝子孙发出的最强音，让目前台湾和大陆分离的局面尽快结束吧！统一祖国，阔步前进。中华民族对人类一定会作出不可限量的贡献！”

（原刊于香港《新晚报》1980年2月10日）

古人类学家还乡考古

——贾兰坡谈玉田县的重要发现

刚从玉田县老家回来不几天的贾兰坡同志在电话里告诉我一个考古信息：在河北省玉田县发现了一批旧石器时代的化石，这在冀东一带还是从来没有过的事，很值得重视。

闻讯后的我特地去看望了这位古人类学家，请他谈谈发现的经过：

玉田县东南有个叫孟家泉的地方，那里有一个沙底水坑，是个泉源，过去长年冒着水，水底清澈可见，现因农田抽水，水坑已干涸。去年五月间，贾老的一位表弟在这里挖沙土，发现了象牙等骨类化石，引起了他的注意，就把化石送到北京请贾老看。刚好这时贾老外出，这件事也就搁了下来。不久前，玉田县有两位学校老师写信给中国科学院古脊椎与古人类研究所，也反映他们在孟家泉有所发现。研究所就派一位同志去实地勘查。他不仅看到动物化石，还发现很多石头工具，而且面积很大，于是采集了一些样品带回北京。经贾老鉴定：这是旧石器时代的化石，需要进一步研究。因此贾老自己特地回老家玉田亲自去观察。

据当地搞文物的同志反映，玉田县沙层有五处出现这一类化石。贾老分析这可能是两三万年前旧石器时代晚期的东西，很值得挖掘。贾老说：我们去的时候是八月初，正赶上下了几场大雨，孟家泉的泉底被水淹了，尽管如此但还是挖出打制的石头工具，也发现了象牙、犀牛以及鹿骨等动物化石。贾老十分纳闷地告诉我，奇怪的是象和犀牛化石怎么能同在一个地方发现？象，喜热；犀牛（披毛犀）属冷，这两种动物如何能同时同地区生活？什么道理还搞不清楚，应当作进一步的研讨。

我问：既然在玉田有五个地方发现化石，是不是都要逐一勘探？贾老回答：为了比较准确地测定年代，准备在孟家泉一处发掘二百米的面积，以便得出结果。同时，距孟家泉七八公里远的地方的山上有石灰岩洞穴很多，在孟家泉已发现了一颗人牙，所以对石灰岩洞穴更有探索有无人类遗迹的必要，现正在组织人力中。

贾老指出，这个地方的出土化石有两点特别值得研究：

一、过去辽宁省金牛山、庙后山都发现过十万年到四十万年前的人类化石和工具。北京西部和河北省西部也发现过一百万年前的工具，现在又在玉田有此新的发现，不论由东向西，还是由西向东，冀东这一带总是古人类经过的地方，所以说它很有发掘和研究的广阔前途。玉田的这一发现，引起了地方当局的重视，贾老实地观察时，县委书记、县长、县政协主席都出来接待，县办的中学对发掘工作也大力支持。贾老欣慰地说：得到了地方当局的支持考古工作就必然顺利得多，我期待着更重要发现的佳音早日到来。

二、这里除了史前史考古工作需要研究之外，有文字记载的历史时期的研究工作也应当进行。贾老向我分析这个问题时说：此地正是南北接触的要道，是汉族与北方几个少数民族交往的地方，文化穿插很频繁，所以历史时期的考古工作也要搞。但是，目前这方面的发掘和研究工作还很不够，主要是由于人手太少，真正能搞的只有一个人。这位同志在县里搞文物工作，也不是内行，是写剧本的。最后，贾老憾然地说：因为目前发现的材料不多，很难勾画出大的来龙去脉。要明了个究竟，还有待于进一步的发掘。

（原刊于《红专》1987 年第 1 期）

写人物报道的粗浅体会

——在社中央宣传工作座谈会上的发言

“江山代有才人出。”的确，古往今来，英雄人物，灿若群星。介绍、分析、评价他们，是件非常有益的事情。

我们这里谈的人物报道，是指现代人物。具体到社刊来说，就是要把介绍社员为四化服务的先进事迹作为我们的主要内容之一。无论是社中央还是分社，成员中许多同志的成就，是值得宣传介绍的。若是向社员本人征稿，请他们自己写，当然最好，但往往难以实现。一是他们的业务忙，活动多，不易抽出时间写稿；二是他们不习惯自我介绍，更不愿介绍自己的成就。所以，通过社的专职同志来采访报道，不但稿件可以落实，而且效果可能还要好些。因为我们是第三者不受拘束，比本人写灵活得多。再者，社的专职同志具有优越条件，首先对报道对象的工作、生活情况，及其性格、爱好，一般说来都比较熟悉，可以写得生动、真实、深刻，这是报刊记者不易掌握到的。以下谈谈写这方面文章的粗浅体会。

一、采访的目的要明确。当前，我们宣传社员同志的成就，当然是为了推动广大社员更好地为四化建设服务，以起到交流、鼓舞的作用。但是，具体到被采访的社员来说，我们采访的目的就要视其具体情况而定。首先明确采访的目的要求，才有可能抓住主题，重点突出。否则就会形成内容分散，事迹不突出。

二、形式不拘，不一定都采用访问记的体裁。报刊上不少访问记写得很好，读者也爱看。但有的访问记由于采访时间短促，了解的不深，难免流于一般化。我们的社员与专职同志大都相识已久，若以访问形式报道其成就，反而疏远。不如写人物志、人物传记等文章，效果可能会更好一些。

三、既要介绍其专业方面的成就，又要防止业务性太强多数人看不懂的缺点。我社社员绝大多数是自然科学方面的专家，介绍其成就，就要述及其专业，而在述及专业上要力求通俗易懂，简单明了，重点要放在其贡献的意义和作用上。

四、占有材料，核对事实，力求准确，不出硬伤。既要重视被访者叙述的事实，又要注意其书面材料。通过几年来的实践，深深感到仅靠访问来的事实撰写文稿，似嫌单薄，并且可能因年代久远，记忆有误。所以最好还要阅读被采访者的著作以及有关材料。若是再访问其助手或家属，则更有助于内容的丰富、生动。

五、人物的介绍要防止面面俱到。不一定都要按程序介绍其学历、资历，或“十年浩劫”中受冲击，以及“四人帮”打倒后勤奋搞科研或教学的过程。可以根据主题思想介绍有关情况和使用材料。

六、采访的现场、人物动态的描写，环境陈设的叙述，都要围绕主题来写，为主题服务。用“一个清朗的天气”或“初春的下午”等字句，最好要与下面叙述的事情相呼应。如果天气或气候的描绘与下文毫不相干，那就可以不写。

七、文字之长短，要视内容而定。总之文字还是简约为好。能用一句表达意思者就不写成两句；能两句交代清楚者，就不写成三句四句或多句。

总之，写人物报道，尤其是写年事已高的同志的成就，现在如果不写，将来写起来困难则更多。但是我们写老专家的事迹同时，也要注意宣传中年学者的先进工作。长期以来，有很多中年学者在不同的科学领域中进行不懈的努力，取得了较突出的成就。但由于各种原因，他们的成就并不为人们十分了解。所以我们也要着重介绍中年社员同志在学术上不畏艰难、孜孜不倦地进行探索、研究的事迹，以及他们的先进经验。这些同志的共同特点是：不迷信、不自满，敢想敢干，打破框框，闯开禁区。这体现了我国 1949 年以后学术研究工作上的新风貌。

人物报道并不是容易写的，有时候它比写小说还要难。写小说可以想象，用虚构来补足我们所不知道的事。人物报道不能想象，不能虚构。如果我们采访的内容涉及几十年前的事情，而对当时的风俗制度、人物的思想活动、人与人之间的关系，不甚理解或者很不理解，那么写出来就会出现对话不对、称呼不对、人情风俗不对、制度不对的毛病。这就要求我们对所描写的对象的生活、历史，以及他所处的时代，同他有关系的人和事，必须有充分的了解，下笔才有把握。

写我社社员同志的成就是多方面的，有广阔的天地。我们若是认真加强这方面的报道，必定会取得琳琅满目、美不胜收的效果。我相信我们社刊中的人物报道一定会受到越来越多的社员同志的欢迎。

以上意见都很肤浅，其中难免包含着错误和偏见，请批评指正。

1981 年 6 月 17 日根据宣传工作座谈会上的发言改写。

（原刊于《红专》1981 年第 4 期）

《红专》工作的回顾和打算

——在《红专》通讯员会议上的发言

1981年5月间，我们在天津召开了宣传工作座谈会。会上大家对《红专》的工作进行了讨论，提出了改进意见。会后，我们在原来的基础上，对《红专》作了一些改进。现在把1981年的工作简要地进行一番回顾。

1981年的《红专》，出版了十期。此外，我们还出版了一期“经验交流”专刊。从已出版的内容来看，大致包括纪念回忆、专题论述、经验介绍、心得体会、人物专访、出国观感、短评随笔、思想杂谈、学术活动、社务活动、社员动态、批评建议、诗词等方面的文稿。

通过对党中央一系列重要文件和领导同志讲话精神的学习，我们进一步认识到，四项基本原则是社会主义中国立国之本，三中全会以来党中央制定的路线、方针、政策是四项基本原则在新的历史时期的恢复和具体运用。只有坚决执行三中全会的路线、方针、政策，才能更好地坚持四项基本原则；只有坚持四项基本原则，三中全会的路线、方针、政策才能更好地贯彻执行。今后，我们要继续努力紧密结合当前形势和任务，宣传好这个主题，提高宣传的说服力和感染力，充分发挥《红专》应起的作用。

回顾这一阶段的《红专》，还没有发现有不符合三中全会的精神和四项基本原则的内容。一年来，我们在社中常会的领导下，做了一些工作，取得了一些收获，主要表现在：

1. 围绕党和国家的中心任务、政治大事和社的中心工作进行了宣传报道。如纪念中国共产党成立六十周年、学习党的六中全会决议、纪念辛亥革命七十周年，我们都发表了一些文章，并刊登了有关的报道；

对于社中央宣传工作座谈会也作了报道。

2. 社员在科学文教、工程技术、医药卫生等战线上为四化建设服务的先进事迹，是我们宣传报道另一方面的重要内容。1980 年年底，社中央召开的为四化服务经验交流会，我们不仅在《红专》上作了报道，而且还把经验交流的材料，汇编专刊出版。各分社经验交流会的材料，我们也选登了一些。人才集中，专家学者多，是我社的特点之一，准确地系统地介绍他们的工作成就和治学精神，是四化的需要，也是我们义不容辞的责任。撰写人物专访，对社刊来说是个新事物，一年来，特别是宣传工作座谈会以来，我们做了一些尝试，效果较好。

3. 一年来各分社在为四化服务方面，工作比较活跃，路子越走越宽，例如举办四化经验交流会，举办业余学校，开展科技咨询活动，举办学术讲座，组织社员对青年进行思想政治教育等，我们都作了宣传报道，对推动工作，起了一些作用。

4. “社员动态”、“社员学术活动”，是《红专》固有的专栏，我们仍然继续介绍报道。据了解这方面是受欢迎的，有的社员说：“每期《红专》到手，我总是首先翻看后面的‘社员动态’、‘社员学术活动’专栏的报道，因为它能够使我们知道一些同学、同行们在干些什么，打算怎么干的消息。这对我的工作考虑、学术研究是有帮助的。”

以上收获的取得是和积极支持我们的通讯员同志的辛勤努力分不开的。社中央宣传工作座谈会以后，许多分社都指定了《红专》通讯员，有些同志经常不断地为《红专》写稿、组稿，因而开拓了稿源，丰富了内容。

事物都是一分为二的。在编辑工作中，我们也还存在着一些缺点，主要表现在以下几个方面：

1. 尽管我们的方向是正确的，工作中也取得了一定的成绩，但社中央通过《红专》抓思想领导是不够的。《红专》应该经常发表一些对形势、对党的方针、政策和思想政治工作方面有分量的文章，以便帮助社员和社的各级组织更好地工作。这个任务的完成，光靠编辑部同志的努力是难以实现的，它必须依靠社中央的指导，但我们在这方面做得还不够，因而有指导意义的思想评论一类的文章就比较少。这个问题在上次宣传工作座谈会上已经检查到，不过现在仍然未能得到很好的解决，我们今后一定要下决心把这一问题解决好。

2. 反映社务活动是社刊主要内容之一，《红专》报道社组织活动时还不善于突出新情况、新问题和新经验，积极扶持新生事物的成长。同时在报道中总是把事实经过平铺直叙地写下来，难免都是行话、套话，这样的社务活动令人感到千篇一律，不能引人入胜。再次，是没有做到通过报道，宣传党的方针政策，起到鼓舞士气，增强信心的作用，这也是个老问题，需要改进和提高。

3. 虽然在今年的宣传工作座谈会上我们提出了建立通讯员制度的建议，不少地方组织也推荐了通讯员，但由于我们和通讯员联系不够，帮助不够，彼此有些脱节，因而通讯员的作用发挥不够，其实，这方面大家的潜力很大，我们今后一定要改进这方面工作，期待着同志们大力为《红专》写稿、组稿。

4. 宣传工作座谈会上我们曾检查到编辑部本身存在提高业务水平和充实力量的问题，半年来经过一段努力，这方面的缺点有所克服，但还没有达到满意的地步，例如刊物的出版周期性太长，文章体裁、版面安排，从内容到形式都还不够理想。

《红专》是社中央的机关刊物，是社中央贯彻党的方针、政策，团结、联系各级组织和广大社员群众的最重要的工具。从当前形势和任务来看，它必须在原有的基础上努力改进和提高，以适应形势发展的需要，为此，特提出 1982 年工作的打算：

党的六中全会以后，中央的大政方针都定了，赵紫阳总理在人大五届四次会议上的《政府工作报告》中提出了经济建设十条方针，全国人民的奋斗目标更加明确：为把我们的国家建设成为现代化的、高度民主的、高度文明的社会主义强国而努力奋斗。中央领导同志指出，现在就是要少说空话，多做实事，扎扎实实地抓好工作。当前社刊工作要做到鼓舞人心，振奋精神，努力工作，增强团结。

1. 争取能够多发表一些具有指导意义的思想评论。结合实际宣传贯彻党的六中全会和赵总理《政府工作报告》的精神，给人以信心、力量、勇气和方向，引导社员在科学文教、工程技术、医药卫生等战线上进一步认清形势，消除疑虑，增强信心，从而更加鼓足前进的勇气。准备从现在起，加强这方面的工作。

2. 社务活动报道是社刊的重要内容之一。这方面的报道一般说来还不够理想。今后要狠下功夫，认真加以改进。（一）要加强思想性，要研究我社工作中的新情况、新问题、新经验，宣传报道社和社员的新气象。（二）要抓住中心，突出主题，改变平铺直叙的写法。一篇报道、一则消息，只要经过一番思考，也可以写成既有思想性而又生动感人的新闻。这里不妨举个例子，1979 年，新华社有一条电讯《党组织为马寅初彻底平反恢复名誉》，开头写道："七月中旬的一个上午，往日静悄悄的北京东总布胡同 32 号宅院顿时热闹了起来……"这句话就关系到整篇。它既是现场描写，又是反映历史变化，吸引着读者往下看，为下文开路。二十多年来，马寅初受到批判，政治上遭到冷遇，自然门庭冷落，用"静悄悄"三个字形容再恰当不过了；今天中共中央统战部副部长李贵亲自登门，宣布党组织为马寅初平反，人们抑不住心头的喜悦，怎能不"顿时热闹了起来"呢！接着，在马寅初的卧房里，人们可以听到李贵和马老热情愉快的谈话，看到马老"兴奋愉快"的表情，"花白的眉毛下面一双炯炯有神的眼睛"；最后得出了结论："实践宣布了公允的裁判：真理在他一边。"短短五百来字的新闻，情景交融，有叙有议，人物的音容笑貌呼之欲出。我们报道社务活动，也希望大家往这方面努力，力争写好、写活。

3. 要继续宣传介绍社员同志为四化建设服务的新成就、新进步、新经验，使广大社员感到，我们的事业是大有希望的，是不断地在前进。抓好典型的宣传很重要，好的榜样可以使人看得见、摸得着，便于学习。要善于运用先进事例来鼓舞干劲。在新的一年里，我们要写出更多更好的人物专访来，在社刊上发表，有的还可以向报刊推荐。希望通讯员同志都要重视，认真抓好这一工作。

4. 进一步搞好"批评和建议"专栏。经过调查研究，认真负责地对工作提建议作批评，向国家献计献策，是全国工作重点转移到四化建设上来，发挥我社作用的一种新的形式。最近中共中央副主席李先念同志在民主协商会议的讲话中，对我社1980年向党中央提出的改革高等教育的建议表示赞赏，认为“很有价值”。这对我们是很大的鼓舞。1982年，在《红专》上准备多发表一些献计献策的文章，希望通讯员同志配合做好这一工作。

5. 改进文风，改进版面。《红专》不同于政治理论性刊物，也不同于学术性刊物，自有其特点。我们的刊物不宜刊登长篇大论，即使思想评论也不宜太长。我们欢迎短小精悍、生动活泼的文章。今后的文章力求做到切合社员思想实际和工作实际，形式上又不呆板。目前版面虽有所改进，但仍须努力，要做到有文、有诗、有图，图文并茂。

6. 关于通讯员的工作。建立通讯员制度，促进了我们工作的开展。希望在新的一年里，通讯员同志大力为《红专》写稿、组稿。具体任务要求，一是组织社员写稿；二是要多下基层，多了解社员的情况，特别是对一些专家学者之外，还要注意中年社员同志的突出成就、先进事迹，以便采访、报道社员在为四化服务工作中的先进事迹和突出成就；三是报道地方组织和所属基层组织的重要活动和工作经验；四是报道社员学术活动、社员动态；五是反映社员情况和提出意见，以及工作中的困难和问题，供编辑部参考。

各地分社的领导同志，特别是负责宣传工作的同志希望对通讯员的工作给以大力支持，积极为他们创造条件，除了保证他们为《红专》写稿外，还希望指导、协助通讯员组稿。

编辑部与通讯员的联系一定要加强，组稿计划写稿要求，今后要及时告诉通讯员，同时要了解通讯员组稿、写稿的打算（这次会上我们印制了1982年通讯员组稿、写稿计划表，将要发给同志们填写）。《红专》的通讯员准备根据实际工作情况一年聘请一次。以后准备一定时期开一次会，交换意见，交流经验。办好《红专》和办好分社社刊是互相促进，相辅相成的。办好《红专》的经验，对办好分社社刊也是十分必要的。希望我们携起手来，群策群力，为共同办好社中央的机关刊物《红专》和各分社社刊而努力！

（原刊于《红专》1982 年第 3 期）

值得感念的岁月

我于1953年春天调到九三学社中央，那时北京市分社成立刚刚两年，社中央与分社在一起联合办公，两方面工作人员的工作是彼此不分的。今值九三学社北京市分社成立50周年，谨追述四十余年前在九三学社工作的一些往事，以表达我这个年届八旬的老工作人员的一片感念之情。

我第一天到机关报到，是王丙戌同志接待的。他当时借调到机关担任联合办公的秘书组组长。他和我简短地谈过话之后，安排我在秘书组，让我先熟悉一下情况。在秘书组工作未及一周，就调我到宣传学习组去编《北京市分社简报》，由《简报》主编社中央常务委员魏建功具体领导我的工作。当时，他的工作岗位是人民教育出版社辞书编辑室主任。记得我为《简报》编写的第一篇文章是北京社员对于过渡时期总路线学习的综合报道，是经过魏先生认真审阅和加工的。说到审阅和处理稿件，魏先生认真负责的精神绝不亚于专职主编。凡是稿件他总是仔细阅读，反复斟酌，决不轻易取舍。一经定稿，他还要不厌其烦地推敲，力求做到文通句顺，满意为止。校样上凡经魏先生动笔的地方，他都用红墨水钢笔工工整整写成小楷修改，一丝不苟，连标点符号都要做到准确无讹。他至少每周来社里一次，把看过的校样当面交待清楚，同时再把未看过的稿件带回去审阅。我从这位语言文字学专家的言谈举止中学到了不少可资效法的东西，获益非浅。

还要一提的是，《简报》的刊头是另一位语言文字学家黎锦熙先生书写的。别看刊物虽小，它的分量却不轻呢！

1954年春夏之交，北京市分社举办了北京社员科学著作展览，包括自然科学和社会科学方面的著作。这是一次北京社员学术研究成果的总检阅，北京社员已经发表的有权威性的著作几乎都囊括进来。诸如黄汲清的《中国大地构造》英文本（当时俄文本与中文本尚未问世），杨钟健的《记骨室文集》，裴文中的《北京周口店山顶洞人头骨化石发掘报告》，陈杰在美国获得博士学位的高等数学英文论文（当时陈杰先生尚在北京大学任教），游国恩的《楚辞通论》（这是游先生大学毕业论文，后来印成专著出版）及其主编的《中国文学史》，魏建功的《古音系研究》（这也是魏先生在钱玄同先生指导下写的毕业论文，后印成专著问世），黎锦熙主编的《国语辞典》及其著作《国语运动史》《北平音系十三辙》《国音常用字汇》等，俞平伯的《红楼梦研究》《红楼梦辨》等，启功的学术论文及其所绘墨竹长卷，潘絜兹所绘的重彩工笔人物画等等，真是琳琅满目，美不胜收。这次展览的展架、展板及标牌等都是中国历史博物馆支援的，因为馆长韩寿萱是北京分社的领导人之一。

展览会开幕前夕，北京市分社举办了一次记者招待会，由薛愚、黄汲清、李毅等社领导对有杰出学术成就的社员一一作了概括性介绍。通过他们的介绍，我进一步认识到社员中的大多数是科学文教、医药卫生、工程技术方面的英才，极一时之盛。尤其是地质学界（包括古生物学界和古人类学界）和医药卫生界，在九三学社的成员中这两方面的专家学者比较集中。

地质学界方面，如杨钟健、黄汲清、谢家荣、丁道衡、尹赞勋、裴文中、贾兰坡、周明镇、程裕淇、郝诒纯、杨遵仪、杨起、王曰伦等。他们之加入九三学社，应该说是和孙云铸先生的促进与争取分不开的。因为在1952年院系调整之前，孙先生是北京大学地质系主任，地质学界无论年长年少均尊称他为“孙老师”。在德高望重的孙老师动员下，他的朋友、同事或学生大多先后参加了社组织。在今天纪念北京市分社成立50周年之际，我们决不能忘记当年为社组织发展作出过贡献的孙云铸先生。

在50年代，医药卫生界方面的专家加入九三学社的相当可观，如泌尿科专家吴阶平，妇幼专家杨崇瑞、严仁英、康映渠，血液病专家邓家栋，公共卫生学专家金宝善、叶恭绍、胡汉升，耳鼻喉科专家徐荫祥，结核病专家崔谷忱、阚冠卿，心血管专家林传骧，皮肤病专家王光超，口腔科专家张乐天、钟之琦、毛燮均、王洁泉，药物学专家王序、楼之岑、陈新谦，内科专家方石珊，儿科专家邓金鎏等等。这些同志之所以参加九三学社，是当时任北京医学院药物系主任薛愚和该校教授方亮积极争取的结果。他们既是医药学的专家，又是社组织的领导，在发展成员方面较一般人更具有优越的条件。他们对于北京市分社的发展，功不可没。

记得50年代初期，一次，领导上传达会见外宾时的情况，那是英国首相、工党领袖艾德礼来华访问，周总理向艾德礼介绍各民主党派。当介绍到九三学社时，总理说：这是一个成员人数不多的党派，但是它少而精。从上述两个专业的社员的学术代表性来看，总理对九三学社的评价可以说恰如其分，丝毫没有夸张。

几十年的党派机关工作，我通过下基层和成员接触、思想沟通以及交友谈心，从中受益。我体会对这项工作只要肯学习，就能多受益。

我认为，有些同志来到九三是得到抒发的人，而我则不是，我是调入九三而得到培养的一个人，而今我已届耄耋之年，追忆前尘，真可谓培育之恩没齿难忘。分社成立50年了，宣传部的同志叫我写文纪念，我立即欣然命笔，文浅情深，欲言不尽。

（原刊于《九三学社北京市委五十年》1951—2001）

明清近代史研究

逝者如斯

——关于十三陵的水

处于丛山环抱、翠岗起伏之间的十三陵，是北京郊区的一大名胜，那里埋葬着明朝十三个皇帝。五百七十年前，明成祖朱棣做上皇帝没有多久，就忙着为自己寻找死后埋葬的地方。最初，大臣们建议可以用京西潭柘寺作为陵寝，但是朱棣却决定用昌平黄土山作为山陵的基地。多数文献记载这个地方是江西的风水先生廖均卿选择的，但也有的书上却说是一个名叫王贤的人选中的，王贤因此而累官至顺天府尹。据说朱棣嫌黄土山这个名称不雅，一天，他亲来陵地与群臣商议改换这座山的名字，恰巧这一天是他的生日，群臣给他祝寿，由此想出“天寿”二字，于是就把黄土山改名为天寿山。

十三陵东、西、北方丛山环抱，峰峦耸立，只有正南一面开向华北大平原，在开口的地方，有两个小山，一东一西，东边的叫龙山，西边的叫虎山，两山对峙，犹如屏障。这种天然的形势必定被廖均卿、王贤之流用来作为看坟山望气的根据，但是他们却没有料到在这地方建造陵寝之后，遇到最大的威胁就是水的问题。十三陵陵区之内，水源缺乏，山麓地带虽然有流泉散布，但是为数不多，水量也有限。其中最大的要数九龙泉了。明朝人写的《燕京游览志》上说：“九龙池在红门西，翠屏山下，逼近昭陵（穆宗朱载垕的陵），泉出九穴，穴凿石为龙吻，潴水为池。”九龙池，嘉靖年间所建，“上有翠泽亭，中一间，旁各三间，门缭以周垣”，是明朝皇帝上陵完毕游逛的地方。顾炎武说它“峭壁清流，茂林幽馆”。景色尽管如此优美，但是泉水流量较小，估计每秒还不足半立方米，加上有的地方还有渗漏，使一部分流水又流入地里。现在这些建筑早已荡然无存，只有泉水仍然长流不息。

每当北方春雨贵如油的季节，十三陵这个地方，就连饮水都发生恐慌。对明皇室搜括人民血汗肆意挥霍有详细记载的《宛署杂记》中写道：万历十六年（1588）神宗朱翊钧上陵时，为了饮水要带上甜水车一百辆。又如，万历八年（1580）清明节朱翊钧陪着两个皇太后，带着后妃去上陵，原想祭陵的当天“仍驻跸感思殿，圣母与上闻陵所艰于得水，且念六军恐难以久屯，必须当即日驾回巩华城（沙河行宫）”。严重的缺水问题使封建帝王一筹莫展，难以解决。

十三陵既患水少，又患水多，由于天然地形的关系，每到雨季，溪涧流水暴涨，就要泛滥成灾。明中叶以前，明皇室一年要三次祭陵（即清明、中元、冬至），而中元节（即农历七月十五）祭陵往往遇到大雨，河流泛涨，每苦漂溺。到了嘉靖十五年（1536）世宗朱厚熜时，才改为清明、霜降两大祭，并且规定永远照此实行（在这以前，把中元节上陵改在霜降，到嘉靖时代因为霜降距离冬至太近，就把冬至的祭陵撤销了），避开了泛滥期以后，人们就不再为洪水而担忧了。

夏季爆发的山洪对十三陵盆地中心的侵蚀是很大的，但是这一带原有的山林如果一直保护下来，那么这种侵蚀必然会有所减少或避免。根据记载，在明代“自大红门（今称‘大宫门’）以内，苍松翠柏，无虑数十万株”，在昌平东门外原有松园“延袤里许，皆松桧，无一杂树，以备陵树缺移栽也。二百年来，禁人樵采，遂成大林”。但是到了清初，根据爱国学者谈迁、顾炎武的实地调查，都说“陵木伐尽”，可见后来的破坏是相当严重的。

历史的洪流滚滚向前，封建王朝占地造陵、奴役人民和肆意破坏自然的时代早已一去不复返了。数百年来被封建帝王划为“禁地”的十三陵，1949 年以后回到了人民的手中。为了制止严重的水土流失，建国之初对陵区以内就实行封山育林。1958 年，在党中央的领导下，在毛泽东同志、周恩来同志的关怀下，修建了著名的十三陵水库。拦蓄温榆河支流沙河的洪水，不但免去了下游的泛滥，而且灌溉了两岸的农田，并且给这古老的陵园增添了新的风貌。这座水库总容量为 8100 万立方米，宏伟的拦洪坝长达 627 米，高 29 米。大坝中央修建了美丽的游廊，环绕水库的群山上，已经绿化成林，这里成了十三陵陵域内的一处新的风景区，红墙黄瓦之间出现了涟漪碧波，阡陌纵横的田地里泉水潺湲，把散布在湖山之间的山陵建筑衬托得更为雄伟、美丽。在这里，我们欣赏了古代劳动人民的艺术成就，也感受到解放了的人民群众自觉地征服自然的巨大威力。现在，长陵、定陵游览区自来水源源不断，饮茶洗手充分供应。十三陵地区的广大农民，培植了大量的果树，尤以杏、桃、柿子最为著名。每当暮春三月，苍松翠柏之间，桃杏花开，香飘十里；深秋季节，柿林硕果，灿若繁星，给陵区增添了秀丽风光。而今德胜门外，昌平路上车水马龙，这古老的陵区每天都在接待着数以千计的国内外游人。

（原刊于《文史知识》1986年第2期）

明皇室的殉葬制

参观过定陵的人们看到地宫后殿的棺床上放置着明神宗朱翊钧和他两个皇后的棺椁，而左右配殿的棺床上却空空如也，就必然会产生下面的一种想法：大概到了明代，封建统治者已经用陪葬的木俑代替人殉的制度，明代皇帝的陵寝可能都是这样的吧！但事实究竟如何呢？回答并非完全如此。根据历史文献记载，明孝陵和十三陵中的三个陵寝都有不少无辜妇女活活被害死，然后作为所谓从殉埋葬在陵园内。

封建末世　尚有人殉

坐落在南京钟山的明孝陵是明代开国皇帝太祖朱元璋的陵寝。史书上说："太祖的孝陵共有妃嫔四十人都以身殉，只有两个人葬在陵之东西两侧，因为那是洪武年间先死的。"① 被迫而死的妇女竟达四十人之多，真是令人触目惊心！

明成祖朱棣的长陵，是北京明十三陵当中第一座陵寝，其规模建制之雄伟为诸陵之冠。重檐九间的祾恩殿总要引起参观人们的注视，殿内三十二根巨柱，中间最大的四根，两个人都抱不过来，更是令人感到惊奇，对于数百年前我国劳动人民的智慧和才能无不赞叹不已。但是在欣赏流连之余，又焉能想到这座庄严肃穆大殿的附近，居然有三十多名被迫害而死的妇女埋葬在陵园的东井、西井之中呢。② 原来朱棣死后，从

---

① 《万历野获编》，中华书局版，80 页、86 页。

② "东井"、"西井"就是从殉者的葬埋地点。所谓"井"，盖不隧道而下也。见顾炎武《昌平山水记》，北京出版社版，9 页。

殉的妃嫔有三十多人。由于当时史官根本不去理睬这些受害者，所以至今连她们的姓氏都无从查考了。

再说献陵和景陵。献陵，是仁宗朱高炽的陵寝；景陵，是宣宗朱瞻基的陵寝。清初爱国学者顾炎武在他六谒天寿山之后指出："十二陵（当时没有把思宗朱由检的思陵计算在内）制，献陵最朴，景陵次之。"并且摘引了朱高炽的遗诏说："我治理天下的日子很短，恩泽未普及到老百姓，所以不忍过重劳役，山陵制度务从俭约。"① 尽管表面上爱惜民力，故作姿态，但是骨子里却依然骄奢淫逸，凶狠残暴。在这所谓从俭的山陵里，献陵就有七个妃嫔，景陵就有十个妃嫔先后"殉节从葬"。由此可以看出，从朱元璋死时到他的曾孙朱瞻基死时，三十七年之间（1398—1435），四个皇帝（建文帝朱允炆不算在内）的山陵毫无例外地都用妃嫔宫人殉葬，成为明初封建统治者的一种制度。

殉葬制既残忍又虚伪

殉葬制度具体的规定如何呢？正史、官书语焉不详，我们只好从明代私人记载和《朝鲜实录》中窥测一斑。姑以仁宗朱高炽的献陵为例，从殉的妃嫔计有：贵妃郭氏、淑妃王氏、丽妃王氏、顺妃谭氏、元妃黄氏，再加上以前朱高炽册封的顺妃张氏、丽妃李氏共七人。明人沈德符对这些妃嫔作了具体分析，他说："皇上登极时所封的有贵妃郭氏、贤妃李氏、惠妃赵氏、淑妃王氏、昭容王氏，但只有郭贵妃、王淑妃在所殉之中，这是什么缘故呢？况且郭贵妃生有滕怀王、梁庄王、卫恭王三个儿子，是例不当殉的，是不是因为她感皇上的恩典，自己决定要追从于天上呢？"沈德符并且补充说："是时六宫之中以贵妃为极贵，比皇后只差一等。"沈德符还指出："皇上死前的两个月，曾封张氏为敬妃，是荣国忠显王的孙女，太师英国公辅的女儿，册文里对她赞美备至，可

---

① 《昌平山水记》，北京出版社版，6 页；《明史 · 后妃传》，中华书局版，3515 页。

是她也没有从殉，大概是因为她的祖父有功勋特予恩免的关系吧。”①这就十分清楚地告诉人们，殉葬之制并非一视同仁，它是因人而异的。你看，册封为贵妃或其他名号的妃就可以不殉节；生了儿子，儿子并且已经封藩的也例不当殉；儿子晋为皇太子的当然更不能够殉葬了；母家原有功勋的也可以获到“恩免”。结果剩下那些未生子的，或生子未封藩的，或出身寒微和官秩不高的就只好服服帖帖去就死。不过，像郭贵妃已经具备不殉节的条件何以仍然免不了一死呢？看来郭贵妃很可能缺乏强有力的政治后盾，是一个宫闱角逐的失败者，因而遭到强敌的迫害。

受到封谥的从殉者尚有记载可寻，而没有受封的从殉者由于文献无征就不知道有多少了。《明史·后妃传》里记载着一个景陵的从殉者宫女郭爱，就是不在封谥的十人之内。郭爱原是一个民间少女，被选入宫刚刚二十天，朱瞻基死了，这个可怜的少女在听到自己被列入殉葬名单的噩耗之后，曾含恨写下一首绝命辞：

> 修短有数兮，不足较也；生而如梦兮，死则觉也；失吾亲而归兮，惭余之不孝也；心凄凄而不能已兮，是则可悼也！

郭爱不过是众多的被害者当中的一个。她这首绝命辞正代表了那些被迫含恨从殉的少女们的哀怨。《朝鲜实录》中曾记录其使臣回国陈述成祖朱棣死后明朝宫廷里殉葬的情形，他说：

> 及帝之崩，宫人殉葬者三十余人。当死之日，皆饷之（使其吃饭）于庭，饷辍（吃饭完毕），俱引升堂，哭声震殿阁。堂上置小木床，使立其上，挂绳围于其上，以头纳其中，遂去其床，皆自雉（吊死）。……诸死者之初升堂也，仁宗（朱高炽）亲入辞诀。②

因此，妃嫔不论册封与否，她们的生命完全操纵在封建统治者的手

① 《万历野获编》，中华书局版，801 页。

② 《朝鲜李朝实录中的中国史料》，中华书局版，320 页。

里。统治者从政治需要出发，根据其恩怨，分别决定她们的生死。把人逼死，然后给予“美谥”，谥册上并振振有词地说她们“由于委身给皇帝因而就义，随着皇帝的车马去到天上，所以应当谥以美善的称号，用来表彰节行”[①]。这反映出封建统治者既残忍又虚伪的本质。

当时，不仅要从葬皇帝，就连藩王死了也是用妃妾宫人殉葬。如景泰帝朱祁钰，因英宗朱祁镇搞了夺门之变被废为郕王，十九天以后就暴死了。《明史》说：“景帝以郕王薨，犹用其制（指殉葬），盖当时王府皆然。”[②] 可见殉葬之制在明皇室中是普遍实行的。我们应当看到殉葬还有一种消灭异己的作用，例如朱祁钰暴死之后，朱祁镇以其后宫唐氏等人殉葬，还想用朱祁钰的废后汪氏同殉（彼时汪氏仍称“郕王妃”）。由于阁臣李贤恳求说：“妃已幽废，况且两个女儿还小，格外可悯。”朱祁镇才没有逼她去死。

朱祁镇一生做了不少坏事，但是他在临死前（1464 年），却做了一件应予肯定的事，即废除了殉葬制度。他说：“用人殉葬，我不忍去做，这件事应从我这里废止，后世子孙不要再搞了。”[③] 从此就把禁止用人殉葬定为制度了。朱祁镇曾经亲自处置过他的父亲朱瞻基的妃嫔，也勒令过朱祁钰的宫妃生殉，残忍凶暴不亚于乃父乃祖，而到了他自己临死之前何以发起善心要废除此制呢？显然是为了沽名钓誉，身后留名。但是无论其用意如何，此后确实挽救了不少妇女的生命。当然明皇室对于殉葬一事的禁止也不是那么严格认真，例如朱祁镇死后的第七年（1471 年）晋府宁化王朱美壤死了，两个宫人都上吊殉葬，宪宗朱见深听到后反而立即追封这两个人为“夫人”[④]，足见殉葬之风并未煞住。

殉葬制始自奴隶社会，但到了封建社会特别是到了宋代加上程朱理学的影响，它演变成封建礼教的产物。所谓“三从四德”，就是把妇女

---

① 《明史·后妃传》，中华书局版，3515 页。

② 同上。

③ 《日下旧闻》卷 34 引《否泰录》；《明史·后妃传》，中华书局版，3515 页。

④ 《国榷》，古籍出版社版，2296 页。

看作是从属于男子的附庸，不论是皇室或民间，妇女没有人身自由，连生命也由别人掌握。对于这套封建礼教是否有人深信不疑呢？当然有的，像《儒林外史》中的王玉辉秀才，就是这样的人物。王玉辉读了几十年程朱理学，结果越学越蠢，“越老越呆”。他赞扬和怂恿三女儿绝食殉夫，认为这是“青史上留名的事”。三女儿死了，他竟仰天大笑道：“死得好！死得好！”这是一幅“饿死事小，失节事极大”的形象图画。不过王玉辉这样的人毕竟是少数，封建末世里，更多的是那些蝇营狗苟的伪君子，利用封建礼教杀人，向上爬。《明史》中有这样一段文字：朱元璋死时“宫人从死的很多。建文、永乐时，相继优恤。如张凤、李卫、赵福、张壁、汪宾诸家，都是从锦衣卫所试百户、散骑带刀舍人进到千百户，带俸世袭。人们管他们叫‘太祖朝天女户’”①。用亲人的生命换取自己以及后代的荣华富贵，这是很典型的例子，它道破了宗法社会和礼教吃人的实质。

（原刊于《文史知识》1985年第1期）

① 《明史·后妃传》，中华书局版，3515页。

建文逊国问题的旧案重提

年轻的时候，我有访古的癖好。明朝人写的《帝京景物略》《春明梦余录》等书上都提到：相传建文帝（朱允炆）金川门之变没有死，流浪各地，晚年来旧，迎入西内，死后葬于北京金山口景陵之北，称为“天下大师之墓”。《春明梦余录》的作者孙承泽的别墅“退谷”，就在西山卧佛寺后边（即今之樱桃沟周家花园），他“几经寻访，又杳然也”。为此，我也多次到西山查找，久而不获，兴趣也就逐渐淡薄了，并且认为这种传闻系无根之谈，不足为信。

1978 年，一位研究明史的教授从海外回来探亲，我陪他去拜访顾颉刚先生，顺便我向颉刚先生问起天下大师墓的事。颉刚先生说：当年在北京大学读书时，自己曾骑驴到西山确实找到了这座墓，墓前有碑，上书“前明天下大师之墓”，地点就在颐和园后面红山口一带。随后，承启功（元白）先生见告，20 年代北京出版的《艺林旬刊》上有天下大师塔的照片。找来一看，其中不仅有“明建文帝衣钵塔”的照片，而且还有云南武定狮山佛寺塑造的“明天下大师像”的照片。“明建文帝衣钵塔”照片的说明是：

> 塔在北京阜城门外西北五里，叠石而成，庄严清净，旁有塔庵，城内嘉兴寺派僧典守。旧闻天下大师墓在西山，迄未访着，得此足证建文削发空门，北归终老，野史所纪，非尽无据也。无畏居士手摄，并识。（载《艺林旬刊》第 2 期第 4 版，1928 年 1 月 11 日。）

“明天下大师像”照片的说明是：

天下大师者，明建文皇帝也。按明赵士喆《建文年谱》、史仲彬《致身录》、程济《从亡随笔》诸书所纪，靖难兵至，出亡为僧。永乐初，至云南，居永嘉寺，继居白龙山，居浪穹，居鹤庆山中，居渌泉。虽时偶尔出游，而居云南实二十余载。正统二年，乃自广西至京师，入居西内，旋终，葬西山，题曰“天下大师之墓”。此像在云南武定狮山佛寺，意建文曾游此地，寺僧故塑像供养耶。法相高古，神气清穆，如阿罗汉，当出名手所造。”（载《艺林旬刊》第33期第3版，1928年11月21日。）

由于颉刚、元白二先生的启示，又引起了我的兴趣，于是翻阅诸书，经过分析查对，深感建文出亡问题确有再探索之必要，未可轻意断定其必无。

本来建文逊国问题，为明史中一大疑案。大家都知道，建文帝是明太祖的孙子，他做了皇帝以后，听了齐泰、黄子澄等人的意见，要把他的一些叔叔——即明太祖封的亲王的力量消灭掉，以加强中央集权。他解除了一些亲王的军事权力，有的被关起来，有的被废为庶人。燕王朱棣便起兵反抗，打了几年，最后打到京师（今之江苏省南京市），夺取了侄子建文帝的帝位。关于建文帝的下落，五百多年来，正史、稗史有各种说法，归纳起来不外两说：一是燕王朱棣攻占南京时，宫中起火，建文阖宫自焚；一是建文自火中逃出，改换僧装，流浪各地，晚年到了北京，迎入西内，死后葬于西山。

“阖宫自焚”之说是朱棣做了皇帝之后，颁布诏书时提出来的，他在一四〇二年十月壬戌给朝鲜国王的诏书中说：

高皇帝弃群臣，建文嗣位，权归奸慝，变乱宪章，戕害骨肉，祸几及朕。于是钦承祖训，不得已而起兵以清憝恶。赖天地祖宗之灵，将士之力，战胜攻克。初不欲长驱，始观兵于济南，再逗留于河北，近驻淮泗，循至京畿，冀其去彼奸回，悔罪改过。不期建文为权奸逼胁，阖宫自焚。（《朝鲜李朝实录中的中国史料》上编卷二，177页。）

从此“阖宫自焚”在正史中就作为定论。到了编纂《太宗实录》时，这段故事便丰富发展起来：

> 四年（1402）六月乙丑，上（指燕王朱棣，即明成祖）至金川门，时诸王分守京城门，谷王橞守金川门，橞登城望上至，即开门迎，上遂按兵而入。诸王文武群臣父老人等皆来朝。建文君欲出迎，左右悉散，惟内侍数人而已，乃叹曰：“我何面目相见耶！”遂阖宫自焚。上望见宫中烟起，急遣中使往救，至已不及。中使出其尸于火中，还白上。上哭曰：“果然若是痴呆耶？吾来为扶翼尔为善，尔竟不亮，而遽至此乎！”遂驻营龙江发哀，命有司治丧葬如仪，遣官致祭，布告天下。壬申备礼葬建文君，遣官致祭，辍朝三日。

以王鸿绪为代表的史学家都以《实录》为准，认为“阖宫自焚以殉国，建文之正也”，力主此说。

其实，自焚之说是有漏洞的，可疑点有三：首先，建文的丧礼并未举行，所谓“驻营龙江发哀，命有司治丧葬如仪”等等，都是史家之微辞，朱棣的抚尸而哭，并且以小子无知来谴责建文帝，也都是虚妄之语。如果说举行了丧礼，则其仪注如何？服制又如何？“遣官致祭，辍朝三日”，这是王公以下告哀之礼，用在做了四年皇帝的朱允炆身上，可谓不伦不类。何况当时朱棣正在以周公自居，笼络人心，焉能以如此简杀之礼对待故君？第二，建文帝的陵园安在？《明史·王景传》上说：“时建文君未葬，上询景葬礼。景对以天子礼，上然其言。”长陵有仁宗朱高炽的御制长陵碑，碑文上同样说：对建文帝“备天子礼敛葬”，这都是饰美之言，并非事实。不然的话，既然按皇帝的规格举行葬礼，而为什么陵园的所在地却避而不谈呢？如果说葬在懿文太子陵园之侧，但是《南京太常寺志》上明明写着“建文君封树莫识，魂魄无依”，那么他的陵园又在哪里？明末孙承泽在他的著作里记载了一段事实：崇祯年间，有人上疏，请以建文君入祀典，请祀于孝陵之旁，或懿文太子墓之侧。崇祯皇帝朱由检说：“建文无陵，从何处祭？”（见《春明梦余录》卷七十、《天府广记》卷四十）可见正史上所谓礼葬，纯属虚构。第三，建文帝的皇后马氏的存亡问题。史书上只记载吕太后随敷惠王居于懿文陵园，而马氏的下落则含混不清。《皇明通纪》上说："宫中火起，皇后马氏，亦赴火死。"及至朱棣大肆清宫，刑讯接近建文帝的太监和宫人时，追其所在，都以皇后马氏尸体应对。《明史·建文本纪》上说："燕王遣中使出帝后尸于火中，越八日壬申葬之。"究竟是帝尸还是后尸？语焉不详。或可理解为建文帝与皇后马氏被火一起烧死，但是，若以乾隆四十二年重行补纂的《明史本纪》核对，问题就显现出来了。乾隆四十二年弘历下诏，因《明史本纪》颇有疏略，特敕廷臣"将原本逐一考核添修"，另行补纂《本纪》二十四卷，后收入《四库全书》，外间流传绝少，1932 年故宫博物院才把它影印行世。补纂本与通行本有很多不同的地方，建文帝"阖宫自焚"部分补纂本作："棣遣中使出后尸于火，诡言帝尸。越八月壬申，用学士王景言，备礼葬之。"这是清修《明史》的最后定本，建文帝未死于火，不是很清楚了吗！

假如建文帝没有死，跑出去了的话，那么，他就有可能重新组织军队来推翻明成祖朱棣的统治。从当时全国的形势来看是存在这个问题的。因为建文帝是继承他祖父明太祖朱元璋的，全国各个地方都服从他的指挥。明成祖朱棣，虽然在军事上取得了胜利，但是并没有把建文帝的整个军事力量摧毁，他的军事力量只是在今天从北京到南京的铁路沿线上，其他地方还是建文帝原来的势力。因此明成祖朱棣就得考虑建文帝到底还在不在？如果逃出去了，又逃到什么地方？他得想办法把建文帝逮住。在明代，私家记载中，建文帝出亡为僧的说法是很多的，根据现在看到的材料，以武宗时期王鏊的《震泽纪闻》为最早。《震泽纪闻》上说：

> 太宗师渡江，薄都城，建文君阖宫自燔死。然或传实自火逃出，或传蜀府兵来赴难，窃载以去，莫察其实，故遣胡濙巡行天下，以访张仙为名，实为建文也，终莫所之。正统间，有御史出巡，忽一僧当道立，从者呵之，不退。问之，则献诗云云，乃建文

> 也。御史奏之朝，诏廷臣会问，亦不察虚实，后卒于禁中。诗曰："流落江湖四十秋，归来白发已盈头。乾坤有恨家何在？江汉无情水自流。长乐宫中云气散，朝元阁上雨声愁。新蒲细柳年年绿，野老吞声哭未休。"

王鏊记其他史事大抵翔实，只有这一则都是属于传闻，不过由此足见其流传之久。胡濙巡行天下是为了寻找建文，事实彰著，王鏊的这段记载也是佐证之一。

如果说王鏊所记仍属野史传闻，尚不足信，还可以钱谦益写的《建文年谱序》进一步勘证。他的序言中有这样一段话颇堪注意：

> 以文皇帝之神圣，明知孺子之不焚也，明之亡人之在外也，明知其朝于黔而夕于楚也。胡濙之访张邋遢，舍人而求诸仙，迂其词以宽之也；郑和之下西洋，舍近而求诸远，广其途以安之也。药灯之诅祝，剃染之藉手，彼髡之罪，百倍方黄，以荣国榻前一语，改参彝而典僧录。其释然于溥洽，昭示中外者，所以慰藉少帝之心，而畀之以终老也。

此文历述建文为僧，成祖朱棣不加穷究，对于建文帝和成祖作两美之词，虽然属于曲笔，但是也不无根据。钱谦益断定建文逊国之说比较可靠的旁证，则有溥洽给建文剃度为僧，胡濙、郑和对他的寻访。

溥洽的事情在《明史·姚广孝传》中有记载，大意是：永乐十六年（1418）三月，姚广孝入宫去见成祖朱棣，那时已经八十四岁了。后来，姚广孝病重不能入朝，朱棣就时常去看望他，君臣谈得很高兴。朱棣问他：有什么话要说？广孝回答：僧溥洽坐牢很久了，希望能赦其罪，其中有这样几句话：

> 溥洽者，建文帝主录僧也。初帝入南京，有言建文帝为僧遁去，溥洽知状；或言匿溥洽所。帝乃以他事禁溥洽，而命给事中胡濙等遍物色建文帝。久之不可得，溥洽坐系十余年。至是帝以广孝言，即命出之，广孝顿首谢。寻卒。

这就是钱谦益所提到的而见诸于《明史》的溥洽。《明史》的来源出自明朝的国史，虽然某些史实已经作了删改，但是清修《明史》时有些材料还保留其中，隐约可见，《明史·姚广孝传》中所述就是明显例证。钱谦益所谓建文帝出家时的剃度，出自溥洽之手是有根据的，我们再从明朝人郑晓的《今言》一书中可以得到印证：

> 靖难兵起溥洽为建文君设药师灯忏，诅长陵，金川门开，又为建文君削发，长陵微闻其事，囚南洲（溥洽字南洲）十余年。

又，《明史·胡濙传》叙述胡濙寻访建文帝一节，也是直言不讳：

> 永乐元年，迁户部都给事中。惠帝之崩于火，或言遁去，诸旧臣多从者，帝疑之。五年，遣濙颁御制诸书，并访仙人张邋遢，遍行天下州郡乡邑，隐察建文帝安在。濙以故在外最久，至十四年乃还。所至亦间以民隐闻。母丧乞归不许。擢礼部左侍郎。十七年，复出巡江、浙、湖、湘诸府。二十一年还朝，驰谒帝于宣府，帝已就寝，闻濙至，急起召入，濙悉以所闻对，漏下四鼓乃出。先濙未至，传言建文帝蹈海去，帝分遣内臣郑和数辈，浮海下西洋，至是疑始释。

如果建文帝实是“阖宫自焚”而死，而且经过检验确定为其尸身，那又何必疑于人言，分别派遣胡濙、郑和等海内海外到处去搜索，而且达二十余年之久？再者，成祖朱棣并不是笃信道教的人，为了寻访一个张邋遢，又何必延续十多年而无休止？同胡濙同时的李贤在他所撰的《胡濙墓碑》中有这样几句话：

> 丁亥命公巡游天下，以访异人为名，实察人心向背。癸卯，自均襄还朝，时车驾亲征北虏，驻跸宣府，公驰谒行在所。上卧不出，闻公至，喜而起，且慰劳之，赐坐与语，上欣然纳之，向所疑虑者至是尽释。

所谓人心向背是什么意思呢？人心有所向才有所背。丁亥，为永乐五年，若是果然建文帝已经死去，遗臣也都散尽，建文素无恩德于民，百姓即使怀念他，又以什么作为向背的依靠呢？而成祖朱棣又何必亟于要去访察呢？由此也可断定建文帝实际没有死。胡濙的出访，并不是仅仅访察建文帝的生死存亡，而是查考他有无异图，以及人心是否归附成祖朱棣。从这一点来推理，建文帝的出亡，成祖完全知道而有意放纵，所顾虑的是恐怕建文以逊国之君的名义煽动海内，于自己不利，然而他又不愿无故杀戮甘心出亡的皇侄，所以胡濙驻外十多年，一方面监视建文的行动，一方面又保护建文的安全。不然的话，建文本来生有异状，“顶颅颇偏”，并且他所到之处大都题诗留迹，胡濙访查起来并非难事。即使大索不获，也不至于出访之后回来，回来之后又出访，十多年没有终了之期。癸卯，为永乐二十一年，建文帝流亡已久，胡濙对他的侦察应当是既周到而又详悉了。建文帝既然长期隐匿不出，人们对他也日益淡忘了，所以胡濙才有最后之复命。所谓“上卧不出，闻公至，喜而起”，恰好说明朱棣急于要听取胡濙的报告。“上欣然纳之，向所疑虑者至是尽释”这句话表明，胡濙必是详述了建文帝的近况，以及朝廷对他应取放任的建议，所以成祖朱棣听了，一切疑虑都为之消除。李贤与胡濙不仅同时，而且同官，两人交谊很深，这件事胡濙知道，李贤也知道。墓碑上如此叙述，就等于把访查建文的事情揭告于天下了。以《明史》所说“漏下四鼓乃出”这一点来看，所谈内容必然曲折，绝非建文已死之类三言两语就可以奏对完毕的。很可能传达了建文甘心让国的意见，使素所猜忌的朱棣放了心。钱谦益在《建文年谱》中历述建文为僧，成祖不加穷究，还说两人都有“盛德可称”，其中必有翔实可靠的材料而为史家所删除，以迁就“阖宫自焚”之说。

《明经世文编》里有一篇胡濙写的《僧道度牒疏》文章，是说明这个问题的又一旁证。大意是：洪武年间，发给僧道的度牒，在僧录司、道录司都造了名册，颁布各地寺院，凡遇僧道就按册查对其父兄籍贯和告度年月，如不相符，就是假冒。现在年深日久，前令寝废，发现有该人已死而冒名顶替者，有逃匿军民及囚犯伪造者，有盗卖影射及私自簪剃者，奸弊百端，真假莫辨。胡濙要求从今而后，将给过度牒的僧道仍造册颁行天下寺观，以防奸诈。（参见《明经世文编》中华书局影印本第 1 册 149 页。）从这篇短文中不难看出，胡濙很可能企图通过查对僧道的度牒来寻查建文帝的下落。

建文帝出家为僧如果属实的话，那么他出亡的事实也就可以成立了。因此，云南、广西一带，山巅水涯，时有其遗迹发现，也不能一概断为子虚。不过，到了明朝万历年间出现了史仲彬的《致身录》，后来又出现了程济的《从亡随笔》（序言写于崇祯甲申），讲建文帝是怎样逃出南京的，经过些什么地方，逃到了什么地方，说他到了云南寺院之中，跟他一起逃走的那些人也都当了和尚等等。钱谦益当时即指出这两部书是伪作，所叙述的情节亦都是虚构，他对《致身录》举出了十条不可信的道理（参见钱谦益《初学集·致身录考·书致身录考后》两文）。胡适在他的《建文逊国传说的演变》一文，也指出《从亡随笔》是根据前出的小说《致身录》而写的，因为要冒充史料，所以删去了过甚的神话。

清修《明史》时，史馆诸臣如王鸿绪等人，每每举钱谦益驳斥《致身录》与《从亡随笔》之说，来断定建文帝出亡也是假的。其实，钱谦益说《致身录》等是伪作，但是他仍然认为建文帝出亡是事实，在他的《建文年谱序》中说得十分明白。而馆臣不根据这篇文章，偏偏以前两篇文章为根据并加以歪曲。为什么要这样做？看来是有其政治目的的。《明史》定稿的时候，正是天下争传朱三太子出现之日。明明是崇祯帝朱由检的儿子，康熙帝玄烨却偏偏坐以诈冒而杀掉，以安人心，以除所忌。其用意正与明成祖朱棣之对待建文帝相同，所以在修《明史》当中遇到建文帝一节，也必然主张建文“阖宫自焚”，以说明失国之君或其子孙，断无隐匿于草野之理。及至乾隆时期，距离朱三太子一案已远，既不虑天下还有怀念明室的人，也不虑还有系天下之望的明室后裔，所以在乾隆四十二年弘历下诏修改《明史》本纪，把建文帝这一段重新改过，作为清修《明史》的最后定本，已经不是按照王鸿绪《明史稿》的意图行事了。

（原刊于《学林漫录》第六集）

从万娘坟说起

二十年前，笔者一次游十三陵，见到长陵祾恩门外的导游图上，除明帝诸陵外在长陵的西南，靠近昭陵有“万娘坟”一处（现在的导游图已不标明这个地方）。当时笔者以为可能是埋葬从殉朱棣的妃嫔西井的俗称[①]，或者是有一个姓万的后妃葬在那里。后来翻检《明史》才恍然有悟，原来就是明宪宗朱见深的万贵妃墓[②]。由此不禁想起朱见深专宠万氏，致使“冷宫”里出生皇帝的故事。这段故事有些近似狸猫换太子，情节也颇为曲折。它反映了明代封建统治集团内部的互相倾轧和昏庸腐败、骄奢淫逸的反动本质。

万氏与朱见深的年龄悬殊

历史上皇帝专宠某一后妃是屡见不鲜的，一般都是两者年岁相若或皇帝的年龄大于后妃，然而万氏与朱见深的年龄却非如此。万氏生于宣德五年（1430），朱见深生于正统十二年（1447），万氏比朱见深大十七岁。万氏是一个什么样的人呢？她原籍山东诸城县，父亲万贵原是一个县吏，因获罪谪居霸州。万氏四岁被选入明宣宗朱瞻基的孝恭后孙氏（即朱见深的祖母）的宫中，后来当了英宗朱祁镇的孝肃后周氏（即朱见深的生母）的侍女。朱见深封为皇太子以后，又把她赐给了朱见深。

① 明代妃墓曰井，盖不隧道而直下也。长陵有东西二井：东井，在德陵东南，馒头山之南，西向；西井，在定陵西北，东向。见顾炎武《昌平山水记》，北京出版社版，第9页。

② 同上书，第9页。

朱见深是在正统十四年（1449）被英宗立为皇太子的，“土木之变”以后就被景泰帝朱祁钰废为沂王，“英宗复辟”后又立他为皇太子，彼时他才十一岁。万氏作为朱见深的侍女并逐渐得宠，当在朱见深再次立为皇太子之后。天顺八年（1464）朱祁镇死了，朱见深做了皇帝，万氏遂被专宠。这时朱见深十八岁，而万氏已经三十五岁了。①

宫闱角逐的胜利者

万氏入宫之时，尚属童年，家庭对她的影响可能不大。她是在朱见深的祖母孝恭后孙氏的宫中养大的，应该说孙氏对她起着耳濡目染的影响。孙氏何许人也？原是宣宗朱瞻基的嫔，因貌美得宠而封为贵妃。孙氏没有生育，用宫人所生之子佯作己子，就是后来的英宗朱祁镇。而朱祁镇的生母究竟是谁，始终无人知道。② 这与北宋的章献后刘氏强夺李宸妃之子作为己子的故事很相似。由此孙氏眷宠益隆。皇后胡氏知道自己的地位不稳，于是就上表逊位，请立孙氏之子为太子。孙氏却假惺惺地说：“皇后病好了自然会生皇子，我子焉敢先于皇后之子！”尽管如此，皇后胡氏不久还是被废了，孙氏登上了皇后的宝座。朱祁镇当了皇帝之后尊孙氏为皇太后。朱祁镇搞的“夺门之变”，也是事先与孙氏密谋的。③ 可见孙氏是一个很会耍政治手腕的人物。史书上说万氏机警，善于迎合朱见深的意旨④，这一套本领无疑是从孙氏那里熏习培养而来的。

朱见深登极的第一年，亦即天顺八年（1464）七月，立吴氏为皇后，柏氏和王氏为东西二宫。吴氏对万氏的专宠骄横当然素有耳闻，所以当她登上皇后宝座就先来了个下马威，把万氏打了一顿。这一下触怒

---

① 《明史·后妃传》，中华书局版，第3524页；《万历野获编》，中华书局版，第802页；《国榷》，古籍出版社版，第2356页。

② 《明史·后妃传》第3514页；《续文献通考》，商务印书馆版，第4388页。

③ 《明史·后妃传》，第3514页。

④ 同上书，第3524页。

了朱见深，立即把当上皇后刚满一个月的吴氏废掉。吴氏的父亲吴俊，本来已经升为都督同知，由于女儿的缘故竟受到株连，下狱戍登州，儿子吴雄随去。① 在封建社会里，废立皇后和废立太子一样，往往牵涉到统治集团的内部矛盾，构成复杂的政治事件。吴氏之废当然也不例外，但其主要原因实是出自万氏。沈德符在《万历野获编》里说：

> 盖吴氏之得罪，实由万妃受挞而谗之，其祸遂不可解。②

谈迁在《国榷》中也说：

> 吴氏废不以罪，且席未暖而长门之恨继之……入宫之妒，实才人万氏酿之。③

此为万氏早已受宠之明证。

吴氏之废不及二月，朱见深又立王氏为后。既然万氏专宠，何以不立万氏为后而偏偏另立他人呢？道理很明显，万氏出身寒微，不像吴氏、王氏那样出自官宦之家。④ 而且当时万氏尚未册封，又未生育，因此没有条件选为皇后。在封建社会，官与吏的社会地位有很大的距离。在思想意识、生活作风方面，特别是婚姻关系上，官吏之间是泾渭分明的。看来王氏做了皇后，对于万氏之专宠，史书上说她“处之淡如”，并能“委曲下之”，她是懂得在统治集团内部斗争中的处身之道的，所以“得安于位”，“母仪两朝，寿过八十”。⑤ 成化二年（1466）正月，万氏生了儿子，这对万氏说来，在后妃争夺权势的斗争中更处于有利的地位，朱见深喜出望外，立即“遣中使祀诸山川”，随后册封万氏为贵妃。《万历野获编》里说：

---

① 《国榷》，第2176页；《万历野获编》，第81页。

② 《万历野获编》，第81页。

③ 《国榷》，第2176页。

④ 王氏为中府都督同知王镇之女。见《国榷》第2179页。

⑤ 《明史·后妃传》，第3521页；《万历野获编》，第81页。

万氏丰艳有肌，每上出游，必戎服佩刀侍立左右，上每顾之辄为色飞。[1]

在如此专宠的情况下，“六宫希得进御”[2]，万氏成了宫闱角逐的胜利者。

宫廷内外炙手可热

万氏既已宠冠六宫，为了进一步巩固自己的地位，就亟力勾结内外权势，以壮大政治力量。例如成化年间的大珰汪直、梁芳、钱能等都是万氏豢养起来的爪牙。史书上说汪直、梁芳、钱能之流“皆假贡献，苛敛民财，倾竭府库，以结贵妃欢”，“帝以妃故，不问也”。[3] 万氏曾为自己出身微贱而伤脑筋，大学士商辂为人正直素有威望，成化十一年（1475）万氏的父亲万贵去世，万氏打算借重商辂的名气，以抬高自己的门第，于是拿出她父亲的遗像，派人去找商辂，请他在画像上题颂扬之词。同时还给商辂送来金帛等厚重的礼物。商辂坚辞不受，使者告诉他，这是万妃的意思。商辂回答：“非上命，不敢承也。”使者回报，万氏极为不悦，但商辂始终不顾。[4] 然而像商辂这样的人毕竟是少数，宫廷内外多数人对万氏趋之若鹜，惟恐巴结不上。例如向朱见深进房中术的大学士万安，通过太监同万氏认本家，以子侄自称，万氏大喜，立即接受。万安又与尹直、彭华等辈结成私党，朋比为奸。成化二年（1467），万氏册封为贵妃（后又晋封为皇贵妃）后，就居于昭德宫，在宫廷内外她的权势愈加强大，真可谓炙手可热，得意非凡。[5]

踌躇满志的万氏，眼看登上皇后宝座已经胜利在望，然而偏偏事与

---

① 《万历野获编》，第 84 页。

② 《明史·后妃传》，第 3524 页。

③ 同上；《明史·宦官传》，第 7781 页。

④ 《明史·列传》，第 4691 页。

⑤ 同上书，第 4522 页。

愿违，他的儿子出生不到一年竟自一命呜呼了。从此万氏益发专妒，“掖庭御幸有身，饮药伤堕者无数”①。成化五年（1469）四月，贤妃柏氏生了皇子佑极，一些正派的阁臣如商辂等请告之天下，其目的以削弱万氏的权势，而朱见深不许，“盖虑伤万妃之心也”②。两年后，群臣纷纷建言立佑极为皇太子，朱见深还是不敢答应，建言“凡三上”，才勉强同意，即悼恭太子③。当然，在万氏的淫威之下，这个皇太子的命运是可想而知的，没有多久就被万氏害死了。

冷宫里出生小皇子

明代前期，为镇压南方农民及少数民族起义，曾有过多次“征蛮”之举。不消说，每次都是残酷的烧杀、掠夺式的镇压。成化朝一次征广西，把一位纪姓土司杀掉，而把他的一位美丽的女儿俘虏后带到了北京，贡入皇宫充当女史。据说她本姓李，因为入宫填名册时误为纪姓，于是就称纪氏了。这位纪宫人“警敏通文字”，长大后颇有文才，被分配到宫内一处藏书所，管理图书。朱见深偶到这里游玩，看中了这位来自广西的姑娘，于是“幸之，遂有身”。

万贵妃知道这件事之后，十分怨恨，命令宫婢设法用药为纪宫人堕胎。这位宫婢对纪宫人的遭遇甚是同情，就谎报说是“病痞”。万贵妃仍不放心，就把纪宫人囚禁在冷宫“安乐堂”（地属“西内”，在今北京西安门养蜂夹道一带）。

成化六年（1470）七月初三，纪宫人在“安乐堂”生下一位小皇子，她感到这件事迟早会被万贵妃发现，后果不可设想，就叫门监张敏把这个婴儿抱出去淹死。张敏大惊：“皇上还没有儿子，怎么能丢弃呢！”于是就把小皇子藏在另外的房间里，用一些糕干糖蜜之类的食物来喂养。万贵妃每天窥伺搜查而无所获。由于怕被暴露，所以小皇子到

---

① 《明史·后妃传》，第3524页。

② 《万历野获编》，第83页。

③ 《国榷》，第2302、2307页。

了五六岁还没有敢剃掉胎发。当时被废掉的吴后也居住在西内，靠近安乐堂，暗地里知道了这件事，也偷偷地往来哺养皇子，而朱见深并不知道。

自从悼恭太子被万氏害死之后，朱见深久久没有子嗣，宫内外一些人都为皇帝后继无人而担忧。成化十一年（1475）五月的一天，朱见深召张敏来给他梳发。他照着镜子感叹地说："快老了，可是到现在还没有儿子！"张敏立刻跪在地上说："奴才死罪，万岁已经有了皇子。"朱见深十分惊奇地问："在哪儿?"张敏回答："奴才说了就要死，不过万岁要为皇子作主。"这时太监怀恩也叩头说："张敏说的是。皇子潜养在西内，现在已经六岁了，匿藏起来不敢与闻。"朱见深听了喜出望外，当天就到西内，派人去迎皇子。①

斗争到了白热化

在西内，一幕戏剧性的场面拉开了。纪宫人见皇帝的来使到了，便抱起小皇子哭道："我儿此去，我不得活了。你看见穿黄袍有胡须的就是你父皇。"她给儿子穿上小红袍，乘上小凉轿，被抬到宫殿的阶下。从未剃过胎发的小皇子，头发披散到地张开两只小手，扑向他父皇怀抱。朱见深把小皇子抱起来，放在膝上抚视了良久，不觉悲喜泪下说："是我的儿子，很像我。"于是就派太监怀恩到内阁宣布这件事，群臣大喜，第二天，入宫朝贺，颁诏天下。纪宫人册封为淑妃，移居到大内永寿宫，并被朱见深召见了数次。

小皇子的发现，宫廷内外喜气洋洋，为之庆幸，唯独昭德宫里的万贵妃听到这个消息，宛如青天霹雳，日夜在怨泣，她大骂："一帮小人欺骗了我！"

一个月之后，宫廷里接连出现了"怪事"，始而纪淑妃突然暴死。《明史》上说"或曰贵妃（按：即万氏）致之死，或曰自缢也"；继而

① 以上均见《明史·后妃传》，第3521页。

太监张敏也吞金自杀了。

成化十一年（1475）十一月初八，这个冷宫里出生的小皇子被立为皇太子，已经取名祐樘。朱祐樘的生母纪氏不明不白地死去了，他自己的处境也依然十分危险。这时，朱见深的生母孝肃后周氏，是当时的皇太后，居于仁寿宫。她同朱见深说："把你的儿子交给我抚养"，从此皇太子就住在太后的宫里。周氏既是小皇子的祖母，又是当今的皇太后，得到她的保护和抚养，小皇子当然安全多了。尽管如此，万氏谋害之心仍然不死。一天，万氏召皇太子到昭德宫进食，临行前，太后谆谆嘱咐说："去了，不要吃任何东西。"太子到了昭德宫，万氏赐食，回答说："已经吃饱了。"给他进羹，太子说："我怀疑里面有毒。"万氏听了十分怨恨，说："这孩子才几岁就如此厉害，将来他必然要宰割我呀！"这个皇太子后来做了皇帝，就是明孝宗，年号弘治。①

成化二十三年正月的一天，万氏在昭德宫叫人用鞭子毒打一个宫女。作威作福的万氏盛怒之下，气咽痰涌，喘不过气来，一下子把自己憋死了。朱见深听到万氏骤然死去的消息，半天说不出话来，然后长叹一声说："万侍长去了，我也将要去了。"从此他悒悒无聊，逐渐地病了，不久也死去。距万氏之死，仅八个月。②

隐藏皇子达六年之久的事件，不仅在有明一代罕见，即使在各朝各代的历史上也是仅有的。虽然主要是朱见深专宠万氏所造成的，但由此也说明封建统治集团内部的斗争已经发展到何等的尖锐，明王朝腐朽反动的程度亦日益加深。

（原刊于《学林漫录》第八集）

① 《明史·后妃传》，第3521页。

② 《国榷》，第84页。

崇祯皇帝埋葬的经过

——思陵介绍

当我们漫步在十三陵宽阔的大道上远远望见陵区各处的宝城时，或是来到长陵的高大轩昂的祾恩殿里欣赏楠木巨柱时，或是走进定陵层层深入的神秘的地宫时，大概以为十三陵里的每一座陵的地上地下建筑都是如此的吧?！其实并不尽然。十三陵里，以明成祖朱棣的长陵营建规模最为宏大；嘉靖皇帝朱厚熜的永陵和万历皇帝朱翊钧的定陵由于受封建祖制的限制，因此在规模上不能超过长陵，然而工程却较之更为精美细致，各具特点；其他各陵的格局和这三座陵基本相同，但是规模都要小一些，尤其光宗朱常洛的庆陵、天启皇帝朱由校的德陵、崇祯皇帝朱由检的思陵规模就更小。

这里只拟介绍思陵。十三陵的分布，大多数的陵寝都散列在长陵附近，只有思陵偏在西南一隅。思陵规模很小，现今护墙和享殿多已倒塌，而且道路荒芜，树木枯焦，同《桃花扇》里余韵所形容的情景倒有些相像。

有人可能会怀疑：思陵比长陵建筑晚二百多年，何以长陵的主要建筑物基本上完好，思陵却败坏到如此地步？回答是长陵修在明朝鼎盛时期，当然要精心经营得豪华壮丽；思陵形成在明朝覆亡以后，自难与其他诸陵相比。思陵是如何形成的？这里有必要提一下：明王朝到了崇祯时期，昌平州的皇陵几乎发生变化。因为在修建定陵时，明皇室就已经感到陵园内好的地方不多，“佳穴”难寻，所以到了朱由检当上皇帝之后，曾计划另选陵地。当时他看中了京东遵化马兰峪地区。可是这时明朝政权已经岌岌可危，无暇顾此，他的计划因而也就未能实现。后来到了清朝顺治时代，遵化马兰峪这个地方就被选作了清东陵。

依照惯例，明代帝王都是在生前预卜山陵并建造陵寝的，可是崇祯皇帝朱由检的登基正处在明王朝崩溃的前夕，他没有来得及为自己修造陵墓，就和他的朝廷一起被农民革命的风暴埋葬了。崇祯十七年（1644）三月十九日，李自成率领大顺农民革命军攻占了北京，发现崇祯皇帝朱由检吊死在煤山（今景山），李自成下令农民革命军将他和自缢在宫中的周皇后的尸体一起送往昌平，就陵园中的田贵妃墓下葬。田贵妃是朱由检的宠妃，死于崇祯十五年（1642）七月，陵园中的这座墓是朱由检专门为她修建的。

经办这件事的昌平州吏目赵一桂曾将当时开圹下葬的情形记录下来，内容是这样的：这座墓的地宫隧道长十三丈五尺，阔一丈，深三丈五尺。地宫分前后两层，各有石门。第一层石门内为享殿三间，陈设祭器，正中有石香案，两旁列五色绸缎制成的侍从宫人，生前所用器物衣服都贮存在大红箱内，中间悬挂“万年灯”两盏。东间有石寝床一座，铺设裁绒毡，上叠被、褥、龙枕等件。第二层石门内，通长大殿九间，内有石床，高一尺五寸，阔一丈，田贵妃的棺椁就放在上面。根据赵一桂的记载：崇祯十七年（1644）四月初四日申时，朱由检和周后的棺材运到，就停放在祭棚之内，陈设猪、羊、金银纸札等祭品，赵一桂同大家一起举哀祭奠。然后赵一桂领着夫役进入地宫，遂将田贵妃的棺移在石床之右，再将周后的棺安放在石床之左，最后把朱由检棺安放在正中。田贵妃葬于无事之时，棺椁俱备。赵一桂等人因看到朱由检的棺没有椁，就把田贵妃的椁挪来用上。三棺之前，各设香案祭器，接着赵一桂就把“万年灯”点起，然后把两座石门关闭。（见彭孙贻《平寇志》卷十一，北京图书馆排印本。）

赵一桂的记载虽然不够详尽，但由此我们可以知道其中布局的大概。如果把它与定陵地下宫殿作一比较，不难看出，它们只是在规模上大小有所不同，布局基本上是一致的。至于其他各陵的地宫，当然要比田贵妃墓大多了。

清初文人朱彝尊编纂的《日下旧闻》一书在谈到田妃墓时有这样几句话：

思陵（指朱由检）下葬的那一天，仁和龚佳育（曾任光禄寺正卿）正流寓昌平，地宫照例要写某某皇帝之陵，合以石板，奉安在皇帝棺椁之前。当时非常仓促来不及磨石，就用砖代替，上面钤之以铁，是龚佳育书写的。龚佳育曾和我说过：（田贵妃墓）圹始开时［按：田贵妃灵柩下葬于崇祯十七年（1644）正月，与此次墓圹再开相距仅两个多月］，进入石门，地很湿，其中衣被等物大多变黑，只有一床被子是锦绣的，其余都是布的。“长明灯”（按：即“万年灯”）的油仅有二三寸，缸底都是水。金银器皿都用铅铜充数。这是当时经办的太监偷工减料造的假，真令人遗憾。

明王朝任用太监专权，最为突出，建造皇陵是项肥缺，自然要操纵在宦官们的手里。他们瞒上压下，弄虚作假，层层盘剥。田贵妃墓中的情形只不过是一个小小的例证而已。

顺治十六年（1659），清政府为了笼络汉族，特别是汉族的地主阶级，所以按照明皇陵的建制，为朱由检的这座陵墓加修了地面建筑：明楼、享殿和碑亭，从此命名为“思陵”。但是规模很狭小，无法与其他陵相比。现仅存遗址。

（原刊于《文史知识》1984 年第 3 期）

清初的以人殉葬

清初流行着以人殉葬的习俗，官书及私人记载均不避讳，但大都语焉不详。清皇室关于殉葬的记载也十分零散，不大为人们所注意，现仅就平日读书所见，将有关资料略加条理，以供研究参考。

努尔哈赤的大妃被迫殉葬

王先谦《顺治东华录》卷一有这样一段话：

> 天命十一年（1626），八月庚戌未刻上崩。（中略）先是孝慈皇后崩后，立乌喇国贝勒满太女为大妃。辛亥辰刻大妃以身殉焉，年三十有七，遂同时殓。（中略）又有二庶妃亦殉焉。

这是指清太祖努尔哈赤死时，以大妃和二庶妃殉葬的故事。大妃，就是摄政王多尔衮的生母。仅从上文“以身殉焉”几个字，还看不出是自愿从死还是被迫殉葬；至于二庶妃“亦殉焉”，从这里也看不出用以活人殉葬的痕迹。

谈迁为了编纂《国榷》，曾到北京搜集资料，在他的著作《北游录·纪邮》中说：

> 昭陵之殂，故事殉葬。摄政王母宜从而不欲也，宗室大臣勒令自尽。后修实录，刚林书云，自愿从死。

谈迁所谓昭陵，即指清太祖努尔哈赤。根据史书，天聪三年努尔哈赤葬福陵。谈迁称它为昭陵是错误的，昭陵为清太宗皇太极葬地。谈迁说得比较明确：多尔衮的母亲是被迫殉葬的。据此类推另外两个妃嫔也是强迫而死。大妃是先自尽，另外二妃或许是活着去殉葬，其不是自愿从殉这一点，应当都是一样的。

《满洲实录·清太祖实录》卷十关于这一情节的叙述就更为具体详细：

> 帝后原系叶赫国主机努贝勒女，崩后，复立乌拉国满泰贝勒女为后。然心怀嫉妒，每致帝不怿，虽有机智，终为帝之明所制。留之，恐后为乱阶，预遗言于诸王曰："吾终，必令殉之！"诸王以帝遗言告后，后初迟疑未决。诸王曰："先帝有令，虽欲不从，不可得也。"后遂服礼服，尽以珠宝饰之。泣谓诸王曰："吾自十二岁事先帝，锦衣玉食已二十六年，吾不忍离，故相从于地下。吾二子多尔衮、多铎，当善抚之。"诸王泣而对曰："二幼弟，吾等若不友爱，是忘父也，岂有不善抚之理？"于是，后于辛亥辰时自尽。（中略）又有二妃阿吉根、代因札，亦殉之。

当然，《满洲实录》是经过一番修饰加工的，但大妃不是自愿殉葬一节，却还保留着原貌，与《北游录·纪邮》所记可以互相印证。

皇帝、皇后死后，奴隶殉葬

《天命东华录》记载着清太祖努尔哈赤所娶叶赫国主之女孝慈皇后死后的情况：

> 癸卯年（1603 年，明万历三十一年）九月庚辰，孝慈高皇后崩（中略），上悼甚，丧殓、祭享、仪物悉加礼。

从上述文字中看不出用生人殉葬的痕迹，若与《满洲实录·清太祖实录》对照来看就发现了破绽：

> 癸卯年，九月内中宫皇后薨。后姓纳喇，名孟古哲哲，乃叶赫

国吉努贝勒之女。（中略）太祖深为悼惜，将四婢殉之。宰牛马各一百致祭。

用“丧殓、祭享、仪物悉加礼”等冠冕堂皇的话，便把用四个女婢去殉葬的事实掩盖过去。

《天聪东华录》天聪三年（1629）八月，记载着一个预定要殉葬的奴隶逃跑未成功而被杀的事情：

雅荪出（身）微贱，因叶赫兵临兀扎鲁城时，有大功，太祖擢为大臣，宠任独优，尝以殉葬自矢。及太祖崩，不殉葬且轻慢丧礼，至是复欲逃，故杀之。

上述情况说明殉葬的不只有妃嫔，还有男奴。推想起来，雅荪以外，逃不脱的男奴被杀殉葬的应当还有不少。《顺治东华录》卷一有清太宗皇太极死后用男奴殉葬的事实：

崇德八年（1643）八月庚午，太宗文皇帝（皇太极）宾天。时章京敦达里、安达里二人愿殉。敦达里满洲人，幼事太宗。（中略）及太宗宾天后，敦达里以幼蒙恩养，不忍永离，遂以身殉。诸王贝勒等甚义之，以敦达里忠不忘君，忠忱足尚，赠甲喇章京，子孙永免徭役，倘犯重典，应赦者，即与开释；不应赦者，应减等，官爵世袭勿替。安达里，叶赫人，自来归时，先帝怜而养之。由微职沐殊恩，受官职，亦请殉。诸王贝勒等亦甚义之，予衣一袭豫议恤典，加赠牛录章京，为梅勒章京，子孙世袭，其免徭宥罪一如敦达里例。既定议，召安达里谕之。（下略）

上述情况有两点值得注意：一、清太宗皇太极之丧没有记载有妃嫔之类殉葬，与努尔哈赤之死不同，很可能是被清代史官删掉。二、努尔哈赤死，多尔衮的母亲大妃不愿殉葬，被迫自尽。男奴雅荪不愿殉葬逃跑，后来被杀。敦达里、安达里的殉葬，是否出于自愿？会不会也出于史臣修饰之笔？尤其是“幼蒙恩养”，“沐殊恩，授官职”，把殉葬指为

“感恩”等说法，目的在于使人发生错觉，显然违反历史。

亲王死后，福晋、奴仆殉葬

清世祖福临继位后，亦即清王朝统治中原之后，清皇室和贵族仍然实行人殉制度，但在史官笔下却极力回避或粉饰。《顺治东华录》记载顺治六年（1649）三月丁丑豫亲王多铎死后有两个福晋请殉的事情：

> 摄政王（多尔衮）师次居庸关，苏克萨哈等以辅仁德豫亲王多铎讣至，王去缨易素带泣。是日暮，驰入京城临丧。德豫亲王二福晋请殉，摄政王再三慰解，请益力，遂许之。

二福晋显然被逼致死，所谓“请殉”，多尔衮“再三慰解”，皆是饰美之词，不足凭信。

摄政王多尔衮死后，清世祖福临在宣布多尔衮的罪状时，将侍女殉葬的事附带泄露出来。至于有无男奴殉葬？侍女有几个？均无从得知。《顺治东华录》是这样说的：

> 顺治八年（1651）二月癸巳，苏克萨哈、詹岱、穆济伦首告：睿王（多尔衮）薨于出猎之所，侍女吴尔库尼将殉葬时，呼罗什、博尔惠、苏拜、詹岱、穆济伦五人属之曰：“王曾不令人知，备有八补黄袍、大东珠数珠、黑貂褂，今可潜置棺内。”（下略）

又，谈迁《北游录·纪邮下》记载顺治十二年（1655）五月，济尔哈朗死后用妾婢殉葬的事情。谈迁说：

> 辛卯，是日辅政王卒，勒嬖姬五人殉焉。

谈迁所说的辅政王就是郑亲王济尔哈朗。而王先谦《顺治东华录》的这一条只说：“五月辛卯，和硕郑亲王济尔哈朗薨，年五十七。”对勒死殉葬的五个姬人却讳莫如深，一概不提。

外国人记载的殉葬情况

德国人魏特写过一部《汤若望传》，其中引用《汤若望回忆录》所载顺治朝轶事颇多，足可补史料之缺。《汤若望回忆录》曾叙述顺治十七年（1660）八月清世祖福临的董鄂妃死后的情况，大意是：

> 贵妃薨逝，皇帝陡为哀痛所攻，竟至寻死觅活，一切不顾，人们不得不昼夜守着他，使他不得施行自杀。三十名太监与宫中女官，悉行赐死，免得皇妃在其他世界中缺乏服侍者。

史书上却只说：董鄂妃薨，“辍朝五日”，“追封为皇后，以示褒崇”。（王先谦《顺治东华录》卷三十五）而三十名太监与宫中女官被迫殉葬一事，则只字不提，企图掩盖天下人之耳目。

清世祖福临死后，史书上可以看出以人殉葬的有两则，一则是：

> 顺治十八年（1661）二月壬辰谕礼部：（中略）时妃董鄂氏，赋性温良，恪共内职。当皇考上宾之日，感恩遇之素深，克尽哀痛，遂尔薨逝（中略）追封为贞妃。（王先谦《康熙东华录》卷一）

这明明是殉葬死的。又一则是：

> 顺治十八年（1661）夏四月壬午，以一等阿达哈哈番侍卫傅达理随殉世祖，予祭葬，谥忠烈。（王先谦《康熙东华录》卷一）

这是殉葬的男奴。福临死，还有人殉葬，在此以后，这类记载就不见了，是否从此革除殉葬习俗，就无从得知了。

殉葬之制，止于何时

王士祯《池北偶谈》卷一有如下一则笔记：

> 八旗习俗，多以仆妾殉葬。朱御史小晋（裴）始建议禁止，得旨允行。朱历官至户部侍郎。

王士祯这一则笔记虽然简略，却足以说明清初仍然存在奴隶主可以男女仆妾殉葬的事。王熙撰《朱裴墓志铭》中有建议禁止殉葬的内容：

> 有请复詹事及禁殉葬二疏，而禁殉葬一疏尤持大体。大略谓“屠残民命，干造化之和。僭窃典礼，伤王制之巨。今日泥信幽明，惨忍伤生，未有如此之甚者。夫以主命责向奴仆，或畏威而不敢不从；或怀德而不忍不从。二者俱不可为训。且好生恶死，人之常情，捐躯轻生，非盛世所宜有”。疏上，报可。

根据王熙所撰墓志铭，朱裴做御史的时期可能一直到康熙七年（1668）。禁殉葬一疏就不知在何时奏上。可见殉葬制度在清初普遍流行于八旗的贵族家中，并不限于皇室。上面所举事例只是清皇室的故事，而且被史官修饰者，如果把王士祯的笔记与朱裴的奏疏与上述材料联系起来看，就可以大致得出一个轮廓来。

康熙时代旗下奴婢许多被逼自尽的，御史请求朝廷制止，然而无效，虽有上谕，也是空话，无法停止奴隶主对奴隶的虐待。到了雍正时代才明定法律保护奴隶的生命，但是所谓保护作用也是微乎其微，平时奴仆生命就说不上有多少保障，殉葬陪死则又算得了什么！

（原刊于《文史知识》1987 年第 7 期）

清孝庄后下嫁之旁证

五年以前，清东陵初开放时，我有机会去参观。通过参观我改变了过去对东陵的一些看法。清东陵在1928年发生了军阀孙殿英盗宝的事件，我想象中的清东陵一定是断瓦颓垣，一片废墟，地宫里也是狼藉错乱，破坏得不成样子。虽经一些清朝宗室、遗老跑去所谓处理善后，恐怕千疮百孔，修复起来也是极难的了。偶然听到去过清陵的人说，那里的建筑和明十三陵一样，并没有什么特殊的地方，因此游兴一直不高。后来读了介绍修复后的清东陵的文章，特别是亲临其境去观察，感到实际情况并非如我想象的那样，而是有其特点，很值得一游。

当汽车一进入昌瑞山的陵区，首先看到的是顺治皇帝福临的孝陵全貌。造型优美的石象牲完全仿自明陵，石兽也是距离孝陵近则立，远则卧，唯文臣、武将都是清朝官服。孝陵地面上的建筑物看来保存得比较完整，由于没有开放，所以只是在车上远望而已。据《清史稿》记载，当年福临到遵化凤台山射猎，他“停辔四顾曰：‘此山王气葱郁，可为朕寿宫。’因自取佩韘（引者按：‘韘’应作‘韘’，扳指也）掷之，谕侍臣曰：‘韘落处定为穴。’至是陵成，皆惊为吉壤”。当然，这不过是封建统治者为了表现其“君权神授”，故意制造出来的神话而已。

普陀峪定东陵（那拉氏慈禧的陵）的隆恩门内，悬挂着一幅清东陵各陵位置的导游图。从图上我们可以看到陵区全貌和原有的“风水墙”的状况。原来清东陵的门户大红门的两旁有长达二十余里的围墙，名为“风水墙”。顺治皇帝福临的孝陵，康熙皇帝玄烨的景陵，乾隆皇帝弘历的裕陵，咸丰皇帝奕䜣的定陵，同治皇帝载淳的惠陵，以及福临的孝惠皇后的孝东陵，奕䜣的孝贞皇后（慈安）的普祥峪定东陵，那拉氏（慈禧）的普陀峪定东陵等都在“风水墙”之内。到了1949年以前，“风水墙”只剩下半里之遥，所以我们现在对整个陵区的概况只能从导游图上来理解了。

从导游图上，我发现惟独昭西陵在“风水墙”之外，这倒是引人深思的一个问题。昭西陵是清太宗皇太极的孝庄皇后的陵寝。孝庄是科尔沁博尔济吉特氏，福临的生母，就是相传下嫁摄政睿亲王多尔衮的那一位皇太后。南明抗清的张煌言（苍水）所谓“上寿称为合卺樽，慈宁宫里烂盈门；春官昨进新仪注，大礼恭逢太后婚”，就是指太后下嫁这件事说的。张苍水与多尔衮同时，所说当有所本。传说当时的百官贺表出于钱谦益的手笔，底稿后来为常熟瞿氏收藏。又如马叙伦曾在钱念劬（钱玄同之兄）处，见到顺治六年乌程举人陆彪的殿试对策，有三处称摄政王多尔衮为“皇父”，其中有“视满与汉为一者乃皇上、皇父之仁”之句，且试卷上盖有官印。此可为太后下嫁之铁证。蒋良骐《东华录》载：“顺治五年十一月，加皇叔摄政王为皇父摄政王，凡进呈本章旨意，俱书皇父摄政王。”陆彪的殿试卷正在其时。（参见马叙伦《读书小记》，1918 年 10 月 7 日《北京大学日刊》。）

按皇太极为清太祖努尔哈赤第四子，多尔衮为第九子。孝庄文皇后系多尔衮之兄嫂，弟妻兄嫂，按照汉人道德观念来看，是一件太不光彩也太不文明的事。有清一代，对此事讳莫如深，但是无论南北，无论男女老幼，凡爱谈故老传说者，莫不谈论太后下嫁之事，然而求其明文记载则无有也。

已故清史专家孟森先生写过《清初三大疑案考实》，其中之一即《太后下嫁考实》专论其事。孟森对这一疑案持否定态度，认为太后下嫁出自传闻，纯属子虚。过去有些人因为孝庄死后不葬在皇太极的昭陵（位于沈阳北郊的隆业山，俗称北陵）附近，而别葬于遵化，以此作为太后下嫁的旁证。孟森在这篇文章中就以清代的皇后不合葬于皇帝陵内者逐一分析，说明皇后别葬早有先例，他说：

> 太宗（皇太极）昭陵，已有孝端合葬；第二后之不合葬者，累代有之。世祖（福临）元后废，不必言；继后亦不合葬；先合葬者乃董鄂氏端敬后，后合葬者乃圣祖生母由妃尊为后之孝康后。

继后孝惠后别葬，谓之孝东陵。世宗（胤禛）亦唯一后合葬。高宗（弘历）生母孝圣后者，崩于乾隆四十二年，高宗亦不为合葬，别起泰东陵。仁宗（颙琰）第二后孝和后，又别起昌西陵，不合葬。宣宗（旻宁）则第四后孝静后，别起慕东陵。文宗（奕詝）则第一后未即位以前崩之孝德后合葬。第二后孝贞后，即同治初垂帘之慈安太后，则别起定东陵；穆宗（载淳）生母由贵妃尊为后之孝钦后（那拉氏），又并葬定东陵，皆不合葬。凡此皆以意择定，何独强孝庄不能以遗言自指葬所？此昭西陵虽清代无他例可援，亦不能定为下嫁之证。况列帝之后皆有此例乎？

清代历朝后妃何以有人可以祔葬皇帝陵内，何以有人就要别葬？官书里并没有明文记载，但是，我们从后妃的卒年当中可以得出一条规律，那就是她们如果死在皇帝之前，或是死于皇帝已故而尚未安葬之时，则可以祔葬于皇帝的陵内；若死于皇帝安葬之后，那就断无祔葬之可能。孟森所举的孝惠、孝圣、孝和、孝静、孝贞、孝钦诸后的别葬，决非“以意择定”，而是她们都死在各自的皇帝已经安葬了若干年之后，所以不得不分别葬于本皇帝之陵侧。然而有一点却是共同的，那就是无论东陵或西陵，她们都是葬于陵园“风水墙”之内，与孝庄后别葬在“风水墙”之外迥然有别。孟森可能没有到过清东陵，因此他把孝庄的别葬与其他皇后的别葬混为一谈了。

孟森说：“何独强孝庄不能以遗言自指葬所？”孝庄的遗言是什么？我们不妨把它摘引出来，分析一下：

康熙二十六年丁卯（1687）十二月壬申（二十八），谕大学士、内务府总管等，太皇太后疾大渐时，谕朕曰：太宗文皇帝梓宫安奉已久，不可为我轻动。我心恋汝皇父及汝，不忍远去，务于孝陵近地，择吉安厝，则我心无憾矣。谆谆降旨，朕何敢违？伏思慈宁宫之东，新建宫五间，太皇太后在日，屡曾向朕称善，乃未及久居，遽尔遐升，今于孝陵近地，择吉修建“暂安奉殿”，即将此宫拆运所择吉处，毋致缺损。着拣选部院贤能官员前往，敬谨料理。

天气甚寒，务期基址坚固，工程完备。尔等即传谕行。(《清圣祖实录》卷一百三十二)

孝庄死于康熙二十六年（1687）十二月二十五日，玄烨当即颁布了她的遗诏，其中并未提到葬地问题，何以三天以后，忽又转述了孝庄关于埋葬自己的遗言？按常例孝庄死后应安葬在皇太极的昭陵附近，方近情理。但是，她为什么不这样做，反而指定要靠近孝陵，难道真的是为了心恋其子福临和其孙玄烨吗？既然要安置于孝陵近地，为什么不立即大葬而要浮厝，浮厝岂是长久之计？为什么好端端的一座宫殿偏要拆往遵化？难道孝庄“屡曾称善”的宫殿就非拆运陵地不可，不然就不算尽孝了吗？为什么不能照原式样重建一座呢？蛛丝马迹表明，所谓“遗言”并非真实情况，其中必有难言之隐，极有可能是玄烨虚构出来的官样文章。据东陵附近的故老相传，当年浮厝孝庄灵柩的宫殿里，都刻满了太后下嫁时的百官贺词，琳琅满墙。果真如此，那么玄烨拆迁宫殿的意图就很清楚的了。他必然是觉得刻满太后大婚贺词的宫殿，对清王朝来说太不体面，把它拆迁陵地，既尽了孝道又从宫中消除这一不光彩的痕迹。

最近翻阅《朝鲜李朝实录》，发现有关于孝庄死后情况的记载，对说明这一问题似可有所补充，亟录于下：

朝鲜肃宗十四年戊辰（清康熙二十七年，1688）正月甲申（初十)，清国太皇太后死，传讣敕使出来。

四月甲辰（初二)，冬至使东平君杭等回还。上引见，问彼中事。副使任相元曰：“太极‘挞子’叛逆，域中不安，故太后之死，秘不发丧。而太极‘（挞）子’虽叛，不至于两军交锋，则似不必以此秘丧，而所闻则如是。”(《朝鲜李朝实录中的中国史料》下编卷四，中华书局版)

以常规而论，太皇太后之丧应宣告中外，全国举哀，方合体制。何以因噶尔丹入侵喀尔喀，就秘不发丧呢？正如朝鲜使臣所说，噶尔丹虽叛，

"不至于两军交锋，则似不必以此秘丧"，他们也窥测出这是危言耸听，故意制造紧张局势。

从《清圣祖实录》《清史稿》等书上可以看出，自孝庄病危到她死后这一阶段，玄烨对他这位祖母克尽孝道，做到了无以复加的地步。孝庄病时，玄烨亲侍汤药，昼夜不离并且"步祷南郊，愿减算益慈寿"；孝庄死后的三天当中，玄烨到灵前每天痛哭三次，四天以后每天去痛哭两次，说他"居庐席地，毁瘠过甚，至昏晕呕血"。玄烨对扶保他登基做皇帝，维护其政权的祖母，确实以实际行动感恩戴德。他完全按照汉族封建礼教的规矩办事，而且严格遵守，可见入关后四十余年的清王朝已经逐渐汉化了。正是由于清王朝逐渐汉化的缘故，玄烨越发感到祖母当年的下嫁是一件既不文明也不光彩的事，所以采取秘不发丧、宫殿拆迁、灵柩浮厝等措施，就绝非偶然的了。

孝庄的灵柩浮厝于"暂安奉殿"近四十年，这在清代历史上是罕见的。看来，孝庄究竟葬于何地的问题，清王朝长期悬而未决。直到她的曾孙雍正皇帝（胤禛）登基之后，才决定就地造陵大葬。孝庄后的灵柩下葬于雍正三年（1725）十二月初十。胤禛对待他这位曾祖母的安葬并未亲临祭奠，而只派了诚亲王允祉行礼如仪（见《清世宗实录》卷三十九）。昭西陵的碑文上说："念太宗之山陵已久，卑不动尊；惟世祖之兆域非遥，母宜从子。"既然"母宜从子"，为什么不安置在孝陵的陵园之内，而偏偏建造于"风水墙"之外呢？颇难自圆其说。

其实，孝庄下嫁，本不为奇。满洲入关以前的社会性质虽然已由奴隶制迅速向封建制过渡，但很早以前女真人的落后习俗，如弟娶兄妻、妻姑侄媳的一些群婚制的残余，延续到入关初年。据初修《太宗实录》，天聪时曾禁止婚娶继母伯母婶母嫂弟妇侄妇，谕曰："明与朝鲜，礼义之国，同族从不婚娶。"今《太宗实录》已删此条（转引自《陈垣学术论文集·汤若望与木陈忞》，中华书局版）。又顺治十七年（1660）六月，内大臣伯索尼上言："外藩法令宜宽，外藩蒙古皆令遵内定法例，不许再醮同族之人为婚。太宗皇帝初定例时，因彼不能遵行，遂行停止。今如必令遵行定例，恐男女之间，反滋悖乱。请仍照旧例，以示宽容。”（王先谦《顺治朝东华录》卷七）说明此事在清初是不重视的。

恩格斯说过：“中世纪……对于骑士或男爵，以及对于王公本身，结婚是一种政治的行为，是一种借新的联姻来扩大自己势力的机会；起决定作用的是家世的利益，而决不是个人的意愿。”（《马克思恩格斯选集》第四卷，人民出版社版）孝庄实为当时皇室重要人物，下嫁多尔衮出自政治需要，完全可能，但清王朝对此却一直避而不谈。我们从昭西陵的安置上发现了破绽，反而印证出太后下嫁这件事可以相信确有其事。

（原刊于《学林漫录》第九集）

《聊斋志异》中关于清兵在山东屠杀的史事

《聊斋志异》是一部小说，而且大多是谈鬼狐的故事，所以很少有人去注意其中关于史事的记载。50 年代以来陆续出现了稿本和抄本，经过校勘，发现有全篇为刻本删去，有的字句被删改，那些删掉的篇章和改掉的字句很多和清兵屠杀掠虏的史事有关，颇值得研究。

扬州十日、嘉定三屠，因为有记载流传，所以为人所共知；至于清兵在山东屠杀的情形，则在流传记载中不易见到，所以不十分为人注意。兹从《聊斋志异》中找到的，有下面几处屠杀山东人民的记载。

一、在济南：

《聊斋志异　鬼隶》一则说：

> 历城二隶，奉邑宰韩丞宣命，营干他郡，岁暮方归。途中遇二人，服装亦类公役，同行半日，近与话言。二人自称郡役，隶曰："济城快皂，相识者十有八九，二君殊昧生平。"其人云："实相告：我乃城隍之鬼隶也。今将以公文投东岳。"隶问："函中何事？"答曰："济南大劫，所报者杀人之名数也。"惊问其数，曰："亦不甚悉，恐近百万。"隶益骇，因问其期，答以"正朔"。二隶相顾，计到郡则岁已除，恐罹于难；迟之惧贻谴责。鬼曰："违误限期罪小，入逢劫数祸大。宜他避，姑无往。"隶从之，各趋歧路遁归。无何，北兵大至，屠济南，扛尸百万。二人亡匿得免。（《聊斋志异》二十四卷抄本，卷十八）

清兵屠济南杀人一百万，这是多么大的一个数目，清代官书不见记载，幸有《聊斋志异》这一则借鬼话说历史的记载，可以和它书所载互相印证。但是在《聊斋志异》的刻本中却删去了这一则。另一方面可以作证明的是《国榷》，因以前只有抄本，这一记载被人所忽略，达三百余年之久。

谈迁在《国榷》中说：

> 崇祯十二年（1639）正月，庚申建虏陷济南……巡按御史宋学朱、左布政使张秉文、应城知县韩承宣……俱死之。……德王由枢被执，诸郡王并见杀。济南獘掠一空。（《国榷》卷九十六）

又说：

> 戊辰，命云南御史郭景昌巡按山东，及核失事情形，景昌至，瘗济南城中积尸十三万余。（《国榷》卷九十七）

《国榷》所载被杀的数目只有蒲松龄所记的十分之一强，也许更接近事实，因为一百万似乎有所夸大，或许是加上济南附近州县被杀的人数，辗转流传，加以渲染的缘故。《聊斋志异·韩方》一则说：

> 明季，济郡以北数州县，邪疫大作，比户皆然。齐东有农民韩方，性至孝。其父母皆病，因具楮帛，哭祷于孤石大夫之庙。归途零涕。遇一人衣冠清洁，问："何悲也？"韩具以告。……其人曰："实告子：我非人也。巡环使者以我诚笃，俾为南县土地。……目前岳帝举枉死之鬼，其有功人民，或正直不作邪祟者，以城隍、土地用。今日殃人者，皆郡城中北兵所杀之鬼，急欲赴都自投，故沿途索赂，以谋口食耳。"（《聊斋志异》二十四卷抄本，卷二十四）

这一段话说明清兵在济南附近各州县杀人也很多，所以如果不专指济南一城，则应当达到数十万的数目，虽无百万也差不多。

蒋良骐《东华录》也记载了清军分左右两翼南下，克城数十座，俘虏人口数十万的情况。

二、在栖霞、莱阳：

明朝未亡之前，清兵进入中原屠杀虏掠，目的在于破坏。甲申之后，清王朝占领关内，依然免不了屠杀虏掠，一是军队纪律不好；二是镇压反抗，起威胁作用。扬州、嘉定的被屠，均属于这一类。甲申后，清兵在山东的屠杀何曾比江南减轻？《聊斋志异·公孙九娘》一则说：

> 于七一案，连坐被诛者，栖霞、莱阳两县最多。一日俘数百人，尽戮于演武场中。碧血满地，白骨撑天。上官慈悲，捐给棺木，济城工肆，材木一空。以故伏刑东鬼，多葬南郊。（《聊斋志异》二十四卷抄本，卷八）

于七起事，在顺治十八年（1661）。这年十月，清廷“命都统济席哈为靖东将军，统领满汉官兵，征剿山东叛贼于七”。到次年五月，“荡平山东贼寇，班师”（王先谦《康熙东华录》卷一）。清朝称为“叛贼”的，就是反抗清兵的义兵，至于要派都统领兵去讨伐，经过七个多月之久，战役才结束，足见是一场声势很大的武装反清运动。清兵借机屠杀人民，决不限于在演武场中诛戮的数百人。《聊斋志异·野狗》一则说.

> 于七之乱，杀人如麻。乡民李化龙，自山中窜归。值大兵宵进，恐罹炎昆之祸，急无所匿，僵卧于死人之丛，诈作尸。（《聊斋志异》二十四卷抄本，卷二）

蒲松龄用“杀人如麻”一句话概括，并没有数目，而且接在“于七之乱”句下，不去细看，一定认为是于七杀的，所以刻本中此则未删，李化龙“恐罹炎昆”意即恐不辨是起义兵或是普通老百姓而一起杀掉。清兵（蒲氏称为大兵）夜里进军，沿途还是杀人，李化龙藏身死尸堆里，才得以躲过杀戮，这是何等的残暴。

《公孙九娘》一则中说：

初，九娘母子原解赴都。至郡，母不堪困苦死，九娘亦自刭死。（《聊斋志异》二十四卷抄本，卷八）

可见清兵并不只杀人，还要抢掠人。《公孙九娘》是一则鬼故事。说莱阳生在济南遇见在于七一案中被杀的文字之交朱生鬼魂，朱生想娶莱阳生的甥女为妻，求他作媒。

生有甥女早失恃，遗生鞠养。十五岁始归其家。俘至济南，闻父被刑，惊恸而卒。（同上）

又是一则滥杀人滥掠人的典型事例。

莱阳生"问九娘，'此村何名？'曰：'莱霞里。里中多两处新鬼，因以为名。"（同上）

鬼住的地方何能有里名？蒲氏说地下两县的鬼居竟成新里，以表示两县被杀的人多。

《聊斋志异·野狗》一则中吕湛恩注曰：顺治十八年（1661）秋，栖霞于七倡乱，据岠嵎山。发禁旅剿除之，始平。（《聊斋志异》会校会注会评本，卷一）岠嵎山"在栖霞县东北二十里"（《读史方舆纪要》卷三十六）。

于七这一场反抗斗争，蒲氏说清兵杀人以栖霞、莱阳两县为多，仅从《山东通志》中可以看出其余的县也并不少。《山东通志·兵防志》说：

（顺治）五年（1648）栖霞民于七集亡命于踞齿山中。七年（1650）攻宁海，知州刘文淇死之。……登州知府授权于七为栖霞把总，令其擒贼自效。人多畏其强御，折节与交，故事后颇有株累者。

"故事后颇有株累者"，已透露出因受于七连累而被杀的人很多了。《山东通志·兵防志》又说：

有旨命靖东将军济席哈率舒穆禄、图喇等，及总督祖泽溥统兵令剿。济席哈抵莱阳，图喇领兵七百，疾驰至栖霞，获城中从贼者三百余人，因趋鳌山。贼闻风逸去。十二月朔，大军云集，列营山下，七负嵎撑拒，凡两月余。康熙元年（1662）春，七溃围窜走。尹应和、尹秉等俱擒斩。其屯于昆仑、招虎诸山者，副将刘进宝以次捕治之。（《山东通志》卷七十四）

从“获城中从贼者三百余人”一句话，就可以想到其中一定许多是被连累的人，那时于七在岠嵎山中，城中纵然有几个做联络工作的人，岂能有三百多同党？这是清兵滥杀人的明显例证。《通志》虽是官书，也掩盖不住清兵的滥杀和扰害人民。

三、在淄川：

《聊斋志异》中谈到山东遭受清兵屠杀的地方，除济南、栖霞、莱阳之外，还有蒲松龄的原籍淄川。《聊斋志异·鬼哭》一则即将清兵屠戮淄川的情况，借着说鬼透露出来，其中没有提清兵一个字，又称呼谢迁为“盗”，所以在刻本中未被删掉，不过刻本却改题为《宅妖》。《鬼哭》一则说：

谢迁之变，宦第皆为贼窟。王学使七襄之宅，盗聚尤众。城破兵入，扫荡群丑，尸填阶墀，血至盈门而流。公入城，扛尸涤血而居。往往白昼见鬼；夜则床下磷飞，墙角鬼哭。一日，王生皞迪寄宿公家，闻床底小声连呼：“皞迪！皞迪！”已而声渐大，曰：“我死得苦！”因哭，满庭皆哭。公闻，杖而入，大言曰：“汝不识我王学院耶？”但闻百声嗤嗤，笑之以鼻。（《聊斋志异》二十四卷抄本，卷一）

只王七襄住宅一处，已然“尸填阶墀，血至盈门而流”，合计全城应当有很多人被杀。这一则中的吕湛恩注说谢迁“高苑人，顺治三年

（1646）叛”（《聊斋志异》会校会注会评本，卷一）。谢迁想是反抗清兵而起义的人，可惜不知他详细的经历。既然“城破兵入，扫荡群丑”，岂不是见人就杀？蒲氏只说鬼哭“死得苦”，足以表明清兵的滥杀了。

《山东通志·职官志》说：

> （武振华）顺治二年（1645）任高苑……三年（1646）冬，土寇谢迁率众围城，振华登陴据守，外援不至，城陷，死之。（《山东通志》卷七十七）

谢迁是顺治三年（1646）冬天从高苑起兵，共破四个县，到顺治四年（1647）才失败，这是一个规模相当大的反清运动，失败后被杀的人民，应当不在少数。

《鬼哭》一则后有异史氏的评论，他说：

> 当陷城之时，王公势正烜赫，闻声者皆股栗；而鬼却揶揄之。（《聊斋志异》二十四卷抄本，卷一）

蒲氏说的“陷城之时”和前面说的“城破兵入”，都是指清兵攻入淄川。照传统史学的“书法”讲，明明是“内明外清”，以谢迁为反清复明的义兵，以清兵为敌人。依据吕湛恩的注，王七襄是明臣降清。清兵入城，王氏有势力，而鬼揶揄他，即是蒲氏借着说鬼反对降清的表示。

（原刊于《文史知识》1990年第10期）

我国最大的一部丛书《四库全书》

在18世纪中叶，我国编成了一部卷帙最多的丛书《四库全书》，就其内容之广和篇幅之大来说，当时不仅在中国而且在全世界，都是空前的。

《四库全书》是清代乾隆皇帝于1773年命他的臣下编纂的，经十年始成。它所收集的书都是整部的，并且按照书籍的性质进行分类，所以和历代官修的类书或诗文总集不同。按其形式来说，它是一部综合性的大丛书。

为什么叫《四库全书》呢？这同我国古代的书籍分类法有关。我国唐代初年设立的集贤书院等皇家图书馆，其图书均按经部（儒家的经典著作）、史部（记载历史的书）、子部（各种学说和知识技能的书）、集部（学者的诗文集等）分四库贮藏，名为“四库书”。《四库全书》沿用这种四部分类法；又因所收录的图书，包括了各方面的知识和许多学术流派，比较完备，所以命名为《四库全书》。

《四库全书》一共抄写了七部，分别贮藏在北京宫内的文渊阁、北京海淀圆明园内的文源阁、奉天（今辽宁沈阳市）故宫的文溯阁、热河（今河北承德市）避暑山庄的文津阁、镇江金山寺的文宗阁、扬州大观堂的文汇阁、杭州西湖圣因寺行宫的文澜阁。前四阁称为北四阁，也叫做内廷四阁；后三阁称为南三阁，也叫做江浙三阁。

全书都是恭楷写本，有些书内还绘有精致的插图。书的装帧全部是绢面仿蝶装，美观大方。绢面颜色因书的类别而异。北四阁书，经部是茶青色，史部是红色，子部是蓝色，集部是灰色。南三阁：文宗阁和文汇阁的书是经部绿色，史部红色，子部玉色，集部藕合色；文澜阁书是经部葵绿色，史部红色，子部月白色，集部黑灰色。每册书的首页和末页尾，都盖有乾隆皇帝的玺印，每阁一式，各不相同。

《四库全书》为什么不刻印而全部抄录呢？因著录的各书原本大小不一，如用木刻，既耽搁时间又费钱；如用手抄，不但省时节费，便于更改原书，而且书的大小规格划一，分签插架也显得完整美观。

一部《四库全书》究竟收录了多少书籍？由于七阁的实际收藏数与书目上的著录数不一致，七部抄成的时间不一，抽补散失等情况各异，所以它们的总数也各不相同。我们就以文津阁本来说，新中国成立后，经过重新查点，它共收书三千五百零三种、七万九千三百三十七卷、三万六千三百零四册。修成容量这样大而装潢又如此富丽的七部《四库全书》，所用的人力是惊人的。根据现在所能看到的资料记载，前后共有四千多人参加工作，其中抄写人员就有三千八百多人。

乾隆皇帝为什么要编纂《四库全书》呢？首先，他利用纂修全书的机会，对历代图书作一次全面的审查、评论和总结。他从维护清王朝统治出发，以宣扬封建教化为宗旨，寓禁于征，对不利于其统治的著作，多实施抽毁或窜改，以至排斥不录，以消除反抗清朝的民族思想。其次，他利用纂修全书以宣扬清朝是文治的盛世。

《四库全书》所包括的知识范围，在当时说来是非常广泛的。它收录了我国有文字以来各代人的著作。但是对当时还活着的人的著作，除皇帝的“御制”和官修书外，都不收录。

全书收录的外国人著作中，有朝鲜人佚名作者的《朝鲜志》，安南（今越南）人黎崱的《安南志略》，日本人山井鼎的《七经孟子考文补遗》，印度人瞿昙悉达的《唐开元占经》等。明清之际来华传教的欧洲人的译著，全书收录的多是自然科学方面的书籍，如意大利人利玛窦的《乾坤体义》和他同中国学者徐光启合译的《几何原本》，葡萄牙人阳玛诺的《天问略》，意大利人熊三拔的《泰西水法》等；但对他们传来的天主教经典都没有收录。

尽管《四库全书》存在着不少错误和缺漏的地方，但它在整理和保存我国古代文化遗产方面，确实是做了一件大好事。我们对《四库全书》本身的价值，应该有足够的估计；对乾隆皇帝作为编纂全书的主要组织者的作用，也应适当加以肯定。

《四库全书》七部，到目前为止，文汇阁本和文宗阁本于太平天国革命战争时期（1851—1864年）在战火中被毁；文源阁本于1860年英法联军入侵北京时被焚；文澜阁本曾遭散失，后经补抄得全，现藏杭州浙江图书馆；文渊阁本于1948年被运往台湾省，现存台北市；文溯阁本几经迁移，现藏兰州甘肃省图书馆；文津阁本现藏北京图书馆，是七部中保存最完整的一部。

在清代，内廷四阁的全书，老百姓无从得见；而江浙三阁的全书，则对外开放，允许读书人入内阅览、抄写和校对书籍。有些人传抄或校对之后，便大量刻为丛书。

辛亥革命以后，商务印书馆曾多次倡印《四库全书》。1916年，上海有消息说，英籍富商哈同计划印行《四库全书》。素有爱国思想和民族思想的商务印书馆编译所所长张元济，认为全书是我国文化宝藏，不宜由外资印行，于是声明商务印书馆愿意把印行《四库全书》一事引为己任，但由于没有得到当时政府教育部的支持而作罢。1920年，北洋政府与商务印书馆商议影印文津阁本，张元济估计成书百部，就需要二三百万元，非一二十年不能告成，而且纸张也成问题，因此不敢冒昧承办。1924年，商务印书馆发起缩小版本影印，事已谈妥，嗣因北洋军阀曹锟的亲信李彦青向商务索贿，遭到张元济断然拒绝而中止。1925年夏，继续会商，书已待运，因军阀混战又复停顿。1928年夏，张学良要印文溯阁本，也未成功。及至1933年，国民党教育部又有选印《四库全书》珍本和委托商务印书馆影印的提议，经过双方会商，最后达成了协议。所谓珍本，就是在全书中被认为确实罕见而又没有更好的版本可以代替的本子。经过多次研究，最后选定二百三十一种，凡经部六十一、史部十九、子部三十四、集部一百一十七，分订一千九百六十册，印成一千部，从1934年7月至1935年7月分四次出版。中外学人所期待的影印《四库全书珍本》，到这时才得与读者见面，真是“千呼万唤始出来”。

截至目前为止，台湾商务印书馆继续出版了《四库全书珍本》二至十二集和别辑，共一千六百四十七种。影印《四库全书》是一件极其艰巨的工作，如果海峡两岸的商务印书馆携起手来共同进行，则完成之日可待，其对继承和发扬我中华民族文化一定会作出更多的有益的贡献。

游东陵　话史事

关于《清史稿》的一段记载

最近清东陵开放，得有机会去参观，使我改变了过去对东陵的一些看法。清东陵在1928年发生了军阀孙殿英盗宝的事件，我当时想象中的清东陵一定是断瓦颓垣，废墟一片，地宫里也是狼藉错乱，破坏得不成样子。虽经满清宗室、遗老跑去所谓处理善后，恐怕千疮百孔，修复也是极难了。偶然听到去过清陵的人说，那里的建筑和明十三陵一样，并没有什么特殊的地方，因此游兴一直不高。最近读了《光明日报》发表的介绍文章并亲临其境，感到并非如我想象的那样，而是有其特点，很值得一游。

清东陵的概况，《光明日报》的《文物与考古》副刊已有专文介绍，现仅就某些与史事有关者略述于下：

当汽车一进入昌瑞山的陵区，首先看到的是顺治皇帝福临的孝陵全貌。其石人、石兽完全仿自明陵，石兽也是距离孝陵近则立远则卧，唯文臣、武将都是满清官服。孝陵地面上的建筑物保存得比较完整，由于没有开放，所以只是车上远望而已。据《清史稿》记载，当年福临到遵化凤台山射猎，他“停辔四顾曰：‘此山王气葱郁，可为朕寿宫。’因自取佩韘（按：‘韘’应作‘鞢’，扳指也）掷之，谕侍臣曰：‘韘落处定为穴。’至是陵成，皆惊为吉壤”。这完全是封建统治阶级为了表现其“君权神授”，故意编造出来一套骗人的鬼话。从此，大量土地为其兼并，多少人家流离失所，劳动人民因建造陵寝劳累致死者不知凡几，对工程知情的工匠被埋入地下或另行杀害者又不知凡几，充分反映了反动统治者的狰狞面目。

昭西陵在“风水墙”之外

普陀峪定东陵的隆恩门内，悬挂着一幅清东陵各陵位置的示意图。从图上我们可以看到陵区全貌和原有的“风水墙”的状况。原来清东陵的外围有长达三十余里的围墙，名为“风水墙”。顺治皇帝福临的孝陵、康熙皇帝玄烨的景陵、乾隆皇帝弘历的裕陵、咸丰皇帝奕𬣞的定陵、同治皇帝载淳的惠陵，以及福临的孝惠皇后的孝东陵，奕𬣞的孝贞皇后（慈安）的普祥峪定东陵，那拉氏（慈禧）的普陀峪定东陵等都在“风水墙”之内。“风水墙”到了1949年以前只剩下半里之遥，所以我们对整个陵区的概况只能从示意图上来理解了。

从示意图上，我发现昭西陵原来在“风水墙”之外，这倒是一个引人思索的问题。昭西陵是清太宗皇太极的孝庄皇后的陵寝。孝庄是福临的生母，即相传下嫁多尔衮的那一个皇太后。南明抗清的张煌言（苍水）所谓“春官昨进新仪注，大礼恭逢太后婚”诗句即指此事。近人孟森（心史）著《清初三大疑案考实》，第一篇文章就对这一疑案持否定态度。有人曾以孝庄未葬皇太极的昭陵，而另葬于遵化，为其下嫁之旁证。孟森在这篇文章中则以孝东陵、定东陵为例，说明其他皇后也有未与皇帝合葬者，作为反驳理由之一。殊不知后妃若死在皇帝之前，将来可以合葬于皇帝陵寝之内，如死于皇帝安葬之后，则断无与皇帝合葬之可能。孝惠、慈安和那拉氏都是死于皇帝安葬之后，所以均各葬于其皇帝之陵侧，但没有葬于“风水墙”之外，与孝庄之另葬显然有区别。孟森没有实地勘察，把孝庄之另葬与其他皇后之另葬混为一谈，误也。及检《清史稿》发现关于孝庄之葬有如下记载：康熙二十六年（1687年）“初太皇太后病笃时，谕帝（玄烨）曰：太宗梓宫奉安已久，卑不动尊，未便合葬。若别营茔域，不免劳费。我心恋汝父子，不忍远去，必安厝遵化为宜”。孝庄死后，玄烨“命撤太后所居宫移建昌瑞山孝陵近地，号‘暂安奉殿’，二十七年（1688年）四月，奉太后梓宫诣昌瑞山。……雍正三年（1726年）十二月，世宗（胤禛）即其地起陵曰昭西陵”。看来，孝庄死后是否葬于昭陵之侧，这一问题清王朝犹豫未决，因此玄烨将其暂厝起来，一直等到她的曾孙雍正皇帝（胤禛）上台以后才决定就地造陵大葬，但距孝庄之死已近四十年，时间拖延如此之久，这在清代历史上是罕见的，蛛丝马迹足见其中必有难言之隐。其实，孝庄下嫁，本不为奇。恩格斯极为精辟地指出“中世纪……对于骑士或男爵，以及对于王公本身，结婚是一种政治的行为，是一种借新的联姻来扩大自己势力的机会，起决定作用的是家世的利益，而决不是个人的意愿”（《马克思恩格斯选集》第四卷，人民出版社版，七十四页）。孝庄实为当时皇室重要人物，下嫁多尔衮出自政治需要，完全可能，但清王朝对此却讳莫如深。我们从其陵寝的安置上发现了破绽，反而印证出下嫁的可能性更加大了。

风格独特而且满布雕刻

现在开放的乾隆皇帝弘历的裕陵地宫，是我国继明定陵之后发掘出来的又一座地下宫殿。这座地宫不仅风格独特，而且满布雕刻则是明定陵所没有的。这一豪华的建筑和整个清东陵的陵墓群，都是清王朝对人民残酷压榨和无情迫害的血腥罪证。我们看到地宫最后部分金券（即陈放棺椁的墓室）的两扇石门平放在地上，是被孙殿英炸毁的。石床上陈放着四具棺椁：三具并列在石床正中，另外一具则放在石床西侧。原来石床上共有六具棺椁（弘历一、后二、妃三），孙殿英盗宝时破坏得一塌糊涂，现在经过拼凑，修复起来只有四具了。《东陵于役日记》记载，当年清宗室、遗老去东陵料理善后，发现裕陵内有汉人装束的女尸一具，面目如生，为后为妃，疑莫能明。按弘历的孝仪皇后，嘉庆皇帝颙琰的生母，《清史稿》说：“后家魏氏，本汉军，抬入满洲旗，改魏佳氏。”此系汉人之明证。因为清代制度不许汉女入宫，说孝仪汉军，也是作伪。地宫发现的无疑是孝仪的尸体，经过一百五十多年，何以不腐？据说是采用了宋李宸妃的方法灌了水银的关系。所谓严禁汉女入宫，不过是欺人之谈。如弘历的生母孝圣皇后也是汉人，本张姓，王闿运《今列女传》记之甚详。相传弘历本人是海宁陈氏子，即由此而讹者。福临又何尝恪遵“制度”呢？他派人买扬州女子（实际上是抢掠），季振宜之兄季开生为此谏阻，几置之法，流放到尚阳堡，结果被人打死（见邓之诚《清诗纪事初编》五一二）。凡此种种都反映出封建统治者荒淫残暴的阶级本性。

虽然和明定陵一样，裕陵的地宫也是位于明楼的正后部，但它距离明楼很近，距离地面较浅，所以不必像明定陵要从明楼后边另外开辟平道，新建地宫入口，而明楼本身就作为了地宫入口的地方。当我们从明楼向下走入地宫时，发现平形石阶潮湿得很，这可能是地下水位高的关系，因此地宫也就不可能深建。我联想到，地宫出水在清代官书上是有例子的：旻宁的孝穆皇后的陵寝，原葬易县清西陵的宝华峪，后因地宫渗水改建在龙泉峪，亦即后来旻宁的慕陵。

那拉氏的本质于此可见

参观了那拉氏（慈禧）的普陀峪定东陵，使我对两个定东陵才有所了解。过去读《清史稿》，读至孝贞（慈安）“葬定陵东普祥峪，曰定东陵”，那拉氏（慈禧）“葬定陵东普陀峪，曰定东陵”。定东陵到底一个还是两个，迷惑不解。这也就无怪孟森在其《清初三大疑案考实》中误认为慈安与那拉氏并葬于一起了。及至实地去观察，才理解慈安的陵与那拉氏的陵是紧邻，从地面上来看，两所宫殿如同两个院落并排在一起，其间仅一条长夹道之隔。所谓普祥峪、普陀峪，不过是清王朝给它们起的名字，因为两者都在定陵之东，所以都称之为“定东陵”。普陀峪定东陵地面上的建筑物不但普祥峪定东陵不及其远甚，就连清宫也为之逊色。经过那拉氏再度重建的隆恩殿和东西配殿，殿内四围墙壁都是砖雕卍字不到头的贴金图案，殿前月台周围的汉白玉石栏杆都有精细的雕刻，奢侈豪华已到了无以复加的地步。这就更加暴露了那拉氏穷奢极欲祸国殃民的反动本质。

按清代各陵均有“圣德神功碑”亭，立本陵所葬帝后之“圣德神功碑”，从福临以至颙琰，历代未改。清王朝制度，凡后世皇帝有失尺地寸土者，不得立“圣德神功碑”。旻宁以1840年鸦片战争失败，五口通商视同失地，所以他的慕陵（在清西陵）没有立碑。据文献所载，奕詝的定陵亦复如此，载淳的惠陵也未立碑，盖不能僭越其祖也。因为时间很紧，我们来不及游定陵和惠陵，两处有无此碑，未能得以印证。

清东陵一座座帝后的陵寝都是我国历史上劳动人民智慧和血汗的结晶，1949年以前屡遭洗劫，绝大部分陵寝被盗空。1949年以后，在中国共产党和政府的关怀、保护下，它逐渐得到修复，现正在接待着日益增多的观众，成为进行阶级教育和历史唯物主义教育的很有意义的地方。

1978年5月于北京

（原刊于香港《新晚报》1978年7月2日）

慕陵——一座拆了又建的陵墓

易县的清西陵开放了。如有机会参观西陵，慕陵是值得一游的。慕陵，是宣宗道光皇帝旻宁的陵墓。这个以“俭朴”自我标榜的旻宁，营造自己的陵寝，却两拆一建，极尽骄奢淫侈之能事。

据说，在旻宁统治的年代里，文武官员的补褂靴帽，凡是穿戴旧的，他就夸为“清官”、“廉吏”，不然就断定是贪官。因此，一时估衣铺的朝服奇货可居，售价腾贵，崭新的官衣反而其价甚廉，无人问津。其昏庸腐败，可见一斑。

就是这个旻宁，他的陵寝原先是建造在遵化县清东陵境内，经过数十万民工的辛勤劳动，花了七年的时间才完工。但是，旻宁竟以地宫渗水为借口，硬把修好的陵园全部拆毁，迁建于清西陵。

按清代各陵都有“圣德神功碑”，碑面用满、汉两种文字镌刻死者一生的所谓“功德”。从顺治皇帝福临到嘉庆皇帝颙琰，都是如此。清王朝的制度，凡后世皇帝有失尺地寸土者，不得立“圣德神功碑”。旻宁，因为1840年鸦片战争失败，五口通商视同失地，所以他的慕陵没有立“神功圣德碑”。可是，他的子孙却在他的陵前特立石碑一统，大书特书旻宁如何“俭朴”。真是一篇自我讽刺的妙文。

据文献记载，咸丰皇帝奕詝的定陵、同治皇帝载淳的惠陵也未立“圣德神功碑”。不知光绪皇帝载湉的崇陵是否立碑，游西陵者不妨实地来一番印证。

清代经学大师俞曲园

提起俞曲园，不仅为我国文史学界人所共知，就连日本以及东南亚各国的汉学家也是十分熟悉的。他的学术成就在远东有很大的影响。现在来中国访问的日本等国的不少旅客，到了苏州总要买一份俞曲园为寒山寺写的唐人张继《枫桥夜泊》诗碑的拓片，带回去留作纪念。

俞曲园（1821—1907），名樾，字荫甫。原籍浙江湖州府德清县，四岁时因为在家乡找不到合适的塾师，就迁居杭州府仁和县的临平镇外祖父家就读。

“曲园”之名来源于他本人所建筑的园林。光绪初年，俞氏的住家建于苏州马医科巷。在他住房的西侧，春在堂的北面，由于地面为厓形，颇似“曲”字的篆体，所以他就把这地方叫做“曲园”。池畔有亭，名“曲水亭”，取《兰亭序》“流觞曲水”之义，三面临水，对面为“回峰阁”。亭南侧是假山，有两条小路，上有平台可资憩坐。“曲园”面积不大，但是布局颇佳。从此，俞樾就以“曲园”作为自己的别号。

曲园三十岁（道光三十年，即1850年）成进士。当时的复试阅卷官是曾国藩。作诗的试题是“澹烟疏雨落花天”。曲园作诗的第一句为：“花落春仍在”，曾国藩一见大为欣赏，说他“咏落花而无衰飒意”，于是评为第一，钦点庶吉士。这是曲园受知于曾国藩的开始。后来，曲园就取这句诗中的“春在”两个字，作为自己的堂名，并题他的著作总集，称为《春在堂全书》以为纪念。

俞曲园被授以翰林院编修后，没有几年就简放到河南做学政。曲园任学政期间，发生过试题割裂的事件，因此被罢了官，永不叙用。事情是这样：所谓试题割裂，是考童生时出经书上的题目，往往力求隐僻，强截句读，割裂经文，在不应当连接的文字上连接，不应当断句的地方断句，纯属文字游戏。曲园考试童生正场所出的题目数则，其中一题是《王速出令反》，语出《孟子·梁惠王篇·齐人伐燕章》“王速出令，反其旄倪”句。曲园割下句“反”字连上句而成；又一题是《二三子何患乎无君我》，语出《孟子·梁惠王篇·滕文公问曰章》“二三子何患乎无君，我将去之”句。曲园割下句“我”字连上句而成。在当时看来，出这样的题目真是大胆，因为这两个题目可以曲解成为“王出令使造反”，“无君而有我”。若是在雍正、乾隆大兴文字狱的时代，这件事必然要招来横祸。尽管到了咸丰年间，文网渐疏，但是御史曹登庸还是参劾曲园试题割裂。本来要加重处刑，幸亏他的老师曾国藩极力保奏，说他素有心疾，这才免于处刑，以革职回原籍永不叙用了事。

咸丰八年（1858），三十八岁的俞曲园回到了南方，客居苏州，专心著述。这时，他读了高邮王氏父子的《经传释词》《读书杂志》《广雅疏证》《经义述闻》（世称“王氏四种”）等书，非常喜好，从而产生了研治经学的愿望。《群经平议》《诸子平议》的编写，就是从这时开始的。七年以后，在江苏巡抚李鸿章的推荐下，他担任了苏州紫阳书院教席。一时书院里极人文之盛，如吴大澂、张佩纶、陆润庠等都是他的学生。后来他接受了浙江巡抚马新贻的聘请，辞去紫阳书院教席，到杭州长期任诂经精舍的山长。诂经精舍是专门培养学术人才的学校，山长相当于校长。

曲园主持诂经精舍的同时，还兼管浙江书局。这时，正是清王朝镇压太平天国革命之后，典籍多遭焚毁，书版荡然。曲园建议江、浙、扬、鄂四个书局分刻《二十四史》，又由于浙江书局精刻子书二十二种，海内称为善本，曲园对此贡献很大。

曲园教学的方法是按照阮元（诂经精舍创建人）的遗规，以及孙星衍等（曾主持诂经精舍讲席）的治学传统，以汉儒许慎、郑玄为宗师，重训诂之学。他在课余之暇，专心著述，或与同年故旧门生酬唱，写文赋诗。

虽然曲园为晚清一代大家，重名教礼义，当时有人说他思想保守，但是我们翻阅他的《春在堂诗编》，其中有《告西士》及《咏古》两首长诗，颇多新奇见解。他推测未来科学发达，可登月球或飞游金星、水星。在人造卫星尚未出现的时代，有此遐想，足见其思想之活跃，眼光之独到。

曲园在学术上的贡献是多方面的。他治经、子、小学，主要是继承高邮王念孙、王引之父子这一学派，大要在正句读、审字义、通古文假借，并分析其特殊语文现象，有功于古典文献。《群经平议》《诸子平议》《古书疑义举例》就是他在这方面的代表作。高邮王氏父子是有清一代两位著名学者。王引之的《经义述闻》，自称闻之于他父亲王念孙，所以命名为“述闻”。其实，这是他们父子合作的成果，最大价值在于校勘和训诂方面，许多难读或前人误解的文句，读了它可以迎刃而解。王氏父子的理解深入细致，判断极其审慎，所以成为一代所宗。曲园的《群经平议》完全应用《经义述闻》的方法，继续有所发明，其学术价值梁启超评为“仅下《经义述闻》一等”①。《诸子平议》是校勘子书而带注释的一部很有成就的书，其所校为《管子》《晏子春秋》《老子》《墨子》《荀子》《列子》《庄子》《商子》《韩非子》《吕氏春秋》《董子春秋繁露》《贾子》《淮南内经》《扬子太玄经》《扬子法言》等十五种。这部书模仿王念孙的《读书杂志》，而并非蹈袭，乃是应用王氏的方法，补其所未及。他的校勘方法十分精慎，随校随释，妙解环生。这部书很可以同王念孙的《读书杂志》媲美。而《古书疑义举例》是我们读秦汉以前古书必须参考的一部著作。他发现许多古人说话行文用字的规律；又发现许多后人因误读古书而妄改或传钞错误以致失真的事例。此书前一部分内容谈古汉语的文法，后一部分则是讲校勘的方法。曲园的文章不拘宗派，自成一家，条达流畅，并不模仿古人，所以很有创新的意味。他喜欢作诗，而且清新可喜。他对小说、戏曲、通俗文学强调其教化作用，但是过去不大为人所注意。如《七侠五义》这部小说，就是曲园根据石玉昆的《三侠五义》加工润饰，改换书名，

① 见梁启超《中国近三百年学术史》，中华书局版，203 页。

在南方流行起来的。他所作笔记，搜罗甚富，包含有学术史、文学史的资料。他的全部著述汇编成集，叫做《春在堂全书》，共五百余卷。

曲园的书法也很有名，苏州很多游览胜地都能见到他的字迹，其中最为人们熟悉的，就是本文一开始提到的唐人张继《枫桥夜泊》诗碑。这块碑原为明代文征明所书，后来年久字迹漫漶，光绪三十二年(1906)，陈夔龙任江苏巡抚时，重修枫桥寒山寺，请曲园补书重刻于石。现在流传的这块碑的拓片，是正面的碑文，也就是曲园书写张继诗句的这一面，而碑的背面还有曲园写的附记，则未引起人们的注意，所以很少有人去拓它。现在照录于下：

> 唐张继《枫桥夜泊》诗①，脍炙人口，惟次句“江枫渔火”四字，颇有可疑。宋龚明之《中吴纪闻》作“江村渔火”，宋人旧籍可宝也。此诗宋王郇公曾写以刻石，今不可见。明文待诏所书亦漫漶，“江”下一字不可辨。筱石中丞②属余补书，姑从今本，然“江村”古本不可没也，因作一诗附刻以告观者：郇公旧墨久无存，待诏残碑不可扪。幸有《中吴纪闻》在，千金一字是“江村”。

曲园补书张继这首诗为其去世前三个月所写，弥足珍贵。

曲园的学术成就，在国外影响很大。日本学术界一向仰慕曲园，他们购置很多曲园的著作。不少日本学者曾经专程来华，拜他为师。曲园也选编过日本人作的中文诗，名为《东海投桃集》，收在《春在堂全集》之中。

光绪四年（1878），曲园的门人徐琪（花农）等人，集资建造“俞楼”于西湖六一泉西侧孤山之麓。又在孤山之阳凿一石室，把曲园刊行的全部著作藏在里边，署刻“曲园书藏”四个大字，朱漆石室之额。

---

① 唐张继《枫桥夜泊》诗：“月落乌啼霜满天，江枫渔火对愁眠。姑苏城外寒山寺，夜半钟声到客船。”

② 陈夔龙字筱石。

过了两年，曲园在杭州右台山构屋一区，命名为“右台仙馆”，并把自己著述的手稿封埋在仙馆门外，名叫“书冢”。在“右台仙馆”里设了两个位置，左边为曲园，右边是他的夫人。曲园曾与人说笑话：“焉能知道日后我们不是右台山中的土地公公和土地婆婆?”一时传为书林佳话。

曲园虽然在杭州任山长，西湖边还有他的“俞楼”，但是他一直喜欢住苏州，只有春秋两季在杭州讲学，如此连续了三十一年。直到戊戌年（光绪二十四年，即1898年），他的孙子俞阶青（陛云）中了探花，他才不再两地往返而专在苏州居住了。《春在堂全书》里的专著，大部分是在苏州写的。但曲园逝世后，仍然被安葬在杭州。曲园的有些事迹成了西湖史话的一部分，他的坟墓与西湖的景物不可分。可惜在“十年浩劫”中几乎遭到平夷之祸。

这里还需要一提的是曲园与章太炎的关系。曲园主持杭州诂经精舍三十一年，培养了不少学有造诣的弟子。章太炎就是他的高足。曲园颇知“洋务”，也不反对学生参加维新运动。但当事情涉及不仅要动清朝政治的皮毛，而且要动封建制度的根本的时候，他便受不住了，连经书的道理也不顾了。1901年，章太炎赴苏州东吴大学任教，顺便去拜见曲园。曲园知道章太炎参加反清的革命活动，便责以“不忠不孝”，宣布把章太炎革出教门。那个时代反封建、讲革命，要承受多大的压力，于此可见一斑。章太炎在政治上没有对曲园作任何妥协，他撰写《谢本师》① 以明志，宣布从此和曲园脱离师生关系，表明他坚持革命的决心。章太炎的毅然行动，得到一些正直学者的支持。与曲园齐名的著名经学家孙诒让便立即表示接受章太炎做学生。这则插曲，很能说明清末思想领域的分化程度。

章太炎对于曲园虽然政治上未予迁就，但是对他的学术评价却始终推崇备至。他在《说林》（下）有这样的话：“吾生所见凡有五第。研精故训而不支，博考事实而不乱，文理密察，发前修所未见，每下一

① 《谢本师》一文发表于1906年11月出版的《民报》第9号。

义，泰山不移，若德清俞先生、定海黄以周、瑞安孙诒让，此其上也。”把曲园列为经师之第一流。又如他的《俞先生传》，虽然其间也提到曲园的不足之处，但总起来看，仍然甚为敬佩。他的《谢本师》完全是从政治立场的不同而写，并非一概否定，及至民国初年章氏编订《太炎文录初编》时，这篇文章就没有收在里边了。

（原刊于《文史知识》1983 年第 3 期）

李慈铭的晚年生活

——读《郇学斋日记》

有人反对文学作品写身边琐事，其实如笔记随笔之类，本与小说不同，若是记述个人的见闻，当作资料，不怕琐屑，只要真实，不人云亦云，其价值就自然存在了。清代文人李慈铭就是以日记为著述的，上自朝章，中至学问，下迄相骂，都记录在日记之中。前人的许多正经著作会渐渐过时，或被废置，而有些笔记杂书却留存下来供人参考。李慈铭的《日记》仍然流传至今，其中主要原因之一，就是因为记得详细老实，把自己的名士性格都暴露出来了，引起读者的爱好。身边琐事之可写与不可写，在那里最是明了，这给与我们一个很好的参考。

李慈铭晚年的九本《郇学斋日记》被樊增祥隐藏了将近一个世纪，近年才被发现并影印出版。它是以前出版的《越缦堂日记》的继续，上起光绪十五年（1889，己丑），下讫光绪二十年（1894，甲午），正是他六十岁以后，在北京官监察御史之时，其中所记自论学述文，勤录邸报而外，对于日常生活，丰啬悲欢，供给应酬，无不详细著录，充分反映了当时中上层士大夫的日常生活和社会活动状况，诚如胡适所说："看李慈铭《日记》，更觉得此书价值之高。他的读书札记大部分是好的。他记时事，也有许多地方可补历史。"

李慈铭在《日记》里记载年事是很多的，何时作为年事活动的开头呢？应该说，煮腊八粥是忙年的开头，老北京管它叫做"送信的腊八粥"。光绪十六年十二月初八，樊增祥的夫人亲手做好腊八粥装了一盆，派人送给李慈铭，接着李慈铭也派人送了"腊八粥一小瓯"，作为回敬。

分馈亲友的腊八粥，量都不大，仅供一啜而已，而且送到时间不得过午。按习俗来讲，到了二月二“龙抬头”，才算年事的结束。

光绪十七年正月二十八日，已是年事阑珊，而李慈铭仍然受朋友的约请去吃春酒，这是“过年”的余波。可见昔时所说的“过年”，从腊八到二月二，陆陆续续有两个月之久。

李慈铭在北京官监察御史的同时，还任天津问津书院（即北学海堂）的山长，兼领分设的三取书院。他在《日记》中记他的束脩是这样：

> 春季脩脯等银二百四十一两。闰月脩脯二十二金
> 夏季脩脯并春夏岁修凉棚等银三百四十三两。
> 五月节敬十六两。
> 秋季束脩等银二百四十八两。
> 八月节敬十六两。
> 冬季脩金等二百七十一两。
> 年敬十六两。

合计一年有一千一百余两。这也可以考见当时书院山长的束脩程度。李氏官监察御史，每年的俸禄收入远不如束脩的五分之一。此外，还有一些馈赠也不过二百余两。总起来说，俸禄、束脩加馈赠钱，一年总收入约有一千五百余两。

> 粥一器见诒。作书，报以腊八粥一小瓯。
> 光绪十七年正月二十八日记：
> 午赴莘伯之饮，坐惟漱翁、子培及其馆客卢明经，肴馔颇精，烧肉及鱼翅尤佳。傍晚归。

这两条日记中间，相隔一个月又二十天的时间，开头是腊月初八，后面是正月二十八，说明到了正月底，新春饭宴，请吃春酒，尚时有举行者。这是“过年”的余波，一直拖拖拉拉，到二月二“龙抬头”那天为止。可见昔时所说“过年”，差不多年前、年后，陆陆续续有两个月的时间。

从气氛上讲，过年大概要表现在忙乱、欢乐、哀愁三个方面。

忙乱，指的是事情多。在经济方面，欠人家的要准备偿还。李慈铭在光绪十六年除夕一天之中付还各商号的欠款以及厨人的垫款就有六百二十八两之多。在家庭方面，要买年货，要准备敬神祭祖，要安排送礼拜年，要做新衣等等，上下内外都围绕年事而忙碌。

欢乐的气氛表现在家庭团圆饮宴上，光绪十六年除夕，李慈铭与"家人小作屠苏筵，众饮微醉"。表现在种种娱乐活动上，光绪十七年正月间他与朋友、家人好几个晚上"燃烛同作采选图之戏"。这一年的上元之夜，他全家"燃放花炮十余盆，聊以点缀岁华。又于中庭放'炮打襄阳城'一坐，以辟鬼魅"。而更多的表现在儿童身上，青少年身上，似乎古今同出一辙，《日记》中李慈铭就记载了他的儿子僧喜到琉璃厂买花炮，到郎房胡同买灯的事。

哀愁方面是多种多样的。李慈铭主要表现在经济上的入不敷出。他在光绪十六年虽然补了山西道监察御史的实缺，然而每年的俸禄远不如天津问津书院给他的束脩多（他担任天津问津书院的山长）。尽管一年的收入约有一千两银子，可是他的开销大，每到过年过节（端阳节、中秋节）还要借钱填补不足。光绪十六年除夕之夜，他归还了欠款之后慨叹地说"所入甚微，能久支乎？"旧时代过年，普遍有"急景凋年"的说法，足见过年之不易了。

李慈铭虽是浙江会稽人，但他多年住在北京，所以《日记》所记大体是北京过年的风俗反映，比如说过年忙碌一节，似乎就与现在大不相同。《日下旧闻》引明人《帝京岁时纪胜》云：

> 腊月，诸物价昂，盖年景丰裕，人工忙促，故有"腊月水土贵三分"之谚。高年人于岁逼时，训饬后辈，谨慎出入，又有"二十七八，平抢平抓"之谚。

近人沈太侔《春明采风志》上说：

> 凡年终应用之物，入腊，渐次街市设摊结棚，谓之蹿年……买

办一切，谓之忙年。

可能有人会问，过年只是正月初一一天，顶多包括除夕、除日，以及前一天晚上，即江南所说的大年夜、小年夜，以及正月初二、初三，最长也不过三五日，如前所说拖拉一两个月，都有哪些事可做呢？首先在这年前、年后一个半月甚至两个月中间，还有好多零星节日，来凑这一时期的热闹，不妨按日程略加述说。

这些日程在李慈铭的《日记》中也都有反映。一进腊月，初八日是腊八，要熬腊八粥，自己吃之外还要馈赠亲友，李慈铭所记的樊增祥（云门）与他互送腊八粥就是一例。再如光绪十五年十二月初八日记载："做腊八粥供老人及先贤祠、灵祀分祠、观音堂"。说明还要用腊八粥供佛和祭祀祖先。这一风俗早在北宋年间就有，直到现在有些地方还延续着，可见甚源远流长了。京师旧俗，腊八日还要用蒜浸醋，至正月初一蒸煮饺子时食之，谓之腊八醋、腊八蒜。

过了腊八，积极进入年事的准备阶级。首先是大扫除，旧时谓之"掸尘"，包括打扫房屋，粉刷墙或糊墙纸，糊窗户，贴窗花，如深宅大院，这工作量很大。李慈铭晚年体弱多病，顾不上过问家事，虽有两妾一子，看来对于僮仆洒扫庭除也是不闻不问的。光绪十六年十二月二十一日，大病初愈后李慈铭在《日记》中写道：

> 久不至轩翠舫（按：此系李氏的书房）矣，午后偶过之，乱书堆床，凝尘满席，躬督童仆料检一周，颇觉劳勚。

其家务无人管理，由此可见。

清代北京俗曲《十二景》云：

> 腊月里，整一年；封印后，官事完。扫房与祭灶，多忙乱，百般样子东西买得全。贴门神，挂对联，纸马香锞神前献。

封印是各大小衙门把印信、关防加封条锁起，停止办公，不再用印。《燕京岁时记》云："每至十二月，于十九、二十、二十一、二十二，四日之内，由钦天监选择吉期，照例封印，颁示天下，一体遵行。”封印之后，梨园封台，即各戏班、戏馆亦择日封台，停演十余日，俟元旦再首演《天官赐福》开台戏。另外各私塾也解馆放学，欢度新年。《燕京岁时记》也有记载云：“儿童之读书者，于封印之后，塾师解馆，谓之‘放年学’。”过年以后，到正月十九，各衙门再行开印，儿童子弟也在这时上学。李慈铭在光绪十八年正月十九日的《日记》上就写着：“午，入署开印毕，答拜客数家而归。”李慈铭给他继子僧喜请专馆先生上学，也是选定正月十九日以后。光绪十六年正月二十日记：

又，以明日历家宜入学，当令就塾读书，命庖人治馔，以今夜请先生。

这反映了当时设专馆请家庭业师及年后上学的情况。

腊月二十三或二十四祭灶，也是很古老的风俗。宋人孟元老《东京梦华录》云：“二十四日交年……贴灶马于灶上，以酒糟涂抹灶门，谓之醉司命。”后世用饧糖（北京叫关东糖）祭灶，谓之糖瓜粘。此风似乎到了南宋时，便有记载了。李慈铭在《日记》中每到腊月二十三都有祭灶的记载，如光绪十五年十二月二十三日记：

夜，祀灶，以竹马秸车爆鞭送之。

又，光绪十六年十二月二十三日，亦即李氏大病之后在《日记》上写道：

夜，祀灶，平生此日不能躬与者惟今年耳。

他本人因病不能亲自祭灶，深感不安，说明他对祀灶一事是何等的重视。腊月二十三或二十四，祀灶是灶王上天，所以联语写“上天言好事，回宫降吉祥”。除夜迎神，再接新灶王回来。买一纸龛、一木版印彩色尺许高灶王像，谓之“灶马”，贴于灶前，贴近一年，二十三祭灶时取下焚化。像作白面三捋髯官帽红圆领（明代官服），并作男女像，俗谓灶王爷、灶王奶奶。元旦五更接神，迎新灶王。李慈铭在每年正月初一的《日记》上都有“拜灶王”的记载。

旧时过年，迷信事项中，可分祭祖、供神、礼佛三大类，以李慈铭这样士大夫的家庭来说，祭祖则以正室内供影为主；供神即以天地桌为主；以宗教言之，是道教的影响所及。天地而外，灶王、门神、财神、井台龙王龛等等，也都烧香上供，似乎都不是主要的。因而一般亲友拜年，除在正室中行礼，也可在天地桌行礼。礼佛，李慈铭因为他经管的先贤祠内有铜观音堂，所以家里就不另外供佛了。

祭祀祖先，是李慈铭生活中的一项大事。每到曾祖父的生日他要上供，碰上祖母的忌日也要设馔祭奠，甚至外祖母的冥寿也要摆供焚楮，过年过节、清明、中秋、冬至、腊八都要祀先。他清明祀先时曾有“清明作客总凄然，典得朝衫也荐先”之句，祭祀祖先真可谓不遗余力了。一年到头这类祭祀不知有多少。姑且将光绪十五年除夜他祭祀先人的供品开列于下，以见一斑：

> 夜，张灯祀曾祖考妣、祖考妣、本生祖考妣、先考妣，肉肴六豆、菜肴六豆、轩脍杂味一品锅一、火锅一、时果四盘、素炸杂味八盘、卤子汤一巡、年糕一盘、年粽一盘、酒三巡、饭再巡。又以素馔祀亡室、祀屋之故主。

祀先虽是迷信，但从当时人们的思想意识和社会风气来讲，似尚可理解，而祭祀原住房的主人，则纯属荒诞，令人可笑。

蔡绳格的《一岁货声》有一条是说腊月门对的：

> 街门对，屋门对，买横皮，饶福字。

文后注云：“木红纸，万年红，裁成现成各对联，在各城门脸里外卖，四个大钱一副。”这是旧时北京叫卖春联市声的语言，李慈铭的春联由他自己撰写，用不着街上买现成的，但这些品名是一样的。横皮，即横披，亦作横楣，是贴在门口上方横楣上的，一般只写四个字，如“富贵吉祥”、“江山万代”、“五谷丰登”、“加官进禄”之类。除大小门对、横披之外，还有斗方，正方形大纸对角写一“福”字，不少都写作

《圣教序》之草书福字，十分有味。福字如贴在影壁上，亦即是挂牌之处。光绪十五年十二月二十五日记：

夜书春联，大门云："又见春光动梅柳，尚期衮服补桑榆。"楹联云："来岁六十二（香山诗'来岁年登六十二'），广厦千万间。"客次联云："张笔韩论与我习（习之语），太常奉礼此厅宜（李文请公语）。"

光绪十六年十二月三十日记：

是日书春联五副，福字五方，大门联云："松筠阅世已知老，桃李无言亦自春。"中堂云："插架渐侵三径竹，巡檐长看四时花。"后堂云："杨柳浓阴邻巷共，杏花晴雪一家春。"

拜年，也是过年中重要活动之一。元旦黎明，家中拜年后，即到各戚友家拜年，回来车中载满活计成匣，甚至过了灯节（正月十五）还有拜年的。北京习俗有孝服的给人家拜年须在灯节后，道远事忙的亦可晚到。所谓"二月二，青草没驴蹄，拜年也不迟"，就是这个意思。现在将光绪十七年正月初一到初五李慈铭来往拜年的情况开列于下：

正月初一。韬夫偕其子伯云来，介唐来，拜先像。是日来贺者三十二人。

正月初二。子培来，紫泉来，云门来。是日来贺者三十八人。

正月初三。下午出门答客三十余家，诣介唐家拜像，见其夫人及儿女，诒以糕饼钱八千，赏其仆媪十千。是日来贺者三十六人。

正月初四。上午答客二十余家。傍晚客去后复出答客不过十余家，匆匆乘暮色归。是日来贺者三十七人。

正月初五。下午出门答客二十余家，诣许筠庵师，送年礼二金。……复答诣祁子和尚书、徐季和副都、何受护、林瑞山、余晋珊、诸百约四同官而归。是日来贺者四十二人。

李慈铭出来拜年，居然一个下午能答客三十余家，何以如此之多，如此之快？原来除至近亲友拜年要进门登堂拜贺之外，一般都是望门投帖（名片），并非当面致贺。此风由来甚久，《晒书堂笔录》记载：

> 尤西堂云：“吴俗拜年，无论识与不识，望门投帖，宾主不相见，登薄而已，答拜亦如之，一月中奔走如织，是何礼也？甚或有帖到而身不到者，可一笑也。”按今此风京师亦盛。

《京师风俗志》云：

> 士商往来拜谒，或登门投刺，谓之“拜年”。近日此礼亦懈，往往多遣人代拜，而不亲往。

光绪十七年正月十二日，李慈铭就命儿子僧喜代他答客六十余家。

至于妇女拜年，须过正月初五。初五谓之“破五”。初五以内，不得以生米为炊，妇女不得出门，更不得进人家门，谓之“忌门”。所以光绪十六年正月初六，李慈铭的朋友妻子介唐夫人就来李家向女眷拜年，正月初八，李慈铭的妾张姬也外出各家拜年。她们都是“破五”以后出来拜年的。

《明史稿》旧案重提

对王鸿绪由指责到否定

长期以来，不少学者认为王鸿绪的《明史稿》是窃自万斯同的原稿。这件事在清代官书中大都没有谈到，而私家记载却辩证的很多。有的是为了表彰万斯同的史学及其贡献，有的是对王鸿绪的为人予以指责甚至全盘否定。最早抨击王鸿绪的要属杨椿。杨椿在《再上明鉴纲目馆总裁书》一文中，指责王鸿绪妄删史稿，说他“最可议者，于有明党案及公卿被劾者，不考其人之始终，不问其事之真伪，深文巧诋，罗织为工，而名臣事迹，则妄加删抹”（《孟邻堂文抄》卷二）。自此以后，一些学者对于王鸿绪的訾议也就逐渐多了起来。钱大昕作的《万先生斯同传》最后说：“乾隆初（按：当作雍正初），大学士张公廷玉等，奉旨刊定《明史》，以王公鸿绪史稿为本，而增损之。王氏稿大半出先生手也。”（《潜揅堂文集》卷三十八）魏源继承发展了杨椿的说法，说王鸿绪在编纂《明史稿》时就有意剽窃，指出：王鸿绪“以版心雕《横云山人集》，遂碍颁发，攘善而不遂其善，盗名而适阻其名”（《古微堂外集·书明史稿二》）。

到了民国，诋毁之词愈演愈烈。梁启超在《中国近三百年学术史》一书中说王鸿绪“本属佥壬巧宦”，“有什么学问什么人格呢！”并直斥他为“白昼行劫的偷书贼”。

其后，谢国桢在李晋华所著的《明史纂修考跋》中也断然认为：“万季野纂修的明史被王鸿绪攘窃以后，原稿就湮没无闻了。虽然经过一些学者考订探讨，线索稍有明了，然而以尚未能得到定谳而感到遗憾。现在经过李晋华的翔实考证，王鸿绪的攘窃行迹才暴露于世。”到了这时，王鸿绪被扣上剽窃的罪名几乎已成为定论了。

虽然以上所说都认为王鸿绪《明史稿》出自万斯同的原稿，但是共同的毛病是隐约其词，缺乏确凿的证据。以钱大昕所谓的“王氏稿大半出先生手”一句话为例，也是来自传说，因而语焉不详。上述任何断语如果别无他证，就很难以此作为定论。

《明史稿》与《明史》的关系

为了辨明王鸿绪《明史稿》与万斯同原稿的关系，有必要先将纂修《明史》的过程加以概述并分析之。

清修《明史》从设馆修史到最后完成，前后历时九十五年。“二十四史”中，在修史的时间上再没有比它更长的了。

顺治二年（1645）、康熙四年（1665）两次诏修，都是很快中止。康熙十八年（1679）三开史馆，重修《明史》。这次修史，清政府下了较大的决心。为了搜罗修史人才，特地举行了一次博学鸿词科的考试，取录了彭孙遹等五十人。这些人大多是当时有名望的学者，如朱彝尊、吴廷臣、毛奇龄、潘耒、李因笃等。他们都以翰林的名义，安排在明史馆，从事修史。同时，又派右庶子卢君琦等十六人同为纂修，以大学士徐元文为监修，总领其事。其后，又以陈廷敬、张玉书、王鸿绪等先后任总裁。

王鸿绪是康熙二十一年（1682）到史馆任总裁的。当时历年来纂修诸稿大多要等待总裁复核。经过公议由张玉书任志书，陈廷敬任本纪，而王鸿绪任列传，各专一类，然后会校。由此王鸿绪在北京做官前后达十五年。及至康熙四十八年（1709）正月，终以附和内大臣阿灵阿等议奏改立皇太子事，奉命切责，并以原官解任归里。王鸿绪回到家乡，继续修史。他依据史馆旧篇，重加编纂订正。又经过五年，《明史列传稿》才告成，于康熙五十三年（1714），派儿子图炜上北京奏进。康熙五十四年（1715），王鸿绪二次被召进京，领修《御纂诗经》。他看到史馆同人凋零，又担心《明史》终将不成，于是就把原来奏进的

《明史列传稿》，重加增订，并补入本纪、志、表，编成《明史稿》全书，于雍正元年六月进呈。《明史稿》奏进之后，由内阁转交明史馆收存。当年七月，史馆再开，总裁张廷玉等就根据这部书作为订正《明史》的蓝本。而王鸿绪就在这一年的八月中死在北京，享年七十九岁。他已来不及看到《明史》的成书了。

张廷玉等在《进呈明史表》上有这样几句话：

> 臣等于时奉敕，充总裁官，率同纂修诸臣，开馆排缉，聚官私之记载，较新旧之见闻，签帙虽多，抵牾互见。惟旧臣王鸿绪之《史稿》，经名人三十载之用心，进在彤闱，颁来秘阁，首尾略具，事实颇详。在昔《汉书》取裁于马迁，《唐书》起本于刘昫；苟是非之不谬，讵因袭之为嫌，爰即成篇，用为初稿。

《明史》是根据王鸿绪的《明史稿》修订而成的。王鸿绪草创于前，张廷玉等润色于后，相得益彰，确是“二十四史”中写得比较好的一部史书。

后来有人评论王鸿绪不应独擅其成。其实自康熙十八年（1679）以来，五十年当中历任监修与总裁的，除王鸿绪一人外，其余十人，都已相继去世。五十多纂修官之中，也只剩下毛奇龄一个人，而且年龄已到了九十多岁。王鸿绪以退休的官员，单独担任这一艰巨任务，修史事业赖以不坠，他的功绩是不可磨灭的。不过，他把史馆的旧稿拿来编写成私人的著作，是不无可议的。

万斯同自有手稿

万斯同年幼时候不受父兄的管束，不肯习举子业，而喜读史书。及长问学于明清之际的学者、启蒙思想家黄宗羲。黄宗羲倡导“通今致用”的治学精神，实事求是的考古风格，培养和造就了万斯同这样杰出的史学家。黄宗羲具有强烈的反清复明思想，晚年在家乡讲学、著述，虽足不出乡里，却文名满天下。清朝曾以博学鸿词科相延揽，黄氏坚辞；后来清政府又要他参加修纂《明史》，他仍然拒绝，迫不得已，允许他的儿子黄百家和弟子万斯同应命。当万斯同应诏北上时，黄宗羲赠诗劝万斯同“不放河汾声价倒，太平有策莫轻拟”（《南雷诗历》卷二《己未送万季野贞一北上诗》）。要万斯同采取不合作的态度，勿向清廷建太平之策。自从康熙十八年（1679）史馆初开的时候，监修徐元文就要按所定的史馆征士之例，聘万斯同来北京修史，给以七品俸和翰林院纂修官的名义。万斯同本出自浙东望族，先人四代都死于明朝王事，何况他自身又生当明朝末年，心怀故国，岂肯屈事新朝。（详见刘坊：《万季野先生行状》）然而他自幼究心史事，尤留意于明代掌故。黄百家撰《万季野先生斯同墓志铭》，记其二十余岁时，“从人借读《二十一史》，两目为肿”；“于有明十五朝之《实录》，几能成诵。其外邸报野史家乘，无不遍览熟悉”。万斯同遵师长黄宗羲的嘱托参与史局，是因为他“早已蓄志《明史》，欲以传故国三百年之事迹”，认为国可亡而史不可亡。清修《明史》早在万斯同意料之中，执笔任务，义不容辞，他虽然拒绝史馆的聘请，但仍以布衣身份参史局，不署衔、不受俸，总裁同意他的约法三章。

万斯同最初到北京，十年之间（康熙十九年至二十九年），就住在徐元文家，为徐氏兄弟（徐元文、徐乾学、徐秉义）审定史稿。他还通过讲会的形式培养和造就后学。讲会一个月大约举行两三次，多在北京的绍兴会馆进行，从游的人很多。

康熙二十九年（1690），徐元文南归，万斯同就迁居于江南会馆。康熙三十三年（1694），王鸿绪重领史局，请万斯同住在他家。至康熙四十一年（1702）四月八日万斯同逝世，又将近十年。除康熙二十七年（1688）和康熙三十七年（1698）两年各返里数月而外，万斯同前后旅居北京达二十二年。万斯同曾向刘坊诉说过自己滞留北京的意愿：“仆所以濡忍于此，念……涂山二百九十三年之得失，竟无成书。……故自己未（1679）以来迄今二十年间隐忍史局，弃妻子兄弟不顾，诚欲有所冀也。”（刘坊《万季野先生行状》）万斯同坚苦的志向，读来令人起敬。二十余年当中，万斯同为治史心力交瘁，积年累月之劳，故少有终日之闲。凡亲自看到万斯同工作情况的人，如方苞、杨椿、刘坊等莫不惊叹他撰写复核之精与工力之勤。杨椿见他为了撰写一传一事，“集书盈尺者四五或八九不止”（见杨椿《再上明鉴纲目馆总裁书》）。

万斯同修史，注重《实录》，“盖《实录》者，直载其事。与言，而无可增饰者也”。而“凡《实录》之难详者，吾以他书证之；他书之诬且滥者，吾以所得于《实录》者裁之”（方苞《万季野墓表》）。治史十分严谨。

综观诸家记载，万斯同与万言、黄百家、方苞等人所谈，反映出一个问题那就是他以博通为长，而文笔稍逊。例如钱林《文献征存录》中叙述万斯同与他侄子万言的话：“使我有汝笔，班马不难企也。”黄百家《万季野先生墓志铭》中说：“戊寅春（1698），先生南还过余，谓曰‘吾学博于汝，而笔不及汝，《明史》之事乐得子助’。”方苞《万季野墓表》中转述万氏的话：“子诚欲以古文为事，则愿一意于斯，就吾所述，约以义法而经纬其文，他日书成，记其后曰：‘此四明万氏所草创也。则吾死不恨矣。’……‘子若不能，则他日为吾择能者而授之。’”

在姚范、阮葵生的笔记里不约而同地指出，万斯同晚年之稿都是由钱名世执笔。大概是因为他“惯对卷编常病眼”（徐乾学《送季野南还诗》），老年目昏的缘故。而万斯同自写的手稿也非常多，他所说的“就吾所述而经纬其文”，“所述”即指手稿。抗战前，马廉（隅卿）曾于北平琉璃厂书肆获见《万氏家谱稿》，于其中发现万世标（斯同长子）所书《明史稿流散目录》一纸，其中记载着家中所存及流落在外的“先君子《明史》原稿”若干本，并且指出：“全《横云山人集》所刻史稿（即王鸿绪《明史稿》），止得十分之一，皆系钱亮功（即钱名世）改本。”足见万斯同本来自有手纂之稿，而且甚为繁富。万世标明确指出“《横云山人集》所刻史稿，止得十分之一，皆系钱亮功改本”，这就十分清楚地表明王鸿绪的《明史稿》并非攘窃万斯同的史稿。出自万氏后人所述当是最有力的明证。

至于万斯同的史稿究竟写成了多少？他自己曾说过：“昔人于《宋史》已病其繁芜，而吾所述将倍焉。”（见方苞《墓表》）如按万世标说的王鸿绪《明史稿》“止得十分之一”来计算，“所述将倍”的话也是接近事实的。截至万氏临终之前他完成的卷数有多少？刘坊说：“《明史列传》二百卷，存史馆中。”全祖望说：“《明史稿》五百卷，皆先生手定。虽其后不尽仍先生之旧，而要其底本，足以自为一书者也。”方苞说：“季野所撰《本纪》《列传》四百六十卷，惟诸志未就。”刘坊所说的二百卷，乃专就《列传》而言，可能也未得其全，恐怕万氏原稿也不止此数。至于全祖望和方苞所说，似应以方氏之说为准。方氏明确指出万斯同所撰为《本纪》《列传》两类，而且万世标所列书目也不超过此两类。温哂园《南疆绎史·序例》曾说：“万子溘然先逝，《明史列传》甫脱稿，尚未订正。”（见《国粹学报》第39期）《恕谷年谱》于康熙四十年辛巳（1701）十月条下也说：“时季野修《明史》，纪、传成，表、志未竣。”这一年为万斯同逝世前一年。根据上述材料亦可断定万氏所完成的只是《本纪》和《列传》。全祖望五百卷之说是举大数而言；方苞所说四百六十卷可能是根据具体卷数的总和。

万世标所写的《明史稿流散目录》中列举《本纪》《列传》之有无，看来万氏身后尚有遗稿留存后世。又据《国粹学报》第70期萧敬孚的一段话，也可得到印证：

> 余既与筱珊（按：即缪荃孙）太史谈论《永乐大典》原委，又以前闻万季野《明史》原稿，尚在故镇江府知府王可庄（按：即王仁堪）太守家，惜不得借与王氏横云山人刊本校其同异。筱珊云：“诚然，盖王氏尝与兴化李清相友善。李所交多明季魏党一流人物（原注：李为阉党李思诚之子），所言多回护阉。万氏则无此矣。”记以俟考。

果如萧敬孚、缪荃孙所谈的情况，则万氏史稿有可能尚在人间，倘若发现出来并为之流传，真一大快事也。我们从缪荃孙的讲话里，可以看到万斯同的史稿与王鸿绪的《明史稿》在内容取材上有异同。根据上述归纳起来，应该是王鸿绪《明史稿》不尽采万斯同的《本纪》和《列传》，而《明史》也不全据王氏的《明史稿》。

（原刊于《文史知识》1986 年第 11 期）

柯劭忞师生问答散记

《新元史》的作者柯劭忞先生同我家有姻亲关系，论辈分他是我的表爷，家兄润孙又是他的及门弟子。今年是柯先生逝世六十五周年，略述家兄问学情况以及柯老二三事以资怀念。

柯先生名劭忞，字凤荪，号蓼园，山东胶县人，生于1850年，卒于1933年。凤老同我父亲有着深厚的交谊，先父去世后，他对我家十分关注。先生晚年在家讲学，命家兄去听讲，收为弟子执经问难。当时家兄二十一岁，是蓼园门下最小的弟子。后来家兄回忆同在柯先生门下学习的只记得有周叔迦先生，其余的同学都记不起姓名了。

劭忞先生博闻强记，治学方面非常广泛，经、史、小学、诗文、金石、历算，都有很深的造诣，后人推崇他是“钱大昕后第一人”。他精通文字训诂之学，对于《说文》《尔雅》都有独到的见解。教学只用《尔雅》证评《说文》为治小学入门之阶。可惜他的著作编写成书流传于世的都很少。《新元史》问世后，人们才开始注意他。其实，劭忞先生的学问岂只局限在元史。不可否认他编著《新元史》时，所引中文以外的史料，全部是辗转翻译而来的，人名地名的对音往往发生舛错，因此受到人们的讥议。依据《新元史》中的讹误，而衡量劭忞先生在学问上的成就，不能不说是失之于以偏概全，也可以说是见微瑕而弃拱璧。章太炎先生评《新元史》说：“柯书繁富，视旧史为优，列入正史可无愧色。”可谓平允适当。柯先生的史学观点和方法虽然与旧史学家没有什么差别，但是在搜集史料方面确有超过《元史》的地方。1886年他入翰林院时，《永乐大典》尚存有八千册，其中有世上无刻本流传的元代各家文集与元《经世大典》，他于是抄录了其中有关元史的材料。稍后他又读到柯逢时所藏的《经世大典》原本二、三十册，这样就奠定了撰写《新元史》的基础。

家兄曾问柯先生："您著《新元史》为什么没有《艺文志》?"柯老回答："你知道不知道《汉书·艺文志》所根据的是汉中秘藏书目？我找不到元内府藏书目，何从为之撰《艺文志》。"由此可见，《新元史》中没有《艺文志》，柯老是有充分理由的。家兄从劭忞先生的谈话中受到很大的启发，他说：柯先生的这一次谈话，使我恍然大悟，原来《汉书·艺文志》并非西汉一代所有的书籍目录，而是仅限于汉代中秘藏书。本来读了《汉书·艺文志序》就应该认识到这一体例，可是我早年读书不细心，竟视而不见。经过凤老启发我对于各史艺文志、经籍志的体例才知道应该怎样去注意，为我研究目录学指导了一条很重要的门径。

家兄问过柯老为什么不撰《新宋史》而著《新元史》？柯先生说："只将旧史删改而找不到新材料去增补，就大可不必另撰新史。《宋会要》我见不到，根据什么去撰写《新宋史》?"柯老当然知道徐松从《永乐大典》中抄出《宋会要》，可是《宋会要辑稿》的出版，却是柯先生去世后的事了。

柯老有一次闲谈时说："我平生用功最多的是《文献通考》。我四十岁以前，集中精力为这部书作校注，不只校勘出《通考》刻本之误，也校出马贵与（端临）编撰之误。自有通考以来不用说校，就是从头到尾读一遍的，不知有谁？后来由于捻军战事关系，稿本全失，这才改治元史。"

家兄能知道治旧学的门径，是受梁任公先生的影响，从十五岁读梁先生的《国学入门书目》以后，《清代学术概论》《清代学者治学总成绩》都是他经常翻阅的书籍。任公先生说王鸿绪将万斯同的《明史稿》据为己有，有一次家兄同凤老闲谈到这件事。凤老就问："你听谁讲的?"家兄告以梁任公在《中国近三百年学术史》上是这么说的。柯老果断地指出："不然！徐元文请万季野修明史，万先生住在徐氏家里，后住在王鸿绪家中，钱名世做他的助手，口述笔削撰成《明史稿》。王鸿绪根据万稿加以删改，另成《明史稿》，与万氏撰的并不全同。"后来家兄看到黄百家、全祖望、钱大昕等所撰的万氏墓志铭和传，果然与凤老所说相同，只是阮葵生《茶余客话》《清史稿·万斯同传》所记载的有合有不合。柯先生如此之博洽令人叹服。

劭忞先生晚年在家讲学的情况十分感人。据家兄回忆柯先生的记忆力至老不衰，以八十二岁高龄给学生们讲《春秋》，先《左传》，次《公羊》，最后《穀梁》，手从不持卷，经、传、注、疏，背诵如流。发挥《穀梁》传义，详尽明白，结语总是说《穀梁》义最深厚。后来他著《春秋穀梁传补注》，主要是针对着刘申受（逢禄）以来盛极一时的公羊学而作，他补偏救弊的目的是十分明显的。

劭忞先生诗文都达到了第一流的水平，印有《蓼园诗钞》《续钞》行世。王国维称赞说："学杜者义山而后有后山，千年皆得蓼园"，可谓推崇备至。家兄问柯老："您的诗有刻本，为什么不印文集？"柯老板起面孔说："天下哪有以文章为学问的！"柯先生自称是梅曾亮（伯言）的私淑弟子，然而他不屑局限在桐城派之中。换言之，他愿做学人，不愿做古文家，所以才讲出这样的话来。如果把他写的有关经史之学的论文编成集子，想必他会欣然同意的。

柯老所以获得如此多的成就，是和家庭的影响分不开的。他的父亲柯蘅是陈寿祺的学生，虽然没有功名，但是经史之学却很有根柢，著有《汉书七表校注》二十卷。他的祖父柯培元在台湾做过官，著有《噶玛兰志略》一书。他的母亲李氏，诗学三唐，诗稿《乱后忆书》，当时传诵很广。他的继配夫人是吴汝纶的女儿，结婚后去庙里柯先生前室灵前行礼，见到他所作挽词悬挂在墙上，讥笑其语句有毛病。看来吴夫人的词章又高出先生一筹了。

从柯先生的家庭来看，真可谓一门风雅，所以劭忞先生蔚为学者决不是偶然的。听说他七岁时就有"燕子不来春已晚，空庭尽落紫丁香"之句，足以说明他的早慧，但这也是与得力于母教有关。

我曾听家人谈过柯先生早年专心读书有时竟到了忘掉一切、外界情况全然不知的地步。据说有一天，他父亲佩韦先生早晨起来到他的卧室，看到房内烟雾弥漫，因为当时是冬天，柯先生靠近炉火看书，衣袖已被炉子烧着，而他仍然聚精会神地拿着书在诵读，丝毫没有察觉。佩韦先生夺过书来扔在地下呵斥了他，这才发现自己的衣袖已经烧焦了。柯先生沉酣典籍，近于入魔，这些固然是书痴表现，然而后来成为著名学者，未尝不是得力于这种书痴精神，真可谓“用志不分，乃凝于神”。

柯先生年轻时兼治算学，是从《知不足斋丛书》中检出旧算学书数种，加以研习，并仿制古算学仪器，致力甚勤。最初他因为不解天元（相当于今代数中的一元方程式）之术，经常闷闷不乐，而仍然钻研不懈。一天早上起来告诉至友说：“我要弄懂天元了，昨晚梦见梅定九相访。”午饭时，他忽然高兴得跳起来，大声说：“我懂得了！”于是就向至友说天元之数，如何如何，口讲指画，兴高采烈。其治学精神之专挚由此可见一斑。

（原刊于《文史知识》1998 年第 9 期）

一百七十年前的北京导游图

在清代，记载北京历史风土的专著是很多的，著名的则有《日下旧闻》《日下旧闻考》《春明梦余录》《宸垣识略》等，另外还有导游一类的书如《都门纪略》《都门汇纂》等。而通过图画描绘北京风景名胜的，只有麟庆在他的《鸿雪因缘图记》里略有几幅而已，至于专书则付阙如。但日本却有专门介绍北京风土的图画集，名曰《唐土名胜图会》，木世肃、法桥（日）编述，六个人画：玉山、尚友、熊岳、文晖、东野、民声；出版于日本享和、文化年间，相当于我国清嘉庆九、十年之间（1804—1805）。这部书可称是一百七十多年前的北京导游图，不过它所介绍的范围又远远超过了旅行指南。

这部书内容的次序计有：大内、皇城、内城、外城、园囿郊坰、直隶各府等部分。有编制首先是总图，接下来是典章文物风景名胜，并配以文字说明，同时摘引名人有关题句。“大内”部分，则有《帝后御冬夏朝服之图》《午门朝参之图》《午门内九重门之图》《太和殿大朝会之图》《除日保和殿宴外藩蒙古之图》《乾清宫千叟宴之图》《重华宫小宴之图》。“皇城”部分，则有《天安门颁诏之图》《元夕奉芍药牡丹之图》《冰嬉之图》《紫光阁试武进士之图》《皇帝躬耕、皇后躬桑之图》，这些典章文物之盛，就在《清会典》里也不如它记录得如此具体完备。其他如《东、西安门之图》《四牌楼之图》《正阳门、正阳桥之图》，都是描写北京的建筑和街道，有些建筑已经拆除或毁于火，我们从图中仍可窥见当时的规模和情景。还有一幅图，描绘大清门（民国以来改称中华门）前之棋盘街，百货杂陈；门内有千步廊，门上有楼橹。现在早已无存，当时的情景全赖此书仿佛得见。至于各衙署、寺院、坛囿，现在或是仅存地名，或是早已泯灭，而图中倒如实地绘制下来。如金鳌玉蝀桥旁的人字柳，在当时许多书上都提到它，但究竟什么样子？无从知道，我们从图中却宛然如见。又，图中绘金鳌玉蝀桥之西有小马圈，所谓“即令集灵囿北门以外地”，现在连痕迹也找不到了。图中绘南池子有飞龙桥，现在只有地名，这座桥早已不存。

对于北京以外的直隶各府，图中也是先举山川名胜，笔墨尤为致密精细，曲折井然，若不是身历其境积年累月地写生，是绝办不到的。每个地方都配以历史人物及其事迹的图画，如易州则绘荆轲的故事，涿州则绘刘备的故事，山川与人物互相配合，相得益彰。

尤为可贵的是，有一时之盛举为绘画者所目睹而后人无从设想的，如第一册所载《除日保和殿宴外藩蒙古之图》《乾清宫千叟宴之图》就属于这一类。图上外藩的衣饰，耆老倚杖携童，升降参差的情景，以及特制的彩棚帷帐，描绘得很是具体细致，绘画者真是一丝不苟。

古今风土变迁最大而可供人研讨者，莫过于戏楼。图中所绘正阳门外“查楼”（即前门外肉市广和楼，今更名为广和戏院）的戏台，与后来广和楼的建制基本上相符，不过观众都是露天站着看戏，妇女才在席棚里欣赏。戏台两旁都是店铺和摊贩，与后来广和楼外边的状况没有什么不同。戏台前有一牌楼，上书“广和查楼”四字。“查楼”，查姓富商所创办，当时凡是戏楼都以“查楼”命名，不知到了什么时候误“查”为“茶”。又，《燕都丛考》绘东四牌楼的灯市，宗楼绣阁相接，而今也无从查考了。

图中对于人物衣冠的式样，自帝后到文武百僚的章服仪卫，莫不详尽绘制。至于街道上行人的服式，也无不戴大帽穿袍褂，与晚清之际显著不同，百年之间，风气迥殊。

莫须有的“故宫盗宝案”

30年代发生了一件轰动中外的“故宫盗宝案”，其真相究竟如何？事情还要从故宫博物院成立前后说起。

故宫博物院成立于1925年（民国十四年）10月10日，距今已六十五年。

故宫博物院成立的前一年（1924）爱国将领冯玉祥发动政变，直系政府倒台，由黄郛任国务总理摄政。冯玉祥在反曹锟、吴佩孚之前，与国民党人早有联络。他掌握政权之后，立即用黄郛主政。又于1924年11月命他的部将北京卫戍司令鹿钟麟将清朝末代皇帝溥仪驱逐出宫。国务院随即宣布成立清室善后委员会，以李煜瀛（石曾）为委员长，江兆铭（易培基代）、蔡元培（蒋梦麟代）都是委员。黄郛、李石曾、汪精卫、蔡元培、易培基都是国民党党员，说明冯玉祥在政治上是倾向国民党的。他在辛亥革命后十三年为革命事业完成最后一步重大工作——驱逐溥仪出宫，是出于酝酿已久的计划，而不是一时的冲动。

由清室善后委员会到故宫博物院成立，都是受到冯玉祥的支持。段祺瑞临时执政府组成以后，善后委员会与执政府在对待清室的态度上发生了分歧。政府意在庇护，欲将故宫重还清室；委员会志在清查，以图建设博物院大业。于是双方围绕故宫所有权问题展开了斗争。1926年（民国十五年）3月，段政府借“三·一八惨案”通缉善后委员会委员长李煜瀛和首席委员易培基。李、易二人避到东交民巷。故宫改交庄尚严（蕴宽），由陈垣（援庵）代表旧委员交代。陈垣1924年任清室善后委员会委员，1925年改任故宫博物院理事。

民国十五年4月中旬，冯玉祥的国民军退走，北京落入直鲁联军掌握之中，段祺瑞下台，杜锡珪任国务总理摄政，7月10日，国务会议秘密议决，由政府各部各派一员，任故宫博物院保管委员，准备接收故宫。7月14日，内阁会议再定改组故宫博物院，成立“故宫保管委员会”，任命前清遗老赵尔巽、孙宝琦为正副委员长。委员中则有王士珍和复辟派袁金铠，清朝宗室载洵、宝熙等人。这个保管委员会虽接收未成功，但其意图似乎不要故宫博物院继续存在，而要将古物归还溥仪。8月3日，赵、孙宴旧理事谈接收故宫的事宜，陈垣力主必须组织点交、接收两个委员会，点一处，交一处。赵尔巽为之大怒。8月8日陈垣被北京宪兵司令王琦捕去。

张作霖是赵尔巽的旧属，王琦追随张宗昌更要听命于张老帅。陈垣开罪了老帅的老上司，其被捕是事所必致的。据说，后来经过柯劭忞（凤荪）写信给张作霖，他们才将陈垣释放出来。

为了反抗政府的改组决定，保卫新生的博物院，1926年12月9日，庄尚严等人发起成立了故宫博物院维持会，汪大燮出任会长。委员中除未聘清朝宗室及复辟派之外，赵尔巽、孙宝琦、张学良、王琦都包罗在内，这是为应付当时的环境，不得不如此安排，尚可原谅。尽管如此，王琦还是派副官去捕庄尚严，经摄政的国务总理顾维钧托卫戍司令于珍打电话给张作霖，庄氏侥幸逃脱魔掌。

“维持会”成立以后，政府对故宫博物院仍不放松。1927年8月，国务会议突然提出接收太庙、堂子及大高殿清代军机处档案，旋又下令查办故宫博物院。9月，张作霖就任元帅主持政府，单方面宣布成立“故宫博物院管理委员会”，接管故宫博物院。9月20日，国务会议议决《故宫博物院管理委员会条例》，议定聘任王士珍为管理委员会委员长，王式通、袁金铠为副委员长。10月1日，国务会议议定聘任管理委员会委员十二人，院内原首脑人物多不见用，当时社会名流也多未参与，其中可以称为学人的仅有傅增湘一人。委员会发表干事中有俞同奎、马衡、沈兼士、袁同礼等是旧人，而且与学术有关，这就说明在军阀心目中并没有认清故宫博物院是个学术机构，不应当涉及政治。

据说，奉系的农商部总长刘尚清、内务总长沈瑞麟到故宫视察。刘尚清问陪同视察的故宫负责人吴瀛（景洲）说：“冯玉祥用骆驼盗运物品，有这事吗?”吴瀛予以否认并且指领他们观看查点的封条和物品，告诉他们故宫查点规定如何具体详细，如何周密，监察制度如何严密，防范如何谨慎。刘、沈两人看了各处的情形，都极口称赞说，我们今天才知道诸位的辛苦，外面传言的冤枉。沈瑞麟告诉吴瀛说：载涛向张大元帅报告，说故宫藏有金锭三百万。吴瀛说：如果故宫真有这么多藏金，为什么溥仪未出宫时，将他们祖宗相传的金册和编钟押给盐业银行，而不用这些金锭?沈为之失笑。(吴瀛《故宫盗宝案真相》，页107—108)

自溥仪出宫后，北京民间即盛传警察总监张璧进宫看见桌上放着溥仪的帽子，帽上有一颗绝大的珍珠，便将自己帽子摘下扣在溥仪那顶帽子之上，出门时随手抓起，连溥仪的帽子一起戴走。这与国民党司令部失火断绝交通两小时，说成冯玉祥去偷运故宫宝物，都是当时北京民间流行的传闻。

一般民众不了解实情，无足深论，而故宫行政人员的安排，在国民政府统辖北京，接收故宫博物院之后，亦颇有缺陷，以致造成盗宝冤案。

国民政府首先对院内机构进行了改组，行政设理事会、院长、副院长和基金保管委员会。1928 年（民国十七年）10 月 8 日，国民政府任命理事二十七人，其中有蒋中正、冯玉祥、阎锡山、何应钦、宋子文、李煜瀛（石曾）、易培基（寅村）、张继等人，这样各方面都敷衍的理事会，实在有些不伦不类。复由理事会继续推举理事十人，其中有陈垣、沈兼士、马衡、李宗侗（玄伯）、张学良等为理事，并推李石曾为理事长，易培基为院长，李玄伯为秘书长。李、易与张继为常务委员。

主张将溥仪驱逐出宫，很可能是黄郛、李石曾策动冯玉祥做的，不能说李石曾无功于革命。李氏与吴敬恒、张继都是国民党中的元老，很受蒋介石信任也是事实。用易培基（李宗侗的岳父）做故宫博物院院长，自己做理事长，他的侄子李宗侗做秘书长，都是李石曾自己的设计。他以为这样安排，故宫博物院便入了他的掌握之中，他便可以操纵自如了。哪想到这里面反而埋下了一枚定时炸弹。

李石曾深于黄老，能传其尊人李鸿藻的衣钵。他这位亲家易培基院长则是个不能办事的书呆子。或者李石曾正是想利用易培基便于控制，能听从他的话，才用他做傀儡。他的侄子李宗侗是典型世家子弟，一位受过现代教育（留学法国）的大少爷，待人接物，彬彬有礼，很聪明，而所缺乏的是勇敢果断的气质。

张继则不然了，他也是大少爷出身，是个喜欢权势的人，官气很重（他父亲在清朝做过知府）。先是，李石曾向张继许愿，让他做副院长，后来却食言了。这使张继不能不耿耿于怀。他太太崔振华是个女中豪强，张继很怕她。据说王国维有手校本《水经注》，王氏死后所有遗书为北京图书馆购得。张继是北京图书馆委员会的委员。王氏校本《水经注》在善本书库中，张委员借阅，图书馆焉敢不从。北京住房冬天都生火炉。张继在炉旁看王校《水经注》，正在出神之际，没听见夫人在说话。惹得夫人大怒，一把抢过书来就扔到炉子里，炉火正旺，一下烧了起来。张继抢救不及，于是王校《水经注》从此缺了一册。

1932年（民国二十一年）故宫博物院决定南迁，张继主张文献馆迁西安，迁移费六万元，三分之一交给他。他是文献馆馆长，由他主持，理事会业已通过。其后李宗侗去了南京，与宋子文商议决定全部迁上海，取消文献馆迁西安的原议。李宗侗在上海旅馆里遇见崔振华，崔质问他为什么改变原案？双方冲突起来，李说崔不配管，崔用烟灰缸向李打了过来，李宗侗抱头鼠窜而去。（《故宫盗宝案真相》页131—136）

1933年（民国二十二年）2月5日，第一批故宫古物开始南迁，由吴瀛押运。古物运到浦口停留了一个多月，到了2月中旬才将古物运往上海。那志良在《故宫四十年》一书中说：“最后目的地没有人知道，因为政府还没有决定。”《故宫盗宝案真相》说出张继提议，中政会议通过改运洛阳或西安。古物到了浦口，打电报问那两处，两处却没地方。又想留文献物品在南京，南京地方也不适合。最后还是宋子文回到南京，才作出决定：仍运上海。可见张氏夫妇与易培基、李宗侗之间的权力斗争，在古物运到南方时已十分表面化。

古物南运共计五次，最后一次是1933年5月15日（《故宫四十年》

页63）。在第五批古物将运走时候，1933年（民国二十二年）5月1日南京最高法院派了个检查官到故宫博物院检查处分故宫物品的案卷，这是张继、崔振华攻击易培基、李宗侗动用法律的开始。在此之前，监察委员高友唐对故宫博物院处分金砂、金器的事曾提出弹劾，但所举证据不足，国民政府置诸不理。

处分物品案由崔振华告发，最高法院检察署署长郑烈提起公诉，主要是说易培基、李宗侗在故宫处分物品时购买皮货缎匹，价钱上占了便宜，先买定，后估价。又不在公开售货日期星期日购买。其实不在星期日购买的，尚有其他别的政府要员如张学良、顾维钧等人以及外国公使。因为星期日人多，地位特殊的人不愿拥挤，所以允许这种人物不在星期日买物，可以从容挑选。至于价钱则是先估好并非后估。不过由于故宫处分绸缎皮货有个规定，购买二千元以上者七五折，三千元以上者七折。李宗侗先买二三百元的货，后又买二千五六百元的货，合乎七五折的规定。有人建议不如加买二三百元的货，凑足三千元就可以七折购货了。李宗侗听从了这个建议，最后购买又不是星期日。这就是李宗侗的贪图便宜的过失。

这件案子如果追究下去，本没什么大的不得了，而李宗侗却感到十分惊慌。易培基虽然提起反诉，向行政院、司法行政部反诉崔振华与郑烈，但是并没有什么反应。马衡、袁同礼出来调停，崔振华说只要易院长辞职，以后万事全休。吴瀛知道之后力劝易培基不可以辞职，纵要辞职，一定等讼事弄明白之后，而易培基到底听了李宗侗的话，辞了院长，李也辞去了秘书长。理事会开会决定由马衡接任院长。

马衡要易培基交代，由吴瀛代表办理。到了上海从库房抽出二十六箱点验。金器二十三箱一件不缺。珠宝则开箱一看，所谓珠都是水晶、玛瑙、蜜蜡之类，所谓宝都是点翠珐琅之类，仅有黯淡无光的东珠三颗是纬帽上拆下来的。马衡还要全部细点，吴瀛不肯继续，才作罢。

1934年（民国二十三年）11月，江宁地方法院起诉易培基、李宗侗等九人以假珠调换真珠九千六百零六颗，以假宝石调换真宝石三千二百五十一颗，拆去珠宝配件者一千四百九十六处，盗取米珠流苏及嵌珠宝手镯等类为数甚巨，均占为己有。这显然就是根据上述移交的点验。易培基向马衡交代在上海点验，是1933年（民国二十二年）夏秋之交，而起诉则在一年多以后。

这事本来是冤枉的，因为那些珠宝在故宫点查，并没有检验是否真伪，即匆匆装箱南运。及至易、马新旧院长交代才开箱检验，如何能断定原来就是假货，还是故宫博物院接收以后换的？

到了1937年（民国二十六年）由南京地方法院再起诉易培基、李宗侗、吴瀛，说他们三人侵占故宫的书画五百九十四号、古铜器二百十八号、铜佛一百零一尊、玉佛一尊、秘书处装箱南迁古物十二号、图章三号。所持理由为故宫古物，均经清朝皇帝大臣鉴定，不应有伪品在内。而现在竟发现了伪书画伪铜器，以木泥佛像冒充铜佛像等等，认为都是被易、李盗换去了。又因为秘书处自行装运古物为弊端重重，指出其中铜器书画皆有调换之号。

吴瀛从开始就主张易培基、李宗侗二人不可畏缩，要挺身而出，面对事实，在法律面前，辩明是非曲直。李宗侗却始终畏首畏尾，不敢出头，并且死拖着他的岳父不叫他露面，要走迂回曲折的道路，找人调解。结果使易培基含冤而死，他自己也永远背着一个盗宝的罪名，十足表现出他胆小怕事的懦弱性格。

吴瀛所撰《故宫盗宝案真相》一书虽然揭穿了张继、崔振华攻击易培基、李宗侗的用心，以及李宗侗的怯弱，侃侃而谈地叙述他所受的委屈，但反驳法院起诉的理由，似嫌不够充足。如以当时故宫博物院另外一位老工作人员那志良的话来补充，才可以使疑团冰释。

那志良1925年（民国十四年）1月，经陈垣介绍进入清室善后委员会工作，从此任职故宫博物院，一直随着古物南迁到台湾，后任台湾“故宫博物院”古物组组长，著有《故宫四十年》一书，由台湾商务印书馆出版。

《故宫四十年》说：“故宫文物有些具有原签，每被查物品的采用，这是靠不住的事。例如玉器，有的利用玉皮，使器外部分呈黄色，乾隆时喜欢烤皮子的办法，把一部分表皮烤成黄色。凡是这种玉器，太监们在器上贴的小黄签，都称之谓汉玉，时代相差一千多年。书画中这类情形更多，古物馆中保存着一大箱画幅，是由景阳宫提出来的，看签子都是唐宋名迹，事实上都是明清所作伪品，这一类并未运来台湾。”

又说：“在一般人的看法，故宫里的东西，都是宝贝，绝不会有伪品……殊不知故宫里的东西，有宝贝，也有劣货，有真品，也有伪器。我举一个例，在故宫瓷器中，竟发见一件‘大明康熙年制’的碗。宫中瓷器，向由官窑烧造，怎能发生这么重大错误。研究故宫里面伪器的来源，可以知道是有两条路子：第一是太监偷换。上面所说‘大明康熙年制’的碗，不可能是官窑的错误……这必定是太监偷盗了真器，拿一件东西来填数。……第二是大臣们的蒙蔽。大臣们进贡的东西……他们不知什么是真，什么是假，只听信幕僚与古玩商的勾结，以假为真，拿来充贡。……只要太监们疏通好，就绝不会发生问题，于是宫中的伪品渐渐地多了。大臣故意以伪品充贡的例子，并不是没有，高士奇是康熙时的显贵，他就经常以伪品充贡。”

谈到伪器时，那志良在他的书中也讲了用翻砂制的古铜器，与薰染方法制的古玉器以及在无铭文铜器上刻上铭文，冒充商或周铜器等。这些话虽不一定为盗宝案而发，但如果客观地分析一下，那些珠宝是不是起初送进宫来就用的是假货，或者后来为太监们所偷掉换了呢？法院是否查过，作过科学分析？

盗宝案发生后二十多年，那志良在台湾写的《故宫博物院之三十年》一文中说了两点意见，及至他写《故宫四十年》时又提了出来：

第一，那志良说易先生如果真做了这种事，他便是故宫的罪人，如果没有这回事，不但是故宫博物院的损失，也是国家的损失。那志良随着古物装箱南迁，目睹易、马交代和法院检查，又随着古物进入内地，胜利后回到南京，再迁台湾，四十多年始终未离开南迁的古物。他都不能肯定易、李盗宝。他虽表示在他的立场上，对此案不便过多评论内幕如何，他也不知道究竟是怎么一回事，但从他听说故宫之中既有劣货，也有伪器，又说太监偷换、大臣贡假货等情形，已足以表明当初李宗侗匆匆将未审核的太庙祭器和珠宝装箱南运，从而铸成了大错。（《故宫盗宝案真相》页 179—180）据那志良说，有位故宫职员萧乡沛因为将一顶破纬帽上的珠子拆下来，珠子包好南运，破帽留在原处，竟因此以毁坏公物罪，判了徒刑。

第二，书画方面法院是请黄宾虹作鉴定的。那志良说：“故宫博物院书画审查委员会，时常有绝对相反的意见。法院只请了一位黄宾虹先生担任鉴定，难免发生错误。例如宋拓《道因碑》是经审查委员会一致认为真迹，而被认为是伪物，把它另封起来。又如《宋元宝翰》册及《宋元名家尺牍》册也是委员会鉴定的真迹，也被另封起来。尤以马麟《层叠冰绡》是有名的珍品，有著录可查，也被另封起来。其实画的真伪不是问题的中心，检查易案，着重在他是否有侵占嫌疑，……倘若一幅伪画，而收藏家如项元汴、梁清标、安仪周等人收藏印不假，或清室的鉴藏宝玺不假，或乾隆的题识不误……这一幅画无论假到什么样子，是与易先生无关，因为法院查的是易案，而没有替清室算旧帐，也没有替古人算老帐。法院的人对于这种情形或未必清楚，黄先生是书画鉴赏家应当知道。不晓得是黄先生没有说，还是法院没听他的话。像这样情形的书画，也被另封了不少。”（《故宫四十年》页 64）

那志良的这番分析，使我们有所了然，说易、李偷书画是由于法院的检查书画首先弄错了前提。太庙祭器珠宝方面既是李宗侗将未经审查的东西装箱，因疏忽而惹出了麻烦，可见铜佛玉佛的掉换，在故宫古物严密点查的制度之下，易、李两人如何能去进行？大成疑问。可能也是曾经点收，而未加审查的物件，其中就有从前为太监偷换过的东西在内。

据《故宫四十年》载：台湾将“中央博物院”、“故宫博物院”成立联合理事会，第七届理事中有李宗侗，大约是在 1963 年。1964 年成立“故宫博物院”管理委员会，委员之中也有李宗侗。可见这桩冤案在国民党当权的人中是晓得的。至今李家盗运古物到法国之说，虽然国民党政府驻法大使顾维钧已证明无其事，法院派人去查，亦查不到什么，而似乎仍有人在相信。

《故宫四十年》虽非为盗宝案洗冤而作，但其中详细说明每组点查古物实际情况，是以证明盗宝实为不可能发生的事。又说明故宫里面物品并非件件皆真，更足以为易、李诸人洗冤。书中“一般人的看法故宫里东西都是宝贝，绝不会有伪器”句下说：“如果负责保管的人，不把审查工作做好，便有被扣上盗宝的帽子的危险。”这几句话似乎是因易案有感而发。

从法院所举盗宝案全部侵占物品来看，其数量之巨，涉及范围之广，绝非由易、李、吴三人在短期内所能办到的。如果他们从进入故宫便做盗窃工作，便要由所有开会、办公、应酬等事项完全置之不理，专门从事偷运抵换的勾当，有这种可能吗？易培基、李宗侗在故宫完全掌握领导权，是1928年10月以后，这期间他们究竟有多少时间可以去进行盗窃，才可以获得这么多的东西？而且如果长期进行盗窃行为，故宫员工如何能毫无所知？法院起诉时并没有考虑这些问题，而吴瀛先生在《故宫盗宝案真相》一书中也未从这方面去反驳，读了《故宫四十年》恰好说明作者那志良先生倒是此案被告的最好证人和辩护人。

佛学研究

佛教现代化刍议

关于佛教现代化问题，有些人颇为赞同，也有人对“现代化”一词并不表示好感，认为佛法就是佛法，不能像其他人类文化一样变来变去。要谈政治、经济的现代化可以，也要谈佛教的现代化，则难以认同。

难以认同是不难理解的。任何新的事物，都会在起始的时候遇到人们一种本能性地排拒，而且越是和人类的文化习性及价值理念相关的新事物，所受到的排拒力往往就愈大。宗教感情在人类生命中是颇为复杂的东西，和人类许多行为都密切相关，人们对新的事物产生疑惧，因为新的里面隐藏着未知。

任何一种文化，都是在人类思想的激荡中产生，也在人类思想的变迁中更新，若能经常引进来自多方的源头活水，这一种文化便会多彩多姿；若能代代都有杰出的人才做温故知新的工作，这一种文化便会有充沛的活力。如果拒绝接受外来力量的考验，这一种文化便会衰落而不受人们欢迎；如果缺乏反省的能力，这一种文化便会僵化而遭受自然的淘汰。由此可知，佛教在印度的全面灭亡，一定有其原因，佛教在中国虽历经数度的兴衰交替而尚有生机，也一定有其道理。

所谓佛教的现代化，并不是刻意创新、追赶时尚，而是一个宗教要不断地觉观，自我反省与调整，以求更有效地在不断变迁的人类文化环境中提升人性的文化行为。任何宗教或文化如果不能适应时代思想的变迁而做适度的自我调整，就容易很快地为其他较为有调整能力的文化所取代。其实，佛教本来就是一个不断现代化的人类文化活动。释迦牟尼本人虽然并未以教主自居，也未曾领导过任何群众运动，但由他体悟出的教法及僧团制度，在当时的印度就是文化上的一场革命。可是，佛教在印度流传了一千七百年，由于不再能够为印度社会提供新的文化契机，终因老化而至衰亡。但是，对于东南亚及东北亚诸国来说，佛教却是取之不尽用之不竭的新文化；南亚诸国及西藏地区，除了佛教文化，只有土著的原始宗教，而且唯有佛教文化，才能充实他们的精神生活，提升他们的伦理道德，满足他们的求知欲望。

我们时常听到这样的议论："佛教产生于印度，发展于中国，开花结果于日本。"每当听到这种话，总是引起人们许多感慨。佛教传入汉地之后，首先遇到儒道二家的抗拒。因此，为了在汉地生根，只得入境随俗，方便善巧，适应汉文化，运用汉文化，模拟汉文化，例如孝道的提倡，祖先的超荐祭祀，乃至僧尼的生活方式及衣着也汉化。佛教的尽量汉化结果，不仅没有破坏汉文化，反而激发了汉文化的发展。在广泛的佛教思想方面，也有不少像印度大乘佛教那样的大师级人才涌现出来，那就是大乘八宗的开创者。他们各自都有所依的经论，作为立论的依归，注疏立说。他们虽然不会有意识地将佛教从形式到内容有所改变，但却自然而然地形成了汉文化中的佛教。如果是保持印度原貌性质太强的宗派，传承不了多久，便会后继无人而告中绝，例如三论宗、唯识法相宗、密宗等。至于天台宗、律宗、华严宗，也没有成为中国社会大众的普遍信仰。唯有最具有中国特色的禅宗，是最能体现释迦牟尼本怀的一大宗派。因为禅宗最为崇尚简约的汉文化所激赏，它吸收了各宗的精华，非常简朴地奉献给社会大众，让中国人受益于平常日用之中。初期的禅宗是依据于印度传来的经典，后来则以中国的祖师语录为主，例如《碧岩录》《临济录》所引的论证与例证，出自经论的百分比较少，大多引用中国的祖师语录，至此，佛教完全汉化了。在汉地，虽然已有儒道两家极高度的文化背景，而佛教的传入，非但没有损害到本土文化，反而滋养了本土文化。佛教传入中国，不仅没有被中国所同化而消失，却由于儒道文化的激扬，而获得了新生命，成为中国汉文化中的三大主流之一。由于汉传佛教伴着汉文化的成长而成长，也随着汉文化的传播而传播。它虽然没有否定印度佛教是其源头的母体，但已不是印度佛教，而已完全能够独立，是道地的中国佛教。

佛教传入中国的过程中，虽然数度被儒道两家所抵制，但结果佛教反而适应了中国文化。佛教这个外来文化，确有其无法抗拒的生命活力，所以经过魏晋南北朝而至隋唐时代，佛教文化几乎取代了儒家文化，而居于中国主流思潮的地位。对于研究中国哲学史及文化史的专家学者，可能也会同意这样的看法。

其实，在佛教文化在中国盛极一个阶段大约两百年之后，便为中国的儒家带来了文艺复兴的契机，那就是由程、朱、陆、王等诸家兴起的宋明理学，他们都是饱读释氏之书而倡导儒家之说的著名理学家。他们依然高举反佛旗号，而其说心论性，根本就是佛化了的儒者。王阳明的“知行合一”说，就是佛教主张的解行并重、福慧双运、定慧不二的套版。如果没有佛教，就不可能涌现出这批受到禅宗影响很深的宋明理学家。因此，禅宗有公案灯录，理学家也有学案语录。

道家原非宗教，是以符箓、图谶、炼丹等方术，结合民间多神信仰而形成的道教，除了依附老庄之说为其思想背景，本身并不具备宗教条件。由于受到佛教的影响，自宋朝开始也完成了一套道藏，其中有七十多部道经，是依据佛经改写的。所谓改写，仅是把若干佛教的专有名词，改为道教化的名词。再更动一些章节，有的连经名也照佛经原称抄录，例如《本行集经》《父母恩重经》《法华经》《金光明经》等。可以这样说，佛经使得道教佛化，如果没有佛教的三藏典籍，卷帙庞大的道藏很可能就难以编成。道藏名为《三洞十二部经》，也是仿自佛教的三藏十二部。道教的全真教以《道德经》《孝经》《心经》教人，出家道士的共住生活规约则比照禅宗，名为“清规”，其中所列的项目名称，也采取了不少《禅苑清规》的术语，例如“开静”、“安单”、“出坡”、“常住”、“十方”等，北京白云观的建筑设置，也仿效禅宗的坐标，可以说全真教是接受了佛化的道教。

中国是大乘佛教的第二母国，它在中国立足生根发展，丰富了中国文化的内涵，中国文化也促成了佛教的转型，乃是互为因果而共同成长的。经过佛教的传播，印度西域的文化渐渐地被中国民族吸收、同化、创新。当时中国人看佛教文化东来，犹如现代人对于世界先进国家科技文明的态度，如饥似渴地吸收。经中国消化后的佛教，便传往韩国及日本，从而也充实了这两个国家的文化内容。

佛教在中国，到了宋明时代，即日趋衰落，固然与儒家的排佛运动有关，也与佛教没有出现人才不无关系，直到明末清初，才有若干杰出的僧俗复兴了佛教，但是也未能创新佛教的思想层面。这一问题要追溯到唐代，当时，我国佛教虽然宗派很多，然而也存在着一种弊端，那就是佛教学术化的倾向日渐浓厚，忽视了在现实生活中对佛法的真修实证，从而使佛教变成了一种远离社会的知识。这样一来，佛教的现实生活的基础和适应能力也就变得很脆弱了，因此当会昌法难临头时，顷刻之间，禅宗以外的各大宗派的寺院和经典便遭到毁灭性的破坏，昔日的繁华也就不复存在了。幸而有禅宗以其扎根于现实生活，于当下关怀生命的觉悟和解脱，以及自食其力、注重真修实证的宗风，使佛教具有了强大的生存能力，从而使佛法的慧命以一种活生生的方式得以延续，否则佛教恐怕早就完结了。因此我们可以断言，是禅宗一度拯救了中国佛教。

从这里使我们想到一个问题，就是：如何现实地去定位佛教与现实人生、与社会大众之间的关系，对佛教的存在和发展来说，是至关重要的；佛教的兴由是，佛教的衰亦复由是。

为什么南宋以后我国佛教开始走下坡路，特别是到了近代几乎奄奄一息？原因是多方面的，其中一个最主要的原因，恐怕与中国后期的佛教脱离现实、专为死人服务、为死后服务的修行宗派有关。

历史告诉我们，佛教的兴盛与繁荣离不开现实生活，离不开社会人群，佛教存在的价值不仅要通过个体的解脱这一出世的方式表现出来，同时还要通过帮助社会确立和完善健康的道德体系、积极的人生关怀、依正不二的环保意识，通过净化人心、祥和社会、维护世界和平等等入世的方式表现出来，而且这两者在时空上是不能够分开的。换言之，个体的究竟解脱只有在利益人群和社会的行为中才能够真正地得到实现。任何脱离社会的做法，只会把佛教更快地推向灭亡。

中国的佛教经过近百年来的沧桑磨难，早已是积重难返了，加上

“文化大革命”期间又遭受了一场空前的浩劫，元气大伤。幸好现在我们终于迎来了改革开放、政通人和的大好局面，有党的宗教信仰自由政策作保证，佛教终于有了复兴和发展的机会。在这种情况下，如何使佛教能够尽快地走出低迷的状态，恢复其本有的勃勃生机，实现现代化，从而更好地为社会主义物质文明和精神文明建设服务，则是我们佛教工作者的一项非常重要而又紧迫的任务。

佛教本义，并不像一些中国儒士所理解的那样不管现实生活只读出世间的事，只管出世，仅仅是在中国封建社会的特定政治文化环境中形成的衰落期的特征。从释迦牟尼的言传身教来看，他并非只管出世间的山林瑜伽士，而是一位极度热心于济世导俗的法王。隐匿深山大寺只图自了生死不管世事，是后世一类佛教徒的作为，是在特定的历史条件下形成的风气，是与佛陀的宗旨违背的，佛经中呵斥此类人为“焦芽败种”。至于在家人学佛后不管家庭生活，更是违背佛陀所示的在家学佛之道，是闻法学解不够或对佛法理解片面浮浅造成的。

近代以来，佛教界大德针对中国佛教的积弊所提倡的“人生佛教”、“人间佛教”，是对释迦牟尼原旨的复归。太虚大师提倡“人生佛教”，强调学佛要立足于现实人生及我人生存的地球，从做人修起，先完成人格，好生做人，“完安物质的生活，增高知识的生活，完善道德的生活，再以此完成优美家庭、良善社会、和乐国家、安宁世界”。（《佛陀学纲》）尽心“服务社会，替社会谋利益”，修依人乘行直趋佛果的大乘圆渐之道。大师自己以“仰止唯佛陀，完成在人格，人成即佛成，是名真现实”一偈为座右铭，并号召学佛人以“爱国心为前提”，“一致奋起建设光荣的国家”，变浊恶的人间为庄严之净土。赵朴老倡导的“人间佛教”，旨在社会生活中“奉行五戒、十善以净化自己，广修四摄、六度以利人群”，“自觉地以实现人间净土为己任，为社会主义现代化建设这一庄严国土、利乐有情的崇高事业贡献自己的光和热”。印顺法师对太虚大师的“人生佛教”作了进一步发展，他倡导的“人间佛教”为佛教界有识之士所信崇并身体力行。“人间佛教”经近百年的提倡推行，已成为海内外广大佛教徒和社会人士共同认定、赞许的佛教为中国现代化服务的模式。“人间佛教”并非仅为应时契机的方便，而是释迦牟尼遗教尤其大乘本来精神在现代社会的发扬实践。

我国政府要求宗教要与社会主义社会相协调、相适应，实际上便是对宗教社会责任的定位。目的在引导宗教应有益于社会主义的物质文明、精神文明建设，应教导宗教徒尽到社会责任、遵纪守法，参与国家建设。当然，中国现代化也对宗教提出了更高的要求。从佛教的现代化来说，要本着继承传统，面向当代，开拓未来的精神，加强佛教自身建设，提高佛教徒特别是教职人员的素质，正信正行，办好教务，改善佛教活动场所的管理，清除消极腐败现象，克服佛教庸俗化的倾向，保持佛教思想文化内涵，以便运用独具的特点，发挥独具的优势，更好地为中国现代化作贡献。

在中国佛教协会第六届全国代表会议大会上的发言

主席、各位代表：

我完全拥护赵朴老所作的《中国佛教协会四十年》的报告，完全同意周绍良副会长代表中国佛协第五届理事会所作的《工作报告》和刀述仁副会长所作的关于《中国佛教协会章程》修改草案的报告。朴老的报告概括地叙述了佛协四十年的历程，引起了我们的前尘影事。回顾建国之初，佛教界还处在风雨飘摇之中，赵朴老和当时国内的大德居士共同创建了中国佛教协会，那时如果不具有一定的魄力，这样大的工程，是绝对办不到的。中国佛协的成立在宗教界是一件了不起的事情。四十年来风风雨雨之中佛协走过了不平凡的道路，凝聚了大德们的心血，尤其是赵朴老以他的个人学识和威望，把中国佛协护持得如此之好，办成今天这样宏伟的规模和深远的影响，确实不容易，朴老真是我们佛教界的大护法，当代的维摩。朴老的报告体现了一位护法长者对于全体佛教界所寄予的厚望，总的精神要求我们“加强佛教自身建设，提高四众素质”。朴老提出四个建设的五个方面，我体会是文件的纲领，它要求我们今后沿着这个方向奋进并努力贯彻大会的有关决议和措施，那我们就一定能够续佛慧命，法轮常转。

下面我想谈谈北京居士林的情况和问题。

北京居士林的前身是华北居士林，创建于1926年，已有近七十年的历史。1949年以前，先后在胡子笏、周叔迦居士的领导下，一贯护持正信正念，在家二众学修并重，如法如律，颇具规模，而且有很大的影响力和号召力。1949年以后情况有了变化。

1958年以后，林务停顿。“十年浩劫”中经像图书荡然一空，房屋亦被人占用，组织完全陷于瘫痪。粉碎“四人帮”，特别是中共十一届三中全会以来，北京居士林进入了恢复与振兴的新阶段。在名誉理事长赵朴老和导师正果法师的关怀支持下，林务开始恢复，林员及在家二众有了拜佛诵经的场所，佛事活动逐渐得以正常进行。被占用的房屋也陆续得以收回。目前北京居士林已拥有近千名林员，每月四次的佛事活动中随喜的在家二众一般有千人之多，呈现一片欣欣向荣的景象，还建立了佛经流通处内部流通经像法物，受到四众弟子的欢迎。此外，不定期地经常请高僧大德给在家二众传授三皈五戒，信徒日益增多，大有应接不暇之势。

当前存在的问题是林员素质不高，教务活动跟不上，林务停滞不前。从林员数量上看，在家二众信佛的显著增长，1949 年以前的人数无法与之相比，但林员的素质却有下降的趋势。主要在于一些新佛教徒对佛教的认识不足，缺乏正信正行，有些人抱着功利性的目的，烧香拜佛，诵经拜忏只是为了谋求福报，消灾延寿。甚至有些人借学佛为手段，练气功行医治病，骗取钱财。信解行证是修学方面的四大要素，应当相辅相成，而我们仅仅停留在佛事活动的念诵上，没有因势利导地开展解难释疑等辅导工作。这固然与目前林址没有修复，缺乏活动场所有关，但主要是少数领导对这一问题没有取得共识，领导人坚持举办念诵拜忏，因为这样的活动不仅佛事繁荣而且还有利于创收，认为这是经济来源的主要渠道，所以我们制定的开办佛学讲习班、专题讨论会、请大德讲经开示等计划始终没有得以实现。

我们在传授三皈五戒上也存在着问题。上面说过，信佛教的人日益增多，要求受皈戒的人也越来越多，而我们当中有些人把办理皈戒当成一项主要任务，经常请高僧大德传授三皈五戒。受戒是件严肃的事情，必须条件具足方可进行。我很赞同北京天主教的做法，他们对要求领洗入教的人，先办学习班，经过一段时间的考察，合格的才准许领洗。而我们不是这样，来者不拒，只要前来登记的，填个表，到时候就通知他前来受皈戒，于是对佛教毫无认识理解的，也就轻轻易易地进入了佛门，结果有些人皈依不皈依完全一个样，与非佛教徒根本没有什么区别。有些外地闻讯而来的，也不分地区，不看证明，一概全收。据说天津当地都不收其入佛教的，跑到北京来反而轻而易举地拿到了大德的皈依证。不少人要求受皈戒的目的是为了取得“皈依证”在北京天桥给人行医骗钱。填发的“皈依证”也十分马虎，有的人连姓名、年岁也不填，叫他拿回去写，甚至照片也不贴，就发给了本人，这样很容易张冠李戴，假冒事件时有发生。现在对外地赶来受皈戒的虽已得到控制，但传授皈戒仍然继续进行，尽管多次在社会上劝阻，而某些人坚持不执行。

居士到寺院里随着出家二众念佛诵经，这本是无可非议的事，但绝不是居士林唯一的活动。居士林除了念诵活动之外，还有更重要的工作要做，如开办佛学讲习班，举行佛学讲座，组织助念团，办些社会福利救济事业等等。作为一个佛教信徒，最重要的是遵循佛的教诲，把教理贯彻自己日常生活之中。如果对自己不严格要求，空挂信徒的虚名，这本身就违背了佛教教义。赵朴老在文件中指示我们：“居士团体要引导在家二众进行学修，正信正行，爱国爱教，遵纪守法，做好本职工作，做一个好公民、好教徒。”这是我们居士林的方向，我们一定要遵循朴老教导的精神制定出切实可行的措施和计划，推动广大林员以实际行动勇猛精进。

近代高僧太虚大师提倡“人间佛教”，指出“人成即佛成”，使“菩萨精神”真正进入社会。菩萨的这种“自利、利他”的大悲精神，是与现实紧密相连的。根据“菩萨精神”，我们居士林要培养林员树立“我为人人，人人为我”的意识，使林员能够自觉地建立起高尚的道德品行，积极地建设助人为乐的高度精神文明，净化世间，建设人间净土，“庄严国土，利乐有情”，为贯彻爱国爱教，为佛日增辉做出新的贡献。

（原刊于《中国佛教协会第六届全国代表会议大会发言选刊》1993 年）

地狱、天堂都是海市蜃楼

凡是宗教，几乎都信有天堂和地狱。至于阴曹地府之说，则是出于中国的民间信仰，因此，有一些人信了宗教，便会卖弄玄虚，说什么游地府、上天堂。类似这种偏离了人的立场的宗教现象，虽有其正面的功能，但也会带来负面的影响。

信仰宗教者有不同的性格，不同性格的人接受不同性格的宗教，也可以说，不同时代环境中的人，发现了不同性格的宗教。所以，各式各样的天堂、地狱之说，也是为各式各样的人而设。

例如，西方人只信有天国及地狱，不信有佛国净土；佛教徒除了信有佛国，也信有天国及地狱；而中国人在病中和梦中游地府上天堂，所看到的景物与人物，都是东方的，没有西方的。西方宗教的天国中，天使尽是白种人，未见黄种人，更未见黑种人。从这个角度来考察，便可以明白，宗教信仰和宗教经验的背景，是不可分割的。

以佛教的立场看，虽然承认有神有鬼，也承认有天堂地狱和佛国净土，但是信佛学佛的目的，是要达到无我无相的解脱自在，也就是超越一切的神、鬼、地狱、天堂。佛教认为，对于神、鬼、地狱、天堂的信仰，都有它一定的“作用”，却不是最终的目的。是不是真有地狱与天堂？对凡夫而言是有，对圣者而言是无。

对于地狱天堂之说，佛教认为对愚人说有，对智者说无。那是一切唯心所现，就像是戴了不同色彩的眼镜，就看到不同的色彩的世界。这就是为什么古代的中国人只看到中国人的天堂地狱，现代人的世界已知有红黄黑白等各种肤色人种，因此现代人游地府，应该可以见到联合国状态的地狱了。古代西方人的天堂里没有黑人，以致现在的非洲人也创造了一个黑人的天堂，拥有黑人的上帝。这都是出于各自的种族意识，并不是具有黑白色人种分离的天堂地狱。

在我们的生活圈中，有人说，他游了地府，也有人说，他到了天堂。这些事是否可信？其实很难说。因为当他第一次讲给你听的时候，他还有点隐隐约约，不太确定；到了第二遍讲给你听的时候，就相当逼真了；到了第三次叙述的时候，他的自信心就越来越强了。

一位修持很有成就的法师说过，他碰到几位自称上过天堂游了地府的人，也见过自称曾经亲临西方极乐世界的人，当他们第一次描述的时候，还会问这位法师："我见到的是这个样子，你看对不对？是九品莲池的第几品？"

到了第二次，他会肯定地说："我看到的就是这个样子。"

第三次讲出他的见闻时，就会要求这位法师非得相信他的见闻不可了。

这位法师说："这些人之中，如果是善根深厚的人，便会虚心向我请教，我会给他建议：地府天堂，就算实有其事，也都是海市蜃楼；一个以清净心学佛的人，应该把它当作幻景对待，否则那会给人带来心理上的负面影响。"

一个正信的佛教徒，纵然在修行过程中发生了或多或少的神秘经验，也不会沾沾自喜，逢人炫耀。因为一则你不能把看到听到的拿给别人看，再则即使你办得到，人家也会说你故弄玄虚，玩耍幻术。若有人因此而信者即成迷信，若不信者还是不信。

所以，一个高级的宗教，相信天堂地狱是身后的因果报应，然而尚在活着的时候，应当站在人的立场，把人的责任和义务担负起来，把人的标准做好，才是最重要的。太虚大师说得好："人成即佛成"，有了完美的人格，离佛也不远了。哪里还愁着上不了天堂而下地狱呢？

忆吕香光居士

时光疾于闪电，吕香光居士离开人世不觉已经快四个月了。居士们发出惋惜和怀念的声音，不断在我心上引起共鸣，贤者已逝，追思之余，怅然若失。

我从20世纪40年代初期到北平解放，与吕老在华北居士林相聚约七年之久。新中国成立以后，我因为工作忙碌，和教内朋友来往较稀，与吕老相遇的机会就更少了。时间过了四十个春秋，到了80年代末，由于宗教感情的驱使，我不时地去北京居士林暂借广济寺开展宗教活动的地方看望吕老和其他一些旧友。看上去吕老清癯的面庞依然如旧，只是比以前更加驼背弯腰了，不过他的谈锋仍健，不减当年。我每次同他晤谈，大都是回忆往事，畅叙当年亲近诸大善知识及聆听当代高僧慈舟老法师讲经说法之盛况，大有白发宫人说天宝遗事之感。例如，我们谈到1948年，倓虚老法师自东北过关，在北京小住。我恭请倓虚、慈舟两位大德到我家供斋，并请道源法师、显宗大和尚、周叔迦居士作陪，吕老也在被邀之列。我们还请两位老法师在我家佛堂里讲开示。这一法筵真是难得稀有。我们在一起常常赞叹当年周叔迦居士主持下的华北居士林，清净的道风，正信的学风，令人神往。吕老告诉我，叔迦居士当年有个长远计划，打算在居士林开办讲座，讲授“三大部”，即：《大般若经》《大智度论》和《宗镜录》。《大智度论》已经开始讲了《导论》部分，后来由于种种原因未能按部就班讲下去。吕老每一提到此事，总不免引为憾事。

我于1987年在吕老和杨德能居士的促进下，再次成为北京居士林的一名成员。1992年春，北京居士林第二次代表会议之后，我参加了居士林的工作。随后，我又参加了北京市佛教协会的工作。自此，我与吕老接触机会逐渐多了起来，相互了解也日渐加深。

北京居士林林址自“文化大革命”以来，长期被某些单位占用为职工宿舍，党的十一届三中全会后，仍然迟迟未予腾退。吕老为此忧心忡忡，焦急难安，各方呼吁，不辞劳苦。在北京市委、市政府的大力支持下，经过居士林同仁的艰苦努力，到了2000年秋，林址才全部收回。吕老十分欣慰地说：“我亲眼看到居士林林址全部归还，虽死亦瞑目了。”

中共中央关于加强社会主义精神文明建设的决议发表以后，吕老以此为影响广大林众做了居士林开办讲座的第一课。他结合佛教与中国传统文化的关系，联系实际讲了佛教信众必须在社会主义精神文明建设中贡献自己的力量，发扬佛陀“庄严国土，利乐有情”慈悲济世的精神，积极引导佛教与社会主义社会相适应。吕老的讲话博得了听讲林员和信众的好评，认为讲得契理契机，入情入理，很受启发。

举国迎接香港回归的日子里，在吕老的倡议下，北京市佛教协会与北京居士林联合举办了“迎接香港回归书画展”。中国佛教协会已故会长赵朴初居士派人送来了为庆祝香港回归书写的墨宝，为展览会增添了光彩；还有不少名家的作品送展，美不胜收。澳门回归之际，吕老再次倡议，北京市佛教协会与北京居士林联合举办名家书画笔会，在京佛教界的名僧大德亲临现场泼墨挥毫，创作了不少佳品，会后选送精品赠给澳门佛教总会以示祝贺。吕老的倡议，是他爱国爱教、维护祖国统一的精神的具体体现，值得我们学习。

吕老十分关心当前教内的道风，他认为道风不振势必关系到佛教的兴衰。一次，我向他念了一首诗，内容是：“天生‘三武’祸吾案，释子回家塔寺空，应是昔年崇奉日，不能清简守真风。”吕老连连地说：“对，对，对极了！这是从主观方面找原因，‘物必先腐也而后虫生之’！”他认为赵朴老提出的加强自身建设，其中信仰建设和道风建设最为重要。

吕老严于律己，宽厚待人。他是北京市佛教协会副会长，又是北京居士林理事长，而他一向不以领导自居。在他主持下，北京居士林规定的例会，一般情况下必定按时召开。会上根据民主议事原则办事，他从不专断独行，一个人说了算。吕老虽然年事已高，但只要推他起草文件，他从不拒绝，也不拖延，及时写好，圆满完成。甚至林员中有求他代写材料或书信的，他也欣然命笔。我就看到过，他将写好的文稿不厌其详地向委托者解释其中的大意。吕老平易近人，和蔼可亲。工作人员有了过失，他总是不予严责，宽恕对待，他说过“对犯错误的人不能赶尽杀绝，要给出路”。这不仅是佛教徒的心肠，并且也符合儒家的忠恕观点。

今年 2 月间，听说吕老因肠梗阻已多日不进饮食住进了医院。我于 2 月 17 日，同北京居士林总干事傅玉亭同志一起去医院探视。数月未见，蓦地一看他被病魔折磨得已变成形容枯槁，瘦弱的身躯蜷局在病榻上，精神极差。他见到我的到来，极其费力地以细微沙哑的声音嘱托几件事，其中最重要的是仍以市佛协和居士林需要建立制度，健全机制，加强管理为当务之急，并且再三强调要树立居士林的良好形象。我强忍着悲痛劝慰他安心养病，别的事不要多想，等病好了再谈。告辞出来，听到值班医生介绍，吕老已到了结肠癌的晚期，因年事已高无力挽回，等待时间而已，我沉默无言地含着热泪与傅玉亭同志走出了医院。十五天之后，传来消息说，3 月 3 日晚 11 时 56 分，吕香光居士安详西逝了。不意医院一别，竟成永诀。3 月 10 日上午，我去八宝山革命公墓向他的遗体告别。在告别室里，我看到这位虔诚信仰一生的老人安安静静地长睡在鲜花翠柏之间，表情却显得很坦然，眼睛微合着，嘴角边似乎浮现出带有宽厚待人的笑容，仿佛在告诉林员和朋友：“永别了，永别了！请不要悲伤！我活到九十四岁高龄，已经算得上长寿了，可以高高兴兴地告别了！”就在这一刻，我忽然想起他在弥留时刻，对佛教事业的谆谆关怀。现在他已永离人世，那么，作为比他稍稍年轻的老友，我应该诚恳接受他的嘱托，虽然自己的桑榆暮景也不多了，但我仍然应该以出世的精神，做入世的事业，在佛教与社会主义社会相适应的道路上贡献余生。

敬悼朴老

今年5月19日上午，我应田青先生之约，去广化寺参加《中国佛乐宝典》发行新闻发布会。在会上见到了朴老夫人陈邦织大姐，问起朴老的病情怎样？因为前几天听说朴老在发烧。陈大姐说：“他的感冒还没有彻底好，发烧还没有降下来。”我不免一怔，为老人家的发烧总不退而担心。分手时，我请邦织大姐替我向朴老问候，祝老人家早日康复。别后仅两日，5月21日的晚上，不意从电视“新闻联播”中惊悉朴老示寂的噩耗，我为佛教界骤折栋梁，顿失领袖①不由自主地悲从中来，失声痛哭。

我和朴老相识，算来已有五十个年头了。记得那是1950年深秋的一个傍晚，正值朴老从上海来北京开会期间，他的老朋友陈冰夷同志请他在东安市场北门森隆饭庄三楼素菜餐厅吃饭，约我作陪。主人的目的是给我介绍这位佛教界的大居士。

其实，当时我对朴老了解得并不多，只知道他擅长诗词和散曲，书法精湛，是一位学修并重的居士。这些都是冰夷向我讲的。冰夷还告诉我，朴老在家乡太湖，是著名的三才子之一，还有一位是孙起孟先生，另一位的名字我已忘记了。

第一次同朴老会晤，谈佛教的内容并不多，只是略谈了我学佛的过程和亲近几位老法师、老居士的大致情况，而主要谈的是近代词章家在诗坛上的成就与影响。谈话中才知道晚清诗人陈曾寿是邦织大姐的长

---

① 唐太宗在《大唐三藏圣教序》中誉玄奘法师为“法门之领袖”，而在当代，朴老堪以当之。

辈，朴老对苍虬阁[①]的诗十分欣赏。朴老移居北京以后，我曾持旧藏陈曾寿所绘松树中堂送请题字。朴老在画的上端书写了陈曾寿的咏松诗一首，书画俱臻上乘，可惜这一个珠联璧合的珍品已经在“十年浩劫”当中风流云散了。

我于1992年工作重点转移到北京市佛教协会以后，有幸不时亲聆或拜读朴老的教诲，受益良多，越发增加了我对他的钦敬。作为中国佛教协会会长，朴老的高风亮节，嘉言懿行，早已赢得广大信众的爱戴和宗教界朋友的敬重。朴老去世后，全国政协副主席、中国基督教三自爱国运动委员会名誉主席、中国基督教协会名誉会长丁光训主教专程从南京赶来，向他的老朋友、好朋友赵朴初作最后告别。当时，丁光训主教对朴老给予了很高的评价说“我欣赏朴老是因为他是一位佛教的学者，他对于佛教有许多精辟的思想。我虽然不是佛教徒，但是我仍然欣赏他，拥护他对于佛教的理解。我们有许多共同关心的问题，比如对于世界和平；也有许多共同的认识，比如对于中国的宗教应该有改革等看法，我们在一起交换过看法。我知道他也希望佛教有一个佛学建设。比如他早年曾说过，他非常同意佛教中的‘人间佛教’的思想。但他不希望这些思想只停留在口头上。因此，我心里一直暗暗希望，他能再长寿一些，还可以在这方面发表一些意见。现在不可能了，我感到非常可惜”[②]。朴老提倡的“人间佛教”思想深得丁光训主教的赞誉，表明两位宗教界领导人对于宗教共同关心的问题，思虑精邃，彼此透彻地了解，达到了“心有灵犀一点通”的境界，这种道义上的团结，令人叹服。

朴老洞彻佛法，1980年之初，就提出宗教要与社会主义社会相协调的主张。1983年又提倡建立“人间佛教”，内容是农禅并重、学术研究、国际交往。1993年又倡导佛教要加强五个自身建设，就是信仰、道风、人才、教制、组织建设。朴老对全国佛教徒倡导“爱国守法”，

---

① 苍虬阁系陈曾寿的室名，有《苍虬阁诗集》行世。

② 《我们不仅是老朋友，也是好朋友》（摘自《人民政协报》2000年5月31日）。

"庄严国土，利乐有情"，要求出家人"独身、素食、僧装整齐"。他说，没有社会主义新中国，就没有我们的宗教信仰的自由权利；没有繁荣富强的社会主义国家，就没有佛教事业的兴旺发达。他总是把佛教和祖国传统文化以及祖国繁荣的未来联系在一起。朴老是爱国爱教的典范。

中共十一届三中全会以来，宗教信仰自由政策逐步贯彻落实，但任务也十分艰巨。以北京的寺院恢复建设来说，历史名刹潭柘寺、戒台寺以及云居寺，自 1997 年先后归还北京市佛教协会。这是在北京市委、市政府的领导下，关心和支持北京市佛教界所做出的大事。目前，三寺都有僧众驻锡，佛事活动有所开展，但大多殿堂还未归还，僧寮、斋堂均未各得其所，广大信众仍然翘首期盼着宗教政策早日全面正确地落实，宗教的合法权益能真正得到保护。事情尽管不尽如人意，但其中却还倾注了朴老多年的心血，例如，1985 年冬，朴老代表中国佛教协会捐巨款赞助云居寺的修复工程；多次向有关方面提出建议，希望潭柘、戒台两寺早日归还佛教，等等。如果没有朴老的关心和呼吁，就不可能钟鼓梵呗重鸣于幽山峻岭，礼佛唱念再现于千年伽蓝，我们对此要有清醒的认识，珍惜这一来之不易的归还。

由此，我不禁联想到朴老挽项南同志的一首《哀辞》，其中有"游归道所见，为我解烦忧。古刹脱虎口，令行众愿酬"之句，不胜感慨系之。事情是这样，1981 年底，朴老视察福建，项南同志陪他看了福州西禅寺，然后由别的同志陪他再到漳州。他看到南山寺后院是个占用寺院房子的动物园，园里还养了老虎。目睹这一现象，朴老很难过，回到福州把这一情况同项南同志说了。项南同志也感到问题严重，当即通知市委处理此事，把占用寺院的房子迅速退还。并要各地彻底落实宗教政策，把寺院的管理权归还佛教协会，今后要尽可能地帮助寺院进行修缮。朴老对这些做法很满意，所以在《哀辞》中说解除了他的烦忧，并高度赞佩作为省委书记的项南同志认真负责的工作之风。据我所知，当前，有些管理部门在其属地范围内的寺院里，占用寺院房屋开设荤菜饭馆，严重破坏了佛教的清规戒律。若朴老生前见到这类事情，其难过的心情肯定比南山寺所见还要沉重得多。现在，项南同志和朴老都已相继离开了我们，明月清风，何处寻觅？怅惋之余，夫复何言！

1990年，朴老再次去福建视察，看到鼓山涌泉寺外，有关部门设卡子售门票，直接侵犯了佛教的合法权益，遂写下了四首纪事诗，录之于下：

一

虎伏龙翔据上游，鼓山雄秀甲南州。
重关透破家常事，一喝能教水倒流。

二

明版经存南北藏，丹崖字刻宋元题。
护持须仗禅师力，佛日增辉万劫期。

三

大树参天绕大雄，造林千载赖僧功。
贪天竟有拦门盗，践踏舆情坏世风。

四

莫道低眉便可欺，深悲曲凉汝无知，
可知争利能危国，取义殉财要再思。

这四首诗，表达了朴老爱国爱教的情怀。他对这种侵犯寺院合法权益的行为极为愤慨，在寺院山门外设卡卖票，他斥为贪天的拦门盗，不但践踏舆情而且败坏世风，危及国家的安定团结。此诗可以警醒世人，是一付清凉剂。近些年来出现了名山大寺外设卡售票的现象，纠纷迭起，直接影响了社会的安定团结。尤有甚者，有些地方除设卡售门票外，还在未归还佛教协会的殿堂内设功德箱，广收游人布施的“功德金”。建议这些地方的负责同志，不妨读一读朴老的纪事诗，进行一番反思，是不无益处的。

“文化大革命”之后，在市委、市政府的领导下，在朴老的关怀和支持下，北京居士林的佛事活动得到了恢复，林员们永远不会忘记朴老的功德。当时，北京居士林的原址被某些单位占用为家属宿舍，佛像、经书、法物也都散失殆尽。1979 年，在朴老的授意下，广济寺与北京居士林共同启建道场，定期举行念佛法会和各种佛事活动。从此，林员们如愿以偿地获得了参加宗教活动的合法权益。

几年前，北京居士林在筹划翻建林址时，为殿堂供佛像问题，曾请示朴老。朴老意见，“就供一尊释迦牟尼佛像，不要供很多佛像和菩萨像。人家不是已经在说我们是多神教了吗?”这是朴老一贯的主张。他在许多场合反复指出，不要相互攀比，将殿堂、佛像越建越大，越建越多，搞多神崇拜。这是朴老人间佛教思想的又一具体反映，我们衷心拥护。

朴老对北京居士林关怀爱护，林员们对朴老更是敬重有加。1995 年，林员们听说朴老患病住院，大家立即组织起来“普佛”，为朴老祈福增寿。事后，朴老亲自写信给全体林员表示感谢。

1993 年仲夏，北京佛教界在市委、市政府的领导下，特别是在朴老的关怀下，北京广化寺举办了 1949 年以来首堂水陆法会，来自江苏、山西、上海、天津以及香港的法师与北京僧众合作，法会如法如仪，道场庄严，佛事隆重，影响甚广。法会圆满的当天，朴老亲临寺院拈香并看望法师和僧众。大家莫不感到温暖和兴奋。

朴老给我们留下了重要的精神财富，他圆融世间法与出世间法，有菩萨的宽阔胸襟。朴老的上述思想和做法，无不显示出老人的睿智和襟怀恢廓。我们应从朴老丰富的思想中寻找源头活水继承其遗志，站稳脚跟，使佛教跟上时代的发展，以崭新的面貌出现于社会，都具有十分重要的意义。在政治上要紧紧抓住宗教信仰自由政策的贯彻落实，要提倡人间佛教思想，发扬佛教优良传统，与社会主义社会相适应。社会是一个大的概念，只有契理契机，才能使佛教发扬光大。

朴老已西去，但他对人间美好关怀将永住于世。朴老永远活在我们的心中！

纪念朴老（发言稿）

朴老离开我们已经整整一年了，但是他对我们的美好关怀和谆谆教诲，却永远留住在我们心中，指引着我们前进。

我拜识朴老已有五十个年头，而有幸亲聆教诲是在1992年我的工作重点转移到北京市佛教协会以后，可以说受益良多，越发增加了我对老人家的钦敬。

党的十一届三中全会以来，宗教信仰自由政策逐步在贯彻落实，但任务也十分艰巨。以北京市的寺院恢复来说，历史名刹潭柘寺、戒台寺及云居寺，自1997年先后归还北京市佛教协会。这是在北京市委、市政府的领导下，关心和支持北京市佛教界所做出的大事。目前，三座寺院都有僧众驻锡，佛事活动有所开展，但大多数殿堂还有待进一步落政，僧寮、斋堂均未各得其所，广大信众仍然翘首期盼着早日全面正确地归还。尽管不如人意的地方还很多，但其中却倾注了朴老多年的心血。例如1985年冬，朴老代表中国佛教协会捐巨款赞助云居寺的修复工程；多次向有关方面提出建议，希望潭柘、戒台两寺早日归区佛教部门管理。如果没有朴老的关怀和呼吁，就不可能钟鼓梵呗重鸣于崇山峻岭，礼佛唱念再现于千年伽蓝。

“十年浩劫”之后，北京居士林的恢复，是在朴老的直接关怀与支持下，得以实现的，广大林员永远不会忘记朴老的功德。当时，北京居士林的原址被某些单位占用为家属宿舍，佛像、经书、法物也都荡然无存。1979年，在朴老的授意下，广济寺与北京居士林共同建立一月四次的念佛道场，并借给居士林办公地方。从此，林员们才如愿以偿地获得了参加宗教活动的合法权益。

几年前，北京居士林在筹划翻建林址，为殿堂供像问题，曾请示朴老，朴老指示："居士林和佛寺一样，是弘法办道的地方，不要搞得金碧辉煌，建筑风格要经济、朴素、实用就可以了。重复建设，耗资很大，又不实用，无形之中浪费人力、财力。如果从计划中将这些钱节省下来，用在人才培养、文化建设上，该有多好。朴老说，我们寺院中造像很多，花钱不说，人家还会攻击我们是多神崇拜。其实明清以前的寺院并不是这样的，为便于修学，禅宗以禅堂、法堂为中心，天台以讲堂、学堂为中心，净宗以念佛堂为中心，一切佛事皆在这些中心里开展。有宗风，有道气。……"他说这段话时神情专注、认真，目光凝聚，仿佛在寻找失去的历史。可是从目前情况来看都是积重难返，改变起来确实不易。

朴老对北京居士林关怀爱护，林员们对朴老更是敬重有加。1995年，林员们听说朴老患病住院，大家立即组织起来"普佛"为朴老祈福增寿。后来，朴老为此事还特地写信给全体林员表示感谢。

1993年仲夏，北京佛教界在市委、市政府的领导下，尤其是在朴老的关怀下，北京广化寺举办了1949年以来首堂水陆法会。来自江苏、山西、上海、天津以及香港的法师与北京僧众合作，如法如仪，道场庄严，佛事隆重，影响甚广。法会圆满的当天，朴老亲临广化寺拈香并看望法师和僧众，大家感到莫大的温暖和兴奋。

朴老给我们留下了宝贵的精神财富，他圆融世间法与出世间法，有菩萨的宽阔胸怀。朴老的思想和言行，无不显示出老人的睿智和襟怀恢廓。我们一定要从源头活水继承朴老的遗志，站稳脚跟，使北京市的佛教事业跟上时代的发展，加强自身建设，在与社会主义社会相适应的道路上努力奋进！

（2001年5月22日）

道义之交

2000年5月21日，当代中国杰出的爱国宗教领袖，93岁的世纪老人赵朴初居士溘然长逝了。他生前常说，希望能多活些年，为佛教事业多做一些事情，可说是“生固欣然”；他齿德俱尊，一生为祖国、为人民、为佛教、为世界和平做了那么多的贡献，堪称是“死亦无憾”！但是，更可宝贵的还是他留给世人的精神财富。他高洁坚毅的人品，远见的卓识与无尽的悲怀，清新隽永的诗词，端庄俊逸的书法等等，无不体现出一种崇高的精神境界。国念股肱，教思领袖，人们可以从各个方面去说，追忆缅怀，寄托哀思。

朴老和梁漱溟先生有着一段极不平凡的道义之交，值得称颂。人所共知，梁漱溟先生从1963年至1978年的15年间，实际上是政协学委会直属学习小组的“活靶子”。朴老当时任全国政协常委，是政协直属学习组的召集人（即组长）之一。据当时任这个学习组工作秘书的汪东林同志回忆，从1965年起，梁先生坚持参加每周两次或三次的学习活动，但朴老则因工作繁忙或健康原因常常请假，大体上每周能出席一次。学习会上尽管人人表态与梁某人划清界限，但大多数人是违心之言，“口非心是”。公开敢出来为梁漱溟辩护的没有，但私下议论梁某人是硬骨头者则大有人在。对于中国的那个时代，光靠文字档案是不行的。朴老当时对于梁先生的真实情感如何，要换个角度来观察才能明白。朴老与梁先生的交往，因为有着佛教文化的情结，所以与众不同。梁先生经常向朴老借阅佛经，每次会后交汪东林代还，或朴老把佛经交给汪，由其转梁。据汪东林回忆，前后20年间，除去“文化大革命”停止学习5年，他代梁先生向朴老借还经书的事，甚至在批梁会议期间，也没有停止过。在当时的大气候下，许多事不可明言，只可心领神会。

一次我去朴老家拜访，谈起梁先生研习佛法有根底。我说：梁先生自称早年“心仪佛法”。朴老告诉我，中国佛教文化研究所成立大会时，第一个到会并且第一个发言的是梁漱溟先生。梁老那天特别高兴，他在会上说，我今天郑重地告诉大家，我是一个佛教徒，而且前生就是一个禅宗和尚。朴老说，梁老一生正直不阿，从来不打诳语，所说必然有据。

（摘自《群言》2001 年第 1 期）

同情之默应　心性之体会

数年前，北京大学出版社出版了汤用彤先生的《汉魏两晋南北朝佛教史》一书，书末重新补入1938年商务印书馆出版刊印的汤先生为此书所写的《跋》，开端有一段文字述及研治佛学的态度问题，十分精辟，至关重要，摘录于下：

> 中国佛教史未易言也。佛法，亦宗教，亦哲学。宗教情绪，深存人心，往往以莫须有之史实为象征，发挥神妙之作用。故如仅凭陈迹之搜讨，而无同情之默应，必不能得其真。哲学精微，悟入实相，古哲慧发天真，慎思明辨，往往言约旨远，取譬虽近，而见道深弘。故如徒于文字考证上寻求，而乏心性之体会，则所获者其糟粕而已。且说者谓，研究佛史必先之以西域语文之训练，中印史地之旁通。近来国内外学者，经历年之努力，专题之讨论，发明颇多。然难关滞义，尚所在多有。故今欲综合全史，而有所陈述，必如盲人摸象，不得其全也。

说佛法亦宗教，亦哲学，此系深通佛教之真知灼见。历经两千年具有优良传统的佛教，在过去，对于中国和印度的学术思想、政治、教育，都有过辉煌的功绩，一直成为中国传统文化的一大主流，而且领导学术，贡献哲学思想，维系世道人心，辅助政教之不足，其功不可泯灭。从佛教整体来看，赞许它既是宗教，也是哲学，丝毫也不为过。

现代不少佛学研究的论文，圆融地把佛学中的一些理论发挥得很好，令人钦佩，而美中不足者，多以外在有形的资料，文献上的考察和义理的梳理为主，因此对于佛教的形上层次及仪式的义理，则较少触及。佛法贵在实践，研治佛学或佛教史须如汤老所说，以同情之默应态度，深入经藏去体验，才能沟通心灵，得教内学修信众之心，所获成果又能广为学术界所接受，方有其作用。若离开实践谈理论，则必然难着边际。

两千多年来，佛法在中国所以流传至今，是靠具有教内学修精进之士在心性上的开发和解悟，也就是身体力行地通过自身的心性磨练，深刻地知法、见法，并且如实地行法以提升生命。否则，即使把佛法与当代哲学结合起来分析，但它毕竟是薄弱的，当然也就没有生命力。

我无意批判佛教中的任何宗派或法门，因为“法不孤起”，一切法都是缘起的，任何宗派的形成都有一定的历史原因和时代意义。文化皆因能兼容并包而成其大，佛法也不例外。而兼容并包的同时，必须保持这一文化的精髓方能称其为传统，否则就不是传统而是变质了。玄学化与神秘主义，是佛法中的“二边”（即两个极端）。佛法的玄学化和神秘主义色彩的介入，逐渐地使一个本来非常平实而且在日常生活中被应用的教义变了质，扭曲了佛教的形象，从而使教外大多数人对佛法产生了不正确的印象。玄学化的结果，使许多人觉得佛教的理论既高不可测，又不着边际。“空”、“不二”的理论虽然也有道理，可是总觉得无法用于生活，而且和生活没有直接关系。神秘主义的进入，就形成了佛法世俗化的另一面，影响所及使知识分子觉得佛教是一种迷信或多神崇拜。而置身于神秘主义色彩之中的信众，因缺乏佛法中的正知正见，大都不知怎样正行，“修行”虽然努力，却收效甚微。在佛灭度两千多年以后的今天，玄学化与神秘主义早已形成并且成熟了。人是环境的产物，生于今世的教内信众，在非此即彼的环境中熏染、习作，想要完全不落此“二边”，可以说难之又难。

汤先生并非佛教徒，他对佛教虽有“同情之默应”和“心性之体会”，可是他从不赞成以信仰宗教的心态支配宗教研究工作。他在《汉魏两晋南北朝佛教史·重印后记》中说：“我过去反对以盲目信仰的态度来研究佛教史。因为这样必然会看不清楚佛教思想的真相。”牟钟鉴先生认为“汤先生的著作之所以有极高的近代学术价值，而又能广为学术界接纳，重要原因是不带神学色彩，具有纯粹的学术性质。这与‘同情之默应’、‘心性之体会’并不矛盾，可以互为制约，也就是不盲目信仰，不能走到冷漠乃至敌对的立场。默应与体会也不意味着成为信教者，研究者与宗教要近而不混，通而不同。我以为汤先生选取的立足点是不偏不倚、恰到好处的”。这一分析，十分中肯，可以说钟鉴先生所领会的正是汤老治学态度的精神实质，我深表赞同。

其实，真正的佛法是平平常常的道理，寓意深刻，但绝不神秘，并非现在而是一向都是如此。由于人本身的执著与愚痴，方从不神秘的佛法弄成很神秘。今日所谓用神通吸引徒众的外道、邪教如此之多，而且其信徒如此之众，正是佛教本身有缺点造成的现象。若佛教自身建设很完善，令学修者安于正法，喜于正地，就不会有如此多的外道、邪教打着佛法旗号的现象。教内本身是否应当痛定思痛地作彻底反省与检讨，还是只是抱着“汉贼不两立”的态度去和外道、邪教划清界线呢？

教内往往有数不清的“空有之争”、“究竟之辨”，动辄洋洋数十万言讨论一个论点，似是不得不为真理而争。而教外人士完全不知道也不懂得这些争辩者在讲什么。这种现象的存在，难道不就是玄学化在作怪吗？佛法的弘扬人士若不能走出这一抽象的牢笼，在21世纪已经到来的今天谈佛法，将仍是抽象而脱离现实的。弘扬佛法，应该是直接探讨更多实际人生的事，而不应该再去讲太多的纯理论，让更多的教外人士觉得佛法和他的人生有直接的关系，内容应该是更落实，而不是更抽象。

（原刊于《中国宗教》）

智者金克木先生

八月初，我从医院养病归家未久，接到金克木先生逝世的消息。在我住院之前，亦即五月下旬，看到赵朴老示寂的电视新闻。我所敬爱的两位导师的最后消息，都是在我患病期间传到。这偶然的事，在我觉得很是蹊跷。因为这两位大师同样的可敬可爱，昔年曾经给我同样宝贵的教诲；如今噩耗传来，也好比给我同样的最后的训示。这使我感到分外的哀悼与警惕。

我早已确信金公是要死的，同确信任何人都要死一样，但料不到如此其速。三年违教，而终于不得再见！真是天实为之，夫复何言！

我于1953年调到九三学社，与金公相识将近五十年，尤其是他担任九三学社中央宣传部部长以后，就一直具体领导我的工作，我从中受益很大。80年代以来，金公和我先后从九三学社退下来，见面的机会就少了。只是1997年11月，我们在京西宾馆参加九三学社第七次全国代表大会期间，在一起倾谈了几天，以后再也没有晤面，只是在电话里谈心，情同师友，不意“京西”会后竟成永诀，每一思及，惘然若失。

金公学识极为渊博，万物万事，他都有所了解，上至最深奥的佛学，下至程派传人李世济台上的水袖。他博览群书，在梵文、佛学、翻译、美学、比较文学、文艺理论、古代文史及中印文化交流史等方面均取得卓越的研究成果，他写过阐述科举制度时代八股文专著；对佛学教义和佛教的历史与文献，他时常提供一些独到的见解；如此等等，说也说不尽。浏览一下他的论著以及《读书》杂志上他的《书城独白》专栏，对他的知识领域之广，才艺之多，你会有点概念，再加上他舌灿莲花，谈笑风生，常常叫人长见识而不卖弄学问，你对他的为人就有个全面的印象了。

金公在北京大学东语系执教五十年，人们称他为著名东方学者、教授。不错，他是位东方思想文化专家，然而，这个称号肯定难以概括他的一切活动。若是给金公冠以尊称，我看用具有一切智慧的“智者”二字最为恰当。他有学者的风味，有实干家的风味，也有些哲学家的风味。他对世间与出世间有精辟的见解；他著书立说，有实干家的乐观主义和信心，文笔是权威性的，清清爽爽的。

金公是解放初期参加九三学社的老社员。那时许德珩先生和金公都在北京大学执教并讲授政治课。许老对金公的学识与才华十分钦佩，亲自发展他加入了九三学社。

1958 年夏天，有一次全国政协学习委员会召开学习组联组会，各民主党派都有代表在会上讲话，主题是谈思想改造的体会。记得金公的发言很精彩，他说人们往往用正看望远镜的办法，看人家的毛病十分具体，清清楚楚；对待自己的缺点则倒看望远镜，既远又小且模糊。他还风趣地谈了知识分子的习性难改，犹如当时印度发现的狼孩，从小在狼群中长大，及至回归人群，不时地还要发作兽性。当时九三学社中央涂长望秘书长对他的发言甚为激赏。

过去九三学社每次开全国性大会写工作报告之类的文件，作为宣传部长的金公总是参与讨论并执笔。他才思敏捷，提起笔来不假思索，千言立就，真是倚马可待。1960 年，九三学社四十三天神仙会的总结报告的主题思想是“反求诸己”，写得很有质量，博得社内外的好评。这其中就有金公的辛勤劳动，因为他是主力。

我问过金公：您完成一篇文章之后，如果要另写一篇文章，是否要间歇一个阶段再写？他说：不需要，只要有二十来分钟的思考，就可以起草另外一篇。这是我在报社工作时的常事。我不仅暗自佩服他惊人的才气，同时也深感自己思路的迟钝。

九三学社机关刊物《红专》（即《民主与科学》的前身）创刊之际，我们发表了著名世界史专家吴于廑先生的一篇散文《想起了潘二爷》，内容是作者下乡劳动中怀念爱护他的一位老农，字字亲切动人。金公与吴先生是老朋友，吴先生又是金师母中学时代的老师，我们请金公在吴文之后配上一篇读后感。金公毫不犹豫，欣然命笔，题为《点滴成江河》，文笔明快，谈锋犀利，与吴文珠联璧合，相得益彰。后来，吴先生来京，还特地向金公感谢。

每次九三学社开会，总是用车接送北大的魏建功、金克木、游国恩三位先生。因为他们三个人都不高，涂长望同志见他们同来同往，就称他们是“北大三剑客”。一次我与“北大三剑客”同车来开会，路上谈起俞平伯先生整理的《八十回校本红楼梦》，我说经过俞老的校订是书大概可以接近原貌了。金公立即反驳说：不然，我看《红楼梦》大可重新整理研究，比如书中第一回开头就说：“此开卷第一回也。作者自云：因曾历过一番梦幻之后，故将真事隐去，而借‘通灵’说此《石头记》一书也；故曰‘甄士隐’云云。……”这些话似乎不像小说的正文，很可能是正文以外的评语，被抄书人抄混到正文里了。类似这样的文字书里还有，很值得分析研究，重加整理。金公对我说：“这项研究你可以做。”其实，1954 年批判俞平伯《红楼梦研究》以来，我对“红学”反而产生了极大的兴趣，同俞老的关系更加亲近起来，时常去老君堂向他请教有关脂砚斋版本上的问题。不过，若是专心致志地去研究整理这部书，我既无金公如此高的辨析慧眼，亦未树此雄心壮志，辜负了金公的一番厚望。二十年过去了，到了 1975 年，上海印出了胡适所藏《脂砚斋重评石头记》（即“甲戌本”）。金公所指出的上述一段文字，恰好是书中“凡例”的一段话，果然不在正文之内。金公敏锐的洞察力，令人折服。

金公不仅熟悉印度原始佛教理论，而且对印度佛教兴衰的历史也了若指掌。1988 年，我与金公都住在宾馆开会，我朝夕到金公房间请教佛教史问题。我问：显教中某些有学问的法师认为印度佛教之亡，亡于左道密教的出现，“借佛法之名行外道之实，佛教岂能不亡！”（释圣严《世界佛教通史》230 页）这一说法是否正确？金公告诉我：印度佛教之亡，主要是回教军队的屡次入侵，到了 11 世纪，将佛教的最后据点之东印一隅，一扫而光。金公说，你要知道当时佛教寺院最富，比起印度教与回教要阔的多，所以回教军队入侵之后，对佛寺就大肆抢掠，彻底摧毁，佛教没有了容身之地。说起佛教之富，金公举《阿弥陀经》为证，他说：你看经文中说极乐世界“七宝池、八功德水，充满其中。池地纯以金沙布地，四面阶道，金、银、琉璃、玻璃合成。上有楼阁，亦以金、银、琉璃、玻璃、赤珠、玛瑙而严饰之”。又说“彼佛国土，常作天乐，黄金为地……”这不是凭空想象出来的，而是当时佛教道场的真实写照，说明何等的富丽堂皇，印度教与其他教焉能望其项背。当然，这与佛教自身某些势力为了迎合印度外道，结果也变成了与外道合流，自己融于印度教之中，自取灭亡，也是原因之一。

那次，金公还给我提出了一个问题：近世禅宗的地位已渐为净土宗所取之，佛教信众大都以念佛往生为依归。这是什么原因，你想过没有？我当时的回答：现在是佛教所说的“末法时期”，众生根基迟钝，即使参禅也达不到顿悟，还不如以念佛往生为目的，这一法门简捷易行，所以学净土的人最多。当时我的答复未得到金公的认可，他让我再考虑考虑。1992 年我的工作重点转移到北京市佛教协会以后，从实际工作中对金公所提的问题似有所悟，但是，导师已去，我又向谁交这份答卷呢？不胜怅惋。

从当前佛教界的情况来看，如何继承发扬中国佛教优良传统问题，我一直理不出一条清楚的思路。就这个问题，我曾向金公请教。金公首先问我：你说传统是什么？我一时答不出来。金公说：传统是指从古时一代又一代传到现代的文化传统。这个“统”有种种形式的改变，但骨子里不审传下来的“统”，而且不是属于个人的。比方说，甲骨占卜很古老了，早已断了，连卜辞的字都难认了，可是传下来的思想的“统”没有断。抛出一枚硬币，看落下来朝上的面是什么，这不是烧龟甲看裂纹走向吗？人可以抛弃火把用电灯，但照明不变。你过去穿长袍马褂现在改穿西服仍旧是你。当然变了形象也有了区别，但仍有不变者在。这不能说是“继承”。这是在变化中传下来的，不随任何个人意志决定要继承或抛弃的。金公这一番教诲，使我懂得了一个道理，那就是经过长期的选择、改造、重构和变化，中国佛教形成了自己鲜明的民族文化特色，从而融入了中国传统文化。但是，这个“统”没有断，佛教的原始教义与特色没有断。

反过去金公问我：你对宗教怎么理解？我说：一位佛学家讲过，“佛教非宗教非哲学”。金公指出：任何宗教离不开信仰，没有信仰的不是宗教。有信仰，不叫宗教也是宗教。信仰，不能讲道理，讲道理无论讲多少，出发点和归宿处都是信仰，对一个名字，一句话，一个符号，无限信仰，无限崇拜，这就是力量的源泉。信仰是不能分析的。金公十分风趣地说：信仰就是好，“就是好来就是好”。这就是非结构性的语言。金公要言不烦，精辟地道出了宗教与信仰的关系，令人叹服。

金公天赋极高，然而渊博的学问也不是生有自来。我曾同金公说过，您古今中外的学问掌握如此之多，这要是学起来恐怕几年之功也达不到。由于我的提问，金公向我叙述了他当年在北京大学图书馆里特殊学习的一段往事。

1930 年，金公只身来到北平，在这古都飘泊。其间，他在北京大学图书馆当过短期的职员。他说：“别看在工作不到一年的时间里却是我学得最多的一段。书店中的书和来借书的人及馆中工作的各位同事都成为我的导师。经过我手的借书条我都注意，还书时只要来得及，我总要抽空翻阅一下没见过的书，想知道我能不能看得懂。”经过借书，还书，这些读书导师对他的影响很大。他翻看过讲围棋的《艺海珠尘》（丛书）、《海昌二妙集》；看过绘制地图的德文书，并向借书人请教绘制地图的各种投影法和几本外文的入门书；还请一位数学系的学生开给他学习“历学”的书籍；……他从一位鼎鼎大名的教授借善本书的借条上，亲见原书，又得到书店中人的指点，不仅增加了他对古籍和版本的常识，更重要的是知道这位名教授所借的几种书互不相干之间有什么关系，对他正在校注的那部古书有什么用处。金公对我说：“我真感谢这位久仰大名的教授。他不远几十里从城外（当时北京大学在城内沙滩红楼）来用一张书单给我上了一次无言之课。”还有一次，一位女生来借旧杂志，金公与之谈话时顺例翻阅了她写的毕业论文，题目是关于新诗的历史。金公边谈话边翻看论文，一页页地翻看，其中差不多是他知道的，望望引的名字和材料，再看看几位作者的评论，就知道了大意。

金公说："由此我又学到了一点，原来大学毕业论文是有一定格式的，而且大家都知道的近事也能作为学术论文的内容。"

金公谈了当时这样做的目的，他说："我当时纯粹出于少年好奇，只是想对那些莫测高深的当时和未来的学者们暗暗测一测。我只想知道一点所不知道的，明白一点所不明白的，了解一下有学问的中国人、外国人、老年人、青年人是怎么做的。至于我居然也会进入这一行列，那是出于后来的机缘，并不是当时在北大想到的，可是种因确实是在北大。"有因必有果，金公由于少年到壮年奠定了广泛而扎实的好学基础，所以日后必然获得了学术上的卓越成就和丰硕成果。他所谓的好奇，正是他具有博闻强记的求知欲，不放过任何有利的求学机遇的反映。

这几年来，金公的文章经常在《读书》杂志上发表。辟有《书城独白》专栏。其文隽永，发人深思。他有时也在其他报刊上发表几篇散文，但是他的写作态度是严肃认真的。他曾告诫过我：不可胡乱发表文章，不然的话必会渐渐松懈下去，毫无成就。我一定牢记金公的规劝，时时提醒自己，在写作上不轻率从事。

以往在九三学社工作时，一篇文章写完之后总要想："不知这篇东西金公看了怎么说。"因为我的写文，是在金公的指导鼓励之下学起来的。今天写完了这篇文章，我又本能地想："不知这篇东西金公看了怎么说。"两行热泪，一起沉重地落在这原稿纸上。

（原刊于《佛教文化》2005 年第 6 期）

中日佛教关系史上又一因缘

——明代日僧无初禅师住持潭柘寺史料

京西潭柘寺是北京名胜之一，流传着“先有潭柘，后有幽州”的谚语，现在每天都有众多的中外游人，前来领略这座千年古刹的风光。潭柘寺是人们叫惯了的俗名，因为寺后有龙潭，山间有柘树而得名。此寺始建于晋代，寺名几经改换，原名嘉福寺，唐代名龙泉寺，金皇统时改名大万寿寺，明天顺元年（1457）复名嘉福寺，清康熙三十一年（1692）改称岫云寺。

在潭柘寺的历史上，有一段中日佛教友好的因缘。

那是在五百多年前的明朝初年，日本僧人无初禅师来到中国，先后在杭州、幽州等地参学。永乐初年，无初当了幽州龙泉寺（今潭柘寺）住持。当时，龙泉寺残破不堪，他力图恢复寺院旧观。修葺尚未告成，他就圆寂了。时在明宣宗年间（1426—1435），宣宗朱瞻基命他的弟子无相升座，接替他的法席。

中日佛教关系，源远流长。两国僧侣往来弘法事迹，史籍多有记载。惟独无初禅师住持、修葺龙泉寺一事，有关史籍大都阙如。先是在明人汪砢玉的《西山品》一书中略见记述，原文如下：

> ……明兴有无初禅伯，日本人也。得全室泐公指受，飞锡金台，永乐初，主兹法席，刻意修缮，以蜀献王赐金，塑三世佛，功未就而圆寂。宣宗命其徒无相继之，宗风丕振。……

《西山品》一书，国内久佚，而日本内阁文库尚有藏本。朱彝尊《日下旧闻》、于敏中等《日下旧闻考》，捃拾明人记载向称博洽，可是他们也没有征引此书，可见在清初已经罕见。汪氏西山之游系在明天启五年（1625）三月，途中所游寺庙甚多，有些今已残毁无考。

近又检得《潭柘山岫云寺志》，叙无初禅师事迹较详，可与《西山品》互为印证，亟录于下：

明无初禅师：

师名德始，字无初，日东信州神氏子。幼遇群儿嬉戏辄引去，见僧过门则色喜。父母知其志，遣从本郡一公祝发。逮长，诣天宁探群籍三冬，悉通大意，已而叹曰：文字之学，不能洞当人之性源。遂舍所学，附商舶抵中土，谒灵隐慧禅师，深悟单传之旨。及东归，国人景仰，尊为禅祖。闻古幽都山川之胜，结侣来游，遂憩庆寿。时独庵衍公治寺事，与师有法门之旧，延致丈室，相与激扬临济宗旨，识者称之。衍公欲以寺事付师，师不允，遂礼峨眉。时献王咨问法要，礼遇勤厚。

丙子（洪武二十九年，公元1396）出世无为，道望弥隆。永乐初，独庵进阶太子少保，邀师论道。六年春（永乐六年，公元1408），应董平坡之请，居再岁，即谢事。十年壬辰（永乐十年，公元1412），将辟静室为佚老计。太宗皇帝有旨，畀龙泉寺事，师钦承明旨，早夜孜孜以缮修为务，凡栋宇蠹敝者易之，阶所颓圮者构之，丹垩剥落者新之，比旧有加焉。先是献王致金百两与师，造西方三圣像，金彩庄严，曲尽其妙。师平昔尤喜恤贫赈乏，薄于奉己，厚于待人，以故四坐道场，囊无余蓄，褚衾瓦钵，萧然自怡。临终端坐而逝。荼毗时获舍利百余颗，晶莹圆洁，观者耸异。（《潭柘山岫云寺志》卷一）

无初禅师的事迹，关系到潭柘寺的历史，更涉及中日佛教的交流。《寺志》载潭柘寺塔院有后唐、金、元、明、清历代祖师塔群，无初禅师舍利塔就在其中。

日本学者木宫泰彦所著《中日佛教交通史》，述唐以后中日僧人往来求学弘法事迹颇详，而于无初禅师事迹亦阙载，《西山品》和《潭柘山岫云寺志》关于无初的史料弥足珍重。

（原刊于《法音》1988 年第 11 期）

印度佛教史讲授提纲

(一)

前言

1. 学习佛教史是我们信仰佛教的重要课题。

2. 通过学习佛教史进一步体会佛陀住世的本怀，启发我们敬仰和效法的信愿行。

第一章　绪说（提纲从略）

第二章　佛教的起源

第一节　佛教产生的时代背景

1. 古代印度社会有地位不同、等级森严的四个种姓：婆罗门、刹帝利、吠舍和首陀罗。随着阶级分化和奴隶制度的形成，神权和王权成为统制人民精神和肉体的两大主要力量。

2. 佛陀提出“四姓平等”说，具有很大的进步意义。

第二节　佛教产生时期的印度思想界

古印度思想界也和中国春秋战国时期一样，异说蜂起，百家争鸣。公元前6世纪形成了以婆罗门为一方，由诸沙门团体为一方的两大思潮。耆那教称它共有三百六十见（见解），佛教则称有九十六种外道或六十二见。除佛教之外，可分为六大流派，佛教称之为“六师外道”。尽管六师之间观点不同，也有争论、责难，但都反对婆罗门教，却是共同的。

第三节　佛陀的家世

释迦族的由来。有价值的发现——释迦族不属于雅利安人的刹帝利种姓。

迦毗罗卫国王净饭王和摩耶夫人是悉达多的父母。

第四节 蓝毗尼园太子诞生

公元前565年（我国周灵王六年）四月初八悉达多太子诞生。太子出生之后，脚踏莲花，周行七步便说“我于天人之中，最尊最胜”的豪言。

第五节 阿私陀仙的预言和赞叹

（二）

第二章 佛教的起源（续）

第六节 少年时代的教育

1. 太子命名为悉达多，这是“一切功德都成就”的意思。

2. 悉达多降生第七天母亲摩耶夫人去世，由姨母摩诃波阇波提夫人抚养。

3. 太子七岁到十二岁受学梵书等六十种书，尤其是古印度的最高学术五明和四吠陀，都学得精通娴熟。

4. 太子十二岁起又学兵法和武术。在一次王家子弟的比赛中，他表演了优越的体力和超人的武艺。

第七节 不为五欲所惑

1. 净饭王唯恐太子出家修道，企图用财色等种种方法，以遂所欲。特为他建筑寒、暑、温三时宫殿，使其享受五欲，但并不能引起太子的欢心。

2. 一次，太子随父王到农村视察，看到农夫耕种的困苦以及动物之间弱肉强食的惨状，进而认识到生老病死的“生苦”。

3. 太子十六岁时，与天臂城主之女耶输陀罗结婚。不久，生下了一个儿子取名罗睺罗。太子难免这种人性的要求，但他认为这种快乐总不是长久满足的人生，日益感到空虚和孤独。

第八节 观察老病死苦

1. 美丽的妃子耶输陀罗和初生的儿子罗睺罗，在太子的心中并不占重要地位，因为他心中还有更高的理想和更多的众生。

2. 太子郊游看到一个衰弱的老人，脊背弯曲，闭着双眼，浑身颤抖，从而感到老患能破坏我们这个色相的身体。一切众生健壮的身体，雄厚的力量，好比一瞬的梦境，世间任何事物都在不停地变迁着。眼见如此老患，怎能不产生悲伤厌惧的心理！

3. 太子又看见一个痛苦万状的病人，他不觉悲叹地说："一切众生都被愚痴暗惑障住了，不知道疾病随时都会降临，反而颠倒地寻求不实的五欲之乐。"

4. 太子又看到给死人送葬的队伍，他感叹地说："死亡是靠近了我们，我们怎能安逸地生活呢？人既非草木，也非土石，怎么都不忧虑世间的无常，还在那里天天纵欲游戏呢？"

第九节　不为情欲所惑

1. 净饭王的谋臣优陀夷怂恿和鼓励宫女们用色相诱惑太子，企图导致他的爱执，羁绊他勇于求法的胜心。

2. 太子以生老病死的大患，说明一切都在无常变化，指出五欲的可厌和危险。他终于不为声色所惑动。

第十节　立志出家

1. 一次，太子在城外园林中受到一位沙门的启发，为了寻求解脱生死、起灭、无常转变的道理，断绝世间名利的关系，当即立下出家的志愿。

2. 尽管净饭王百般阻挠，然而太子意志坚定，终于在一个夜晚他不顾一切声色的诱惑，抛妻弃子，悄然离开王宫出了城郭，去寻求解脱之道。这时他二十五岁。

练习题

1. 太子少年时代的生活是快乐，还是痛苦？

2. 太子在农田里看见了什么？发生了什么感想？

3. 假使你看见了老、病、死的情形，会怎样想法？

4. 我们为什么要重视太子出家的动机和背景？

5. 太子出家的动机有几多种？

6. 太子的出家为何没有消极意味?

(三)

第二章　佛教的起源（续）

第十一节　和车匿、犍陟道别

1. 太子赞叹车匿的忠诚并命他乘着白马犍陟回城。车匿苦劝太子不要出家，为了父母子女的深情以及国民的爱戴，希望太子回心转意。

2. 太子以聚散离合、人生无常的道理说服车匿，发出金刚般的决心和宏愿，斩断头发，换上袈裟，现了沙门相。

第十二节　出家的动机和背景

1. 太子出家的动机起源于几次出游，如郊外观耕和见到老病死苦的情况，使他感到何处是人生究竟的归宿，要找寻到没有生老病死的境域，寻求这些问题的解决。

2. 太子出家的社会背景，就是印度当时壁垒森严的四姓阶级的残酷社会制度。为了寻求平等真理，解除人民由阶级压迫所产生的痛苦，因而出家。目的是为寻求善知识来充实自己的学问，解决人生许多自己所未解决的问题。

第三章　释尊的出家与成道

第一节　苦行林中劝谏仙人

1. 跋伽婆仙人的苦行林里一群修苦行者，修学投岩、赴火、曝日、禁食、拜光、泅水等种种苦行，认为可以升天，享受快乐。

2. 释尊稍加思索，认为修这些苦行，是无益而不合理；以不合理的因，决难得到合理快乐的果，就舍之他往。

第二节　王师追赶释尊

1. 净饭王派了两位大臣和不少王族子弟及兵士去追赶太子。他们苦苦劝告，希望太子回国继承王位。

2. 释尊以金刚般的信念，坚决拒绝他们的请求。

第三节　频毗娑罗王俗利劝诱

1. 释尊到王舍城行乞而为摩竭陀国的频毗娑罗王所见，劝他还俗，愿分其国一半与释尊并治，但被谢绝。

2. 国王要求释尊，若成佛道，愿先见度。

练习题

1. 试述太子出家的情况。

2. 我们为什么要重视太子出家的动机和背景？

3. 释尊为什么要寻师访道？

4. 苦行者用什么方法希求升天？为什么不能解脱生死？

5. 怎样证明太子出家有坚决的意志？

(四)

第三章　释尊的出家与成道（续）

第四节　访问阿罗逻迦蓝和郁陀迦罗摩子仙人

1. 阿罗逻迦蓝仙人告以远离欲爱，摄心静修，把心安住于无我的境界，从此进入"四禅"以至"非非想处"的寂定，便可解脱生老病死，离苦得乐。

2. 太子质问：那种最高的寂定之境，到底是有我，还是无我呢？有我，即有爱欲未舍，心何能寂？无我，便同木石，尚有何乐？谁受快乐？阿罗逻迦蓝竟不能答，自叹不如。

3. 郁陀迦罗摩子仙人，亦以修到非非想处，寿长八万四千劫，为离苦得乐的解脱之法。但太子质问他：八万四千劫后的寿命又是怎样呢？他也无法答复。

4. 太子认为这些以修行希求升天的，都不是究竟解脱的方法，只有反求自己寻找解决的办法。

第五节　伽耶山释尊修行

1. 太子在伽耶城的优娄频罗村的苦行林修行。专志冥心，饿其肤体，勤苦修行，希求得道。经过六年的苦行生活，形体枯瘦如柴，尚未见到成道消息。

2. 车匿奉命送来珍馐美味食品，遭到太子的严词拒绝。

3. 太子经过六年的苦行生活，成道仍然无望，知道苦行无益，就断然放弃了它，进入尼连禅河，洗涤了身体上的污垢，受了难陀牧女的乳糜之供，恢复了精神。伴他修苦行的五位侍者见此情况，以为他退了道心，便舍离而去。

4. 太子走到一株菩提树下，端身正念，发大誓愿："我今若不证无上大菩提，宁可碎此身，终不起此座。"

第六节　降伏魔女与魔军

正当太子精修解脱之道的时候，魔王波旬派遣魔女来诱惑，并发动魔军魔将威吓。太子意志坚定，始终不为所动，结果魔王被降伏。

第七节　成就无上正觉的佛陀

1. 降魔后，太子把精神全力集中起来，运用最高的智慧去思考问题，终于在一个十二月初八的午夜，豁然觉悟到一切真理，完成无上正觉。因为他是世界上第一个觉悟者，由于他而燃起了真理的光芒，所以从此世人就尊称他为佛陀。这时，正是他三十岁。

2. 佛陀所觉悟而且其中最重要的，应是缘起的理法。有了这缘起的理法，就把人生所以有生老病死的原因，和盘托出。我们人生所以有生老病死，是因为有生。生从何来？因为过去做了无明烦恼的业因，所以招感这个身体的果报。有了果报身体的生，那么要老、要病、要死，是避免不了的。要避免，就要修道，断除根本烦恼的无明，跳出三界，进入圣域，就可以把生老病死的问题彻底解决。

3. 为着便于了解佛陀亲证的宇宙人生缘起的真理，兹将十二缘起列表说明如下：

- 十二因缘
  - 过去二因
    - 无明：无明为过去烦恼的总称，它的体是痴，以迷暗为性，由此无明妄动，众生就轮转世间，故为生死之本。
    - 行：行是造作为义，即依过去的无明烦恼发动身语意的三业，而造成罪福，不动诸业，名之曰行。
  - 现在五果
    - 识：识为初入胎识，即由过去惑业动力，使感异熟报体的阿赖耶识，遇缘托胎，以完成现实之生命体。
    - 名色：名色为胎相之完成，名是精神，色是物质，即组织有情的要素，胎相初成六处未圆，故称名色。
    - 六入：六入为六根完具位，示名发毛爪齿位，谓于胎中，由名色渐次增广，因此诸根具足，故名六入。
    - 触：触是觉触，为认识之开始，谓出胎后与境相触，生起认识，然因未能识别境界苦乐，故名为触。
    - 受：受为领纳，即情绪作用，谓于触对境界时，而于违顺中庸境上，生起苦乐爱舍之感觉，名之为受。
  - 现在三因
    - 爱：爱以染著为义，由受而来，即于相续之三有自体所取之三有境界，于乐爱合，于苦爱离，名爱。
    - 取：取是驰取追求，由爱而来，即由种种之执取，于是三业繁兴，而集成未来身心之苦，因名为取。
    - 有：有是存在之义，谓由爱著驰取之不已，发为纵我役物之行，而构成潜在业力，感后有报，名有。
  - 未来二果
    - 生：生是未来受生，即由能生身心之潜在业力，而于六趣及四生中受生，完成未来之新生命，名生。
    - 老死：老死为身心演变的必然结果，未来之世，既然受生，则必有老病死忧悲苦恼等，而与之俱来。

练习题

1. 阿罗逻迦蓝和郁陀迦罗摩子的修行方法为什么不能解脱生死？
2. 太子在什么地方修行？修了几年苦行？为什么又要放弃？
3. 释尊在什么地方成道？
4. 佛陀所觉悟的重要理法是什么？
5. 缘起的理法解决什么问题？

（五）

第三章　释尊的出家与成道（续）

第八节　初转法轮　教团成立

1. 佛陀途遇求道者优波迦，进行开示。优波迦约定将来做佛陀的弟子。

2. 佛陀在鹿野苑初转法轮，以四圣谛法门度憍陈如等五比丘，使之获声闻乘。

第九节　缘起和人生观

1. 缘起，是佛教的根本原理。宇宙无象，无不是因缘而生，因缘而成，同时亦是因缘而灭。“缘聚则生，缘散则灭”，这是一切诸法逃避不了的定律。缘起的学说是佛教的中心理论。

2. 人类众生也都是由于自己过去先天的思想行为所造成的业识之力为主因，现世父母结合的后天关系为助缘，遂形成身体。还要靠后天的家庭教育、学校教育、社会教育的各种关系来帮助，才有个人的一生。

3. 无因果论者、宿命论者的人生观，因为他们不懂得缘起学说，所以他们的观点都是不正确的。佛教虽然提倡三世因果，而着重在缘起的转变，由于自己现在行为的努力，穷通苦乐亦可随时转变，并非命中注定不可更改。

第十节　缘起·互助·无我

1. 无我，是佛教的精义，佛教说诸法缘生，万有缘起，由缘起到无我，是必然的结论。一个真正的佛教徒，首先要认识由缘起而无我的道理，才是认识佛教最基本的观念。

2. 一切诸佛的舍己为群，救度众生，就是因为他们深悟缘起的理法，知道由缘起而无我，在无我法中，不觉有自己可得，所以能够牺牲自己；如觉得有自己，就有“我爱”和“我所爱”，那就要自私，更谈不到为人了。

3. 不懂得无我的人一面爱护此我，一面又放任此我，用种种欺凌或高压的手法，造成“纵我制物”的思想，为扩展私我的权利，欲壑难填，贪起无厌，恼羞成怒，闹到物质斗争，世界上人鬼不宁，从此多事。

第十一节　四圣谛的教授

第一，苦圣谛，说明人生多苦的原理。

第二，集圣谛，说明人生由于招集烦恼行业原因，所以现在要受苦果。

第三，灭圣谛，是涅槃的异名。要消灭烦恼的业因，解脱人生的痛苦，必须寻找一个安乐的所在，做为究竟的归宿。即是灭除一切烦恼业因和生死苦果所证得的真理。此真理是现量的、直觉的，只有亲证，才能知道，无为无相，不可思议，不可名状，无以为名，强立为名，名为灭谛。

第四，道圣谛，阐明学佛修道的真理。

修习圣道

这是学佛的重要课题。从四圣谛中，开示出三十七道品，都是修学佛法的基本工作：

（1）四念处，（2）四正勤，（3）四神足，（4）五根，（5）五力，（6）七觉支：①择法觉支；②精进觉支；③喜觉支；④除觉支；⑤舍觉支；⑥定觉支；⑦念觉支。

正当的思想和生活

四圣谛法门，把它演绎开来就是佛教，为了便于了解大概的轮廓，列表如下：

- 四圣谛
  - 迷界
    - 果—苦谛（苦当知）
      - 生苦—初出母胎，冷风割体，烦恼业力，众苦交集。
      - 老苦—颜衰色变，体力减退，举止言行，皆不如意。
      - 病苦—四大不调，精神欠和，身心受病，苦痛无安。
      - 死苦—五蕴分散，神识相离，茫然自失，业境现前。
      - 爱别离苦—亲族朋友，名位权利，一切爱乐，离失之时。
      - 求不得苦——切荣乐，可爱诸事，心生欲望，求之不得。
      - 怨憎会苦—怨家仇人，及诸事物，相遇会见，心生不安。
      - 五阴炽盛苦—身（色）心（受想行识）无常，变易炽盛。
    - 因—集谛（无明—我）（集当断）
      - 贪—名利财色，一切贪欲。
      - 嗔—嗔恚忿恨，嫉忌不宁。
      - 痴—事理不明，迷暗愚昧。
  - 悟界
    - 果—灭谛（灭当证）
      - 无明烦恼，集谛业断，我法执除，贪嗔痴尽。
      - 生死解脱，众苦云消，得寂灭境，安住涅槃。
    - 因——道谛（道当修）
      - 正见—正解佛法，远离唯神唯我唯物等见解。
      - 正思—远离邪妄贪欲，希望慧命增上，道业早成。
      - 正语—远离虚言暴语，诽谤戏论，做到非礼勿言。
      - 正业—遵守国法严持律仪，实行高尚善良生活。
      - 正命—常存道法观念，谋求正当职业以维生命。
      - 正精进—自信自尊，勇猛精进，修学戒定慧。
      - 正念—正心诚意，远离妄想颠倒，不失正念。
      - 正定—磨炼身心，发出真正智慧，养成完满人格。

练习题

1. 什么叫缘起？
2. 我们的身体是怎样缘起的？
3. 什么是佛教的中心理论？
4. 认识佛教的基本观念是什么？
5. 佛菩萨何以能舍己为群？
6. 三十七道品中是从什么道法中开示出来的？
7. 七觉支在三十七道品中为何独立觉名？
8. 八正道与人生三要素的关系。

（六）

第三章　释尊的出家与成道（续）

第十二节　四圣谛中的苦谛

1. 苦圣谛，是说明包括人在内的众生多苦的真理。苦的涵义，主要不是专指感情上的痛苦，而是泛指精神上的逼迫性，即心理意识上的逼迫恼忧的意思。一切都是变迁不息的、无常的，广宇悠宙不外是苦集之场。由于众生不能自我主宰，为无常患累所逼，因此没有安乐性，只有痛苦性。生命的无常，是生命痛苦的根本原因和基本标志。

2. 八苦是最常见的说法，它们是生苦、老苦、病苦、死苦、怨憎会苦、爱别离苦、求不得苦、五取蕴苦。前四苦是自然生理现象，是个人身心的苦，人生的过程就是连续不断产生痛苦的过程。第五苦至第七苦，是人生在社会生活中的苦。求不得苦也包含了自然现象、自然环境带来的苦。佛法把前面七种苦最后归结为五取蕴苦，是为了说明五蕴就是苦，执著贪欲就是苦，人的生命就是苦，生存就是苦。

3. 苦谛是四谛中最关键的一谛，是佛教人生观的理论基石。释尊用苦字来提醒大家知道人生有苦是事实，要去寻求解决的方法。

第三章第七节补充材料

十二因缘的具体内容和关系

无明缘行："无明"指愚痴无知（后来佛教特指不懂得佛教的四谛学说和缘起法道理而言），有碍于智慧的开发，使人迷蒙。例如，人生是无常的、终归要死灭的，而人们往往企求它"常"，是一种"常见"。人生是由"五蕴"结合而成，没有自体的，即是无我的，而人们往往相信"我"——永恒的不变的实体是实有的，是一种"我见"。无明中最根本的是不能理解缘起的性质——无常性和无我性，即常见和我见，尤其是我见更是直接迷蒙众生自身的，被认为是众生生死的根本。"行"指行为意图，意志活动。"无明缘行"，是说由于无知而有种种世俗的意志活动生起。

行缘识："识"指托胎时的心识、精神活动。由意志活动作牵引力，使识向与意志活动相应的处所投生。

识缘名色："名"指心、精神，"色"指色质、肉体。"名色"就是指胎中的精神和形体。"识缘名色"，是说在母胎中身心得到发育。

名色缘六处："六处"也作"六入"，指眼、耳、鼻、舌、身、意，即"六根"。这里指胎儿由身心混沌状态发育出不同的认识器官，也就是胎儿即将诞生的阶段。

六处缘触："触"指刺激、触觉。这里指胎儿出生后，各种认识器官与外界事物相接触而产生视、听、嗅、尝、摸等触觉。相当于幼儿的阶段。

触缘受："受"指感受。由于年龄增长，心识渐次发达，认识器官与外境相接触时，能够领受外界的反作用，而产生苦、乐、不苦不乐三种感受。相当于童年阶段。

受缘爱："爱"包括渴爱、情爱、欲爱、挚爱，指渴望、贪爱、贪欲。人进入青年阶段，就会对于外界事物产生感受并进而产生贪爱，如贪求生命和繁殖生命的乐趣，追求财富、权势和名望等。

爱缘取："取"指追求执取。成年以后贪欲转盛，对外界可享受的一切，周遍驰求，执著不放。

取缘有："有"指"业"，即思想行为。由于执取而有种种思想行为，这些思想行为是能产生当来果的善恶业，故名为"有"。

有缘生："生"指来世之生。由于前面的爱、取、有所生起的迷惑和所造的善恶业，必然产生果报，从而导致来世的再生。

生缘老死：由生必有老死。

第十三节　四圣谛中的集谛

集谛是讲一切事物和现象都是由条件集合而成。探索苦的原因、根源，就是集谛的内容。集谛说之展开主要是十二因缘说，而十二因缘说又和轮回说相联系。

1. 十二因缘说

人生的痛苦从何产生？人的生命由何而来？人的命运由何而定？人的归宿究竟是什么？释尊解答这些问题，是用"缘起"的道理。缘起的“缘”有十二种，叫做“十二因缘”。“因”是指人生诸法所从生起的主力，“缘”是指它所依附而成的助力。十二因缘的次第，是“无明”为缘生“行”，缘行生“识”，缘识生“名色”，缘名色生“六入”，缘六入生“触”，缘触生“受”，缘受生“爱”，缘爱生“取”，缘取生“有”，缘有生“生”，缘生而有“老死”。（参见补充材料）

十二因缘是生命现象的总结，也是生命痛苦的因由。释尊悟道时，逆观十二因缘，由老死逐渐逆观到无明，得到这样结论：人生现象的真正原动力和人生痛苦的最后总根源是“无明”，即对人生实相的盲目无知。如果正确认识人生的实相，认识十二因缘的实相，就能灭尽无明，没有无明就没有行，直到没有老死。没有生死，一切痛苦也就没有了，也就达到了所谓超脱生死，获得解脱的涅槃境界。

2. 业报轮回说

（1）释尊阐述业力是众生所受果报的前因，是众生生死流转的动力。众生的行为和支配行为的意志，其本质就是业力。人生是无我的、无常的，没有自体，终归要消灭的，而众生却要求有我，要求恒常不变。众生的行为往往就是这种无知的表现。众生由于这种无知而发生的行为，就是苦的总根源。业，体现着力量和作用，功德和过失，是决定再生的形态和性质的法则。我们这个人生，就这样生生死死，死死生生，循环不已，叫做轮回，根本不外惑和业为因，造成生死的苦果。

（2）根据众生生前善恶行为的不同而有五趣，又作五道。后来大乘经中多说六道，于第四位加“阿修罗”，为六道轮回。有关五道、六道之废立，各从其部派而不同，依《大毗婆沙论》《大智度论》等载，说一切有部删除阿修罗道，唯说五道。犊子部等则立六道。我国及日本皆专行六道之说。“道”，道路的意思，指众生轮回往来的道途。六道，也称“六趣”，“趣”，趣往的意思，指众生的所归趣处。六道轮回，是指地狱、饿鬼、畜生（傍生）、阿修罗、人和天，合称为“众生”。六道是对众生的分类，其中前三道称“三恶道”，后三道称“三善道”。最低的、最痛苦的是地狱，最高的、最清净的是天。人被置于天之下，阿修罗之上，在六道中也算是地位较高的。天神与人间同属众生，体现了神与人的某种平等性观念。

第十四节　四圣谛中的灭谛

灭谛，是涅槃的异名，涅槃译作圆寂，即寂灭一切烦恼的骚动状态，圆满一切智德的明净境界。人生多苦，是起于自己过去所造的烦恼、业因，要消灭业因，解脱人生的痛苦，必须寻找一个安乐的所在，做为究竟的归宿。这安乐的所在，究竟的归宿，佛教称作涅槃，也称作灭谛，就是灭除一切烦恼业因，和生死苦果所证得的真理。这真理是现量的，是直觉的，唯亲证方知，超越世间一切相对的境界，是绝对的，无为无相，不可思议，不可名状，无以为名，强立名词，名之为灭谛，名之为涅槃。

第十五节　四圣谛中的道谛（一）

道谛的“道”，指道路、途径、方法，就是引向灭除痛苦，证得涅槃的正道。释尊初转法轮时，提出了不苦不乐的中道主张，共八项，称为“八正道”。后来随着佛教的发展，又增加了四念处、四正断、四神足、五根、五力、七觉支，合称为“七科三十七道品”，就是说，达到成佛的觉悟，证得涅槃的途径共为七类三十七项。三十七道品都是修学佛法的基本工作：

1. 四念处

四念处通大小乘，诵一切法门，是学佛的基础。佛将涅槃时，阿难问佛：佛圆寂后依谁而住？佛答：依四念处住。所以若不依四念处，所修行的一切法门均不是佛法。

四念处是指四个安顿心念的住所，又称为四念处观。因为它并不纯粹在修定，而是以智慧用四种法观察四念处来破除四种颠倒，故称四念处观。

因为我们先执着有我，所以进一步执着我是常的、乐的、净的，在佛法中称为颠倒想。世间人有此四种不正确的知见，故称为四颠倒，它们是：常、乐、我、净。

四念处是身、受、心、法这四个处所，以不净、苦、无常、无我四法的正念，而生起智慧的观察，就是观身不净、观受是苦、观心无常、观法无我，以达到破除我们执着的净、乐、常、我四个颠倒。破除四颠倒，我们就不会有贪爱与忧愁。

第十六节　四圣谛中的道谛（二）

2. 四正断

“正断”是能根除懈怠的意思。“四正断”也作“四正勤”，是专心勤修的意思。四正断，善有两条，恶有两条：（1）对于已经生起的善，应当坚持到底，令其增长，使之圆满；（2）对于未生的善，要努力使它速生。（3）对于已经生起的恶，应当努力断除；（4）对于未生的恶，要努力防止它产生。由此四法策励身口意三业，最为殊胜，所以也叫四正胜。

3. 四神足

四神足是注重修禅定的，用四种定力摄心，使定慧均等，神力充沛，所愿皆得：一欲神足，依欲望的力量，加功用行，引发定力；二勤神足，依精进的力量，加功用行，引发定力；三心神足，心专一境，加工用行，引发定力；四观神足，依于慧观，察照真理，引发定力。

4. 五根

一信根，正信因果，实理实事；二进根，努力不息，以求上进；三念根，净念相继，去诸邪思；四定根，妄浪平息，定水湛然；五慧根，真智现前，破诸谬见。由这五法，能生圣道，如大树有根，能生枝干，所以叫做五根。

5. 五力

五力之名与五根相同，而程度浅深不等，故另立五力。如信根增长，破诸邪信，得名信力；进根增长，能破懈怠，得名进力；念根增长，破诸邪念，得名念力；定根增长，破诸乱想，得名定力；慧根增长，破除三界一切烦恼，得名慧力。

6. 七觉支

在三十七道品中为什么七觉支独得“觉”的名字呢？因为前修四念处至五根五力时尚未觉，后修八正道时已觉，只有中间这修七觉分法，正由凡夫从迷而入悟，由未觉而成觉，并且觉的自体在乎这七分，故独得觉名。

第一是择法觉支；第二是精进觉支；第三是喜觉支；第四是除觉支；第五是舍觉支；第六是定觉支；第七是念觉支。

第十七节　四圣谛中的道谛（三）

7. 八正道

三十七道品最后的修法，是八正道，可以养成一个人的正当的思想和正当的行为，过着合理的生活。所以在佛的一切教训中，对于富有改善人群生活的办法，最精粹也最切实际受用的，当推这八正道。

八正道：（1）正见；（2）正思维；（3）正语；（4）正业；（5）正命；（6）正精进；（7）正念；（8）正定。八正道可分为两类：一是精神生活，以正见为主，正思、正念、正定为辅；二是物质生活，以正命为主，正业为辅。正语、正精进是双关的。正见和正命分别为我们佛教徒的精神生活和物质生活的主要点，在八正道中具有最重要的意义。后来大乘佛教又特别强调正思维的智慧作用，认为正思维是获得一切善、根除一切恶的法门，是进入涅槃境界的关键。

释尊教授四圣谛时，把世间法和出世间法的界域划得很清楚：由于烦恼的集因，招感世间的苦报，这是世间法的真理；由于修道的净因，证得涅槃的圣果，这是出世间法的真理。世间法有世间法的因果，出世间法有出世间法的因果，说理清晰，有条不紊。

（七）

第三章　释尊的出家与成道（续）

第十八节　三学中的戒学

戒、定、慧三学通常被认为是学佛者修持的全部内容。戒是纯洁行为，庄严操守，为定慧打基础，再通过定，即调整心意的功夫，而生起智慧。这也就是所谓依止于戒，心用得定；依止于定，智慧才生。三学中慧是根本，以慧为主体，戒定为方便。戒、定、慧三学不是孤立的，纪律、功夫和智慧是相辅相成的关系，三者是有内在联系的。戒是证慧的基础，由戒生定，由定生慧，没有戒修不好定，没有定生不了慧。

1. 戒，指佛教为出家和在家信众制定的戒规，借以防非止恶，从是作善。戒按其内容分为止持戒和作持戒两大类。所谓止持戒，“止”，防止、止息，意指防非止恶的各种戒，如五戒、八戒、十戒和具足戒等。所谓作持戒，“作”，修习善行，意指奉行一切善行的戒，如二十犍度等。止持戒和作持戒分别止恶作善，相辅相成。

2. “十善业”，是佛教的基本道德信条，内容是：不杀生、不偷盗、不邪淫（或不淫），此三者属身业；不妄语、不两舌（离间语）、不恶口、不绮语（杂秽语），此四者属于口业；不贪欲、不嗔恚、不邪见，此三者属于意业。“十恶业”与“十善业”相对，具体指杀生、偷盗、邪淫（或淫）、妄语、两舌、恶口、绮语、贪欲、嗔恚、邪见。

3. 释尊认为，在世俗社会中要实践八正道是困难的，他要求人们出家，即走出现实社会而进入僧团生活。僧团有一定的组织原则，没有私有财产，有比较充分的民主和平等，后来还逐渐形成了僧侣日常生活的行为准则。适应这种生活的需要，释尊亲自制定了戒律。后来的佛教学者又根据僧伽集团的生活变化，逐渐增制戒律，以至发展成为三藏中的律藏，对于戒体、戒法、戒行、戒相和受戒仪式等各方面都有详细的说明和规定。

第十九节　三学中的定学和慧学

1. 定学就是禅定。“定”是梵文的意译，音译为“三昧”、“三摩地”，是指专注于一境而不散乱的精神状态，即调炼心意的功夫。释尊把定学与戒学、慧学结合起来，也就是把禅定作为获得解脱的方法之一。

禅定是静虑的意思，就是心定下来观察思维，也就是以所观的境，让心专注不散，称为定；“观”，就是作种种的观行。禅定包含“止”和“观”。修任何的禅定，一定离不开“止”和“观”，否则他所修的禅定会偏向外道。

2. 在进入四禅八定之前，必须先修习欲界里的基本的定。在坐禅的过程中，依心态的不同而分成几个步骤，那就是：（1）粗心住；（2）

细心住；（3）欲界定；（4）未来禅。

3. 修初禅、二禅、三禅、四禅的步骤，并简介修习禅定的方法。

4. 慧，即智慧，能通达事理，决断疑念，观达真理，断除妄惑，从而根绝无明烦恼，获得解脱。为培养、增加智慧而进修，称为慧学。通常把智慧分为三种：（1）闻所成慧，指听闻佛法，学习五明；（2）思所成慧，依前闻所得慧而进行深思熟虑，消化融会，条理贯通；（3）修所成慧，依由闻和思所得的智慧，进而修习禅定，由定生明，证悟人生和宇宙的真理。

练习题

1. 试述戒、定、慧三学之间的关系。

2. 何谓止持戒？

3. 何谓作持戒？

4. 何谓“贪”“嗔”“邪见”？

5. 何谓“不贪”“不嗔”“不邪见”？

6. 为什么说修定首先必须持戒？

7. 何谓“慧学”？

8. 佛法求智慧的方法步骤有几种？

（八）

第三章　释尊的出家与成道（续）

第二十节　四摄和六度

菩萨是梵语“觉有情”的意思，即觉悟的众生，因为他能发菩提心，上求佛道，下化众生。上求佛道是自利，须修信德、戒德、闻德、施德、慧德；下化众生属利他，须修四摄和六度的法门。

、四摄，又称为“四摄法”、“四摄事”、“四事摄法”。“摄”，摄受，吸引。大乘佛教提倡以四种行为摄受众生，使众生产生亲爱之心，归依佛教，故称。四摄是指：（1）布施摄，如众生需要财物的支援，就给他施财物，众生热爱佛法的，就给他施佛法，要根据众生的需要，有针对性地去布施。（2）爱语摄，根据众生觉悟高低的不同情况，善言慰喻、开导。（3）利行摄，做有利于众生的事，行为要合乎众生的利益。（4）同事摄，与众生共同相处，从财物、言说和行动等方面给众生以利益和教化，从而使众生热爱佛法，归依佛教。

二、六度，是菩萨们实践成佛利生的六种具体行动。

（1）布施——菩萨为要救度众生，利益众生，什么都可以牺牲，可以施舍给人：他人需要经济财物的援助，就毫不吝啬地施予（财施）；他人需要真理的精神食粮，就尽自己所能给予指导（法施）；甚至认为牺牲身体生命，可以助成他人的善事，也是愿意自己牺牲（内施）。

（2）持戒——损害他人的恶事，不应该做的，绝对不去做（摄律仪戒）；有益于人的善事，应该做的，就义不容辞地去做（摄善法戒）。菩萨的一切行动，都是非常谨严，而以众生的利益为前提；假使有一件事，确认对于众生有益，纵使暂时不能得到人家的了解同情，被人反对，菩萨还是勇敢去做，这才是菩萨持戒的精神（饶益有情戒）。布施是宽厚待人，用以吸受大众；持戒是谨严律己，以与大众和乐相处。在六度中，这是性质相近的一对。

（3）忍辱——救度众生，希求成佛，是一种无比的重大事业，必须抱着最大的坚忍，才能克服困难，达到成功。一方面，要忍受生理上及自然界的一切艰难困苦（安受苦忍）；一方面，要任劳任怨，忍受人事上的种种迫害阻难（耐怨害忍）。这是菩萨的忍辱。

（4）精进——克服了阻难以后，必须坚定不移地努力前进，以大无畏的精神去做；既勇于改过，也勇于从善。不懒惰，不懈怠，严肃而认真，就是经过三大阿僧祇劫，也还是一样的坚定不移，没有厌倦。认定了远大而正确的目标，以无比的决心、毅力与勇气，努力去实践。忍辱是消极地忍受困难，精进是积极地勇往直前。这又是性质相近的一对。

（5）禅定——菩萨要深入社会去救度众生，身心——尤其情意方面，必须要有特殊的修养，才能够立牢脚跟，不被环境所转移。禅定，就是一种精神集中与安定的修养方法，他可以克服贪欲与不适当的情感；而且在这精神集中时，可以磨炼成锐利的智慧，去体验真理。

（6）智慧——菩萨要教化利益一切众生，当然需要充分的知识技能，所以菩萨的智慧是深广无边的。不过其中更重要的，是解悟缘起无我的高深智慧。由这智慧，可以纠正邪因无因的错谬，可以引导布施持戒各种利人事业上轨道，尤其可以防范过分的大悲热情的泛滥。菩萨因为有了深刻正确的理智，所以能够深入社会，同情一切，而仍旧坚定地把握住自己，像莲花一样的，出污泥而不染。禅定是情意的修养，智慧是理智的培植，这又是性质相近的一对。

菩萨由般若慧、慈悲心与菩提心的指导，尽量地去实行六度的种种利他事业；最后，自利利他都究竟圆满，无贪无嗔无痴三种德性彻底圆成，达到无上的大觉，就是即人而成佛了。

记住这个六度系统表：

六度	布施——宽厚地待人	利人的事行	完成佛果
	持戒——严谨地律己		
	忍辱——坚忍以克难	无畏的精神	
	精进——勇毅以进取		
	禅定——情意的锻炼	内心的修养	
	智慧——理智的培植		

练习题

1. 学佛应发什么心？
2. 下化众生应该修习什么方法？
3. 菩萨的道是什么？
4. 六度是度六种什么弊病？
5. 佛教忍辱与普通人的含垢忍辱有何不同？
6. 六度以何度为最重要？
7. 自己的说话不能感化他人，原因何在？

（九）

第三章　释尊的出家与成道（续）

第二十一节　三法印说

“诸行无常”、“诸法无我”和“涅槃寂静”为佛教的三法印，它一直被认为是大小乘佛教的三大纲领，整个佛教的理论枢纽，佛法中不可动摇的根本原则。

三法印的教理在佛教中才有，在其他宗教是绝对没有的，这是佛教的特色，与其他宗教最大的不同之处。三法印是阐释人生宇宙的三个真理，它可以协助我们判断佛教所讲的道理（出世间法）是否符合佛法。凡是符合三法印的佛法就是符合真理，因为它是由释尊阐发出来的，所以它是印证真理（佛法）的一种方法。

一、诸行无常

因缘造作之法称为诸行。“造作”之义是我们用心驱使身、口、意去做种种行为，称为造作。它分为身体（身、口）造作和心理（意）造作，凡是有造作都称为“行”。“行”的意思是造作和迁流变化；“诸行”是指一切造作迁流变化的法。诸行的范围包括时间、空间和世间三世的迁流变化。

世间的一切事物没有一样是永恒的。世间有成、住、坏、空的变化；世间的物质，有生、住、异、灭的变化；人类的身体和生命有生、老、病、死的变化。世上的物质没有一物不是生灭变化的，所以说无常。它们之所以无常，是属于“行”，都是造作而成的。

无常道理有二：一者，三世迁流不住，即今世、过去世、未来世，一直流转，没有停留，所以无常。它是众生的业造成的；二者，无常的真正道理，就是诸法因缘生灭，所以无常。世间所有的一切事物，是它的结果，结果必然有它的前因。这个因与种种外缘配合而形成果。因要形成果，就要变化，因缘如此连续，所以说它无常。因缘会合，果报即生，因缘散坏，它就灭掉，故无常。

二、诸法无我

所谓“法”，就是事物有一定的形相，保持一个时候，让我们感受它的存在，称为法。“诸法无我”，告诉我们在世间的一切事物中找不到一个“我”的存在，所以释尊说“无我”。这个世间根本就没有“我”，而我们内心执著，根深蒂固地觉得有一个“我”，所以释尊告诉我们“我”是没有的。

佛法指出我有两种：一是“人我”，二是“法我”。对我的执著，叫做“我执”，也叫做“我见”。我执也分为两种：“人我执”（“人执”）和“法我执”（“法执”），这都是佛法所要破除的最主要观念。同两种我，两种我执相对立，相应的无我也有两种：一是“人无我”，二是“法无我”。从无常必然推论出无我。“无常故苦”、“无常即苦”，人生既有苦恼，就是不自在，自己不能主宰自己，也就是无我，称为“人无我”。其他一切事物也都是无我。因为一切事物都是由各种因缘条件构成，时刻在变化，所以也不能说有一定的自体，这称为“法无我”。这种人、法二无我的理论是原始佛教的基本学说，也是在思想上区别于当时印度其他流派的根本之点。

三、涅槃寂静

涅槃是梵文的音译，译成汉文为“圆寂”。“圆”，就是圆满，“寂”就是寂静。“圆寂”的意义是灭生死、灭烦恼而达到解脱无为的境界，就是不生不灭。“灭生死”是众生不用在三界六道中生死轮回，了生脱死。“灭烦恼”是众生有种种烦恼，如果觉悟，把全部的烦恼都放下，则称为灭烦恼。涅槃又称为解脱，就是解脱生死与烦恼。心中无所得才叫解脱，若有物可得，就没有办法解脱。修行者解脱生死证悟涅槃时，他见到万法原来是不生不灭的，这是诸法的真相。

涅槃并不是一种境界可进可出；涅槃也不是可以得到一物，更没有证悟到涅槃的人。《金刚经》上说：“菩萨应灭度一切众生，灭度一切众生已，实无众生得灭度者。”意思是：实际上并没有众生进入涅槃，也没有证悟涅槃的人。诸法无我，又是不生不灭，所以没有人进入涅槃。我们凡夫没有办法知道涅槃的究竟，唯有智者内证，不可以凡夫的戏论（妄想）来了解。

练习题

1. 说明三法印在佛法中的重要意义。

2. “诸行无常”的定义是什么?

3. “诸法无我”的定义是什么?

4. 为什么“诸法无常”、“一切无常”的说法都是错误的?

5. 涅槃的定义是什么?

6. 涅槃是不是一种境界?理由是什么?

(十)

第三章　释尊的出家与成道(续)

第二十节　根本烦恼与随烦恼

人类所做的恶业,都由于烦恼而起的。在佛经中,把这些烦恼分成两大类,一是根本烦恼,二是随烦恼。根本烦恼好比树的根,随烦恼好比树的枝叶。这两者都是从人类的心理变化上研究分析出来的。

一、根本烦恼有六种。一是贪,即是贪爱、贪恋、贪着。对于六尘六欲的种种境界,过分地追求,不义地窃取;或于自我的财物与所学的理法,悭吝不舍,不肯惠施于人。二嗔,是嗔恚、嗔怒。逆境当前,不能忍受,处心凶恨,横起暴恶,损害他人,饥渴寒热到来,无涵养心,而生嗔恨。三痴,是愚痴迷昧,对于诸法的实事真理,无所明了,起诸邪见,谤无因果,事理不明,是非不辨。四慢,是我慢贡高,看人不起,无论对于对方不如自己的或与自己程度相等的,都表现轻慢的态度。五疑,是怀疑、狐疑,对于佛教的真理、善恶的业力,以及世间的一切实事实理,都不能诚信无疑,杜塞善门,滋生邪恶。六不正见,是从思想上产生五种不正的见解。1. 身见:因执此身以为有我,其实此身为四大五蕴之所积聚,无常败坏迷朽之法,而不知的人,执以为一、为常、为普遍、为有主宰的我存在。2. 边见:边是偏差或鄙陋,就是所得的知见有所偏缘执常执断,各落一边。执常的知见,以为人死仍旧为人,狗死仍旧为狗,贫穷的永远是贫穷,富贵的永远是富贵;执断的知见，以为人死一灭永灭，断绝了轮回升沉的事实，肆无忌惮，造诸恶业。3. 邪见：是不正的知见，不信正法，拨无因果，毁谤圣贤。4. 见取见：即于上三种知见，取着不舍，执以为实。又该见亦名“非果计果”，就是自己还没有亲证圣果，而妄执已得已证的错觉。5. 戒禁取见：戒是戒杀盗淫妄的恶行；禁是禁止饮酒、赌博及吸鸦片烟等嗜好。持戒守禁本是好的，为什么反列入不正见之内？这是因为一类邪见外道，持戒守禁，徒有其表，而无其实，修种种投岩、赴火、拔发、曝身、泅水、裸形等等无益的苦行，徒劳无果，却错觉以为是升天的正因。所以这也叫做“非因计因”。

二、随烦恼有二十种，分小随十种，中随二种，大随八种。

（一）小随烦恼十种：一忿，是愤怒。遇到逆境不顺，大发脾气，轻则骂人，重则打人。二恨，是怀恨、怨恨、仇恨。和人相骂过，打架过的永记心头，结怨不舍，常图报复。三恼，是恼乱或恼害。心怀忿恨，恶言刺人，自乱其意，复害他人。四害，是损害。居心不正，损害他人的名誉或财产，使人心不安宁；乃至损害他人到丧身失命的地步。五嫉，是嫉妒。妒贤、嫉能、妒财、嫉色，因此谗贤贬能，谋财害命，心中有亏，忧戚不宁，亦是自扰扰人。六诳，是虚诳。自无实学实德，为了名闻利养，假装有德有学，口是心非，盗名欺世。七谄，是谄媚。为求得自己的利禄，假意谄媚他人，午夜夤缘，奔走权贵。八覆，是覆藏，或遮覆、盖覆。有些人专做恶事，又怕名誉不好，地位失去，只好遮遮瞒瞒，自欺欺人；其实是欲盖弥彰，报应到来，还是无法逃脱。九骄，是骄傲。骄傲的生起，必是自有所恃，或恃年轻，或恃强壮、貌美、财多、学博、姓贵，因而骄傲成性。十悭，是悭吝。悭财、悭法、悭力，不肯惠施他人。

（二）中随烦恼有二：一无惭，是做了不道德的恶行不怕对自己不住，不尊重自己的人格。二无愧，是不怕人家的责罚、讥笑、批评，自己甘心做恶，就不顾一切了。

（三）大随烦恼有八种：一不信，对于世间一切实事实理，以及因果报应的事，犹豫不信，使善法种子，干枯断绝。二懈怠，即于事懒散，无进取心，善法不增，恶法难断，因循苟且，没有成就。三放逸，放荡纵逸，如不系之舟，似无羁之马，飘散尘欲，任性妄为，做诸恶事，不自克责。四昏沉，心不调畅，蒙昧不清，障碍修观的功夫。五失念，即多听邪教，多看邪书，多生邪念，失去正念。六散乱，即分散扰乱，心不专一，无事得成。七掉举，与昏沉相反，是令心掉动不宁，攀缘喜乐的境界，障碍修定的工夫。八不正知，就是知见不正，不辨因果，颠倒是非，造诸恶业。

小随、中随、大随的三类烦恼，都是随逐六种根本烦恼生起的枝末烦恼。同是烦恼恶法，扰乱心神不宁，不过在性质上有猛烈的，有缓和的，有沉重的，所以就分成小随、中随、大随罢了。

练习题

1. 佛经把烦恼恶法分成几类？
2. 根本烦恼有几种，试举其名。
3. 随烦恼有几种，试举其名。
4. 小随、中随、大随有何不同？
5. 你觉得自己哪种烦恼最多？
6. 你能坦诚地说出自己的烦恼吗？

（十一）

第三章　释尊的出家与成道（续）

第二十三节　声闻果与佛果

一般学佛的行人，从精进修学，至因缘成熟时，就可能觉悟证果。在佛教的证悟中，可分为小乘的果位与大乘的佛果。小乘的果位有四果；大乘菩萨的果位称为“地”，菩萨十个果位称为十地，真正圆满菩萨六度万行，完成的证悟果位，称为佛果。

一、声闻四果：

小乘又称为声闻乘，就是听闻佛法而觉悟的人。他们之所以被称为小乘人，是因为他们只求自己解脱。佛教的主要目标，是要“上求佛道，下化众生”，即是除了自己修行解脱证果外，还要引导其他众生解脱生死轮回，走上涅槃之道。声闻乘证悟的果位有：初果须陀洹、二果斯陀含、三果阿那含、四果阿罗汉。

（一）初果：

须陀洹果，译为预流果，即初见真理，得八圣者之流。他们不为知见上的烦恼所迷惑，对佛法有绝对的信心。经中说初果圣人断除了我见结、戒禁取见结及疑结——三结。所谓“结”，就是束缚的意思。有时候“结”又称为烦恼，断三结即断除这三种烦恼。

（二）二果：

即斯陀含果。证初果圣者断除三结后，必须继续修行，到另一阶段，贪嗔痴减薄，便证得斯陀含果，此果又称为“一来果”，因为对欲界烦恼未完全断除，还必须在欲界中的人间天上来往一次。在这往返生死中，他必定能继续修行而证阿罗汉果。证得初果的圣者继续修行，就可以证得斯陀含果。但是有些修行者不必证悟初果，可以直接证悟斯陀含果，那是因为各人因缘不一样，烦恼轻重不同的缘故。果位越高，烦恼就越轻。所以证果并非得到什么，而是把烦恼放下。

（三）三果：

阿那含果，译为不来果。三果圣人断除欲界所有的烦恼，所以在欲界死后，生色界五净居天，永不来欲界受生，所以名为不来果。在色界五净居天继续修行，证阿罗汉果。三果圣人断除欲界的贪与嗔；欲界中有嗔，进入色界后就没了。三果圣人断除欲界的贪，但还有色界与无色界的贪。因为有色界的贪，所以今生舍报之后，就生在色界。证悟初果、二果、三果的圣人，他们虽然断除了一些烦恼，但还必须继续修学圣道，所以称为有学圣人。

（四）四果：

阿罗汉译义有三：一者，杀贼，二者，应供；三者，无生。意思是阿罗汉杀尽了一切烦恼贼，不再有生死业的生起，是应当受人天供养的圣者。由于已断烦恼和证得涅槃果，在修道上已无可修学，所以阿罗汉称为无学圣人。

阿罗汉断除色界的贪、无色界的贪、我慢、掉举以及痴五种烦恼。阿罗汉是在佛在世，有佛法的时候，听闻佛法而悟道的，有些甚至只听闻一句佛法就觉悟，所以称为声闻。阿罗汉种类很多，普通可分为两大种类：

（1）慧解脱阿罗汉：依智慧永断一切有漏烦恼的阿罗汉，然而未能证得灭尽定乃至二禅，由于不能解脱定障，所以有些阿罗汉没有五通，只有漏尽通。

（2）俱解脱阿罗汉：能证得灭尽定的阿罗汉，于定、慧都究竟解脱，所以能得“三明六通”。

二、辟支佛：

译为独觉；也作缘觉，此类圣者在修行过程中是“不由他觉”，多生于无佛、无佛法的时期，独自修行，因其根器很利，不必听闻佛法，只是观无常悟入缘起的寂灭（涅槃），就是观十二因缘而证得圣果，因其观因缘而觉悟，所以称为缘觉。

辟支佛之所以称为独觉，是因为在没有佛法的时候，众生的根器很差，在当时能觉悟是一件不得了的事。证果后的辟支佛必定自发过头陀生活，由于没有同等根器的众生，所以辟支佛没有师长，没有同学，也没有弟子，所以称独觉。这类圣者不需要佛陀的教导，就可以觉悟，所以他的智慧比声闻果位的圣者更高一筹。

三、三藐三佛陀：

就是佛，意思是无上正等正觉。所谓无上正等正觉，就是自觉觉他觉行圆满。前面所讲的四圣者，断除烦恼证果，只是自己觉悟；而佛陀不但自己觉悟，而且也能令他人觉悟，而且他的觉悟最圆满。

四、证悟者的能力：

六通、三明与十八不共法。

练习题

1. 小乘为什么又称为声闻乘？

2. 说明声闻乘证悟的四果位各有何不同。

3. 辟支佛为什么也称为独觉，又称为缘觉？

4. 何谓三藐三佛陀？

5. 什么叫五乘佛法？

6. 五乘法以何乘为最胜？

（十二）

第四章　释尊的教团及行化

第一节　最初的优婆塞和优婆夷

释尊在鹿野苑度了憍陈如等五比丘，自此就有了教主、教法、教团的（佛、法、僧）三宝俱足。接着又度了耶舍及其亲友数十人。

耶舍的父亲婆梨迦长者首先皈依佛陀，做一个在家的弟子。这是释尊收作优婆塞弟子的第一人。

随后，耶舍的母亲也皈依在佛陀的座下，作为在家的信女，过着家庭的佛化生活，是为释尊收作优婆夷弟子的第一人。

第二节　三迦叶弃邪归正

在鹿野苑度过第一个雨季的安居生活，释尊便嘱咐弟子们个个游化人间，宏扬佛陀的教义，乃至要弟子们不应两个人同走一条路。释尊自己也单独去到优娄频罗聚落，化度了事火外道优娄频罗迦叶和他的两个弟子那提迦叶、伽耶迦叶以及他们的弟子共一千人。

第三节　频毗娑罗王的皈依

释尊为了履行成道之后去度频毗娑罗王的诺言，就率领迦叶三兄弟及其弟子们到了王舍城。国王亲率臣民迎于郊外，见到闻名于当时的迦叶三兄弟均已成了佛的弟子，信心益加恳切，闻法之下，即得法眼净（见道）。

第四节　在家学佛男众的模范人物

佛法住世，全靠出家僧众的主持和在家信众的护持。释尊行化不久，度了许多人出家，同时又有许多受了释尊感化而皈依佛教的在家信众。在这些信众里面，包括有国王、大臣、长者、居士、商贩、工人、农夫、乞丐等各阶层的人物。其中能自己虔诚奉行佛法，又能本佛陀精神去做社会慈善事业的，真不知有多少。举出几位比较可做在家信众的模范人物有：一、博施济贫的须达多；二、助扬佛化的频毗娑罗；三、舍己救群的摩诃男；四、忠诚护法的波斯匿；五、劳作养亲的难提波罗。

（十三）

第四章　释尊的教团及行化（续）

第五节　在家学佛女众的模范人物

释尊在世的时代，女子学佛而成伟大圣者的，真不知有多少。像摩诃波阇提、莲花色尼、耶输陀罗、末利夫人、妙龄童女，以及《华严经》中的休舍优婆夷、慈行童女、婆须蜜多、自在主妇，《法华经》里的龙女八岁成佛，《维摩经》里的天女散花说法，都是学佛有所成就，或证悟圣果，教化度生的名女性。下面更举几个别有殊胜因缘而获得成就的学佛妇女，或可作为现代各阶层妇女转入佛门的借镜。

一、发愿摄众的胜鬘夫人；二、乐善好施的毗舍佉母；三、悔过迁善的玉耶小姐；四、转迷为悟的摩登伽女；五、佛化家庭的耶舍父母。

第六节　竹林精舍的教化

竹林精舍是中印度摩竭陀国最早的佛教寺院，又称迦兰陀竹园、竹园伽蓝。为迦兰陀长者所奉献的竹林，由频毗娑罗王建造伽蓝而成。与舍卫城的祇园精舍并称为佛教最早的两大精舍。释尊在世，多居于此说法开化，导凡拯俗。

释尊接受频毗娑罗王建造竹林精舍时曾说："说到布施，不一定是财宝，见到别人布施，心亦随喜，将来所得的果报，和布施的人相同。"释尊的意思是有的人虽然知道布施的意义而没有力量去布施，只要他见到别人布施而心生欢喜，这也和自己布施相同，一样可以得到福报功德。释尊指示的法语，足为千万年后的我们深思和赞美。

释尊在这初期传道期间，能得到竹林精舍是一件大事，但比这更大的事，还是要算得到舍利弗和目犍连两位弟子。他们后来辅佐释尊以正法教化人间，对佛法的弘传，其功劳足为后人效法、景仰。

随后，婆罗门中最杰出的人物大迦叶（又名摩诃迦叶）来归，做为释尊的弟子。释尊度化大迦叶以后，王舍城的佛法已经打好基础，佛经中常见的“千二百五十人俱，皆是大阿罗汉”的教团，到此便已形成。释尊的教化，更是普遍各方了。

第七节　祇园精舍的建立

须达是佛世时代印度的一位大富长者，他的财产、商业、贷款遍于恒河的两岸。自从见佛起信而皈依了佛教，就用金砖布地构筑祇园精舍供释尊及弟子行道说法。又能本佛教的布施精神，去救济一切鳏寡孤独的平民，因此被人称为“给孤独长者”。

祇陀太子把祇园里的树木也布施给释尊。释尊就把这座精舍定名为“祇树给孤独园”。从此，释尊在北方也有了佛化的根据地。

练习题

1. 最初的优婆塞和优婆夷是什么人？
2. 三迦叶弟兄
3. 频毗娑罗王信佛以后做些什么工作？
4. 摩诃男怎样舍己救众？
6. 释尊对波斯匿王开示些什么？
7. 难提波罗为什么要采取手工业的工作？
8. 释尊在世多在哪两大精舍说法开化？
9. 我要做一个怎样的佛教徒？

三十二相

系指转轮圣王及佛之应化身所具足之三十二种殊胜容貌与微妙形相。关于三十二相名称之顺序，各有异说，今依《大智度论》卷四所载，即：（1）足下安平立相。即足底平直柔软，安着密着地面之相。此相表引导利益之德。（2）足下二轮相。即足心现一千幅轮宝之肉纹相，表照破愚痴与无明之德。（3）长指相。即两手、两足皆纤长端直指相，表寿命长远，令众生爱乐归依之德。(4) 足跟广平相。即是踵圆满广平，系由持戒闻法勤修行业而得之相，表化益尽未来际一切众生之德。(5) 手足指缦网相。即手足指间皆有缦网交互连络之纹相，表离烦恼恶业，至无为彼岸之德。(6) 手足柔软相。即手足极柔软，如细劫波毳之相。表佛以慈悲柔软之手摄取亲疏之德。(7) 足趺高满相。即足背高起圆满之相。表利益众生、大悲无上之内德。(8) 伊泥延腨相。即股骨如鹿王之纤圆，表一切罪障消灭之德。(9) 正立手摩膝相。即立正时，两手垂下，长可过膝，表降伏一切恶魔，哀愍摩顶众生之德。(10) 阴藏相。即男根密隐于体内如马阴（或象阴）之相，表寿命长远，得多弟子之德。(11) 身广长等相。指佛身纵广左右上下，其量全等，周匝圆满，如尼拘律树，表无上法王尊贵自在之德。(12) 毛上向相。即佛一切发毛，由头至足皆右旋，其色绀情，柔润。此相由行一切善法而有，能令瞻仰之众生，心生欢喜，获益无量。(13) 一孔一毛生相。即一孔各生一毛，其毛青琉璃色，每一毛孔皆出微妙香气。(14) 金色相。指佛身及手足悉为真金色，如众宝庄严之妙金台。此德相能令瞻仰之众生，厌舍爱乐，灭罪生善。(15) 大光相。即佛之身光任运普照三千世界，四面各有一丈。此相表一切志愿皆能满足之德。(16) 细薄皮相。即皮相细薄、润泽，一切尘垢不染。表佛平等无垢，以大慈悲化益众生之德。(17) 七处隆满相。指两手、两足下、两肩、颈项等七处之内皆隆满、柔软。此相表一切众生得以灭罪生善之德。(18) 两腋下隆满相。即佛两腋下之骨肉圆满不虚。系佛予众生医药、饮食，又自能看病所感之妙相。(19) 上身如狮子相。指佛之上半身广大，行住坐卧威容端严，一如狮子王，表威容高贵、慈悲满足之德。(20) 大真身相。谓于一切人中，佛身最大而直。能令见闻之众生止苦、得正念、修十善行。(21) 肩圆好相。即两肩圆满丰腴，殊胜微妙之相，表灭惑除业等无量功德。(22) 四十齿相。指佛具有四十齿，一一皆齐等，平满如白雪。此一妙相能制止众生之恶口业，灭无量罪，受无量乐。(23) 齿齐相。即诸齿皆不粗不细，齿间密接而不容一毫，表能得清净和顺，同心眷属之德。(24) 牙白相。即四十齿外，上下亦各有二齿，其色鲜白光洁，锐利如锋，坚固如金刚。此妙相能摧破一切众生强盛坚固之三毒。(25) 狮子颊相。即两颊隆满如狮子颊。见此相者，得除灭百劫生死之罪，面见诸佛。(26) 味中得上味相。指佛口常得诸味中之最上味。表佛之妙法能满足众生志愿之德。(27) 大舌相。即舌头广长薄软、伸展则可覆至发际。观此相，则灭百亿八万四千劫生死罪，而得值遇八十亿之诸佛菩萨授记。(28) 梵声相。即佛清净之梵音，洪声圆满，如天鼓响，亦如迦陵频伽之音，闻者随其根器，而得益生善，大小权实亦得惑断疑消。(29) 真青眼相。即佛眼绀青，如青莲花。(30) 牛眼睫相。指睫整齐而不杂乱。此相系由观一切众生如父母，以思一子之心怜悯爱护而感得。(31) 顶髻相。即顶上有肉，隆起如髻形之相。(32) 白毛相。即两眉之间有白毫，柔软如兜罗棉，长一丈五尺，右旋而卷收，以其常放光，故称毫光，眉间光。以上三十二相，行百善乃得一妙相，称为“百福庄严”。

八十种好

为佛菩萨之身所具足之八十种好相。又称八十随形好、八十随好、八十微妙种好、八十种小相、众好八十章。佛菩萨之身所具足之殊胜容貌形相中，显著易见者有三十二种称为三十二相，微细隐密难见者有八十种，称为八十种好。两者亦合称相好。转轮圣王亦能具足三十二相，而八十种好则唯佛、菩萨始能具足。八十种好指：(1) 指狭长，薄润光洁。(2) 手足之指圆而纤长、柔软。(3) 手足各等无差，诸指间皆充密。(4) 手足光泽红润。(5) 筋骨隐而不现。(6) 两踝俱隐。(7) 行步直进，威仪和穆如龙象王。(8) 行步威容齐肃如狮子王。(9) 行步安平犹如牛王。(10) 进止仪雅，宛如鹅王。(11) 回顾必皆右旋如龙象王之举身随转。(12) 肢节均匀圆妙。(13) 骨节交结犹若龙盘。(14) 膝轮圆满。(15) 隐处之纹妙好清净。(16) 身肢润滑洁净。(17) 身容敦肃无畏。(18) 身肢健壮。(19) 身体安康圆满。(20) 身相犹如仙王，周匝端严光净。(21) 身之周匝圆光，恒自照耀。(22) 腹形方正、庄严。（23）脐深右旋。（24）脐厚不凹不凸。（25）皮肤无疥癣。（26）手掌柔软，足下安平。（27）手纹深长明直。（28）唇色光润丹辉。（29）面门不长不短，不大不小如量端严。（30）舌相软薄广长。（31）声音威远清澈。（32）音韵美妙如深谷响。（33）鼻高且直，其孔不现。（34）齿方整鲜白。（35）牙圆白光洁锋利。（36）眼净青白分明。（37）眼相修广。（38）眼睫齐整稠密。（39）双眉长而细软。（40）双眉呈绀琉璃色。（41）眉高显形如初月。（42）耳厚广大修长轮埵成就。（43）两耳齐平，离众过失。（44）容仪令见者皆生爱敬。（45）额广平正。（46）身威严具足。（47）发修长绀青，密而不白。（48）发香洁细润。（49）发齐不交杂。（50）发不断落。（51）发光华殊妙，尘垢不著。（52）身体坚固充实。（53）身体长大端直。（54）诸窍清净圆好。（55）身力殊胜无与等者。（56）身相众所乐观。（57）面如秋满月。（58）颜容舒泰。（59）面貌光泽无有颦蹙。（60）身皮清净无垢，常无垢秽。（61）诸毛孔常出妙香。（62）面门常出最上殊胜香。（63）相周圆妙好。（64）身绀青光净。（65）法音随众，应理无差。（66）顶相无能见者。（67）手足指网分明。（68）行时其足离地。（69）自持不待他卫。（70）威德摄一切。（71）音声不卑不亢，随众生意。（72）随诸有情，乐为说法。（73）一音演说正法，随有情类各令得解。（74）说法依次第，循因缘。（75）观有情，赞善毁恶，而无爱恨。（76）所为先观后作，具足轨范。（77）相好，有情无能观尽。（78）顶骨坚实圆满。（79）颜容常少不老。（80）手足及胸臆前，俱有吉祥喜旋德相（即卍字）。（见《大般若经》卷381）

烦恼的止息

——四念处论述辑要

前　言

佛法的创始者——释迦牟尼佛，毕竟已经入灭了两千五百多年。他可能再来人间吗？释尊的涅槃这个问题，千百年来，佛弟子心中一直强烈渴望有一个明确的答案。但是在释尊的教诲中，这是不予讨论的范畴，因为从佛法的如实义说，那不过是众生心中无明的投射罢了。如果我们真正欢迎释尊重回人间，那么值得重视的，应该是释尊当年回答阿难的最后教诫："佛灭度后……我成佛来所说经、戒，即是汝护，是汝所持。"（《长阿含二经》）应该说《阿含经》是佛法的根源，而入道之门便是对苦的觉受，其终极目标则在于突破轮回的流转，从不尽的生老病死中解脱出来。汉译《四阿含》，虽早在隋唐以前即传入中土，但在智者、贤首大师的判教下，被贬为不究竟不了义不能成佛的小乘经，从此之后，《四阿含》含冤千载，乏人问津。善哉幸乎，经过近代学术界文献的厘清，爬梳抉择，与巴利文的《五尼柯耶》，对勘比读，结果获致普遍而无疑的肯定。以原始佛教领域而探索，《四阿含》实为现存最早的佛典。佛教在我国的发展一直都依循着大乘的法脉，以致忽略了佛法开展的根源。虽说大小二乘的究竟归趋是一致的，但要如实成就，总得从根本入手，才能更有把握。今天的佛弟子若能精勤研读思维，如法实践，将如同《佛遗教经》所说："自今以后，我诸弟子，辗转行之，则是如来法身常在而不灭也。"这相当释尊永驻人间，常转法轮。

《四阿含》中有释尊教导的加强苦圣谛的修行方法，即四念处。学佛的朋友，有时会自嘲地说："学佛一年，佛在眼前；学佛三年，佛在天边。”有一种入道难的无奈感，其中的症结何在？佛法是一种生命的试炼，文字是堆砌的沙屋，当然经不起小小浪花的冲刷。作为佛弟子，假如整个身心（五蕴），没有刻骨铭心的无常痛切感，是很难时时处处激发那出离苦恼的道心，更遑论对佛法的安忍坚定了。所以释尊初转四圣谛法轮，就是以苦圣谛为入道的第一步。

观色无常，观受想行识无常，厌，离欲，无尽解脱，见法涅槃。这是如来禅，修持者或者已知已见，但不娴熟，竟日在忙乱中，随忆随觉时，是日已过命亦随减，不免着急。修持者或者未知未见，有心要学却毫无下手处。若是如此，就应当修习四念处。《杂阿含一一八九经》：“有一乘道能净众生，度诸忧悲减除苦恼，得真如法，谓四念处。何等为四？身身观念处，受心法法观念处。”释尊把宇宙人生万法归纳为色受想行识，对我们初学的人来说，仍然觉得笼统，于是再把色受想行识五阴条列为四念处，让我们能依照个人的习性，按照四念处来观照念头。

如经文所说，所谓四念处就是身身观念处、受受观念处、心心观念处、法法观念处。久远以来我们对四念处修行方法也都不了解，这是因为从来便不重视《阿含经》所致。假使我们已经了解四取阴识住，就不难理解四念处法。身身观念处是依取色阴识住而建立，受受观念处是依取受阴识住而建立，心心观念处是依取想阴识住而建立，法法观念处是依取行阴识住而建立。四念处就是观色无常观受想行识无常的具体修法，一念之中也具足四念处。如果我们不了解五阴的内容根本无法分别一念是身念处？是受念处？是心念处？还是法念处？修四念处便又笼统不知如何修。一位善知识曾指出：“四念处通大小乘，通一切法门，是学佛的基础。佛将欲涅槃时，阿难说：‘佛圆寂后依谁而住？’佛答：‘依四念处住。’所以，若不依四念处，所修行的一切法门，均不是佛法。”由此可见修学四念处是何等的重要。

一、学佛的目的

搞清楚学佛法的目的，是修学佛法的前提，也是用佛法帮助别人的第一步。

修行的人如果没有搞清楚修行的目的，他的修行就很可能永远不会成功。犹如一个人在城市里行走，这个人虽然有脚也很有力气，可以到城里任何地方去，但是他不知道自己要去哪里，那么有脚能走路又有何用？修行的人虽然学过不少法门，如静坐、念咒、诵经等等，但是若不知道修行的目的何在，正如同有脚却不知往何处去的人一样，虽然修学，而终归也是枉然。因此搞清楚修行的目的，是学佛法的第一要务。

修学佛法的目的是烦恼的止息，也就是人世间忧悲苦恼的止息。这是一个既符合原始佛教的精神，同时也适用于现代人的最简单而直接的答案。换言之佛法的目的是非常入世的，因为它积极关怀人世间的苦痛。同时，它也是自利与利他的。因为佛法关怀的对象是苦痛，而不论哪些苦痛出于自己或是他人。尽管在佛法实行的程序上，自利与利他有先后的次第，就是必须先自利而后才有能力利他，但是佛法整体的目的是一样的，那就是烦恼的止息。

不少修学的人认为佛法的目的是为了成佛，成佛之后再度众生。这个想法在一般人心中颇为流行，但这个答案不够直接，也不够明白，尤其是对一般连佛的概念都不太了解的缺乏正信的佛教徒来说，成佛是一个含义不明的目的。进一步分析，从态度上来讲，成佛或多或少给人有一种贪的联想。许多知识分子的直接反应“我为什么要成佛？”或是“做人真有那么不好吗？”从佛经上来看，释尊从来没有告诉他的弟子：“你们要学我，要修得像我一样，成为一个佛。”相反地，释尊在世上说法四十五年，连一个字都不曾执著，更何况是成佛的观念，或是要修行人成佛。所以可以说烦恼的止息要比成佛更恰如其分地是修学佛法的目的。

至于度众生，表面上似乎比成佛这一概念合适，其实不然。如果成佛会给人一种贪的感觉，度众生至少是利他的，不会产生这种印象。但是度众生是一个很笼统的佛教专名词。有人会问：“什么是度？”信众回答：“度到彼岸。”当再问“什么是彼岸？”时，于是信众们的回答就众说纷纭，各说不一了。有人说是西方极乐净土，有人说是涅槃，还有人说是不生不灭的法身。各种的回答并没有满足对方的提问，却引起更多的问题。当然如果发问者一直深究下去，也许会找到答案。可是如此耐心和好奇心的人毕竟是不多的。信众与其责难对方追求真理的耐心不够，还不如反躬自问：自己对这一问题为什么没有直接而有力的回答？

佛教中还有一个较为通俗的回答是“了生死”。勿庸赘言，此一答案较之成佛与度众生更易于引起争议，并带有神秘色彩。以了生死作为佛法目的来回答，容易给世人对佛教产生误解。了生死的确是佛法中解脱道的最终目的，但这样回答的态度，基本上犯了错误，因为一般人并不明白什么是了生死。用一个不被人明白的专门术语作为目的是危险的，而且会给人对佛教产生误解，以为了生死就是不再存在了，结果造成世人对佛教的灰色印象，以为佛教是一种彻底的自我毁灭。这种误解对佛教的损害是极大的。

事实上佛教中的了生死是彻底看见了并无实有的生死可了。生死现象和世间其他现象一样，是缘起的，是没有真实性的，只是整体流转的一部分。人因为对自我的执著，所以为生死现象所迷惑，以为真的死了，真的生了，在生死之中哭哭啼蹄，苦痛不已。佛陀看出了这一现象的缘起性和不真实性，因而在生死中得自在，不再为生死现象所迷惑，所以谓之了生死。然而这种分析，不是简要的语言能讲清楚的，更不适宜作为对一个问题的一般性的回答，如同以科学家发明的理论来回答幼儿园小朋友提问的天真的问题一样，是无意义而且不切实际的。

我们一再强调态度的重要性，是希望不要以为态度上稍许的偏差或毛病没有那么重要，而事实上却非常重要。态度有问题就意味着见解的问题、修行的问题乃至对整个佛教的问题。我们的见解可以从书本上学来或听来，但是人的态度就牵涉到一个人整个的生命。无论是理性或感性方面的认识，都会表现在一个人各方面的态度上。几乎可以说态度就代表了一个人，它是一个活生生无所隐藏的东西；一个细微的态度就可以从中看出一个人很深的思想及其人生观。现代学佛法的人存在两种基本障碍：一是佛理上的玄学化[①]，一是态度上的神秘主义[②]。希望我们在一切地方随时警惕着基本态度上的缺点或失误。

当有人问什么是佛法的目的时，我们在回答的同时，不妨自我反省一下，自己给对方的答案有没有玄学化或神秘主义的倾向。若是回答很平实，使对方更了解了一些事实，至少可以放心我们没有犯态度上的错误，或是制造了更多的问题。但是如果对方听了我们的回答，或是和我们讨论之后，搞得更迷惑或者问题反而更多了，那就很可能我们回答问题时，在思想上有玄学化的倾向，或态度上有神秘主义的色彩。这是很值得我们深思的。

特别是在修行的时候，修行人的每一个心念事实上都和他修行的目的有着直接的关系。人们在许多事上的努力，往往都只是最初一个念头的深化与扩大。希望求得神秘的修行的人，其修行所得的结果，自然就都是一些神秘的现象。所以我们在开始的时候把学佛法及修行的目的弄清楚，实在是极为重要，而且一点点偏差都不能有，一旦有了偏差，就一定会在某一层次的修行上表现出来而造成问题。

事实上要解决这一问题的最有效的方法，就是修四念处。四念处是释尊所创造的一套实践方法体系，能使修行人对自己及自己存在的环境更为了解。四念处修得好的人，会对自己生活中的各种态度了解得很清楚。哪一个念，哪一句话背后到底有没有玄学化的思想或神秘主义的心态作推动力，会在心念处及法念处的觉照中了解得一清二楚。

二、苦在失去正念时生起

修学佛法的目的是烦恼的止息，而四念处正是帮助我们减少及息灭忧悲苦恼。首先有必要说明这些苦是如何生起的。它是时常有，还是偶尔有？我们要认清楚它。如果我们真正看清楚内心的苦，它只是有时

① 玄学化：此处指非常玄妙，难以理解。
② 神秘主义：使人琢磨不透，高深莫测。

有，偶尔有，不是时常有。我们的苦，它是如何生起的？其实，苦是在我们失去正念的时候生起，若是我们保持正念，苦和烦恼就不会生起。这是千真万确的，肯定了这句话，就可以自己试试看。什么是正念？什么是失去正念？必须要认识清楚。

失去正念就是我们的心，我们的念已经离开空心，或者说已经离开心的本性了。我们的心本来是空的，没有烦恼的，当我的心离开了本性，就会攀缘外在的色、声、香、味、触、法。一攀缘，我们就被外在所转，就会生起各种各样的烦恼。假如我们的心没有离开本性，安住在空心，我们就时常在涅槃之中。“心本清净（或者心性清净）为客尘染”这句话务望牢记。我们的心性本是清净的，被客尘污染了。客尘是外在，烦恼是客人，当我们失去正念，它就进来。当我们保持正念的时候，它就跑了。

问题在于我们要如何地去保持正念？一般人都很难保持正念，当眼睛看到，耳朵听到，正念一失去，又去攀缘了，又在生烦恼了。所以，当我们攀缘时，触的发生非常重要，就是眼睛看到的那个触，耳朵听到的那个触，这个触就是问题的关键，这一点是最重要的。假如能掌握住这一点，我们将能活在涅槃安乐之中。如果我们不懂得掌握，不懂得保持空心，不懂得保持空心的本性，而远离本性，失去正念，在触的时候，我们就生起烦恼，生起“我”、“我所”的观念，又去攀缘一切，于是痛苦就生起一大堆，烦恼生起一大堆。

何以要一直强调这一部分？因为我们修行最重要的就是这一关。假如这点掌握不住，就不必来修行，或者不论修了多少时间，都不会有成就。如何保持正念？就是要时常将心安住在本性，就是要时时保持一颗念念分明、清清楚楚、明明了了的一个触，就是要保持一个觉念，一个警觉。这个警觉心非常重要，知道眼睛已经看到，知道耳朵听到，知道鼻子嗅到。知道了，知道舌头尝到味道，知道身体触到，没有加任何想蕴的认识、分别，如果想蕴没有加任何的认识、分别，或者以前有的种种经验，我们当下就解脱了，当下就不被转了。不被外界所转，当下就可以安乐自在。所以，这个“触”我们就只是保持一个念念分明，明明了了，不离本性，保持本来的面目，没有烦恼的那种面目。

修学四念处就是要帮助我们训练、培养我们的心识，或者发展我们的心识，要训练安住在不离本心中，所以四念处非常的重要，不懂得修四念处的人，可以说他的修行方法已经不对头了。

四念处最主要是说他的一举一动，所做的每一件事情都不离他的身心，一直往内心去观照。四念处只是把它分为比较广一点，所做每件事的意念不忘他的身，意念不忘他的受，意念不忘他的心，以及意念不忘法（法就是真理，不忘真理）。如此观照，他的生活就非常好过了，就觉得很自在，很安乐，没有烦恼了。释尊灭度之前曾经对阿难说："阿难！此时或我入灭后，不论谁都好，必须是自己为明灯，法为明灯；自己为归依，法为归依，莫依他人。""阿难！这种比丘是'超越黑暗的人'。阿难！如何才叫做自己为明灯，法为明灯，自己为归依，法为归依呢?""阿难！安住在正法律的比丘们，他们精进不懈，有正知正念，了了分明地观身如身，脱离了世间的喜欢和讨厌；他们精进不懈，有正知正念，了了分明地观受如受，脱离了世间的喜欢和讨厌；他们精进不懈，有正知正念，了了分明地观心如心，脱离了世间的喜欢和讨厌；他们精进不懈，有正知正念，了了分明地观法如法，脱离了世间的喜欢和讨厌。"释尊对阿难说："假如有谁可以安住四念处——观身如身，观受如受，观心如心，观法如法的话，他呢，可以在七年之内，或者六年，或者五年，或者四年、三年、两年，或者他更精进的话，一年、七个月，或者四个月，或者七十天、七个星期，或者七天，或者七个小时，他就能证得无上法的果位，就是得到阿罗汉，已经是属于一个没有烦恼的人。"在这里，释尊讲得很清楚，只要我们遵照四念处去修，一定保证我们可以完全达到脱离苦恼。

我们以四念处为归依，以四念处为明灯，我们的生活就会安乐自在了。四念处非常的重要，不明白，不了解它，学佛没有意义。有人可能不明白教理，但他实际上是在修行四念处。如六祖慧能，只是听到别人念《金刚经》，他就悟到心法了。后来，他听到"应无所住而生其心"，就大彻大悟了。他已经彻底地明了四圣谛修行的法门了，就是要往内心修，就是观照，在身心和外面接触的时候，一直观照到不再被外面所转。

三、止息烦恼的唯一方法

有人会问："既然四念处可以让烦恼止息，有没有其他方法也可以一样地止息烦恼，而不一定要用四念处？"

在回答这个问题之前，我们先聆听释尊对这问题是如何回答的。释尊在《大念处经》① 的开始就指出：

> 诸比丘众，唯有一途可净化众生，使之可以脱离忧愁哀伤，消除苦楚悲痛，获得正法，超入涅槃，此即四念处。

释尊接下来就详述何为四念处。在这里释尊对这一法门说明了两个问题：（一）四念处可以使烦恼止息；（二）而且是"唯一"方法。如果说释尊教导的这一法门可以使烦恼止息，并不令人惊奇，本来佛法的目的就是如此。但是如果说这一法门是"唯一"超越忧悲苦恼的方法，就令人十分吃惊了。因为释尊在世说法四十五年，所说的法门非常之多，难道其他的法门并不能达到涅槃，超越忧悲苦恼？若果真如此，释尊又何必说那些法门？

提出这一问题，并不是要引起佛法中宗派或学派之间的论争，但是求真是佛法的基本精神，弄清事实最为重要。如果释尊确实是如此讲的，我们当然要本着忠于原著的立场，如实地表达他的思想。不是释尊所讲，而这句话确实是真理，我们也不应该硬指为佛所说，混淆视听。佛法虽然不只是考据之学，但考据可以提供我们非常有力的证据。如果这句话的确是释尊的教诲，由最早的佛经一代又一代流传下来，我们则应进一步领会和实验释尊何以如是说。领会释尊究竟如何讲的，即佛法中所谓的闻慧，是为学修的第一步；至少为进一步思慧指明了方向，以

① 《大念处经》中文版可参见《佛说七经》《原始佛典选译·四念处》。

及再进一步自我实验，奠定了修慧的基础。

闻、思、修三个阶段，为释尊提示修行人智慧增长之方法，佛教称为三慧学。释尊认为一个人如果要有智慧，只是夜以继日地在家打坐或玄想是没有用的。应该敞开心灵倾听大德善知识的言语，然后再用心地思维，最后必须通过修行和实践，才能获得真正的智慧。儒家也有相类似的教育方法，如《论语》中所谓“吾尝终日以思，无益。不如学也”及“学而不思则罔，思而不学则殆”，就是明证。

《念处经》为佛教界和佛学界普遍公认是释尊所说，而且很早就记载在贝叶上的原始巴利经文之一。佛法流传久远，又与其他文化相融合，所以有些学者站在学术研究的立场上曾批评某些佛经并非佛陀所说。但是《念处经》的原始性却从未被佛教界或佛学界的人士所怀疑。根据各个系统佛教两千多年来无数学者和修行人的研究，大家都同意这部经典为释尊所说，并且是原始的经文之一。

事实上站在修行者的立场，四念处是不是唯一的方法并不极为重要。重要的是四念处确实为释尊所教导的方法，但普遍地被修行人所忽略。释尊不仅在《念处经》中提到四念处，几乎一切主要的大乘经典中都提到四念处。因为它是三十七道品中的一部分，而三十七道品是大乘修行的主要品目之一，所不同者只是在原始巴利文经典中，四念处自立一个体系，而将释尊其他许多所说法门纳入其范围之内，而后发展出来的体系（如三十七道品），仍然用旧的内容，只是把四念处归为其中一部分而已。但无论有何不同，四念处为大小乘各宗派一致公认为释尊所说的重要法门，这是无可争议的事实。

四念处何以在佛教发展的历史长河中被重新定位或在今天被普遍忽略？此为复杂的佛教史问题，在此姑且不予研讨。而我们打算由佛教教理的研究以及实际的修行上，为这一法门进行重新整理和介绍，有助于我们在此古老的文化遗产中寻求修行之精髓，并且认识到何以在两千多年以后的今天，它仍能解决许多人类的问题。

有的修行者曾用这一法门作自我实验，切身感受到此一法门的价值及其光彩。他说：“从修这一法门以来，我的人生变得开朗愉快多了，也不爱发脾气了，洞察力尤其变得敏锐了，比过去更快地了解状况而把握事物的要点。在忙碌的工作环境中依然能感到一种心中的自在轻松，而且很自然地愿意参与群体，关心周围的人。”

从这位修行人的书面报告中体会到：四念处的确是佛法修行的精髓，其体包含极广，但其实行处却非常实在而精微。它的确能减轻和消除人世间的忧悲苦恼，使人生更光明、幸福及快乐。这位修行人已成功地修行四念处到一定程度，认识到这一法门何以是佛法理论具体的实践，并且知道此法门是佛法解脱道（就是止息忧悲苦恼的方法）中不可或缺的必修课程。如果没有掌握念处法门中的中道修行法，最多只能使烦恼暂时压制，不能彻底解决问题。只有彻底了悟缘起法之后，并实际运用四念处在生活中修行，才可以彻底解决人生中的苦恼。上述体验说明，只有经过修行者的实行及验证，佛法的精髓才能显现。但在实行之前，必须在闻慧方面下足功夫，得到充分的资料并加以了解和消化。

或许有些人会站在纯大乘的立场上，认为四念处是小乘产物，不是佛法的核心，没有必要付出那么多的时间研究。不可否认，《念处经》为南传佛教经典之一，并且至今仍然是南传佛法中的主要修行系统。但若断言北传佛教系统中没有四念处，则完全错误。上文已提过四念处是三十七道品中之四品，几乎出现于所有主要的大乘经典之中。若说大乘经典中没有详尽地叙述这一法门，故此法门不为重要，亦不正确。《大般若经》是典型的而且被公认的大乘经典，至今仍有梵文、藏文和中文版本，其中就有一整章对四念处的介绍。由于一般的大乘修学的人很少读过全部《大般若经》，而不知有这一章的存在罢了。

“直心是道场”，学佛法的人首先注重直心。希望同修们能放下一切门户之见、大小乘见，以直心来修学四念处。修学四念处正是我们对自己生命彻底而全面的反省，若没有彻底而深刻地见到自己的缺点、偏差及不足，其所谓的修行总是薄弱的。而佛法的弘扬者若没有彻底而深刻地见到佛教文化中存在的偏差与谬见，其所谓的弘法与振兴也仅仅是泛谈而已。

有一位南传佛教的大德曾经说过：“心往外住，即是苦集；心往内住，即是灭道。”在修行当中，仔细认真地观察，确实是这样。但究竟如何？还须自己切身去体验。我们既然已经知道四念处的重要性，也认识到为什么要修这一法门，目的不是为了神通，不是为了别人来供养，不是为了名，不是为了受人家赞叹，也不是为了来世升天，更不是为了以后成佛做祖。修学这一法门，只是为了当下灭尽所有的烦恼痛苦。

四念处对修行人何以如此的重要？我们不妨举例说明之。在佛教诸系统中，有各种各样的法门。南传佛教国家，有一些人是观水晶的，有一些人是观肚子的，有一些人是观火的等等。我们汉传佛教法门也很多，有一些人是持名念佛的，有一些人是修观音法门的，念《普门品》的，有一些人是修地藏法门、药师法门的等等。但总而言之，每一法门都要归向四念处，若不朝着四念处方向发展，其所修法门则已离开释尊教导的真正修行的目标。

四念处是一种生活上的修行法门，真正懂得修四念处的人其生活就是修行。修行就是在生活之中，绝对不会脱离其生活而自己封闭于某一时间某一地方去修行。现在一些学佛的人要固定一段时间和一个地方，在那个地方，那段时间里，感觉修得很不错，很有心得。但是离开那个地方，那段时间，就觉得心很烦乱，好像没有修行，习气一大堆跑出来了。这种修行方法，好像学生在上课，上课时就用功读书，下课就忘记学问的用处，把它置之于脑后。如是修行，不知其修来何为？并未对其生活起到帮助作用，根本得不到益处。因此我们必须要认清四念处是一种在我们生活中要体验要实践的修行法门。

四、可以使烦恼止息的原因何在？

在理解四念处是止息苦恼的方法后，我们必然要问：为什么四念处可以使烦恼止息？

佛经中说：“有因有缘世间集，有因有缘世间灭。”表明世间任何现象的起灭，皆有原因的，烦恼亦复如是，其升起与消灭，亦皆有其原因。四念处之所以能有效地使苦恼止息，因其可以直接帮助修行人深刻见到使苦恼产生之原因。修行人见到苦恼原因之后，即可对症下药。直接从苦因着手，使苦恼产生转变。而在转变过程中，四念处亦能发挥监督与评验的功能，从而使修行人了知转变是否已经达到预期的效果。如果没有取得成效，可以重新分析苦因和自己所用的方法，继续再进行调整与实验。

从苦因上着手，是否真的就可以使烦恼止息？可能不少人会提出这样的疑问。

解释这一问题，首先谈一下释尊发现的缘起法则（以下简称缘起）。缘起就是释尊最初发现宇宙人生现象中的一个法则，即一切现象之所以会形成，一定是由种种缘聚集在一起而形成的。此即缘起法则，是为一切佛法之基础。佛法与其他宗教或学术有所不同者，亦由于此缘起法则。佛教中一切的思想理论与体系，都是这一理论的再延伸与再发挥。

缘起法则的再延伸产生许多理论与法则，诸如因果法则，包括善有善报，恶有恶报的理论；一切法（现象）的无常性、一切法的无我性，以及一切法的空性等，都是缘起的延伸。

因果法则是佛教在世俗层面上最重要的理论，它合乎缘起法及事实，而且对人的行为有正面而直接的深远影响。缘起是："任何现象都是由缘而形成的。"而因果律则是："任何果皆是由因而决定的。"所不同的只是后者加上了一个因与果之间的时间先后顺序而已。

如果站在修行的立场讲因果律，就是一分耕耘，一分收获。我们在修行上下几分功夫，就会有几分成果。理论上了解几分，修行上就只能证悟几分，这些因与果之间的关系普遍存在。因此修四念处的人若缺乏佛法中正确的见解，不能深入地了解缘起和由此而引申的修行方法论，则所谓修行也只能是皮毛而已。所以在介绍修四念处方法之前，首先要打好理论基础。

因果律是合乎事实与缘起法则的，也是佛教最基本的内容。如果有人以任何原因否定因果律，即否定了缘起法，亦即否定了佛教，每一个佛教徒或佛法研究者是不能接受的。近代有一些人士批评因果律，引用一些空宗、不二法门的理论指责因果律不究竟，其实是很荒谬的。

一切法（现象）的无常性、无我性及空性等理论，也都是缘起法则的自然引申。因为一切现象都是缘起，就是由众多因缘所形成的，所以一切现象必然会随其形成因缘的转变而转变，现象本身当然是没有恒久性的，此即一切法的无常性。也正由于现象不能离开形成它的因缘而独自存在，因此任何现象都没有一个可以独自存在的实体，此即一切法的无我性。在观念上我们可以对一切现象命名，用标签来代表它们，但是并不代表其真正地绝对存在着的那一个东西，因为那一个东西只是一些因缘加上我们给它的标签，此即一切法的空性。

以上所述仅系简单介绍缘起与一些由其引申而在佛法中常见的法则。目的是为了帮助我们在具体实践四念处之前，对缘起法则本身有一些基本的认识。

基本上知道了缘起法之后，人们可能要问：“这又和我们的人生有什么关系？”

有些人觉得释尊发现的这一法则与人生没有直接关系。不仅如此，对于一些和缘起相关的法则如空与无我的理论，经过某些人的阐释，反而更给人以迷惑，或者使人更怀疑佛法理论的正面性和积极性。显然这是弘法者的失误，是非常可惜的。部分弘法者的玄学化倾向及其心态，要对这些人的迷惑负责。

事实上缘起法和人生的关系非常简单而直接，就是人生中的苦恼和其他现象一样，也是缘起的。因为苦恼是缘起的，所以它一定也是可以转变的，就是具有无常性的。释尊正因为彻底观察出人生中烦恼的缘起如幻性，所以能确知修行的价值，知道如何认知和实践才是有效益的修行。缘起法是佛法的目的，也就是为忧悲苦恼的止息，提出了理论基础，同时也说明了佛法的光明面和积极性。从佛法的角度观察，世上没有解决不了的问题和转变不了的苦痛，一切的问题和苦痛都离不开形成它的因缘而独立存在，所以问题和苦痛没有自我独立的实体，是满足无我性的。同时因为没有实体，所以也是空的。空并不意味着否定苦恼现象的存在，而埋头不去管它。相反它意味着所有可能的希望，因为它让身陷苦恼里的人真正地看出了苦恼有被转变的可能性。

苦恼如何转变？必须修行，必须努力。修行之努力不懈，在佛法中称为精进。至于如何修行？答案非常肯定而直接，即修四念处。

对一般没有接触过佛法的人来说，也许修行是一个相当具有神秘色彩的字眼，其实它的含义很简单，就是一个人对自我的训练与锻炼，以及对自己身口意行为的修正。只是看出了苦恼的空性及其转变的可能性，并不意味着苦恼就不存在了，还必须经过学习消除苦恼的方法及实地去自我实验、锻炼的过程，苦恼才会减轻以至于消除。

缘起法则不仅提出了苦恼的空性和可以转变性等理论，同时也提出了方法。此法简而言之就是要在形成苦恼的因缘上着手。

这是一个自然延伸的结论。现象是缘起的，不能离开它的缘而独立存在。只要形成的缘改变，原先的现象也就必然随之改变。要改变苦恼，根据缘起法则，则必须找出形成苦恼的缘，然后再使其转变。一旦苦恼之缘转变，苦恼自然就会变，不仅会变，想不变亦不可能。不过变得较好，抑或变得更苦，则要看在烦恼的缘上的转变功夫是否适当。

四念处就是帮助我们找出苦恼之缘和使它适当转变的方法。事实上整个佛法就只是这两件事。前一项在佛法中称作智慧，又称“般若”，其目的和作用就是寻出苦恼之缘。然后将其性质、作用等观察清楚，研究透彻，再用一套合理有效的方法使其转变，这就是修行。

修四念处可以同时锻炼人的智慧和心的活动能力，因其同时具有两种基本力量，一是洞察力，二是离执力。没有洞察力的人，心态是迷惑的，看不出事物的真相，无论如何修也掌握不到事情的要点；没有离执力的人，如同一个可以坐而论道却不能身体力行的文弱书生，空有满腹经纶却不能将自己的理想付诸实现。

四念处的体系虽然庞大，但其原则是提高一个人的洞察力和离执力。四念处修得好的人，自学能力很高，一定对自己个性、缺点等，了解很清楚，对自己苦恼的原因一定也有所了解。若是了解不够深入，则通过闻慧的功夫，诵读佛经上释尊如何教导的，以及听听对佛法了知的善知识怎么说的，听了之后自己进行再思维（即思慧的功夫），再通过四念处自我省察，经过反反复复地思维与省察，终究可以看清楚苦恼之缘。

看清楚了，才知道应该在什么地方修，应该如何修，此即修行的缘起法则。若是未看清楚，则修也只是盲修，仅是存在姑且试试的侥幸心理，终究不能确定自己在做什么。这是修学佛法非常重要的一个关键，也是大多数修行人无法进步的原因。

四念处主要修行的重点非常科学，就是要解除苦恼必须随顺着形成苦恼之缘下功夫，包括找出什么是苦，什么是苦之因缘及其性质，进而在日常生活的四念处中练习自我离执力，转变那些形成苦的因缘。

譬如一栋房子着了火，有人用水或沙土去救火，进了房内一定要用眼睛看准什么地方有火，用水或沙土制止火势，才能达到灭火目的。如果此人不看准着火地方，一味用水或沙土乱泼，则水或沙土很快用尽，而火势却越烧越大。所谓“看出来”，就是找出问题及其原因是绝对必须的，是救火的开始，也是修行的开始。

念书要活用，不能念死书。学佛法也要能运用，并不是死记硬背。如果会讲缘起，而不会找出自己苦恼的缘，纵然能把整本佛经完全背下来，又有何用？

“看出”和“接受”是截然不同的两件事。释尊要我们看出自己的苦恼和苦恼的原因，却并未要我们无条件地接受任何事情。“看出”一个事实是智慧，其价值是无法为任何东西所取代的。只是一味地“接受”他人的意见，哪怕是再好再正确的意见，都不能算是跨出了止息苦恼的第一步。

令人担心的是不少的人读过许多类似常识性一类的佛教书，能谈出许多“止息忧悲苦恼”的佛学术语，又是“无明”，又是“贪嗔痴”，又是“二边”等等，滔滔不绝，但这些事与自己有无关系，却不甚了了，认为自己懂得佛法，所差者只是修了。于是终日念经持咒，而到最后一无所成。此事并不奇怪，因其有什么苦恼，自己都搞不清楚，当然不可能看到自身的“无明”和“贪嗔痴”，或自身的“二边”。既然无自知之明，何谈其修？忙碌终日，自身何为？都不知晓，则高谈了生死，求解脱道，不过是痴人说梦而已。

上述情况绝非危言耸听，故作惊人之笔，其实正是我们许多学佛者的真实情况。这一类书与其不能借其内容增进自我省察和了解，还不如不看为好。

智慧不仅不能为接受知识所取代，亦不可能为德行与谦虚所取代。有一种人不但会讲佛法常识，其品德亦非常之好，没有任何贡高我慢。逢人便称自己业障深重，随处都表示自己无知。这种人当然比我慢心高者高尚多了。但如果他仅有谦虚心态成为习惯，而对于自己业障深重之所在以及何以业障深重，却茫然不知，其谦虚与本身苦恼的止息没有直接关系。无法解决自身苦恼者，纵然谦虚有余，也无法帮助别人解除苦恼。

业障思想，事实上在许多人的了解中形成了一种有偏差的缘起思想，与宿命论相似，而成为修行上的障碍。所谓有偏差，即修行人在观察生命时，只见到其中部分的缘起性，而完全忽略其他部分。有这种想法的人，总以为佛教既然讲缘起，所以生命中的一切的事情都是缘起而有因果性的。于是对人生抱着一种表面上很豁达，而实际上却非常消极的人生态度，认为生命的一切都早已被一种看不见但却非常实在而又无法回避的东西所决定。不少佛教徒就将这一样东西称为业力，而非佛教徒就说这是命运。这种思想发展到最后就会成为百分之百的宿命论，以为一个人无论做什么或想什么，事实都是枉然，修行也好，不修行也好，努力也好，不努力也好，其结果都是一样。

具有这种心态的人只是从生命中的过去看，开口闭口就说宿缘和前世，却不看未来。因其只往过去看，所以认为现在种种都为过去所决定。而未来种种是否也同样将由过去再加上一段时间的未来而决定？其实那一段时间尚未发生，将会因为我们的努力而有所不同。如果我们只是一味地往过去看，就会变得不够积极而造成一种无力的心态，就如同一个人只有一只手一只脚一样，做任何事情都是半调子，也做不了太多的事。事实上其生命能力已完全为其有偏差的宿世缘起观所决定。他只有一只眼睛，只往过去看，所以他永远体会不出现在的价值，不知道把握现在，只是让时间日复一日，年复一年地流逝，使其成为过去，然后对于现在则摇头叹息说：“一切都早已注定了。”

根据佛教的教理来看，并不有什么真的过去。过去，由现在看才是过去，在当时，每一个过去都是现在。正是由于修行人当时未能很好地掌握那个时候的现在，因而现在的情形才是如此。如果我们还不知道把握当下的现在，反而嗟叹一切都已决定好了，再努力亦复如是，以佛法看此种见解是为邪见。

能乐观进取努力不懈的人才是有正见，能了解现在的价值的人才是有正见，能看出修行意义的人才是有正见，并不是那些能讲空与不空的人才有正见。如果能将不二、空、无相等道理讲得头头是道，却不知道修行的珍贵意义，就是不能由佛法的缘起理论上了解人生的表现，则根本谈不上所谓的解脱道。其所谈内容犹如小儿于沙滩堆积之城堡，由思维造出，风浪打来，立即解体。

从上述所谈，提出了一个事实：即智慧看出事实的真相，其价值是无法为任何事物所代替。它是佛法的核心，是修行的基础和依据。修行人一定要用自己的觉性去认识自我的苦恼及其原因，修行才有可能“开始”。而四念处的目的之一，就是在锻炼自己的洞察力，从而更了解自我。

以救火的例子作譬喻，能用佛学名相回答问题却认识不了自己的苦恼及原因的人，就如同只知道水或沙能灭火的道理实际上却不会运作，进了屋只是一直承认：“是的！屋子里是着火了？是着火了！”却不去看什么地方着火而加以扑灭。那位谦虚有德的人与他很相似，只是一味地自言自语：“是的！我业障深重。是的！业障深重！”只是口头上承认又有何用？

四念处的洞察力和离执力，虽然可以在性质与作用上归纳为二，但并不代表它本身有先后或内外分开的两个程序。洞察与离执在四念处的整体上是两位一体的，即任何一个念头如果有了四念处的观照了知，其本身就有洞察与离执的两种作用。不过修持起来由于每个人的根性不同，有人洞察力较强，有人则离执力较强。

如果一个房间门窗全部严密地关起来，这时想看房内家具的形状、颜色或墙上挂的东西就十分困难，能看见的就是一片黑暗。如果打开了一扇窗户，房内就立刻明亮起来，房内的摆设，墙上的布置就看得清清楚楚。至于原有的黑暗并不需要去除，只要光明一出现，它自然就没有了。并不是它跑到哪里，而黑暗本身原来并没有实体，只是因为其他因缘才构成黑暗的现象。四念处的智慧也是如此，只要它一出现，原先的烦恼执着自然就没有了，并非修行人故意用一种力量，离开它才没有，而是因为烦恼本身就没有实体，人若是执著很厉害，是因为智慧之光没有显现。只要智慧一显现，自然就对事情的真相看得清楚，就是洞察力明澈，同时自然也就会放松、放下、自在，此即离执力的作用。在四念处的修行上要充分发挥这两种力量，当然不是朝夕之功，但要了解此一法门具有这两作用，是非常重要的，而且可以帮助修行人揣摩修行的诀要。

五、四个察觉烦恼的对象

佛法是讲缘起法则的，它是一个很有理性精神的宗教，对一切事都讲原因。它不可能随便地将一件事归结为罪恶或邪恶，也不会把一个人任意称为罪人。以释尊看，这个世界如果有罪恶与苦痛，皆有其原因的。应寻其原因，加以改善，而不仅是用某种道德或宗教标准去批判、谴责。以佛法来分析，没有了解一些与我们很接近的事，以及因为不了解那些事实而造作出来的一些行为，这是佛陀所发现的众生没有能够止息烦恼的原因。

那些事实虽然距离我们很“近”，但是我们因为习惯与文化等种种关系，大多不会自己主动地去正视进而了解它们。对大多数人来说，我们需要人提醒，才能察觉到那些事实的存在或它存在的可能性。这就是何以要求我们修学的人读佛经是一门必修课程的原因了。佛经的作用只是像一面镜子，可以提醒并帮助我们看清那些很近的事实。释尊讲的话被称为佛的言教，亦称作圣数量，我们学佛法的人是应该尊重并研读的。

尊重和研读释尊的言教，是我们学佛法的人基本的态度和必修课程，但仅是尊重和研究仍然不够。释尊讲了这么多教诲，其目的是帮助众生认识自己的内心世界中的种种，进而解决问题。如果仅是了解说法的内容，并没有把它当作一面镜子认清自己，那就仍然等于不了解，没有受用。

此即尊重原始佛教的人认为四念处之被忽略是佛法衰落的重要之原因。因为四念处在整个原始佛教修行体系中是修行人的眼目，亦即大乘佛教所谓的慧眼。四念处提供了一个实际并有系统的修持方法，使修行人能更深刻地认识和了解自己。这样修行才有意义，不会流于空谈。否则所谓修行总是停留在如小儿学语人云亦云的状态，其修行的生命力，必定是很薄弱的。

佛法理论的确是一套相当完整的体系，而且从世间学问的角度来看，可以自成一家。不过，它在理论方面并非单独存在。佛法理论的原始的目的是和修行一体的，脱离修行，一个体系完备而且能自圆其说的佛法，并没有它存在的意义。脱离理论的修行是不会有什么结果的，因为他已经在心态上把佛法理论独立化了。

现代大多具有一定知见的佛教徒，都有一种障碍，就是把理与事分开，此是其不能进步的原因。这一障碍不能除掉，无论如何修持也是徒劳的。

有些人以为佛法讲苦、空、无常，于是心里就产生世事皆空，一切都终于破灭的感叹。在人际关系方面不与人争，凡事不积极努力，认为这就是正确的佛教人生观。事实恰恰相反，这只是一种消极的灰色思想，与佛教所讲的解脱、空、无常等理论完全没有关系。这种人多数都是世上的不如意者，对自己的境遇不满意，但又无可奈何。在此情况下，就采取一种逃避的人生态度。表面上他很虔诚，修行也很精进，终日念佛或打坐，而实际上他只是在逃避自我而已。当其念佛或打坐时，专心可以令其暂时忘却苦恼，因此相对地比较快乐。他越快乐就越加紧念佛或打坐，乐此不疲。而事实上此不过是人生中之逃避者，他没有真正了解佛法中的空与无常等理论，更未能用此理论认清自己的问题，进而改善或解决。这样丝毫也不能算做精进，而只是用教理为其行为寻找借口罢了。

上述仅是以理与事分开较为突出的例子，其他例子还有很多，不一一列举。

人生和人生的问题是无法用逃避得到解决的，佛法从不鼓励修行人做一个逃避者。释尊教导修行人用四念处的方法去正视人生，面对自己，教导的方法非常系统，分为四个层次：

（一）身体（身）；

（二）感受（受）；

（三）心的整体状态（心）；

（四）心中的思想与观念（法）。

这就是我们所要讲的主题：四念处。

虽然层次有四，但是修行的原则却是一样的，就是要观察与这个层次相关的事实。每个层次修行的目的也是一样的，就是由这个层次直接观察苦（问题）和苦因，进而帮助达到苦的止息。

我们切不可以为释尊将人生或人生的问题分为四种，分别有其苦和苦因。人生与人生的问题都是一个整体，只是当它表现在“相”上，用人的感官去分别，于是就有了种种层面和层次。好像一座山，分别从各自不同的方向去看，会各有不同的面貌。虽然是同一座山，而画家和地质学家即使从同一方向看，他们所看到的山也很可能不尽相同。人生中的问题也是如此，它也是一个整合体，只是当我们从不同的角度看去时，会有不同的面貌。所以我们切不可以为身有身的问题，心有心的问题，或者用分类法去分析，以为释尊讲的这些系统可以像生物学家用解剖的方法，将人生一分为二或三或四，然后分别加以治之，如作如是想，则对释尊的教导完全误解了。人生是一，加以分别才有二有三有四。但是我们不可忽略了那些分别只是我们自己的区分，否则就会被自己所设立的分别所迷惑，反而忘记了当初分别的用意了。

上述的目的，是为了帮助修四念处者认识到虽然在身、受、心、法等相上观察用功，但要远离著相的毛病。修佛法不离相，但不能著相。我们要做到对身体、感受、思想、观念等现象观察得清楚明白，而对这些清楚明白，不沾染执著才行，否则就是处处留情：一面解脱，一面又自我束缚，这就失去四念处修行的目的了。

明确道理之后，下面就修习身、受、心、法的次第分别予以述之。

身念处

所谓身念处，就是依此身来修止观，使念头系意于此身。系意于此身时，一念之中有身念处，有受念处，有心念处，有法念处，只是把焦距对准此身。譬如拍照时有四个人，选择其中的一个人为焦点。又譬如自己的亲人在人群当中，只注目于亲人。有了焦点，心无二用，系意于此身。

身念处有两种层次：一种是未悟，只能奋力把念头安住于此身；一种是已悟，乘系意于此身的时候，观色无常，厌，离欲，灭尽解脱，见法涅槃。《杂阿含五三六经》中说："比丘于内身起厌离想，于内身起不厌离想，厌离不厌离俱舍想，正念正知，如内身，如是外身，内外身。"

修身念处时，把焦点放在此身，无论任何时候，任何地方，做任何事，面临任何情境，都系意于此身。只要我还活着，绝不无此身，既然不无此身，若有一念不觉知此身的行为，不是散乱便是昏沉或睡觉。于此失念之中，不知念头的内容，若有贪欲恚嗔恚忘愚痴念，必然像脱缰的野马，向外奔驰，于忧悲恼苦之中更造未来有。

若是不失念，念念如实知此身的所做所为，必定可以清清楚楚地看见此身于所做所为当中的心态去向，所以经文中说，于内身起厌离想，不厌离想，厌离不厌离俱舍想，正念正知，也就于此时厌，离欲，灭尽，趣向涅槃。若是未悟者不知涅槃，不能趣向涅槃，但能使念头依止于善念，不造恶业，虽然未悟，因离诸不善行，必终将离欲而生明。

所谓内身就是我身。我在日常生活当中，从早晨明相已出，张眼见色便应如实知，起床，穿衣，上洗手间，若静坐，若礼佛，若诵经，若经行，若与同伴师长问候，若坐，若立，若卧，若行，若吃若喝，若听法，若说法，若外出，若见，若闻，若嗅，若尝，若触，若想，若说话，若应对进退，若老，若病，若养生送死、交际、工作、睡眠，如是种种都是我身所做。若可意而生不厌离想，不厌离想就是贪爱念；若不可意而是厌离想，厌离想就是嗔恚念；若可意不可意而生厌离不厌离想就是愚痴念；若此三念俱舍想，就是向厌，离欲，灭尽，解脱，所以叫做正念正知。我身的行为若一念不知便也不知心相，所以应念念如实知所做所为，如实知才能对治。譬如做生意，是赚，是赔？是不赚不赔？若是不知情况，生意必久做不了。若如实知心意去向，能离欲则趣向涅槃。若不能离欲，也有自知之明，要当奋力精进，终将永尽无余。

所谓外身就是我身外的宇宙万法，我于日常生活当中，事无巨细必与外身发生联系。欲界中人张眼便欲寻美色，张耳便欲闻声，张鼻便欲嗅香，张嘴便欲食味，张身便欲触细滑，张意便欲分别可意不可意，心思的焦点几乎都放在内身外身，追逐五欲之乐。若不修不净观，如乌龟投于欲海之中，乘欲而去，可能荒唐已过一日一月才警觉我曾发心要修止观，即使盘腿禅坐，也尽是忆想外身可喜可恨可恋之处。

所谓内外身，就是我在生活环境中，凡是与我发生关连的人事物，细说就叫做内身外身内外身（详见《中阿含九八经》）。

学佛应当从善护念入手学，如何善护念对初学的人来说，简直无下手处。若修四念处，即从身念处下手，先学习如实知自己于生活中的现况，只要有心，随忆随觉随观，我正在做什么？若渐渐习惯于反观自我，就能在日常生活中善护念。

修身念处，当知为了观色无常，从色无常中发现取阴识住的真相，证知色身虚幻不实在，不于色身生喜贪心，学佛才有成就的可能。

很有一些学修的人认为世间真实，必然也认为色身真实。为什么？外身中有父母兄弟姐妹子女，师长朋友同学同事邻居，既然世间真实，这些亲友必定也是真实。诸亲友既然真实，与诸亲友同类的我身必也真实。若是如此，所谓离系无我，只是世间法中，不自私而乐于公益的无我。这种无我观是一切行为端正的人应有的品德，不必在佛法中求。修身念处不能观破取色阴识住的封滞，就是尚未入佛门，应当精勤求悟。

若已善护念，修身念处，发现一切内身外身内外身，都是循业所见。若是可意，转眼变去；若是不可意，我都不能主宰我此身要如何不要如何，怨天尤人只徒增痛苦；若可意只是此生应受之乐受；若不可意只为了受苦受；若可意不可意只为了受不苦不乐受，要当身受，不生心受（详见《杂阿含四七〇经》），不增长贪嗔痴。若喜贪已尽，寂静涅槃。若未尽，实践布施可断贪，实践说愿可断嗔，实践五戒八关斋可断痴，终将永尽无余。

受念处

所谓受念处，就是依觉受来修止观，系念于觉受。一念中有身念处，有受念处，有心念处，有法念处。修受念处，只把焦距对准觉受，心无旁骛，不管其他。假使我们已经渐渐熟练于身念处，便能修受念处。否则，我在做什么都观照不住，怎能观照觉受呢？

受念处有两种层次：一种未悟，只能奋力使念头安住于觉受，叫做善趣正念；一种已悟，乘系念于觉受时，观受无常，厌，离欲，灭尽解脱，见法涅槃，叫做无漏正念。根据《杂阿含五三六经》身念处的经文，受念处当如是说：

> 若于内受起厌离想，于内受起不厌离想，厌离不厌离俱舍想，正念正知，如内受，如是外受，内外受。

修受念处时，止观焦点定位于觉受，无论任何时候，任何地方，做任何事，在任何情境中，都注心于觉受，若不是布娃娃不是死人必有觉受。而今我定位于系念觉受，有一念不知觉受的内容，显然不是散乱便是昏沉或睡觉。若昏沉或睡觉只叫做愚痴，若是散乱，于此失念中有贪嗔痴念，必然如脱缰野马，掉入忧悲恼苦之中更造作未来有。

若不失念，念念如实知觉受的内容，必可清清楚楚看见一切觉受不外乐受，苦受，不苦不乐受。若于乐受不生不厌离想，若于苦受不生厌离想，若于不苦不乐受不生厌离不厌离想，不厌离则生贪欲，厌离则生嗔恚，厌离不厌离则生愚痴，必然忧悲恼苦生。所以经文中说，厌离想，不厌离想，厌离不厌离俱舍想，正念正知，即于此时观受无常，向厌，离欲，灭尽，趣入涅槃。若未悟者不知涅槃，不能趣向涅槃，但能使念头依止于善念，不造恶业，虽然未悟，因离诸不善行，终将离欲而生明。

所谓内受就是我所觉受，我从睡中醒过来，张眼便有受。很多人懒在床上起不来，这时若是仔细观觉受，里头若不是贪欲念便是嗔恚念，若觉无趣便是愚痴念，纵然如实知懒在床上是贪恋被窝的温存，纵然如实知再不起床上班将迟到，仍然无法消除起床之苦受。

起床之后，穿衣，上洗手间，若静坐，若礼佛，若诵经，若经行，其中任何一种行为都不外苦受乐受不苦不乐受，乃至工作、游戏、睡眠，也都不外苦受乐受不苦不乐受。若是乐受则生贪欲希望不时受此乐受；若是苦受则生嗔恚，怨天尤人，希望以后不再受苦受；若是不苦不乐受则生愚痴，倍感人生无趣。若是不如实知每一念中的觉受，不知一日之中造了多少贪嗔痴念，精进于学佛只叫做迷信之信徒，无济于解脱，无济于自利利他之事业。

所谓外受，来自于我身以外的觉受，张眼欲见美色，所见却尽是脏乱，教人怎不生气。张耳欲闻好声，噪音却从四面八方而来。乃至假如婆母来时，无论如何她是自己丈夫的母亲，好歹要和颜相待，但是一见面就不舒服，怨憎会。所谓乐受苦受，不苦不乐受，似乎不是我要如何不要如何便能如己之所愿。

所谓内外受，就是我于日常生活中的觉受，细说就叫做内受外受内外受。

修受念处，当知为观受无常，从受无常中发现取受阴识住之真相，证知觉受虚妄不实在，于受生厌，离欲，解脱于受患，见法涅槃。解脱于受患时并非于苦不受苦，也并非于乐不受乐，也并非于不苦不乐不受不苦不乐。而是于此时任苦生而生，任苦灭而灭，任他乐生而生，任他乐灭而灭，任他不苦不乐生而生，任他不苦不乐灭而灭，身受而心不受，解脱，趣入涅槃。

有不少修习佛法的人以为修四念处，如实知苦之因便能去苦，这种知见不正确。譬如在高速公路上，如实知有违章汽车冲过来，并不因为如实知而得以逃出被撞的苦厄。断手断腿并不因为如实知此苦的因而得不苦，而得使手腿完好如初。又譬如欠钱治病，举债而治愈，如实知还债，并不因为如实知而得一笔抹消债务，仍然要慢慢偿还。又譬如医生用精密仪器观察病人病患，一一如实呈现在荧屏上及仪表上，病患并不因此而消失。所以我们应当知道，修受念处，如实知念念觉受的内容，不是不受苦乐，不是要逃避苦乐，也不是要消除苦乐，因为苦乐的前因后果若不见取现前为真实，过去未来现在三世流转不可思议，非我们所能察觉，即使察觉得出来，也不是我们所可以推卸不受的。譬如电脑帮我们查出漏掉的税款，一一要去缴纳，若是守法纳税就叫做宿命论，那真是歪缠人，有理说不通。修四念处不是要分析心理行为，不是要分析事实的过程，只是很简单的善护念，如实知苦，任其苦生苦灭，不生嗔恚念，如实知乐，任其乐生乐灭，不生贪欲，如实知不苦不乐，任其不苦不乐生灭，趁不贪不嗔不痴之际，趁心不颠倒之际，见法涅槃，如是修梵行，终将永尽无余。

中国佛教自久远以来流行三轮体空，施者受者所施物皆空，倡导行施行善不知不分别行善行施，并教导行布施后忘掉此事。这种知见不如理说。为什么呢？释尊叙述千生舍身布施，可证知每一件布施的事都如实知，而且不忘掉。应无所住而生其心，应无所住而行布施，是在如实知身念处，于受念处不生功德求报偿心，心不颠倒而趣入涅槃。若不如实知行布施，心必散乱，若在散乱中行布施，必也造未来业，白白糟蹋了布施功德。殊不知，色声香味触法本空，法住法空不待我们空它也空，布施功德不待我们不分别，不待我们忘记它也本来空。所以我们无须故意不分别，无须刻意忘记它。不止如此，还更应该多多益善地广行布施，于善念中，心喜身乐，心不颠倒之际趣入涅槃。涅槃是空的异名，也就是说，于行布施时不住布施而趣入空，也就是应无所住而生阿耨多罗三藐三菩提心，要当如实知受念处之时。

心念处

所谓心念处，就是依此心来修止观，系念于心。一念之中有身念处，有受念处，有心念处，有法念处。修心念处，只把焦距对准心念处，假使我们已经如实知苦应当受，于受苦受之时，于受乐受之时，于受不苦不乐受之时，心不颠倒则善能观察心态的去向。

心念处有两种层次：一种未悟，只能奋力使念头安住于不贪欲不嗔恚不害心，叫做善趣正念；一种已悟，乘系念于不贪不嗔不痴之时，观想无常，厌，离欲，灭尽，解脱，见法涅槃，叫做无漏正念。根据《杂阿含五三六经》身念处之经文，心念处当如是说："若于内心起厌离想，于内心起不厌离想，厌离不厌离俱舍想，正念正知，如内心，如是外心，内外心。"

修心念处时，止观的焦点定位于心念，无论任何时候，任何地方，做任何事，在任何情境中，都观心而住。若不是布娃娃不是死人，必有心念。而今我系念于心，若有一念不知内心的内容，显然不是散乱便是昏沉睡觉。若昏沉或睡觉只叫做愚痴，若是散乱，于此失念中有贪嗔痴念，必然如脱缰野马，向外奔驰，掉入忧悲恼苦之中更造作未来有。

若不失念，念念如实知内心的内容，必定清清楚楚看见起心动念的状态，每一念中都含藏着贪痴。不是贪嗔痴念，便是不贪不嗔不痴蓄势以待的贪嗔痴。若于日常生活中，如实知对可意起厌离想则不生贪欲念，对不可意起不厌离想则不生嗔恚念，对可意不可意起厌不厌离俱舍想，则不生愚痴念。所以经文中说，厌离想，不厌离想，厌离不厌离俱舍想，正念正知，即于此时观想无常，向厌，离欲，灭尽，解脱，趣入涅槃。若未悟者不知涅槃，不能趣向涅槃，但能使念头依止于善念，不造恶业，虽然未悟，因离诸不善行，终将离欲而生明。

所谓内心就是我心，张眼见色之同步就有我心，若无心不见色，布娃娃和死人才无心。我有心，所以眼见色，分别这是美色这是恶色。耳听声音，分别这是妙音这是噪音。鼻闻气味，分别这是香这是臭。嘴舌吃东西，分别这是美味这是恶食。身体接触外境，分别这是细滑这是粗涩。意根对境，分别这是色声香味触法。在种种分别中都含藏着贪嗔痴念，见可意则贪，见不可意则嗔，见可意不可意则痴，心随境迁。若都不见不闻不觉不知，贪嗔痴念也没有表现舞台。很有一些学修的信众离群索居，苦修禅定，贪嗔痴念不出现，自以为已经永尽喜贪，自证阿罗汉果，或有自证五神通，如提婆达多，如难提，如外道五通仙人。还有一般勤于工作的修学的人或劳动者，也往往因为没有闲暇面对五欲之乐，而显出离欲的特异现象。及至于面对滚滚红尘时，见可欲生淫欲心，见不可欲生嗔恚心，见可欲不可欲而生愚痴心，忧悲恼苦依旧对境而生，何曾自证阿罗汉？何曾离欲离诸不善行？只是不对境不发而已。

释尊所建立的僧团生活在村落间，不是隐居山林间，外道才索隐独居。若多闻圣弟子是独处于群体中，面对社会生活才能显露出内心的脏乱。譬如病患暴露在医疗仪器之下，无所遁形，修行就要在如实知内心实况下进行。

所谓外心，彰显出内心的外境就是外心，若如实知四取阴识住的真相，外境就是心境。若不是心境怎见外境？譬如我面对菜市场，我的心境便是菜市场，若心不在焉根本视而不见，若有见，心必缘对境，外境就是外心，唯心所显。若走出市场入于街道上，心之所显便是街道。若心不在焉，心便在所思的情境中而不在街道，回过头来才又面对街道，此时街道便是心境便是外心。

所谓内外心，面对宇宙人生的心就叫做内外心，细说叫做内心外心内外心。

修心念处，当知为了观想无常，从想无常中发现取想阴识住之真相，证知此心虚妄不实在，都是贪嗔痴所聚集。若眼对色，耳听声，鼻闻香臭，舌尝味，身触滑涩，意分别诸法。贪欲念出现时，如实知无贪欲念。不贪欲念出现时，如实知无贪欲念。嗔恚念出现时如实知此心已生嗔恚。无嗔恚念时如实知无嗔恚念。愚痴念出现时如实知此心已生愚痴。无愚痴念时如实知无愚痴念。正念正知，厌，离欲，灭尽，譬如病毒已出现，即应灭除，解除苦厄，见法涅槃。

直接系念于此心，修心念处，大部分人不易办到，往往在观察心念时，随着心念忧悲恼苦，堕在忧悲恼苦之中而不知忧悲恼苦，及至回过头来已是空抱遗恨。尽管如此，可是很多行者却乐此不疲，也都察觉不出自己乘着欲船漂流在欲海之中，以为在五欲中不染欲。此种学人大都是游戏性质，学佛只是休闲活动。

若是精进于办道，和求学问一样，越修越觉得自己之不足。为什么呢？此心很深细，一念中有过去未来现在，如流水般不停留，稍纵即逝，我们的反应来不及捕捉，贪嗔痴念已逝，却自以为未曾贪嗔痴。譬如初学外语的人，目瞪口呆听不清楚外国人说些什么，若精进学习，渐渐能分辨，渐渐能听清楚，渐渐能应对，也渐渐发现自己所学有限。修行也是如此，渐渐能捕捉心念才渐渐发现自己的心思脏乱不堪。

若发现于此，不是退步，不必消极退缩，但应当实践八正道。为什么？并非我们如实知贪嗔痴念就能去除，譬如慢性病或癌症，并非如实知就能去除，仍然必须循着有施有说愿有斋的途径，以有布施药对治贪欲病，以有说愿药对治嗔恚病，以有五戒八关斋药对治愚痴病。

而有施有说愿有斋要在当下社会生活中才有施展的空间，闭门坐枯木禅，隐居山林潜修，或只做心理分析，只参禅，只拜佛忏罪，只持咒消业，只修气脉，只修空观，都是妄用功夫。佛法的本质是求福，以饶益有情而能自饶益。

法念处

所谓法念处，就是依苦集灭道思维法来修止观，系念于法。一念之中有身念处，有受念处，有心念处，有法念处。修法念处，总摄一切法于苦集灭道思维法中，见法涅槃。四念处中任何一念处都依法念处而修，只是用心处不同。所以身念处是法念处，受念处是法念处，心念处是法念处，因为没有法念处便没有身、受、心念处，然而各别有其用心焦点，才分别为身、受、心、法念处。单说法念处时就是身、受、心观念处不能涵盖之法念处。

法念处有两种层次：一种未悟，只能随顺胜解奋力而学，循身念处、受念处、心念处，观色受想行识无常，而悟入苦集灭道思维，如前文所说叫做善趣正念；一种已悟，乘系念于法时，观诸行无常，厌，离欲，灭尽，见法涅槃，叫做无漏正念。根据《杂阿含五三六经》身念处的经文，法念处当如是说："若于内法起厌离想，于内法起不厌离想，厌离不厌离俱舍想，正念正知，如内法，如是外法，内外法。"

修法念处时，此观的焦点定位于见法涅槃，无论任何时候，任何地方，做任何事，在任何情境中，念念都趣向涅槃。若一念不自知自证趣向涅槃，便是散乱昏沉或睡眠，于此失念中，若有贪嗔痴念，必如脱缰之野马向外奔驰，掉入忧悲恼苦之中更造未来有。

若不失念，念念如实知眼见美色起厌离想，眼见恶色起不厌离想，眼见不美不恶色起厌离不厌离俱舍想，耳听声，鼻闻香臭，舌尝味，身触细滑粗涩，意分别诸法，起厌离想，不厌离想，厌离不厌离俱舍想，正念正知，见法涅槃。若未悟者不知涅槃，则于多求胜解时，依止于正法律，不造恶业，终将离欲而生明。

所谓内法，释尊所说四圣谛、五阴、六入处、十二因缘，所应知者当知。贪欲、嗔恚、睡眠、掉悔、疑，应断者当断。四禅八定灭尽定、心解脱、慧解脱，应证者当证。四念处、四正勤、四神足、五根、五力、七觉支、八正道，所应修者当修。此中任何一法，应知当如实知，不知也应如实知不知，应断者当如实知断，未断者也应如实知未断，应证者当如实知已证，未证者也当如实知未证，应修者当如实知已修，未修之法也当如实知未修。

所谓外法，展现佛法的一切宇宙人生万法，包括一切宇宙人生万法，包括一切外道法都叫做外法。若不如实知内法外法，往往不辨真实，把外道法当做内法。

所谓内外法，就是学修者于现法中所学之佛法，细说叫做内法外法内外法。

修法念处，当知为观色无常，观受想行识无常，从五阴无常中发现四取阴识住之真相，证知宇宙人生万法法住法空，见法即见空，见法涅槃，不住善念不住不善念也不住善不善念，这是正宗如来禅，所以说，如是观者，则为正观。

法念处统摄一切大小乘法，以如来知见解脱生老病死忧悲恼苦，下手处从身念处学，循序渐进，便于观察学习进度，熟透了身受心念处，便也熟透了法念处，善知善见善入于观色无常，观受想行识无常，见法涅槃。

六、关于四念处的修行法

四念处，是三十七道品中的一环，所照顾的范围相当广，也适合于配合着各种其他修行一起使用。

四念处的修行法，从“身、受、心、法”着手，如实而又绵密地觉察自己的身心，照顾自己的身心。如实，就是如其事实，仔细、确实、诚实而不加粉饰；绵密，就是时时刻刻地不分“行、住、坐、卧、眠、寤、语、默皆正知之”。

如实与绵密，是每一个修学者，都必须培养的特质，也是趣向解脱的必要方法。所以，有些经典说，四念处是趣向解脱的“唯一之道”，其所谓的“唯一”，应该从这个角度（如实与绵密）来理解，比较恰当。

能时时刻刻地觉察，就能够尽早地发觉问题（烦恼），相当于进入“四谛”中的第一谛——知苦。如果正见具足，觉察，就可以顺利地完成“四谛”的第二谛——看到问题的起因了。如果信念、毅力又强过习性的牵引，知道不对，立即舍离，那么烦恼就平息下来了，“四谛”的第三、第四谛也相继完成了。

释尊在《中阿含九八念处经》中对于四念处的修行法，有如下的教诲：

“有一道净众生，度忧畏，灭苦恼，断啼哭，得正法，谓四念处。过去、未来、现在如来、无所著、等正觉，亦断五盖、心秽、慧羸，立心正住于四念处，修七觉支得觉无上正尽之觉。云何为四？

①观身如身念处：

行住坐卧，眠寤语默皆正知之；生恶不善念，以善法念治断灭止，犹木工师，彼持墨绳，用絣于木，则以利斧斫治令直；

齿齿相著，舌逼上腭，以心治心，治断灭止，犹二力士捉一羸人；学（觉）一切身息入、出，学止身行息入，学止口行息出；

离生喜乐；

定生喜乐；

无喜生乐，渍身润泽，无处不遍；于此身中，以清净心无处不遍；念光明想，善受善持忆所念，修光明心，心终不为暗之所覆；善受观相，善忆所念；

从头至足，观见种种不净充满：我此身中有发、毛、爪、齿、肤、皮、肉、筋、骨、心、肾、肝、肺、大肠、小肠、脾、胃、粪、脑及脑根、泪、汗、涕、唾、脓、血、肪、髓、涎、痰、小便，犹如器盛若干种子，有目之士，悉见分明，谓稻、粟种、蔓青、芥子；

观身诸界：我此身中有地界、水界、火界、风界、空界、识界；观彼死尸，鸟啄狼食，火烧埋地，悉腐烂坏，骨锁在地，骨节解散，见已自比：今我身亦复如是，俱有此法，终不得离。

如是，观内身如身，观外身如身，立念在身，有知有见，有明有达，是谓观身如身。

②观觉（受）如觉（受）念处：觉乐、苦、不苦不乐觉（受）时，便知觉乐、苦、不苦不乐觉；觉乐身、苦身、不苦不乐身；乐、苦、不苦不乐心、食、无食、欲、无欲觉时，便知觉不苦不乐无欲觉。

如是，观内觉如觉，观外觉如觉，立念在觉，有知有见，有明有达，是谓观觉如觉。

③观心如心念处：

有欲心知有欲心如真，无欲心知无欲心如真；

有恚、无恚；

有痴、无痴；

有秽污、无秽污；

有合、有散；

有下、有高；

有小、有大；

修、不修；

定、不定；

有不解脱心知不解脱心如真，有解脱心知解脱心如真。

如是，观内心如心，观外心如心，立念在心，有知有见，有明有达，是谓观心如心。

④观法如法念处：

眼缘色生内结，内实有结知内有结如真，内实无结知内无结如真。若未生内结而生者知如真，若已生内结灭不复生者知如真，如是，耳、鼻、舌、身、意。是谓观法如法，谓六内处；

内实有欲知内有欲如真，内实无欲知无欲如真，若未生欲而生者知如真，若已生欲灭不复生者知如真，如是，嗔恚、睡眠、掉悔、疑。是谓观法如法，谓五盖也；内实有念觉支知有念觉支如真，内实无念觉支知无念觉支如真，如是，择法、精进、喜、息、定、舍。是谓观法如法，谓七觉支。

若有少少须臾顷，立心正住四念处者，彼朝行如是，暮必得升进，彼暮行如是，朝必得升进。”

四念处的内容，就是随时随地觉察自己的身体（身）、情绪（受）、心念（心），以及观念（法）等，四大部分的变化。身体的觉察，包括所有的举止行动，以及所有身理上的现象，依照经文，大略列举了十三种观法。这是四种觉察中，比较具体而不抽象的，一般认为，初学者比较适合从这里学起。

身理现象的觉察，如果对象是呼吸，则可以和出入息观（安那般那念）相结合；如果是运用假想观，观想着身体内的各个器官，则可以和不净观相结合。

情绪感受的觉察，经中以苦、乐、不苦不乐三种为主要的觉察对象。我们以为，这是修行上很适合的下手处。推测过去，也有佛弟子特别重视从观“受”下手的，从《杂阿含第二一五经》中可以得到印证。

心念与观念的觉察，是比较抽象的。这是烦恼发动的根源，尤其是观念，更具有关键性。所以，在实务技术上，法念处是特别必要以“正见”为基础的。贪、嗔、痴、散乱、专注等，是经中所举，心念觉察的内容。而观念，是起心动念的源头，也相当于我们常说的“价值观”，经中举了五盖以及七觉支作为说明。

四念处的修学，经中形容是一种早上学，到了傍晚就有效果的好方法，值得我们重视和实践。

释尊说：“云何为正身自重，一其心念，不顾声、色，摄持一切心法，住身念处？如是，身身观念住，精勤方便，调伏世间贪忧；受；心；法法观念住，亦复如是。

专心正念，护持油钵，自心随护，未曾至方。”（《杂阿含六三七经》）

在一个有美色作歌舞表演的热闹场合里，一个人被杀手从背后拿刀押着，要他捧着一碗满满的油，走过人群。其间，只要稍微有一点点油从碗里溢出，这个人就要立即被杀而没命。在这种情形下，被威胁的人必定会聚精会神地注意着碗，注意着走路，绝不会被热闹的歌舞表演所吸引，而左顾右盼，分心失神的。

释尊举这个例子来说明修四念处的要领，就是在下定决心，让自己的心念，能专注观察，不要受外界声色的干扰。

释尊说：“云何修安那般那念，四念处满足？

如是，圣弟子入息念时，如入息念学，出息念时，如出息念学；若长、若短；

一切身行觉知入息念时，如入息念学，出息念时，如出息念学；身行休息入息念时，如身行休息入息念学，身行休息出息念时，如身行休息出息念学。

圣弟子尔时，身身观念住，异于身者，彼亦如是随身比思惟。

若有时，圣弟子喜觉知；

乐觉知；

心行觉知；

心行息觉知入息念时，如心行息觉知入息念学，心行息觉知出息念时，如心行息觉知出息念学。

是圣弟子尔时受受观念住，若复异受者，彼亦随受比思惟。

有时，圣弟子心觉知；

心悦；

心定；

心解脱觉知入息念时，如入息念学，心解脱出息念时，如心解脱觉知出息念学。

是圣弟子尔时心心观念住，若有异心者，彼亦随心比思惟。

若圣弟子有时观无常；

断；

无欲；

灭，

无常；断；无欲；灭观住学。是圣弟子尔时法法观念住，异于法者，亦随法比思惟。”（《杂阿念第八二二经》）

如何在以呼吸作专注的训练中，完成四念处的观察？

当吸气时，就将注意力（意念）放在吸气上，清楚每一次吸气的长、短；以及身体的律动或放松（休息）程度。呼吸时也一样，这是四念处中的身念处了。注意力如何放在呼吸上？传统方法是以吸入空气刚进入鼻孔口处为觉察点，当然也可以小腹等身体上其他随呼吸律动处为觉察点，再配合不错乱地数着呼吸，念头就系在呼吸上了。

这时，如果心中因为专注于呼吸，而有喜悦、快乐等情绪产生（心行）时，也能清楚地觉察到这样的情绪生起，这就做到四念处中的受念处了。不过，对盘腿而坐的初学者来说，可能会因为无法放松身体，而有苦的感受，如果是这样，就可以清楚地去察觉苦的感受。

又，这时如果心中因为专注于呼吸（心定），而暂时没有贪、嗔、痴等杂乱的念头（心解脱），也能清楚地察觉到这样的心理状态，这就做到四念处中的心念处了。不过，对初学者来说，念头常常会在数呼吸中飘出，可能是随机的胡思乱想，也可能是想着心中挂碍的事，如果是这样，察觉了念头的飘移，而将之拉回到数呼吸上，也算是学习中的心念处了。

又，这时如果在专注呼吸中，观察无常，肯定应该断除贪欲，息灭烦恼，而且能清楚地明白这样的观念形成，这就做到四念处中的法念处了。初学者常常会因为发觉专注力飘散而自责。这时，也应当不要忽略了去察觉这个自责，所对应的价值观。

> 释尊教诲说："何等为四念处集，四念处没？食集则身集，食灭则身没。触集则受集，触灭则受没。名色集则心集，名色灭则心没。忆念集则法集，忆念灭则法没。随集、灭法观身、受、心、法住，则无所依住，于诸世间则无所取。"（《杂阿含第六二三经》）

在做身、受、心、法四念处的专注观察，如果还能结合缘起法，观察、思维这四个心念安住处的形成以及消失的因缘，将会发现它们都没有一个永恒的依止处。有了这样的体认，则对世间的一切就不会再想要执取什么了。

食，指的是四食，是人们赖以生存的四种食物分类，包括饮食（抟食），情感（触受），活下去的意愿（意念），以及攀缘执取，为贪爱所染的识。触，指根、尘、识三者俱全后的认知。心，经中说，是依于名色，与识缘名色意义相当。法，泛指思想的对象，忆念一起来，法（忆念的内容）就随之而起，所以法也可以泛说是各种观念与思潮。

> 经文中说："尊者阿那律语比丘言：若比丘诸漏已尽，所作已作，舍离重担，离诸有结，正智心善解脱，彼亦修四念处也。所以者何？不得者得，不证者证，为观法乐住故。"（《杂阿含第五四二经》）

就是已解脱的圣者，也都还不离四念处的实践！

> 当作自洲而自依，当作法洲而法依，当作不异洲、不异依。云何自洲以自依？法洲以法依？不异洲、不异依？身身观念处，精勤方便，正智、正念，调伏世间贪忧；如是外身；内外身；受；心；

法法观念处，亦如是说。(《杂阿含第六五二经》)

舍利弗去世了，阿难很伤心。释尊因而以这段经文来教导阿难。

走在修行的路上，只能依靠自己对法的把握，除此之外，再也没有其他（异），可以作为依靠的。而四念处的修习，就是这个可以依靠的法。

七、曦比丘的开示

曦比丘是泰国的高僧，他所体验的灭苦方法，有助于我们看到北传佛教修行法中较疏忽的内观部分，内观的行持对我们身心的改革有很大的裨益。现特将他讲的有关修四念处的开示要点介绍出来，供学修同道参考。

我们现在出生做人，也必须了解如何减轻或消除人生的烦恼，如果对此并无认识，我们这个人生就一直被外境所转，而且漫无目的。我们要掌握做人的目的是为了不要有痛苦的人生，若没有痛苦，就是活在安乐自在之中，修四念处则正是达到这一目的的重要法门。

心往内住是灭道

当我们修身念处第一个阶段的时候，如果当下没有其他的事情做，可以选择一个不吵、不烦、不热，比较清凉的地方，坐下来观察或注意自己的呼吸，清楚明了地知道呼吸在进、出。我们必须知道呼吸很长，很细，或是很短，很粗。我们的身体必须要直，头也要直，就必较舒畅，若是歪歪的，血液循环就不好，也不舒畅，很快就会昏沉，所以一定要坐直，然后一直注意呼吸的进、出。

在修行的时候，如忽然有其他念头生起，如想到要去打电话，或是要做其他的事，必须立即察觉到：现在不是打电话或去做事的时候，当下是要观呼吸的进出。在指定的那段时间，就不要有任何事情干扰。

个人的任何念头起来，都把它打掉、丢掉，即使是很重要的念头，也要尽量去掉，十分钟以内一定要观呼吸，这样做就比较有成就。身念处是念着我们的呼吸，要慢慢地去观，要保持一个念念分明、明明了了的进、出。这样，我们的心念安住在一个固定的地方，感觉就会慢慢地平静下来。

坐好了十分钟之后，我们去做事情就会比较清醒，好像已经睡醒的人一样清醒。如果坐了十分钟之后，在做事的时候，觉得很困难，总是打瞌睡，而且觉得很昏沉，那这十分钟就浪费了，没有真正得到受益。真正做得好的人，十分钟过后，他的精神比十分钟前要好得多，这是休息的力量，这点我们必须要知道。

假如没有这个空闲的时间，我们的身念处就必须用在日常生活中的一举一动，每一接触，甚至穿衣、吃饭、进出厕所、大便、小便、洗衣服，以及与人谈话、写字、看书，全部必须要念住，每一动作要念念分明，明明了了。例如，现在口渴，有一个念头要去拿水，手要出去，身念处要念住手，手伸出去拿，去拿到了水杯，而且拿上来了，要清楚明了身体的每一动作。然后，当喝的时候，知道张开嘴并且知道喝进去，保持一个清清楚楚、明明了了的念。念在我们的身，日常生活中不论做什么也尽量保持这个念，是身念处。

假如这样训练，就会发现我们的生活比起以前平静得多。我们有时很紧张就发现不到，或是做事情动作很快，就很难做身念处。因此我们初学时，训练动作就要放慢，要喝水的时候，就慢慢地去拿；看东西的时候，要知道在看。假如在听人说话，就念住在耳朵。如果现在同别人说话，就把精神专注在这里。每一举动，哪一方面比较强烈，就去注意念住它，集中注意力在哪边，此之谓身念处。如果一直这样去修，我们很快就会发觉自己的烦恼和心的变动的真相。

如经文中所说，慢慢地如是去修，修到早晨起床的时候，第一个念起来，就发觉到念头叫手去拿东西，手还没有出的时候，就知道要去拿了，接着去拿，拿了之后，又知道拿到了，很清楚明了，没有其他杂念。拿到了，就是拿到了东西。这时眼睛又被外境所转，当还没有看那边的时候，已经知道要去看，都很清楚明了自己的六根。如果我们慢慢地去训练，就有这种效果。这对修行是有很大帮助的。

现在我们修行很难进步，或者进步得很慢，主要原因是缺少身念处，或是对身念处没有下功夫。这样做什么事情总是紧紧张张，想到就去做，没有先念着想要看了，看了，想要拿了，拿了。如果我们起初放慢速度，让我们的洞察力增强，就可以把速度恢复正常。我们的行动快，但是不离开自己的念住。这样，我们就可以活在当下之中，所谓当下，即不会想到过去，也不会想到未来。

有一次，有一外道去问释尊："我看到比丘们一天只吃一餐，可是他们的精神很旺，很好，这是什么原因？"释尊答复他说："比丘们没有妄想，没有留恋过去，对未来也没有追求。比丘们的生活只是在当下每一个接触，清清楚楚，明明了了，当下没有烦恼，所以比丘们精神很好，虽然吃得少，但是精神也很好。因为他们一直念住当下，没有烦恼，没有浪费精神。"能这样去修，我们也不必被时间控制了。不论做什么事情，我们都可以修，不论在什么时候都可以修，不被时空所限制。

受，虚幻不实，随心意而现

受念处就是比修身念处更细微的部分。当我们眼睛看到事物的时候，就会起感受。"起感受"的"受"，即经中说的分为三种：苦受、乐受、不知苦乐受（就是不是苦，也不是乐的感受）。这三种感受就是当我们眼睛接触到时，如果看到一种东西或一件衣服，而没有身念处，就进一步有另外一种想蕴。假如我以前的观念记忆、对象对我说，这一件衣服很美丽，就合心意，当下我就有一种"乐受"。再如我们坐在这里，坐到觉得很不自在，很闷。很闷，就不符合我们的心意。不符合我们的心意的时候，就叫做"苦受"，苦的感受。如果那个时候保持身念处，只是知道很热，烦热，而不去想，没有任何的心意，苦受或乐受就不会出现。

各种各样的受的出现，是因为我们对身念处没有清清楚楚，明明了了，同时加上自己旧有的想蕴。想，就是我们的记忆、观念、印象同自己说话。当外在符合想蕴，符合我的心意时，就是乐受；当外在不符合我的心意时，就是苦受。对外在心意不知如何是好的时候，就是一种不知苦乐的受。这时就有疑，怀疑这是什么？因此我们学佛必须有正知正见，否则学不了佛法。一定要有正知正见，苦受、乐受、不知苦乐受，都是来自我们的内心，来自内心的烦恼、欲望，绝对不会是外在给我们乐，给我们苦。如果对这一问题认不清，就很难学佛。譬如现在这里很热，是自己已经习惯有空调的地方，所以觉得这里很热，而别人并不觉得热。不符合自己的心意，就很苦了，就要把这个环境改变，而不懂得改变内在，以为苦、乐是外在给的，这就是没有正见。当要改变外在时，就去开空调放冷气，但别人不需要，于是就会吵闹起来，为改变环境而吵。

如果有正知正见的人，就不会往外面改变，而是往内心修改。满足内心是无明、烦恼、欲望。把这些去除了，没有心意，心已经在空性，就是在不离本性的时候，外面虽然热，内心没有苦的感受，当然也就坐得很自在了，与人吵闹的事自然也就没有了。

我们必须清清楚楚、明明了了“受”是怎样生的，以及是怎样灭的。“受”之生起，是由于我们对身念处做得不很完美，不很周到。当接触的时候，就有想蕴渗进去，符合想蕴，符合自己的心意，就乐；不合意就是苦；想蕴没有储存资料，不知是什么，就是不知苦乐。“受”的起源是这样来的。要改变外在不是永远灭，而是暂时性的。其实灭外在，是要满足我们的欲望。改变外在是等于满足我们的欲望。满足了欲望，欲望就更加强烈，以后就更加难以对付了。所以，我们必须看清楚它的真相，要灭除这个受，就必须改变内在的心念和我们的想蕴。改变一下个人心意，苦的感受马上就要消失。苦受、乐受、不知苦乐受，都是随着个人心意来决定，它们是虚幻不实、虚假不真的。改变内在的心念生起了，“受”就慢慢地淡了，生了就灭。其实，外在不是真的苦、乐，真正的苦与乐是我们内心的欲望和烦恼。

我们不妨举一些例子说明这个问题。以眼根方面来说，譬如在泰国有一个十件民族，他们有一个很奇怪的习俗，女孩子是缠颈项的。从她会走路，就放颈圈，一年放一个，十年就放十个，一直放到长大成人。她们认为这样很美丽，而我们却觉得很难看。因为她们经常接触这种的相，这种想蕴一直认为这就是美丽。一直这样熏习，慢慢就习惯了。我们不习惯，就认为不美。

在舌根方面，泰国人喜欢吃很辣、很咸、很甜的食物。我们华人喜欢吃油多的食物。那些泰国师兄弟第一次吃我们的食物，吃两口就腻了。他们认为酸酸辣辣的很可口，好吃，而我们认为有油才好吃。他们从小受到熏习，养成吃酸辣食物的习惯，有酸辣就有乐的感受，没酸辣就不符合他的心意，就有苦的感受。而以我们来说，有酸有辣并不是乐，因为我们的心意不是这样。那没有酸辣的食物可能不是苦，也不是乐。这些都可以说是我们的一种习惯。

曦比丘在泰国刚出家不久的时候，有一次他带着一些比丘、沙弥到一个小乡村去，信徒供养很多。吃的那些青菜都没有煮过，他觉得生的菜应该不好吃。可是看到大家吃得津津有味，非常可口。于是他就叫一个徒弟采些嫩的芒果叶来尝尝。他在吃的时候，只是保持一个清楚明了的心念，没有受旧的想蕴支配。他注意自己的手在拿，拿起来之后，注意放进嘴里吞，再吞进去，觉得很不好吃。然后他就慢慢地这样吃，吃到失去正念，吃到好像上瘾了，很好吃。他现在不但觉得好吃，而且已经习惯了，虽然只是三四分钟的时间，好像已经习惯了，觉得好吃了。他这心意转得很快，想蕴转得很快。所以，你认为好吃，未必是我也认为好吃。我看到的好看，未必是你也看到好看；我听到的好听，未必是你也听得好听；我嗅到好香，未必是你也觉得好香；我身体接触到很舒服，未必是你接触也很舒服。

事情因人而异，有些人说是乐的，有些人就认为是苦的，就看各自的心意和旧有的想蕴、习惯是什么。苦乐不是外在的，是内心的心意，我们的想蕴，习惯的记忆力里面的经验，这些来判断苦和乐。这方面必须清楚明了，我们就知道什么叫做苦，什么叫做乐，什么叫做不苦不乐。

我们必须清楚，都是因为苦、乐或是不知苦乐的感受，使我们很痛苦或者觉得人生很快乐，所以我们一直在轮回中流转。如果我的心意认为这一食物很不错，接下来一定生起一个念头，好吃，这时贪心就会生起来。因此这个乐受是制造贪心的真面目或主要的来源。苦受是制造我们嗔恨的来源。不知苦乐的受是制造愚痴的来源。乐的时候是我们要占为己有，苦的时候是要把它毁灭掉，拒绝掉。不知苦乐的受是要还是不要？是吃还是不吃？是拿还是不拿？这就会使我们有各种各样的心念生起，心念生起的来源就是“受”。

苦乐之受乃想蕴作怪

上面已表明所以有苦乐的受，是由于想蕴在作怪，譬如我正在写字，并要集中精力一定把它写好，忽然有人来约我出去一下。当即感到这人来麻烦我，打搅我。其实，这个人并没有来打搅，只是自己执着于写字罢了。想要完成写好字，外境不合心意就觉得他来烦乱，很烦恼，很苦。这时如果没有控制自己，我们就有嗔火，如果没有修行的就可能把情绪发泄出来，与对方发生冲突。

如果写字的时候知道在写字，慢慢地写，有人来找时，知道这个人来，对这些完全没有执著，就没有苦乐的感受，从而也就没有贪念、嗔念、痴念，内心还是很平静的。再如，今天我想要看一些佛教书，但是不断有电话来，就会觉得我的时间已经很宝贵了，你们却一直谈些不重要的事，来打扰我。对这些不想要或不符合自己心意的事，觉得很烦躁。不符合自己心意，就对外境不喜欢，是一种苦的感受。由苦的感受就生起嗔心和不满的心态。

因此必须要观察受念处，时时观察：苦的感受生起，乐的感受生起，不知苦乐的感受生起。要观察它是怎样生起，清楚明了它的因和根源，苦的感受是如何控制着自己，或使自己有怎样的感触；同时要明了它的状态以及自己的感受是怎样灭的，都要清清楚楚，明明了了，观受念处，对于苦也知道，对于乐也知道。而现代人对于乐就很难观察出来，因为心意已经很习惯了。看到美食就好，这就造成对于乐认为是外在的。

我们学佛，要清楚万法唯心造，任何事物都是心生的，心生种种生，心灭种种灭。对此要有清楚的认识，对学佛大有裨益。要知道苦、乐、不苦不乐的受都是内心的问题，内心若是没有问题，苦乐也就不复存在了。

还要记住，我们不要被别人的语言所转。例如有人说这个声音很好听，让你来听，如果你没有修行，听了就被外在所转。但是有修行基础的人，知道好听与否是心意在作怪，符合自己的心意就好听，不符合自己的心意就不好听。要清楚明了，谁都改变不了自己的心意，这可以称之为有受念处的体验，对此要深信不疑。它是贪、嗔、痴的来源，我们就要把它慢慢地灭除，不是灭外在，而是要灭里面的想蕴。

心念，念着烦恼与清净

心念处，念着有两种心境：一种是有烦恼的心境，一种是寂静涅槃的心境。

要清楚明了地念着它，现在有烦恼了，有痛苦了，感受如何？烦恼痛苦的来源是什么？它住在内心的时候，那种感受怎样？烦恼除灭的时候，是怎样灭的？都要清楚内心的感受。

如果我们的内心平静在涅槃之中，就要清楚明了涅槃是怎样来的。内心安住在涅槃，感受怎样？涅槃不见了，是怎样不见的？是因为有烦恼进来，它就不见了，要清楚明了这个涅槃以及痛苦。涅槃也可以说是不苦的心境，就是与苦的心境相反，要明了这两种心境。

如果清楚明了这两种心境，我们就是在修心念处。我们也可以说现在要知道有贪心还是没有贪心？现在有嗔心还是没有嗔心？嗔恨心是怎样来的？要清楚明了。嗔恨心出现了，内心是怎样的感受？要清楚明了。及至嗔恨心灭了，要知道灭的时候是怎样的感受？要清楚明了慢慢灭的那种感受，也要清楚明了它已经灭了。也要知道自己有没有愚痴心？愚痴心是怎样的面目；当没有愚痴心的时候，自己也要知道，清楚明了它是怎样的。

我们的心念如果很散乱，杂念纷飞，要明了散乱时是怎样的感受，为什么会有散乱？然后要灭除它。当散乱被灭除时，心念比较集中、专注，又是怎样能比较专注的？要清楚明了。

如果我们现在这个心比较宽广、轻松，任何人都可以包容，遇到事情没有问题，自己要清楚明了。或者，现在心胸很狭窄，一点点不合己意的就容纳不了，自己也要清楚它是怎么样的。当我慢的心生起的时候，它是怎样的？目无尊长，谁都不尊敬了，甚至连以前的老师也不放在眼里。要清楚明了我慢，当我慢灭时，它是怎样灭除的？

我们也要清楚明了心得到安稳，是怎样安稳下来的？在心不安稳很恐惧的时候，它是怎么样？为什么恐惧？要清楚明了，念念分明。最后，要知道我们的心是在解脱，还是在轮回之中？是在痛苦之中，还是在不苦之中？

如果我们现在都没有痛苦，心都很专注，要清楚明了，念念分明，让心在涅槃之中。如果对心还有疑问的就是心念处修得不够，或者功夫还不到家，还不能肯定现在的心念是怎样生起的，并要如何的灭还是会自然的灭？这就要多修行心念处，不修是很可悲的。

贪心起的时候就怪外在，嗔心起的时候就怪外在，没有清楚明了它真正的起因，所以这些人就一直往外面攀缘执著。因为他没有正见，不清楚一切唯心造，一切都是来自我们的无明烦恼，于是就会有苦、乐、不苦不乐的感受。他以为苦乐是外在给的，贪、心、嗔心是外在给的，这样就很难修行，甚至怎样修都没有用，因为他一直往外去改良，去处理，都没有往内心去观察。

曦比丘用他以前一段故事举例说明心念处的重要性。他说：我以前有一次在马来西亚结夏安居，认为时间十分可贵，想专心用功学好泰文。除了寺院的功课和早晚课外，其他时间不与别人谈话，也不去帮助别人。一位师兄说我“整天躲在一边读书，寺院有什么事情都不来帮助，真自私”。听到这句话我很不高兴，接下来就嗔恨了，觉得这个人不好，就有“仇人见面分外眼红”的感受。很不喜欢看到他，若是见到他，很想同他辩白一番。因为不高兴就嗔，对他这句话无论如何也放不下，这就是自己的想蕴在作怪。

过后，曦比丘静下来观察，他感到不对了，我现在的心是嗔恨心，嗔恨心的感受是这样，它的起源是这样，都清楚明了。我就去观察师兄的德行，就是他曾经帮助我，对我有恩惠，他的德行都想起来了。以前我在泰国时，我要什么，他就帮助，是我的大恩人。我能看到佛使尊者的《人类手册》，也是他介绍的，介绍我看这么好的佛书，对我有如此大的恩惠，我在佛法方面以及在修行方面有很多不懂，请教他，他都会耐心地回答。他这样好，我怎能嗔恨他？这是不应该的。一想到这里，嗔心全部灭了。我再接触他，就觉得他很好，哪里是我不满的人？哪里是我嗔恨的人？就立即接近他。当我用好的方面去观察时，就能接近他；用不好的方面观察时，就觉得他很不好，就会远离他，不满他，完全是心念在作祟。

七菩提分，苦到不苦的过程

七菩提分就是从我们的烦恼到达涅槃，从痛苦到达不苦的心路历程。如果没有七菩提分，永远不能到达涅槃，或者永远不能从苦到达不苦的境界，我们就时常在烦恼痛苦之中。

七菩提分：第一是念菩提分；第二是择法，选择佛法；第三是精进；第四是喜悦；第五是轻安，很平静；第六是定；第七是舍。

譬如，上面所举的例子，我嗔恨心起了，很不满师兄了，这样碍手碍脚了。从心念处来说，我很嗔恨他，静下来观察，就清楚明了我现在的心是这样，这就叫“念菩提分”。有了念菩提分，知道这是不好的。有了正见，就知道这个心念不好，心境也不好，于是就去“择法”，去选择慈悲的佛法：“生气他，我热恼；慈悲他，我清凉。”选择了慈悲，就精进地增长这种心境，见到嗔恨心是不好的，是恶的，就必须把它除掉。不生起各种各样不好的念头，也就不再躲避师兄了。慈悲的心境和好的念头，都是善的，我就让它生起来，所以我们一直要精进。有了念，有了择法，选择佛法，知道怎样对付我们的心，就要精进。精进了，就得到喜悦。刚才有嗔恨，就很烦。现在，觉得慈悲真好，内心觉得很好，很舒服，心中有一种满足感、快乐感，觉得战胜烦恼了，这就是喜菩提分。如果我们没有得到喜悦这个法喜，我们的修行就很难进步。

如果我们很少体验到慈悲的法喜、布施的法喜，或者忍辱的法喜，如此下去就会松弛退心，不太用功。若是我们有这些法喜，就要去增长它，必须要保持法喜。慈悲战胜了烦恼，我们的心就慢慢地平静下来，轻安了，心就能定了。心定下来，我们就能把恶法舍掉，不会再被它所污染，也可以放下刚才执有的这些观念。放下，就是舍。那时我们的心就是涅槃了。平静下来，我们的心就慢慢定，就慢慢地远离烦恼，远离恶法了，没有了烦恼，心也就清净了。可以这样说，没有菩提分，心就无法清净。

清净的心，是很坚强，是不被外境所转和所动摇的。然后，那时候的心也是适合于工作，就是很敏锐，很 active 的心①，因为不受外在影响，它也是可以放下外在的心，我们得到这个心，然后才能修法念处，观察真理。

如果我们对外在不能放下，就不可能观察真理，所以要修法念处。以害怕、恐惧来说，这就是心不安宁的状态。曦比丘说：有一次我同师兄弟们去坟场睡觉。坟场很大，我们各睡各的，彼此距离都远一点。我睡在一个华人的坟场，看来比较恐怖。未睡之前，静坐了一段时间，因为没有睡意就在坟墓前走来走去。忽然间有了怕鬼的观念出现，立即陷入恐惧害怕的心境中。过了一阵子，有所察觉心境的状态——心念处，也可以说念菩提分，我就选择佛法的观空以克服恐惧感：这个身体不是我的，只是色、受、想、行、识五蕴而已。如果没有心，没有受、想、行、识，身体已经死了（其实身体也是四大假合，也不是我的），这样地去观察，刚才那个恐惧感也是我的想蕴，想了就有“行”——心的造作。有正见就认识到这也是想和行在作怪，想来想去全部只是五蕴，有什么可怕？五蕴是空的，没有实在的，是因缘和合的。当想到这里时，恐惧感就慢慢消失了。于是就更精进地维持这种法，恐惧感就逐渐地减轻，以至于达到止息，就觉得很喜悦，没有什么害怕了。得到那种喜悦是法喜，心就慢慢轻安了，平静下来了，也就越来越清净了。必须清净、坚强，此即止定，我们的心才不会再被外在所波动。这时我们的心就可以运用慧观来观察了，此即“舍”。舍，

① Active，即有生气的，活泼的，灵敏的，敏捷的；主动的，能动的，积极的；有力的，勤勉的意思。

就可以放下外在了。从念、择法、精进、喜悦、轻安、定和舍，经过七菩提分来达到解脱。

在泰国有一些法师说："释尊一出世，走了七步就停止，一手指天，一手指地说：'天下地上唯我独尊。'释尊每走一步就是一朵莲花。"莲花也可以说是菩提，所以释尊只走七步，就是说明他从一出世到成道都在修七菩提分。

释尊做太子时，他去外面看到生老病死，就一直在念着这些真理——法念处。他去参学时，也一直以七菩提分来观照，知道当下的心还有没有烦恼；在择法上，选择了各种各样的修行方法之后，还不能完全舍掉一切，只是在入禅定时，到达非想、非非想最高的定，心真的很自在，很舒服，很安稳。但是出定后，想到妻子、父王，还是贪恋着；想到国家的人民，还是依依不舍；想到五尘的色、受、想、行、识的五欲，也依依不舍。太子觉悟到一定要对付烦恼，于是就择法，更精进地修，修得喜乐到达轻安，定下来，然后才能舍掉一切。所以，释尊一出世就走七步。

心念处，有贪、有嗔、有散乱、有昏沉、有愚痴，这都是心境。要清楚明了贪、嗔、昏沉是怎么来的？然后念住，清清楚楚地知道，现在的心境怎样？明明了了。就去选择佛法，然后对付烦恼，精进地去修。有喜悦了，慢慢地静下来，平静了，轻安了，达到定，就会清净、坚强，不被动摇。然后属于很 active 的心就适合于工作，适合于观察真理，那时候就能舍。没有修七菩提分就不能进步，所以要去修。

法念处很重要，可以说是真理、真相。如果我们要在没有烦恼的、解脱的、不苦的境界中生活，就必须在每一个接触：眼睛看到，耳朵听到，鼻子嗅到，舌头尝到，身体触到，心里想到，保持不失我们的本心，保持正念。同时，就对每一个触观察出它们的真相，它们的本来面目。每一个触其实是无常的，一直在变的，听到声音，等一下就没有了，眼睛看到的，等一下就没有了。观察他们无常的真理。

苦的感受生起了，灭了。乐的感受生起了，怎样生起的清楚明了，符合我们的心意就乐，乐的感受灭了，清楚明了，看着它的真相，即法念处。我们看到自己的身体，身念处的本来面目还是无常的，一下手要去拿东西，一下脚要走路，跑来跑去。身体比较容易观，坐得太久就必须站，因为屁股痛，腿也僵了。站得太久也是无常的，站得太久也脚酸，就要走，走得太久也要停，说明这个身体一直在变。吃得太多，肚子太饱，饱的时候就要把它放掉，喝得太多也要把它排泄。所以这个身体看来看去都充满着无常的本性，或无常的真理，而且它的本来面目就是无常。

这个身体也是苦的，坐太久了，也忍耐不住；站太久了，也忍耐不住。想要如厕，忍耐也办不到。肚子饿，忍耐不住也要拿东西吃。忍耐不住，承受不住，一直驱使我们去做，就是苦的状态。认真观察，身体也不是我们的，不吃食物，就没有力气，做事情就不能自我控制。

这个不能主宰的身体，太冷的时候，也会生病；太热的时候，也会生病，是色、受、想、行、识五蕴和合，没有一个实在的我，全部是因缘和合。因缘这样就产生这样，因缘那样就产生那样，没有一个实在的我。没有我，就不会执着是我，有我。要逐渐地去从身体看出它的法，它的真相。

受的感受，苦的，乐的，不苦不乐的，苦的状态也是无常的。有的东西合心意，就乐。那种合意的状态就会产生贪爱，就会驱使自己去做，去拿，去取。这种贪爱，是一种忍受不住的驱使力，忍不住就要去做，其实都是贪心在作怪，就是一种苦性。怎样有贪心呢？由于看到外在，有想蕴与它和合。符合想蕴，就有乐，就有贪，贪心也不是实实在在的东西。我想去做，也没有一个我，观察这个乐也是不实在的，因为有合意就乐，也是不实在的，只要把我们的心意、观念，改变一下就没有乐受了。所以，它是无常的、苦的，也不是实在的。看出它的本来面目，我们就会放下受蕴了。

观察心的生灭就清楚明了贪嗔是无常的、苦的、无我的。当我们看清楚它的时候，就不会执著这些东西，贪心起，因为我们不会执著，一下子就放下了，甚至它不会生起了。如果我们一直保持这种无常、苦、无我的真理，这是法念处。最后，我们就清楚一个人不是要有贪，要有嗔才能生活，用佛法，用涅槃心也可以做事情的，会突破很多不正确的观念。有些人说，没有贪心怎样去赚钱，做生意一定会亏本会失败的。这是邪念，我们能突破了，知道没有贪心一样可以用智慧去做事情，用佛法去做事情。没有贪心不会死，没有嗔恨心也不会死。我们就会看清楚，贪嗔心是无常的，心的本来面目是涅槃寂静。我们观察无常、苦、无我，观到最后连法也不执著了，因为脱离一切的烦恼，都放下了。所以我们要时常观照这些真理，叫做法念处。

对每一个色、声、香、味、触、法接触到眼、耳、鼻、舌、身、意，去观这些真理，认识到这些的无常，我们就不会执著，不会有受，就不会贪嗔。没有贪嗔，就不会有烦恼，烦恼就会断绝，那时我们看到真理了，有法念处了。我们就看到，贪嗔痴在逐渐地减轻以至于熄灭，到达最后，我们就没有执著了，就没有“我”，没有“我所”了。那时我们把身体贡献给大自然，回归大自然了。那时，这是我的，那是我的念头，已经不会发起，知道这些都是大自然的，没有一个我。我们会突破这种“我”、“我所”的观念，或者“我”、“我所”的感觉。这种观念或感觉一突破，我们就真正在解脱之中了。

现在我们就是一直是有我，做什么都有我，一直被我所束缚，被我所控制，被“我”、“我所”所折磨，所以很痛苦。当我们看到真理，哪里有我？我们就把这些交还给大自然了。佛使尊者说：“愚痴的人！这个身体本来是大自然的，身体的定律，就是生老病死，成住坏空，他本来就是这样的。”但是愚痴的人却把它执著为我的身体，我生病，我老了，我要死了，执著这个身体为我、我所的时候，他就在痛苦之中。

大自然是很公平的，你把它交回大自然，你就没有痛苦烦恼。没有我、我所，就没有烦恼痛苦，所以我们愚痴的人一直执著这个是我的，那个是我的。观到最后，全部是因缘和合的，是无常的，没有一个实在的我，那就全部放下了，舍了，回归大自然了，你就觉得很自在了。

观察无常，要时常提醒，也就是说：没有一个我，只是身心，眼睛看不是我看，耳朵听，心知道，都知道不是我。耳朵听，心去注意，也要想蕴有资料。有这些认识分别，我们才知道他在说些什么话，如果没有心念去注意，也就不知道什么。全部都是五蕴在活动，色、受、想、行、识，要一直地去观；身体做事，眼睛看，心知道；耳朵听，心知道。不是我，一直这样提醒自己，这个“我”就慢慢地被突破。甚至起的名字，也是假名的。《金刚经》上说：“佛告须菩提，彼非众生，非不众生。何以故？须菩提，众生众生者，如来说非众生，是名众生。”“凡夫者，如来说即非凡夫，是名凡夫。”这些不是法，只是一个假名法，是我们制定下来的。

有一位修行的法师教一个简单的修行方法：“眼睛看，心知道，不是我；耳朵听，心知道，不是我；身接触，心知道，不是我；你一直这样修，就可以达到涅槃。”现在法念处就是这样去观。看到真理，我们就要远离它，就不会执著，不会苦了，就会慢慢放下。放下了，就慢慢会把无明烦恼熄灭了。最后，就把一切都归还给大自然，内心就没有执著了，到达最后就是涅槃。涅槃是不苦的生活，没有烦恼的，永远都没有烦恼。

我们内心有真理，烦恼就不会出现了。内心没有真理，远离本性，我们烦恼就会出现。佛使尊者就比喻说：“我们在这个地方养一只猫，老鼠就不会出现了。”所以，只有养猫，老鼠自然而然就会消失。不必杀老鼠，只要有猫就够了。另一个比喻：“譬如我们捉到一只老虎，要把它杀死。我们不必辛苦地杀死老虎，只要把它关在笼子里，不给它食物吃，也不给它水喝。这只老虎就慢慢地衰弱直至死去。我们只要不给它食物，尽量用佛法来包围它，久而久之，这些贪心、嗔心就会衰弱，就慢慢地死去了，不必真正去对付它，要用佛法把它围起来，把我们的六根围起来，用真理把它围起来。”这个烦恼没有食物吃，眼睛也没有食物吃，耳朵、鼻子、舌头都吃不到食物，就是欲望得不到满足。在身体方面，烦恼也吃不到食物；在意方面也吃不到食物。这样，烦恼就会慢慢地衰弱到死亡。这种修行方法很不错，保持好我们的六根是非常重要的修行法门，尽量地不要给烦恼食物吃，烦恼说要，我们说不要。烦恼说拿，我们说不拿，和它作对一下，不要满足它。这样做下去，我们就会循序渐进地把它杀死。

四念处法门要在生活中修，离开生活没有办法修成。看清楚这些真理，就在生活中往身念处、受念处、心念处、法念处下功夫，以七菩提分来证明，来修持，我们就能符合释尊所开导的："阿难！此时或世尊入灭后，不论谁都好，必须是自己为明灯，法为明灯；自己为归依，法为归依，莫依他人。""阿难！这种比丘是'超越黑暗'的人。""阿难！如何才叫做自己的明灯，法为明灯，自己为归依，法为归依呢?"

"阿难！安住在正法律的比丘们。他们精进不懈，有正知正念，了了分明的观身如身，脱离了世间的喜欢和讨厌；他们精进不懈，有正知正念，了了分明的观受如受，脱离了世间的喜欢和讨厌；他们精进不懈，有正知正念，了了分明的观心如心，脱离了世间的喜欢和讨厌；他们精进不懈，有正知正念，了了分明的观法如法，脱离了世间的喜欢和讨厌。"依教奉行，我们就可以活在真正安乐之中了。有些人认为这样要求太高了，太难了。应该说还没有切实去做，若是慢慢地去做就不难了，时常地去训练，就会觉得很不错，很容易。可是要慢慢来，一步一步去做，不是一蹴而就，要按部就班，观身念处、受念处、心念处、法念处，一直保持着观察，慢慢去做，将会肯定有一天能解脱自在。如果没有这样去做，就是对自己缺乏信心。只要对自己有信心，慢慢地做就会有成就，可以断言是没有问题的。希望我们在生活中好好去修四念处，每天都安乐自在，没有烦恼，就会有成功的一天。

编后记

受牟小东先生的女公子牟钢、北京大学中国文化书院江力先生重托，今年8～10月中旬，我承担起《牟小东文集》编辑工作。经过紧张、忙碌、艰辛，《牟小东文集》即将付梓。面对着他的每一篇行文，似乎又在和他神交。多少年过去了，和他在一起工作，在一起山南海北说说笑笑的日子，历历如昨。

我和牟小东先生认识，缘起九三学社。“牟公”——我还是习惯这样称呼他。因为九三学社中央机关和社北京市委机关上上下下无论老少都叫他“牟公”。尽管听他多次在介绍自己时强调“我姓牟（mou，第二声），释迦牟尼的牟呵”，可是来往之人似乎都不理会或根本忘掉了他所强调的发音，叫他“牟（mu，第四声）先生”或“牟公”，他也总是应着。习惯就这样成了自然。

在启功先生的推荐、介绍下，1983年我来到九三学社中央，尽管其时我的一些青涩、稚嫩的作品已发表了，但是能否被九三学社中央录用则需要进一步地考核。面对严格的文、史、哲方面考试，兴许是我发挥超常，特别是我对现当代文学作品、作家的认识和评述，考官们甚为满意，当即拍板让我即刻办理调任手续。孰料，鉴于当时体制，那纸调令公文还在繁琐的点逗划圈层层审批的漫长旅行过程中，九三学社中央一副秘书长同我谈话后，认为我棱角过于鲜明，尚待时日磨去，还不适合做统战工作。我高兴的笑脸一下子变成了哭脸。我也不知牟公怎么知道的，听说他径直去找了那位副秘书长理论，争吵厉害，还红了脸。后来，《红专》编辑部的宋大姐专程到我家，送来了牟公让我火速去九三学社中央报到上班的亲笔信。现在想来，也正是牟公的仗义使我又重拾起信心和对未来的憧憬，跨进了九三学社中央机关的大门。这是我在经历了农村插队、工厂工人，十几年社会最底层摸爬滚打、遍尝人世间辛酸苦辣的砥砺后的人生重要转折点。

我到九三学社中央机关后，先是在九三学社中央组织部工作有一年半左右，后因撰写时任黑龙江省副省长安振东的坎坷经历和不平凡的事迹被领导调到了宣传部工作。那时我还不是牟公的兵，在一些宣传工作会上他以我这篇文章为例总结经验："介绍安公振东的事迹，全国各地都已有文章见诸报刊，这文章还能怎么写？可我们新招来的年青人突破了，成功了，这我没有想到，说明我还很保守。这篇文章为让更多的社员了解安公及了解、认识九三学社当前的形势和任务奠定了很好的基础。《人民日报》上公开发表的和内参，都是以她这篇文章作为基础参照写的，评价不俗。"牟公还为我特去找上级领导批了 20 元钱作为鼓励我再接再厉的稿费。当然，这些都是我做梦也不曾想到的。

我作为牟公麾下一员小兵，在宣传部干了约有四五年的时间，对他的为人、个性、才干有了更进一步了解和熟悉。

牟公祖籍山东福山（今烟台市），1921 年生于北京。身材伟岸，相貌堂堂，目光炯炯，声如洪钟。按他女儿牟钢形容，挺帅的。

牟公出身世家，六岁开始念私塾，从小受其家族深厚的文化底蕴的陶冶熏染，在不寻常的文化环境中长大。这个家族中，近代著名史学大家柯劭忞先生（1850—1933，字凤荪、凤笙，号蓼园）是牟公的表爷，长其两辈，同牟公的父亲是至交。柯劭忞先生是元代著名的学者和画家柯九思的后裔。清光绪十二年（1886 年）会试中进士，后进翰林院任编修。曾伴宣统皇帝溥仪读书。在经、史、小学、诗文、金石、历、算，许多方面均有极精深的造诣。清王朝覆灭后，柯劭忞先生痛哭流涕，坚决不剪辫子，一直以清遗老的身份隐居不仕。1914 年清史馆在北京成立，柯劭忞先生应聘为《清史稿》的总纂。与此同时，他还致力于《元史》的重修。历时 30 余年完成的 257 卷 150 多万字的《新元史》是他最著名的丰功伟业。《新元史》集明、清学者研究元史之大成，以一人之力而成此巨著，实在让人仰视。这部史书，后来被列入

“二十五史”之中。1925年10月，柯劭忞先生又主持编纂了《四库全书提要》等。

牟公的家族成员中，还有一个不能不提的史学家——中国史学会创建人之一，在中国交通史、中国伊斯兰教史、回族史、中国民族关系史、中国思想史、中国史学史及中国通史、史学理论研究等学术领域作出杰出成绩的著名历史学家白寿彝先生（1909—2000），他后来是牟公的五姐夫。

对牟公的影响更直接的，是年长于牟公13岁的长兄、著名的目录版本学家牟润孙先生。牟润孙（1908—1988）先后师从柯劭忞、陈垣、顾颉刚先生。柯劭忞先生与牟公父亲友情深厚，牟公父亲去世后，柯劭忞先生晚年在家讲学，不仅让牟润孙去听讲，还把他收为可以执经问难的弟子。当时牟润孙先生21岁，是柯先生门下最小的弟子。后牟润孙又在陈垣、顾颉刚等先生门下学习治史方法，目录之学日益精深，涉猎的史籍也愈加广泛，成为现代学术史上的大师级人物，所著《注史斋丛稿》《海遗杂著》等在中国现当代学术史上也影响至巨。

试想：一个家族中有如此众多重量级的史学家，对牟公的熏陶、影响也是超大超强吧。

我对牟公的第一印象除了仗义，还有敢言、霸气，聪颖、有才，爱才。

大概是因在宣传部门，那时没有电脑，每天都有各类文稿、参考资料和用书及一堆会议的筹备工作文件摆满案牍。他对年青人要求很是严格，容不得马虎、脱误。尤其文字工作，不能有硬伤。哪怕是会议记录、出简报，他若看到你在会上愣神儿，不管是哪个部门的，他的批评毫不留情面，有时甚至高腔大嗓指名道姓，责问你为什么精神不集中？这文章怎么写的？会不会写？能不能写？更要命的是有时语言还有点损，让人脸上挂不住，直接得罪了人——才不管呢。有时他还会把意见带到领导们的碰头会上开诚布公讲一通。隔墙有耳，有些人同他关系淡了，远了，耿耿于怀。也于此，牟公任职期间不断有人流动出了宣传部。我想，这大概就是人们评论他时所说的“霸气”？

之所以“霸气”，是因为有才，是因为牟公各种文章全能招呼并倚马可待，这是他给我的第二印象。但凡有本事的人，总显得有些“另类”或“霸气”吧。可能牟公认为很轻易的事，别人不见得就觉得像他那样容易；可能牟公对于文章要求高，别人体会不到也较难做到。有的人认为牟公不过“才高八斗”，牛什么？犯不着盛气凌人；有的则认为牟公心性直白、率真。因为我也从事过牟公所从事的工作，深知文字工作的不易。尤其是在党派中央机关里做宣传文字工作政治性很强，牵涉党的方针、政策，不仅要在很短时间内理解、消化，还要往上报或者见诸报端，哪怕是内部刊物。有些文稿，为核正史实必须字斟句酌，保证表达准确，虽费周折，但不算难。难的是有时上级布置下来的意图要求同内心所感是拧着的，逢此我常半天进入不了状态，头痛。说来惭愧：我的公文写得最差，只会生搬硬套什么“当否请示”，什么“专此布复”。在牟公直接领导的宣传部工作几年，楞没能熏陶出来。但牟公始终头脑清醒，思路敏捷，以博学多识，睿智及丰富、生动的语言和古文功底称霸宣传部，达到了“打败天下无敌手”境界。多么难写的文章到了他的笔下，举重若轻，好像行云流水，轻松自然，又那么通畅。

他的才，表现在多方面。牟公 1978 年起兼任九三学社中央委员会主席许德珩的文字秘书有十年光景，其间帮助许老记录、整理、出版了由邓小平题签的《为了民主与科学——许德珩回忆录》，许老的经历特殊、丰富，为研究近现代中国革命历史风云变化提供了第一手的资料，在中国近现代史研究著作中位置显豁，被研究者广泛引用。这部回忆录史料翔实，思路缜密，文字流畅，十分耐看。这部书无疑也凝聚着牟公大量心血。

他也很爱才、惜才，喜欢同年青人交往。家里经常聚集按现在话说就是文艺青年。我见过的。有的年青人起先同他还不是很熟，但一会儿他们就能聊得热火朝天，高谈阔论，无拘无束，完全没有了距离。话题也极其宽泛，探讨时政，纵论天下，文章的出处、历史典故、某某的逸闻趣事……牟公鼓励他们投稿并帮助他们联系出版发表的单位。这些爱好文学的青年后来都成了牟公的好朋友。如今他们虽也已进入古稀之年，但对自己成长路上牟公的热情相助始终不能忘怀。

牟公是“性情中人”，也好开玩笑。宣传部门人来人往，不止一个人把九三学社中央委员会主席许德珩念成“许德衍”，把副主席郝诒纯念成“赫治纯”。由于牟公兼任许老（德珩）的文字秘书，有时工作需要两头跑，好多次外出去许老那儿，他就会和我们说一声“我到‘德衍’那儿”。有时谈到参会主席、副主席，我们也会报告“今天‘德衍’、‘赫治纯’都来了……”。我们的玩笑只有在宣传部的人能够意会，也曾与牟公议论过，担心这种玩笑成习惯，会真成了“白字先生”。

牟公1953年到九三学社工作，1989年退休。曾是九三学社中央宣传部副部长、海外联络部副部长、九三学社第八届中央委员会委员、九三学社中央参议委员会委员。他退休后全身心地从事佛教事业，曾任中国佛教协会常务理事、北京市佛教协会常务副会长、北京市佛教协会理事会名誉会长、北京佛教居士林副理事长等职。

《牟小东文集》一共收录了78篇文章，分“随笔、杂谈与人物专访”、“明清近代史研究”、“佛学研究”三部分。牟公使用过的笔名有：小东、百里、樊任等。

在第一部分“随笔、杂谈与人物专访”中的49篇文章中，牟公笔下的人物有22个，绝大多数是九三学社社员。一方面是工作使然，另一方面也是他兴趣所致。这部分文章充满热情，有张力却又舒缓平易，不枯燥乏味，读起来很觉亲近。

九三学社是以科学技术界高、中级知识分子为主具有政治联盟特点的政党，在其组织形成、壮大成长过程中，不仅有国内外顶尖级的自然科学家，像梁希、金善宝、周培源、严济慈、茅以升、王淦昌……也不乏诸多海内外驰名的社会科学家，如许德珩、黎锦熙、刘文典、雷海宗……他们的命运同时代脉搏一起跃动，是国家的名片。牟公用笔用心从多个角度多个层面记录下不少这些人物的故事，今天重新阅读，穿越时空，仍能给后人以启示和影响。

这部分在编排中多以人物生年为序。有些文章虽是写的同一个人，但角度不同，笔法各异。文笔如其话语一样简洁、明了，潇洒且老辣。如写毛泽东的老师、九三学社创始人之一、语言文字学家黎锦熙；参加1919年“五四”运动的学生领袖、九三学社第一至第七届中央委员会主席、全国人大常委会副委员长许德珩；研究《红楼梦》的专家俞平伯；还有被张劲夫赞为“无私奉献，以身许国，核弹先驱，后人楷模”的“两弹一星”功勋奖章获得者王淦昌，等等。都是行文流畅，栩栩如生，个性突出。因工作关系，牟公留下相关的对许老的专访、侧记也较多，此次收录了他撰写的关于许德珩的文章计9篇，从1959年写下的第一篇访问许德珩到1991年最后一篇，时间跨度三四十年，印映出的时代特色较为鲜明。

第一部分文章在编排中，有少数是以类相从。如杨钟健、裴文中、贾兰坡先生都是地质学专家，虽有古生物学、史前考古学、旧石器时代考古学之分，具体专业不同却相通。他们与“北京人”的发现、挖掘工作，关系密切。就把他们放到了一起。

对于个别文章也做了少许补充，如《记蔡元培在辛亥革命时期的几封信》，原刊于1981年10月18日《光明日报》，文中所说的四封信并没有刊出。在搜集到的牟公手稿中，发现牟公抄写蔡元培的三封信，但未完，为完整起见，方便读者查阅，特去图书馆寻找、核对、复制了文中所谈的四封信，作为附录，附在了该文后。

收录在文集第二部分“明清近代史研究”的文章计17篇，充满学术气息，折射出牟公的家学传统印记，以及其研究历史文化的很大潜质。以《明皇室的殉葬制》为例，短短一篇不足三千字的文章，标出其史料出处10个。又如《从万娘坟说起》一文，约有四五千字，出处竟达22个。层层推理，言必有据。我看过牟公一些手稿，文章的后面都认真地标明了资料的来源。此次搜集到的文章，有些已发表过，或许是当时因编写体例，文章后面的注释都拿掉了。牟公的这一部分文章，博闻强记，资料翔实，虽然是通俗的文字，却有观点，有史料，娓娓道来，给人的印象极深。如《〈聊斋志异〉中关于清兵在山东屠杀的史事》一文，旁征博引，有正史，也有野史，细致精确，小说与史料互证，无论从文学的意义上还是从清史研究的意义上都是可观的文字。《清孝庄后下嫁之旁证》，虽然其相关史料多人写过、用过，本是老生常谈，牟公却从亲历古迹清东陵说起，直观而亲切；以“风水墙”为立论核心，所论与清史专家孟森的观点不同，自是一家之言。《莫须有的“故宫盗宝案”》，虽是参照了他大哥牟润孙先生《谈故宫盗宝案》的史料重新加工润色，而有些叙述却也自出手眼，可能是牟公表达对其兄长手足情深怀想的一种方式。

牟公从1953年至1989年在九三学社工作了36年，悠悠岁月似乎并不算短，但若把50～60年代各种运动不断的时间除去，能让他踏踏实实写东西尤其是写自己感兴趣的文字的时间并不充裕。文集第一、二部分的文字，大多创作于上个世纪70年代末到80、90年代初，也有极少量是50年代后期、60年代初期所作。70年代末各民主党派逐步恢复正常活动。牟公曾说过，“80年代初，我的工作开始忙起来，有时星期天也要伏案写东西”。作为一名社务工作者，牟公在九三学社中央长期从事宣传工作，起草各类公文；给领导撰写各种场合的发言稿、文字稿；宣传不同专业典型人物光辉业绩；介绍九三学社光荣历史、优良传统都是其基本工作。如果我们把精选出来的随笔、杂谈、人物专访49篇视牟公在九三学社这段时期上班、下班辛勤劳作为主业成果的话，那么在工余时间爱好研究明清近代史并撰写下他对人物、事件的考证辨析文论17篇则可看作是他副业产品。积少成多，水滴石穿。贵在坚持，他做出了不菲的成绩。

在编辑这两部分文字的时候，我想，人生有时真难以捉摸，难以驾驭，以牟公的才华和能力，以他的兴趣，假如他不是从事党派工作，而是如他的家族的其他人一样，从事文史工作方面的研究，一定能尽其才用，做出更大的成绩，说不定他的名字也会赫然在其家族文史研究队伍中占一重要席位。

《牟小东文集》第三部分是《佛教研究》。包括他所撰述的《印度佛教史讲授提纲》、编写的《烦恼的止息》，以及散见的同佛教有关的文章，计12篇。大多是在1989年他从九三学社中央退休后的作品。

牟公是居士，虔诚的佛教徒。他在一个信仰佛教的家庭中长大，出生刚一个星期的时候，一场大病险些夺去他稚嫩娇弱的生命，他的父亲为了给他祈福消业，把对中国近代佛教影响最深远的人物之一印光大师倡导的《重刻安士全书》印行一千部广结善缘。牟公成年以后学佛，看佛教理论的书，逐渐对佛教有了兴趣。1942年秋，对《楞严经》颇有造诣的近代佛教领袖人物圆瑛大师从上海到北京广济寺讲经，牟公去听，由兴趣产生了信仰，念经拜佛，皈依佛门，法名慧慈。那时他失业在家，一有空暇除了去寺院听讲经，还经常到华北居士林（后改为北京居士林）参加活动。他曾管过居士林总务，虽然时间很短。牟公先后亲近律宗、贤首宗大德慈舟法师，天台宗大德倓虚法师、道源法师，聆听教诲，获益匪浅。同时他师事佛学家周叔迦、夏莲居居士研习内典和净土法门。

上个世纪80年代末，牟公退休，社务工作不再缠身，受幼时已牢牢地在心里生根的宗教感情的驱使，他不时地到当时北京居士林暂借广济寺开展宗教活动的地方，看望佛教界的老朋友。1993年，牟公到北京市佛协工作，开始忙佛教事业的建设与发展。参与成立了北京市佛协佛陀教育委员会，并与中国人民大学宗教研究所合作，组办佛学研究班和普及教育班。牟公和当时广化寺代理住持、现为广化寺方丈怡学法师分管教务与行政事宜。他们聘请中国佛教文化研究所所长吴立民、中国人民大学宗教研究所所长方立天教授为佛陀教育委员会顾问，组成规模庞大的师资队伍。强强联手的阵容中有北京大学教授楼宇烈、汤一介、许抗生先生，中国人民大学教授石峻、中央民族大学教授苏晋仁、中国社会科学院世界宗教研究所研究员杨曾文、方广锠等先生。众多佛学方面的专家学者在广化寺作专题学术讲座，集一时之盛。

1996年春，牟公以《四念处》作为一个专题，在广化寺连续讲了三个月，每次下课时，听众总是报以热烈掌声。

后来，学习班停办。大家时常追问能否继续开班？何时开班？可否尽早看到牟小东居士讲课书稿？在怡学法师的提议和催促下，牟公同意并编写出了书稿。1997 年底，他完成书稿时已是 76 岁的老人了。牟公在佛学方面精进努力，受到信众的喜爱，一方面是他聪颖，有宿慧，另一方面同家族传统文化熏染陶冶、佛教理念的教育自幼对他的耳濡目染，兼具儒教和佛教的童子功密不可分。

《烦恼的止息》是《印度佛教史》的一部分。是牟公根据泰·佛使尊者《人类手册》、荀嘉陵《做一个喜悦的人》、曦比丘《你的烦恼熄灭了吗》、释从信《阿含经止观》、庄春江《阿含经随身剪辑》《原始佛典选译》等书编写而成。虽然是编著，但没有深厚的佛学功底和融会贯通的能力，是不可能把佛教中这么一个高深的学问，深入浅出地讲述出来的。宋人有言："凡立言，欲涵蓄意思，不使知德者厌，无德者惑。"牟公的《烦恼的止息》可以说做到了这一点，诚如怡学法师在《烦恼的止息》即将印行时所说，这"是一本适合当代信众机缘的修行方法的最佳读物。它可以帮助读者彻底反省并认识到目前种种有偏差的修行知见与心态，以求得直接见到真正佛教修行的核心，而知道在众多的法门中走出自己的修行出路"。

限于时间和学识，在第三部分"佛学研究"中，我只改正了一些明显的笔误和错字，也订正和统一了一些提法。如，在《烦恼的止息》中，有时是"四念处"，有时是"四念住"，虽然本身无误，但在文集中应该有统一的说法，便径改为"四念处"。不过，也有一些原作或印刷品中的模糊不清的地方难以辨识，只能留待以后弥补缺憾了。

在许多人眼中，也许牟公缺乏留世的鸿篇巨制，算不上有学术专长的学者。但牟公一生勤勉，肯于做学问，肯于为民族文明进步，为祖国文化事业呕心沥血，尽自己之所能，这样的人本已是值得铭记，更何况牟公在政党文化、明清暨近代史研究、佛学研究与传承方面均留下了足资后人评说的专论文字呢。

牟公是中国文化书院的导师，今年适值中国文化书院建院三十周年。为表彰、纪念中国文化书院导师们为中国文化与社会各领域所作出的卓越贡献，书院决定选取导师们代表性文章集结成册，牟公荣膺其中，非常荣幸我也忝在编辑之列。《牟小东文集》的编辑出版是同北京大学中国文化书院江力先生、九三学社中央常务副主席邵鸿先生、九三学社中央档案室闫士萍女士和人事处洪柳女士所给予我的极大信任、鼎力相助分不开的！也是同牟公的家人，特别是他的女公子牟钢的倾力支持分不开的，她对这项工作所倾注的对父亲的深挚的爱和绵绵怀念使我很感动。

牟公晚年，头脑清晰，精神矍铄，九三学社中央曾分派我去做他的口述史，我们又有了更多的交流。没想到世事多变，当已有了前期成果时却因牟公的突然生病摔倒、昏迷、去世而中断。我去看他，精神好时，聊起我们的工作还要继续，希望他快点好起来；聊起他所研究的成果，我曾建议让家人帮着把他所写下的文章都找出来，还表示“说不定将来有机会我帮您整理、编辑成书呢”。他笑着说：“能成，当然好呵！我又觉奢望，这是梦呵。”意料之外的是，在他辞世 3 年后的今天，竟然鬼使神差般让我接受了整理牟公遗著的使命，我真成了把他当时的笑谈变成现实的人之一！

义不容辞和尽职尽责并不能必然尽善尽美。牟公的文章散见于各种报刊杂志，由于大都是上个世纪 90 年代之前所写，好多无法进行电子检索；文章有的家属知道，有的不知；有的文章有手稿存底，有的没有任何存底；有的文章残缺不全，有的文章字迹模糊，难以辨认。如：牟公以“樊任”为笔名写的《香妃故事之谜》，只有“下”，没有“上”；手稿《忆魏建功先生》有头无尾，没有最后页。我和牟公在 2008 年最后的合作——撰写了一篇（6000 余字）对中国著名心理学家潘菽先生的深切怀念之文章怎么也找不到底稿，发表在什么杂志、什么报纸一时也难以追索。这些都只能付之阙如。这些遗憾，在本书杀青之际，尤使我心潮难以平静，希望日后有机会补充进去。

我有幸能够拜读、通览、整理出牟公留下来的文字，为其编辑文集，并和我铭感终身的人们一起共同实现了牟公的梦，牟公地下有知，当为欣慰。我想，牟公和其好友汤一介先生会知道的，知道其身后仍有着数不尽的学人在继续努力奋进，并脚踏实地一步步践行着实施着他们始终在追逐的希望国家富强、民族兴旺、文明不断进步之理想，他们当会含笑九泉！

李　书

2014 年 10 月 30 日再修订

总后记

时间过得真是很快，《九秩导师文集》好像就是昨天的事情，转眼间，今天就要忙《八秩导师文集》的编选出版了。

三十年间，我们一些导师进入了历史，尤其可痛的是，在 2014 年的 9 月 9 日晚 9 时，我们的创始院长汤一介先生，在教师节前夜，在院庆前夕，永远地告别了我们……

为了筹备中国文化书院院庆三十周年的节日，我们翻阅着一张又一张泛黄的照片，查阅着一条又一条昨天的消息，看着先生们熟悉的笑脸，回忆着如梦如烟的往事，我们的情感沉浸在历史的记忆里，我们如同要回家的孩子，寻找着我们的“大先生”，那个“可以领我们回家的人”。

孔子云：三十而立。

面临而立之年的“中国文化书院”，依然“脚踏大地，仰望星空”，三十年来，我们为“理想、梦想、现实与历史责任”而努力着，追求着，坚持着，我们不曾放弃过自己，力争做好中国文化传统的守望者努力推动中西文化的对话。

这套《八秩导师文集》，比起《九秩导师文集》而言，似乎更容易执行，那些按九十岁为标准，如果今日健在都已百岁的老人，很多先生都已经成为历史的过往，其子女后人，其学生弟子的寻找，也真的不是一件容易的事，而书院同仁坚持努力，有三年余，方有十五卷《文集》的问世。

《八秩导师文集》，如同另起炉灶，过程艰辛，不必细言。自定议之日，依然延续《九秩导师文集》之定位，献礼“中国文化书院建院三十周年”，同期出版的还有《中国文化经纬丛书》20 卷、《中国文化书院大事记》等，不揣浅陋，以“家底”示人，与海内外学术界文化界同仁分享，其高义并非能简单地说，我们希图助力“中华民族文化的伟大复兴”……

三十年的生命历程，三十年的尘烟往事，我们仅以神圣的虔诚的名义，用我们的心、汗水、泪水，献给母院——永远的“中国文化书院”三十岁的生日，并以孩子们的名义，向先贤致敬，向先生致敬，向未来致敬！

《八秩导师文集》能够刊行，特别要感谢东方出版社的鼎力支持。也要感谢江力同志，这套文集的编辑历经两年，他从约稿、审定、编辑，做的工作最为辛苦。

谢谢为这套丛书著者付出辛劳、作出贡献的家属、亲友及学生们！

王守常

2014 年 12 月 12 日